高等学校交通运输专业规划教材
高等教育应用型人才培养系列教材

城市轨道交通新技术

（第2版）

薛　锋　朱志国　陈钉均　◎　编著

西南交通大学出版社
·成　都·

内容简介

当前，我国城市轨道交通快速发展，为了适应高等教育应用型人才的培养要求，在全面总结近些年城市轨道交通工程建设与运营管理中的新技术、新方法的基础上，对第一版进行修订，组织编写了本书第二版。全书共 9 章，主要内容包括城市轨道交通发展概述、线路及轨道结构新技术、车站新技术、载运工具新技术、供电新技术、通信信号新技术、列车控制新技术、运营维护新技术、规划设计新技术等。本书适用于高等院校城市轨道交通相关专业本科及专科层次的教学，同时也可用作城市轨道交通领域技术与管理人员的参考书。

图书在版编目（CIP）数据

城市轨道交通新技术 / 薛锋，朱志国，陈钉均编著
. —2 版. —成都：西南交通大学出版社，2022.2（2024.1 重印）
ISBN 978-7-5643-8300-8

Ⅰ.①城… Ⅱ.①薛…②朱…③陈… Ⅲ.①城市铁路－轨道交通－高等学校－教材 Ⅳ.①U239.5

中国版本图书馆 CIP 数据核字（2021）第 205434 号

Chengshi Guidao Jiaotong Xinjishu

城市轨道交通新技术
（第 2 版）

薛　锋　朱志国　陈钉均　编著

责 任 编 辑	周　杨
封 面 设 计	何东琳设计工作室
出 版 发 行	西南交通大学出版社 （四川省成都市金牛区二环路北一段 111 号 西南交通大学创新大厦 21 楼）
发行部电话	028-87600564　028-87600533
邮 政 编 码	610031
网　　　址	http://www.xnjdcbs.com
印　　　刷	成都蜀雅印务有限公司
成 品 尺 寸	185 mm×260 mm
印　　　张	18.5
字　　　数	464 千
版　　　次	2016 年 5 月第 1 版 2022 年 2 月第 2 版
印　　　次	2024 年 1 月第 5 次
书　　　号	ISBN 978-7-5643-8300-8
定　　　价	45.00 元

课件咨询电话：028-81435775
图书如有印装质量问题　本社负责退换
版权所有　盗版必究　举报电话：028-87600562

前 言（第2版）
PREFACE

随着我国城镇化进程的加快，城市现有的公共交通体系面临着巨大压力。在城市道路建设趋于饱和的情况下，大力发展公共交通，构筑多元化、立体化、现代化的城市公共交通体系是解决我国目前交通拥堵问题的主要出路。城市轨道交通因其具有运量大、快速、准点、节能环保、安全舒适等优点，已成为我国大中城市公共交通网络最重要的组成部分。

城市轨道交通是现代大城市公共交通的发展方向，也是建设绿色城市、智能城市的有效途径。《交通强国建设纲要》提出"建设城市群一体化交通网，推进干线铁路、城际铁路、市域（郊）铁路、城市轨道交通融合发展"。由此可见，轨道交通在促进都市圈和城市群一体化发展方面的重要作用日益凸显，我国城市正走向轨道交通的新时代。近年来，伴随着科学技术的进步，在城市轨道交通的发展过程中涌现出许多创新技术及先进的施工、管理方法，有效地解决了城市轨道交通规划建设、运营和管理过程中的实际问题。为了适应城市轨道交通快速发展的需要，编者紧跟城市轨道交通科技发展前沿，在广泛听取专家和读者意见的基础上，对《城市轨道交通新技术》第一版进行了修正、补充和完善。

第二版《城市轨道交通新技术》继承了第一版主要的篇章布局，涵盖了城市轨道交通工程建设及运营管理中的新技术和新方法，主要内容包括：城市轨道交通发展概述、线路及轨道结构新技术、车站新技术、载运工具新技术、供电新技术、通信信号新技术、列车控制新技术、运营维护新技术、规划设计新技术九大板块。本书继承了第一版的基本内容和特色，根据城市轨道交通的最新发展情况，对原来的相关技术进行了更新和完善，大幅增加了城市轨道交通的供电新技术和运营维护新技术，系统介绍了"互联网+""大数据"背景下的城市轨道交通新技术。在编写理念上坚持知识传授与能力培养并重，拓展学生的思维和知识面，并力求内容适度、层次结构清楚，便于学生自学。本书可供高等院校交通运输类、城市轨道交通类专业学生作教材使用，同时也可供城市轨道交通行业的工作人员学习参考。

全书由西南交通大学薛锋、朱志国、陈钉均担任主编，研究生王朝阳、任子兰和李焱茹在书稿编写过程中，进行了大量的资料收集、整理和编辑工作，在此表示感谢。

本书在编写过程中参考引用了国内外专家学者的大量文献著作、论文研究成果，在此向有关作者表示感谢。

由于本书涵盖内容较多，加之编写时间较紧且作者水平有限，书中难免有不妥之处，诚挚希望各位专家和读者批评指正。

编 者

2021 年 4 月于成都

前 言（第1版）
PREFACE

城市轨道交通是城市基础设施中公共交通系统的重要组成部分。从各国城市化进程的实践来看，轨道交通凭借运量大、速度快、安全可靠、准点舒适的技术优势在发达国家和地区成为主要的城市交通工具，备受市民欢迎。我国北京、上海、广州、重庆、深圳等城市也拥有相当规模的轨道交通线路，轨道交通现已逐步成为居民出行的首选交通工具，也成为政府推行"公交优先"政策的主要手段，大力发展城市轨道交通已成为政府和民众的普遍共识。

城市轨道交通的建设及运营能促进工业、运输、房地产等相关产业的发展，刺激就业，促进沿途土地升值，拓展城市发展空间，具有明显的外部经济性，而且随着社会发展、人口增加、路网扩大以及服务水平的提高，城市轨道交通将吸引更多的客流，其附属的经营性资产具有巨大的升值潜力。同时，城市轨道交通网络具有规模经济圈的属性，辐射影响范围覆盖网内大部分区域和周边区域。当城市轨道交通形成网络化运营后，作为综合性的网络平台可将其他各种网络（如交通运输网、服务网、商贸网等）都载于其间。轨道交通网络强大的聚集和释放效应使网内的客流、物流、资金流、信息流等资源和服务在城市各区域乃至城市间快速流通，改变了社会的消费、生活和生产方式，对城市经济运行产生深远影响。

城市轨道交通由于自身所具备的社会属性和经济属性，使之成为城市交通发展战略的重点，同时也被视为城市交通体系的骨干力量。因此，我国政府提出"科学制定城市轨道交通技术路线，规范建设标准，有序推进轻轨、地铁、有轨电车等城市轨道交通网络建设"的政策，并将城市轨道交通装备列为战略性新兴产业创新发展工程。在城市轨道交通的发展过程中，涌现了很多创新技术及先进施工、管理方法，有效地解决了城市轨道交通规划建设、运营和管理中的实际问题，也促进了我国城市轨道交通政策、法规和标准体系的建立。

本书从城市轨道交通工程建设及运营管理实践中概括、归纳、提炼城市轨道交通的新技术，在阐述新技术原理的同时，突出其应用。按照城市轨道交通发展概述、线路及轨道结构新技术、车站新技术、载运工具新技术、供电新技术、通信信号及列车控制新技术、系统设备新技术、智能化系统、规划设计新技术、运营组织管理新技术十大板块，介绍了城市轨道交通新技术各个方面的发展。在编写理念上坚持知识传授与能力培养并重，拓展学生的思维和知识面，并力求内容适度、层次结构清楚，便于学生自学。本书可供高等院校交通运输类、城市轨道交通类专业学生作教材使用，同时也可供交通运输行业的工作人员学习参考。

全书由西南交通大学薛锋、朱志国、陈钉均主编，研究生李文燕、唐丹凤、王秋晨、赵蕾和刘珊珊在书稿编写过程中进行了大量的资料收集、整理和编辑工作，在此表示感谢。

本书在编写过程中参考引用了国内外专家学者的大量文献著作、论文研究成果，在此向有关作者表示感谢。

由于城市轨道交通新技术涉及内容较多，而教材篇幅内容有限，加之编写时间比较紧，且编写人员水平有限，在全书内容结构的组织及文献材料的取舍方面，难免有不妥之处，敬请国内外同行、专家及各位读者批评指正。

编　者

2015 年 10 月于成都

目录
CONTENTS

第一章 绪论
第一节 城市轨道交通概述 …………………………………… 001
第二节 城市轨道交通的新技术 ……………………………… 011
第三节 城市轨道交通的发展趋势 …………………………… 013

第二章 城市轨道交通线路及轨道结构新技术
第一节 概述 …………………………………………………… 017
第二节 线路勘测新技术 ……………………………………… 019
第三节 线路施工新技术 ……………………………………… 030
第四节 线路管理新技术 ……………………………………… 033

第三章 城市轨道交通车站新技术
第一节 概述 …………………………………………………… 041
第二节 车站施工新技术 ……………………………………… 043
第三节 车站设备新技术 ……………………………………… 063
第四节 车站运营管理新技术 ………………………………… 083

第四章 城市轨道交通载运工具新技术
第一节 概述 …………………………………………………… 097
第二节 城市轨道交通车辆车门新技术 ……………………… 098
第三节 弹性车轮在城市轨道交通车辆中的发展与运用 …… 105
第四节 城市轨道交通车辆转向架新技术 …………………… 113
第五节 城市轨道交通车辆检测新技术 ……………………… 118

第五章 城市轨道交通供电新技术
第一节 概述 …………………………………………………… 126

第二节	SCADA 系统在城市轨道交通供电系统中的应用	128
第三节	城市轨道交通供电系统中压环网新技术	133
第四节	滑动供电系统在城市轨道交通中的应用	139
第五节	城市轨道交通双向变流式牵引供电系统	142
第六节	城市轨道交通供电系统合环精准协调控制新技术	149

第六章 城市轨道交通通信信号新技术

第一节	概述	154
第二节	城市轨道交通通信新技术	156
第三节	城市轨道交通信号新技术	167

第七章 城市轨道交通列车控制新技术

第一节	概述	174
第二节	针对单轨交通的车载 ATP 系统	175
第三节	全自动无人驾驶系统的 ATS 联动技术	179
第四节	列车自动运行 ATO 仿真系统设计	182
第五节	UTO 城市轨道交通的列车控制管理系统	186
第六节	多制式冗余列车运行控制系统	191

第八章 城市轨道交通运营维护新技术

第一节	客运服务系统新技术	195
第二节	安全保障设备新技术	204
第三节	客流信息检测新技术	224
第四节	城市轨道交通网络化运营技术	229
第五节	基于"互联网+"的城市轨道交通票务管理技术	234
第六节	城市轨道交通全自动运行线路上的列车灵活编组技术	239
第七节	城市轨道交通列车预警新技术	244
第八节	城市轨道交通列车运行图编制系统	248

第九章 城市轨道交通规划设计新技术

第一节	规划与设计的基本理论与理念	254
第二节	规划与设计的新理论与理念	259
第三节	规划设计常用软件工具	265
第四节	城市轨道交通一体化衔接规划设计新技术	268
第五节	城市轨道交通线路规划设计新技术	272

参考文献 283

第一章 绪 论

第一节 城市轨道交通概述

一、城市轨道交通的概念

（一）城市轨道交通的定义

城市轨道交通通常是指具有固定线路，铺设固定轨道，配备运输车辆及服务设施等的公共交通设施。在国家标准《城市公共交通常用名词术语》中，将城市轨道交通定义为"通常以电能为动力，采取轮轨运转方式的快速大运量公共交通的总称"，但城市轨道交通是一个包含范围较大的概念，在国际上没有统一的定义。

一般而言，广义的城市轨道交通是指以轨道运输方式为主要技术特征的城市公共客运交通系统中具有中等以上运量的轨道交通系统（有别于道路交通），主要为城市内（有别于城际铁路，但可涵盖郊区及城市圈范围）公共客运服务，是一种在城市公共客运交通中起骨干作用的现代化立体交通系统。城市轨道交通（Rail Transit）具有运量大、速度快、安全、准点、保护环境、节约能源和用地等特点。目前，世界各国普遍认识到解决城市交通问题的根本出路在于优先发展以轨道交通为骨干的城市公共交通系统。

（二）城市轨道交通在城市公共交通的地位与作用

（1）城市轨道交通是城市公共交通的主干线、客流运送的大动脉，是城市的生命线工程。建成运营后，将直接关系到城市居民的出行、工作、购物和生活。

（2）城市轨道交通是世界公认的低能耗、少污染的绿色交通，是解决"城市病"的一把"金钥匙"，对于实现城市的可持续发展具有非常重要的意义。

（3）城市轨道交通是城市建设史上最大的公益性基础设施，对城市的全局和发展模式将产生深远的影响。城市轨道交通的建设可以缓解城市中心人口密集、住房紧张、绿化面积小、空气污染严重等城市通病。

（4）城市轨道交通的建设与发展有利于提高市民出行的效率，节省时间，改善生活质量。

二、城市轨道交通的类型

城市轨道交通种类繁多，技术指标差异较大，世界各国评价标准不一，并无严格的分类。城市轨道交通在世界范围内发展较快，由于国家、城市、地区以及服务对象的不同等，城市轨道交通已发展成为多种类型，尚无统一的分类标准。不同的分类方法可以分出不同的结果：

（1）若按容量（运送能力）分类，可分为高容量、大容量、中容量和小容量；

（2）若按导向方式分类，可分为轮轨导向和导向轨导向；

（3）若按线路架设方式分类，可分为地下、高架和地面；

（4）若按线路隔离程度分类，可分为全隔离、半隔离和不隔离；

（5）若按轨道材料分类，可分为钢轮钢轨系统和橡胶轮混凝土轨道梁系统；

（6）若按牵引方式不同，可分为旋转式直流、交流电机牵引和直线电机牵引；

（7）若按运营组织不同，可分为传统城市轨道交通、区域快速轨道交通和城市（市郊）铁路。

城市轨道交通按运能范围、车辆类型及主要技术特征可分为有轨电车、地下铁道、轻轨道交通、市郊铁路、单轨道交通、新交通系统、磁悬浮交通、智能轨道快运系统八类。

（一）有轨电车

有轨电车（Tram 或 Streetcar）是采用电力驱动并在轨道上行驶的轻型小编组轨道交通车辆，是使用电车牵引、轻轨导向、1~3辆编组运行在城市路面线路上的低运量轨道交通系统，图 1-1 所示为沈阳有轨电车。

图 1-1　沈阳有轨电车

有轨电车是最早发展的城市轨道交通形式之一，一般设在城市中心穿街走巷运行，具有上下车方便的特点。

改造后的现代有轨电车与性能较差的轻轨道交通已很接近，只是车辆尺寸稍小一些，运营速度接近 20 km/h，单向运能可达 2 万人次/h。

优点：

（1）对于中型城市来说，路面电车是适宜的选择。1 km 路面电车线所需的投资只是 1 km 地下铁道的 1/3。

（2）无须在地下挖掘隧道。

（3）相较其他路面交通工具，路面电车能更有效地减少交通意外的比例。

（4）路面电车以电力推动，车辆不会排放废气，是一种无污染的环保交通工具。

缺点：

（1）成本不及公共汽车低，对小型城市来说财政负担颇重。

（2）效率比地下铁道低。

（3）路面电车的速度一般较地下铁路慢，除非路面电车行驶的大部分路段是专用的（主要行驶专用路段的路面电车一般称为轻便铁路）。

（4）路面电车每小时可载客约 7 000 人，地下铁道每小时载客可达 12 000 人。

（5）路面电车路轨占用路面，路面交通要为路面电车改道，并让出行车线。

（6）需要设置架空电缆。

（二）地下铁道

地下铁道简称地铁（Metro 或 Underground Railway 或 Subway 或 Tube），是由电力牵引、轮轨导向、轴重相对较重、具有一定规模运量、按运行图行车、车辆编组运行在地下隧道内，或根据城市的具体条件，运行在地面或高架线路上的快速轨道交通系统。图 1-2 所示为无人驾驶地铁。

图 1-2　无人驾驶地铁

地铁是城市快速轨道交通的先驱。地铁的运能单向在 3 万人次/h，最高可达 6~8 万人次/h。最高速度可达 160 km/h，旅行速度可达 40 km/h 以上，可 4~10 辆编组，车辆运行最小间隔可低于 1.5 min，驱动方式有直流电机、交流电机、直线电机等。地铁系统与国家干线铁路一样，主要由线网、轨道、车站、车辆、通信信号等设备构成。

优点：

（1）运量大、速度快。地铁的运输能力要比地面公共汽车大 7~10 倍，行驶的速度可超过 100 km/h。地铁适用于出行距离较长、客运量需求大的城市中心区域。一般认为，人口超过百万的大城市就应该考虑修建地铁。

（2）可以节省地面空间，令地面地皮用于其他用途。

（3）可以减少地面的噪音。

（4）行车受到的交通干扰较少，可节省大量通勤时间。

（5）节约能源，减少污染。

缺点：

（1）建造成本高。由于要钻挖地底，地下建造成本比建于地面高，每公里投资在 3 亿～6 亿元人民币。

（2）前期时间长。建设地铁的前期时间较长，由于需要规划和政府审批，甚至还需要试验，从开始酝酿到付诸行动破土动工需要非常长的时间。

（3）地下铁道由于大部分线路在地下或高架通行，因此技术水平要求较高，可靠性和安全性要求也高。

（三）轻轨交通

轻轨（Light Rail Transit，简称 LRT），原来的定义是指采用轻型轨道的城市交通系统。在《城市轨道交通工程项目建设标准》中，把每小时单向客流量为 0.6 万～3 万人次的轨道交通定义为中运量轨道交通，即轻轨。轻轨是在有轨电车的基础上改造发展起来的城市轨道交通系统，如图 1-3 所示。

图 1-3 轻 轨

轻轨一般采用地面和高架相结合的方法建设，路线可以从市区通往近郊。列车编组采用 3～6 辆铰接式车体。由于轻轨采用了线路隔离、自动化信号、调度指挥系统和高新技术车辆等措施，最高速度可达 80 km/h，克服了有轨电车运能低、噪声大等问题。

优点：轻轨具有投资少（每公里造价在 0.6 亿～1.8 亿元人民币）、建设周期短、运能高、灵活等优点。

缺点：由于轻轨系统车辆长度较短，载客量较少，且运行速度不高，因此运量较低，单向高峰小时的运输能力一般在 1～3 万人/h 以内。

轻轨已形成三种主要类型：钢轮钢轨系统、线性电机牵引系统和橡胶轮轻轨系统。

（1）钢轮钢轨系统即新型有轨电车，是应用地铁先进技术对老式有轨电车进行改造的成果。

（2）线性电机牵引系统（Linear Motor Car）是曲线型电机牵引、轮轨导向、车辆编组运行在小断面隧道及地面和高架专用线路上的中运量轨道交通系统。线性电机列车具有车身矮、重量轻、噪声低、爬坡能力强和可通过小半径曲线等优点，可以轻便地钻入地下，爬上高架，是地下与高架接轨的理想车型。

（3）橡胶轮轻轨系统采用全高架运行，不占用地面道路，具有振动小、噪声低、爬坡能力强、转弯半径小、投资较少等优点。

（四）市郊铁路

所谓市郊铁路，指的是建在城市内部或内外结合部，线路设施与干线铁路基本相同，服务对象以城市公共交通客流（即短途、通勤旅客）为主的铁路，如图1-4所示。

图1-4　市郊铁路

市郊铁路一般和干线铁路设有联络线，设备与干线铁路相同，线路大多建在地面，部分建在地下或高架。其运行特点接近于干线铁路，只是服务对象不同。

市郊铁路是伴随着城市规模的扩大、卫星城的建设而发展起来的，通常使用电力牵引和内燃牵引，列车编组多在4～10辆，最高速度可达100～120 km/h。市郊铁路运能与地铁相同，但由于站距较地铁长，运行速度超过地铁，可达80 km/h以上。

优点：与地铁相比具有站距长、旅速高、运能大，以及投资省、造价低等优点，列车编组多、车体大，大部分线路可铺设在地上（高架或地面方式），设站相对减少，车站结构较简单，建设费用较低；与干线铁路技术标准相兼容，可实现两者的功能衔接与设备共享。

缺点：目前的市郊铁路尚未实现与地铁完全兼容，购票与地铁系统分开，且进出站时间较长。

（五）单轨交通

单轨也称作独轨（Monorail），是指通过单一轨道梁支撑车厢并提供导引作用而运行的轨道交通系统，其最大特点是车体比承载轨道要宽。

根据支撑方式的不同，单轨通常分为跨座式和悬挂式两种。跨座式是车辆跨座在轨道梁上行驶；悬挂式是车辆悬挂在轨道梁下方行驶。

跨座式轨道由预应力混凝土制作，车辆运行时走行轮在轨道上平面滚动，导向轮在轨道侧面滚动导向。图1-5所示为跨座式单轨交通。

悬挂式轨道大多由箱形断面钢梁制作，车辆运行时走形轮沿轨道走形面滚动，导向轮沿轨道导向面滚动导向，如图1-6所示。

图1-5 跨座式单轨交通

图1-6 悬挂式单轨交通

单轨的车辆采用橡胶轮，电气牵引，最高速度可达80 km/h，旅行速度30~35 km/h，列车可4~6辆编组，单向运送能力为1万~2.5万人次/h。

中国首条跨座式单轨线路是在有"山城"之称的重庆修建的。跨座式单轨交通十分适合重庆市道路坡陡、弯急、路窄的地形特点，同时由于结构轻巧、简洁、易融于山城景色取得了较好的景观效果。

优点：

（1）所占空间小。不单是所占的地面面积小，垂直空间亦较小。单轨铁路所需的宽度主要由车辆的宽度决定，与轨距无关。且单轨铁路多数以高架兴建，地面上只需很小的空间建造承托路轨的桥墩。

（2）相比其他高架铁路，单轨所占的空间较小，亦不影响视线，能有效利用道路中央隔离带，适于建筑物密度大的狭窄街区。

（3）单轨使用橡胶轮胎在混凝土或者在钢轨上行走，噪声污染小。

（4）单轨铁路的爬坡能力强，拐弯半径小，一般正线最大坡度60‰，最小曲线半径100 m，适合复杂地形。

缺点：

（1）跨座式单轨的道岔结构复杂，因而限制了列车的最短运行间隔。

（2）存在橡胶轮与轨道梁摩擦产生橡胶粉尘的现象，对环境有轻度污染，且能源消耗较大。

（3）如果出现紧急情况，单轨铁路上的乘客没有逃生的地方。车的两旁没有可站立的路轨，而且离地面很高。头尾两端的路轨亦很窄。有些单轨铁路因此在路轨的两旁建有可供人行的紧急通道。

（4）单轨的速度及载客量通常比不上其他轨道交通系统。不过，大型跨座式单轨通过加编组、缩短间隔等方式，客流量可以与地铁不相上下。

（六）新交通系统 AGT

新交通系统（Automated Guideway Transit，简称 AGT）是一个模糊的概念，广义上的定义为，AGT 是那些所有现代化新型公共交通方式的总称。狭义上的定义为，AGT 是由电气牵引，具有特殊导向、操作和转向方式胶轮车辆，单车或数辆编组运行在专用轨道梁上的中小运量轨道运输系统，如图 1-7 所示。

图 1-7　新交通系统

在新交通系统中，车辆在线路上可无人驾驶自动运行，车站无人管理，完全由中央控制室的计算机集中控制，自动化水平高。新交通系统与独轨道交通有许多相同之处，最大的区别在于该系统除有走行轨外，还设有导向轨，故新交通系统也称为自动导向轨道交通。

新交通系统的导向系统可分为中央导向方式和侧面导向方式，每种方式又可分为单用型和两用型。所谓单用型是指车辆只能在导轨上运行，两用型则指车辆既可在导轨上运行，又可以在一般道路上行驶。

主要特点：具有高速、准点、舒适和污染小、自动化水平高等优势，克服现有交通方式在环境和经营上的缺陷，满足现有运输方式难以适应的运输需求。

天津市在滨海新区开通了全长 7.6 km 的亚洲首条胶轮导轨线路，北京市开通了服务于首都机场 T3 航站楼的新交通系统，上海市也开通了胶轮导轨电车。

旅客捷运系统（Automated People Mover，简称 APM），是一种无人自动驾驶、立体交叉的大众运输系统。这个铁路名词通常只形容在范围狭小的地区所运行的低载量铁路运输，例如机场、城市商业区或主题公园的铁路运输，但有时此名词亦能应用于自动运行但复杂的铁路运输。

旅客捷运系统并不是一种独立及特殊的铁路运输技术，它通常会应用到多种铁路运输技术，例如单轨铁路、轻轨运输或磁悬浮列车等。驱动系统方面可以采用传统的电动机、线型电动机或缆索拉动。有些复杂的旅客捷运系统采用多辆小型列车运行于多个下线站台上，为乘客提供全时间运作的服务。这种像出租车般的系统一般被称为个人捷运系统。其他复杂的旅客捷运系统则有着大型运输系统的特征，这类旅客捷运系统在定义上与自动化的大型运输系统并无明确分别。

珠江新城旅客自动输送系统是世界首条地下无人驾驶旅客自动输送系统，将解决珠江新城核心区的交通疏导问题，它将是珠江新城中央商务区（Central Business District，简称 CBD）地区和天河商贸区内部的公交骨干线，同时也可加强与海珠区联系，满足其内部、珠江新城与天河商贸区、观光塔之间客流的交通需求，以及旅游观光购物的出行需要。该系统与轨道交通线路形成快捷方便的连接，促进了城市公共交通系统功能的充分发挥。珠江新城旅客自动输送系统如图 1-8 所示。

图 1-8　珠江新城旅客自动输送系统（APM）

（七）磁悬浮交通

磁悬浮交通（Magnetic Levitation for Transportation，简称 MLT），是一种非轮轨黏着传动而悬浮于地面的交通运输系统。磁悬浮列车利用常导磁铁或超导磁铁产生的吸力或斥力使车辆浮起，用以上的复合技术产生导向力，用直线电机产生牵引动力。上海磁悬浮列车如图 1-9 所示。

图 1-9　上海磁悬浮列车

优点：具有高速、低噪音、环保、经济和舒适等特点，是目前最快速的地面交通工具。

缺点：由于磁悬浮系统是凭借电磁力来进行悬浮、导向和驱动的，一旦断电，磁悬浮列车将发生严重的安全事故，然而断电后磁悬浮的安全保障措施仍然没有得到完全解决。

（八）智能轨道快运系统

智能轨道快运系统（Autonomous Rail Rapid Transit，简称 ART）具有城市轨道交通和地面公共交通双重属性，同时吸收了轨道交通准时、运量大、节能环保和地面公交运营灵活、综合成本低等优势。该系统主要由供电、通信信号、智轨电车（见图 1-10）、虚拟轨道、车站、检修中心 6 大基础部分构成。比照轨道交通系统，其最大的不同点在于用智轨电车代替轨道列车，用虚拟轨道代替了钢轨。这一替代在确保智轨电车具有有轨电车的安全与高效特性的同时，大大简化了系统结构，节省了系统的成本。

图 1-10　智轨电车工程化样车

智轨电车为采用 100% 低地板构架、全电驱动、具备多种受电方式的双向行驶多编组胶轮车辆。它采用自动循迹、轨迹跟随、自主导向等技术，实现在虚拟轨道下的类轨道行驶；同时采用主动防护技术对电车的行驶进行电子约束与安全保障。智轨电车的头车头轴自动地按照地面的虚拟轨道或高精度电子地图运行，其他各轴自动跟随头车头轴的行驶轨迹，实现与轨道列车行驶在钢轨上相似的类轨道行驶。

虚拟轨道则为行车线路或辅助线路上设置的特定标识，其为车载自动循迹系统中的光学感知、图像识别、激光检测等感知传感器提供导向特征输入，构建运行路径。

主要特点：

（1）系统简洁、成本低。因无须铺设钢轨，对道路破坏性小；整车质量轻，单轴承载低，借用既有路面，无须对桥梁进行结构加强；同时可借助现有的道路交通管理系统，使运输道路上的信号系统无须大规模改造。

（2）基础建设周期短。以绘制地面标志线代替钢轨铺设，施工期短；可借用城市现有道路运营，缩短了道路规划、拆迁和建设周期，预计从项目立项到全部运力上线仅需 12 个月。

（3）运营灵活、适应性强。其无须铺设钢轨与供电线网，可采用共享路权方式，运营线路布置灵活；发生交通事故或严重拥堵时，可以临时授权绕道行驶，调度灵活；转弯半径小，双向行驶，可以在老城区相对狭窄的道路运行。

2019年12月全球首条ART运营线——宜宾智轨T1线在四川省宜宾市投入商业运营，主线全长约16.1 km，线路起自成贵宜宾西站，止于企业服务中心站，共设站14座，均为地面站，平均站间距约1.1 km，其中地面线约15.7 km，高架线路长约0.4 km；支线全长约1.6 km，设站2座，均为地面站，站间距约1.2 km，线路起自主线长翠路站，止于峥嵘路南侧的白酒学院附近，串联起临港大学城与T1线主线。宜宾市智轨交通T1线经过长江大桥，穿越老城区，覆盖了城市发展主要客流走廊，从2019年3月29日至12月31日，累计试运行278天，共运行智轨列车13 910对，累计运行3128万列公里。全线开通后，T1线路设置车辆最高运行速度55 km/h，正线全程耗时约40 min，平均旅行速度为24.8 km/h左右，相较宜宾传统公交线路13 km/h的旅行速度，全程耗时节约25 min；列车运行图兑现率98.8%、发车正点率98.3%。ART的大运量、舒适、准时、快速等特点已得到广大市民广泛认可，该线路开通试运营以来，平均日客流量达到1.3万人。

三、城市轨道交通的技术特性

1. 城市轨道交通有较大的运输能力

城市轨道交通由于高密度运转，列车行车时间间隔短，行车速度高，列车编组辆数多而具有较大的运输能力。单向高峰每小时的运输能力最大可达到6万~8万人次（市郊铁道）；地铁达到3万~6万人次，甚至达到8万人次；轻轨1万~3万人次，有轨电车能达到1万人次，城市轨道交通的运输能力远远超过公共汽车。

2. 城市轨道交通具有较高的准时性

城市轨道交通由于在专用行车道上运行，不受其他交通工具干扰，不产生线路堵塞现象并且不受气候影响，是全天候的交通工具，列车能按运行图运行，具有可信赖的准时性。

3. 城市轨道交通具有较高的速达性

与常规公共交通相比，城市轨道交通由于运行在专用行车道上，不受其他交通工具干扰，车辆有较高的运行速度，有较高的启、制动加速度，多数采用高站台，列车停站时间短，上下车迅速方便，而且换乘方便，从而可以使乘客较快地到达目的地，缩短出行时间。

4. 城市轨道交通具有较高的舒适性

与常规公共交通相比，城市轨道交通由于运行在不受其他交通工具干扰的线路上，城市轨道车辆具有较好的运行特性，车辆、车站等装有空调、引导装置、自动售票等直接为乘客服务的设备，城市轨道交通具有较好的乘车条件，其舒适性优于公共电车、公共汽车。

5. 城市轨道交通具有较高的安全性

城市轨道交通由于运行在专用轨道上，没有平交道口，不受其他交通工具干扰，并且有先进的通信信号设备，极少发生交通事故。

6. 城市轨道交通能充分利用地下和地上空间

城市轨道交通由于充分利用了地下和地上空间的开发，不占用地面街道，能有效缓解由于汽车大量发展而造成的道路拥挤、堵塞，有利于城市空间合理利用，特别有利于缓解大城市中心区过于拥挤的状态，提高了土地利用价值，并能改善城市景观。

7. 城市轨道交通的系统运营费用较低

城市轨道交通主要采用电力牵引，而且轮轨摩擦阻力较小，与公共电车、公共汽车相比节省能源，运营费用较低。

8. 城市轨道交通对环境污染低

城市轨道交通由于采用电力牵引，与公共汽车相比不产生废气污染。城市轨道交通的发展，能减少公共汽车的数量，并进一步减少汽车的废气污染。同时，由于在线路和车辆上采用了各种降噪措施，一般不会对城市环境产生严重的噪声污染。

第二节　城市轨道交通的新技术

目前，我国城市轨道交通工程建设中研发出多项关键技术成果，这些成果来自生产一线，经过了实践的验证。新技术涵盖城市轨道交通系统各个组成部分的基础知识，并涉及多个与城市轨道交通相关的技术领域，内容包括线路及轨道结构、车站、载运工具、供电、通信信号、列车控制、运营维护及规划设计等各个方面。

自动可视系统使用高速摄像机来捕捉轨道图像，再利用软件分析采集信息；锁定轨温检测装置是由一个传感器元件和输出元件组成的，前者安装在轨腰上利用磁性检测锁定轨温，每隔一定时间采集钢轨应变和温度数据，并将其储存起来，输出元件由小型的接收器/全球卫星定位系统传感器组成，并同笔记本电脑相连，可从最大 200 英尺（ft，1ft=0.305 m）的距离外接收来自传感器的数据信息；GPS RTK 定位技术是以载波相位观测值为根据的实时动态定位技术，它将 GPS 与数据传输技术相结合，实时坐标进行数据传输，能够实时提供流动站在指定坐标系中的三维定位结果，并达到厘米级精度；轨道精密三维测控技术是建立自由测站三维边角测量网、应用轨道几何状态测量仪进行轨道精密测量，从而指导轨道精调施工、轨道精密验收检测等；真空管井复合降水技术是在井管和填料及地层中形成一定的真空度，使含水层和井管及填料之间形成更大的压力差，一方面提高重力水流速，另一方面削弱毛细管作用力使更多毛细水被抽出，达到增加出水量和增大降深的目的。这些新技术的应用让城市轨道交通线路建设更能适应多种实际的地形条件。

盖挖法是由地面向下开挖至一定深度后，将顶部封闭，其余的下部工程在封闭的顶盖下进行施工，其主体结构可以顺作，也可以逆作；集中供冷技术是相对于每个车站设置制冷机房而言，通过集中设置制冷机房，供应几个车站的冷冻水来实现空调的效果；集成闭式通风空调系统是利用传统系统中常规的通风空调设备，并采用成熟的风机变频技术以及在传统设备基础上改进而成的可自动开启表冷器，对传统闭式通风空调系统的各个子系统进行系统合并、集成，并重新组织系统布局；背散射技术是基于 X 射线技术的另一个应用发展，采用能量整形与"飞点"等技术。这些新技术的应用让城市轨道交通车站的运营管理更科学。

城市轨道交通车辆车门系统控制软件是与硬件部分关系密切的嵌入式系统软件；城市轨道交通车辆车门智能诊断技术主要通过将列车车门故障诊断及专业网络技术结合，对车门系统故障进行信息管理、危害度分析、故障定障诊断和故障预测；弹性车轮是在轮箍和轮芯之间镶嵌一个弹性元件，轮箍与车轮弹性装配在一起，大幅降低了簧下质量，从而降低磨损和噪声；转向架主要用于承受车辆自重及载重，将轴重均匀分配，同时传递车体与轮对之间、轮轨与车体之间的各种载荷及作用力；车辆综合检测体系以预防性维修一体化检测平台为主，在大数据中心的支持下，实时监控车辆关键部件的运行状态，执行故障预测与故障趋势判断，实现故障早期预警和分级报警。这些新技术的应用提高了城市轨道交通列车运行的安全性。

电力监控系统 SCADA，被称作远动监控行业数据采集系统，其作用主要是对远方运行的电力设备进行监测与控制，从而保证电力运行的安全；中压网络是通过中压电缆，纵向把上级主变电所和下级牵引变电所、降压变电所连接起来，横向把全线的各个牵引变电所、降压变电所等联系起来，起分配和传输电能作用的网络；滑动供电系统集安全、经济、方便、美观于一身，利用电缆将车辆与系统中的集电小车相连接，为停泊在车辆段检修库内轨道上的车辆提供牵引和静调电力；双向变流器具备整流机组的牵引供电能力和能馈装置的制动回馈能力，形成新一代城市轨道交通牵引供电双向变流系统，可显著改善节能指标，优化供电环境；基于配电物联网的轨道交通供电电源精准协调控制技术是利用配电网的微型同步相量测量装置作为感知层，对合环点两侧进行高精度相角和电压测量，同时作为边缘物联代理用于进行实时潮流计算，通过精准控制选择合环点两侧相角和电压最小的时刻进行合环操作，确保合环操作的可靠性。这些新技术的应用让城市轨道交通供电技术更通用合理。

城市轨道交通通信系统是指挥列车运行，公务联络和传递各种信息的重要手段，是直接为轨道交通运营管理服务的，是保证列车及乘客安全、快速、高效运行的一种不可缺少的信息化、自动化、智能化的综合通信系统；基于移动闭塞方式的 ATC 系统主要是依靠漏缆、交叉感应电缆、扩频电台、裂缝波导管等方式传输数据；5G 移动通信技术在车地无线通信系统上的应用，会给轨道交通领域的无线通信技术带来一场重大的技术革命，将显著提高城市轨道交通的运营效率和乘客的用户体验；城市轨道交通列车全自动驾驶系统具有列车运行性能更佳、安全可靠性更高、运能增大、运输成本降低等优势，是轨道交通技术发展的方向。这些新技术的应用让城市轨道交通通信信号传输更及时稳定。

针对单轨交通的车载 ATP 系统具有列车速度检测、列车定位、移动授权管理、发车监督等功能，负责列车运行间隔保护及超速防护，满足故障-安全原则，是保证列车运行安全的重要系统；全自动无人驾驶系统的 ATS 联动技术针对信号系统内部各专业进行联动，根据运营计划，对车、联锁、区域控制器等专业进行联动操作，来满足 FAO 系统各场景的自动运行，并能够在故障或紧急情况下自动进行操作处理；多制式冗余列车运行控制系统是指车载/轨旁具备多种制式的列车运行控制能力，可自动或手动进行切换的列车运行控制系统的统称，包括车载多制式冗余列车运行控制系统、轨旁多制式冗余列车运行控制系统及完整的多制式冗余列车运行控制系统等。这些新技术的应用让城市轨道交通列车控制系统更安全有效。

清分中心系统是一套建立在轨道交通各线路 AFC 中央计算机系统基础之上的适用于本城市轨道交通线网特点的、高效可靠灵活的、体现公平性原则的收益清分模型；乘客信息系统是电力载波通信技术在地铁中的应用，主要由传输网络、媒体播放的软硬件系统及信息显示终端几部分组成；地铁站的环境监控系统利用分布式微机监控系统，对地铁车站及区间隧道内的空调通风、给排水、照明、电梯、自动扶梯、导向标志等机电设备进行全面的运行管理与控制；客流信息检测技术应用 AI、模式识别、多源数据融合等技术，采用复合式客流信息检测方法实现多种检测技术的深度融合和有效集成，形成全方位客流信息精准检测的整体解决方案；基于"互联网+"的城市轨道交通票务管理系统采用 B/S 架构，所有权限内工作人员都能通过浏览器方式访问和使用票务管理系统，可满足对既有线路的票卡、收益、现金、发票、报表等的管理。这些新技术的应用提高了城市轨道交通运营维护的效率。

轨道交通引导城市结构发展是通过大幅度提高交通供给，引导周边土地高强度利用；概念规划是把以时间期限为主导的规划模式转为以规模为主导，淡化规划期限；CARD/1 软件功能强大，包括线路平纵横设计、互通立交设计、土石方调配、安全性评价等功能，新版本还增加了排水、挡墙、防护、边沟/排水沟工程量统计、加宽/超高段统计、路面加宽工程量统计、分离式路基处理和全面的断链解决方案；基于 InfraWorks 对线路进行规划设计能够为工程设计、方案比选提供技术支持和新的平台，极大改善了传统二维环境下的不直观、设计效率低，沟通不顺畅等弊端，对提高设计效率，实现工程项目全生命周期内的信息共享、传递、协同、决策等具有良好作用。这些新技术的应用让城市轨道交通线路的总体规划设计更加科学合理。

第三节　城市轨道交通的发展趋势

一、我国城市轨道交通的发展现状

（一）工程造价得到合理控制

工程造价，是对整个轨道交通建设工程，通过成本分析、成本预算及成本决算而得出建设工程整体的成本投入情况，并为相关企业的投资提供参考。在传统工程造价的管理中，其施工预算超支的情况，主要是因为工程造价体系的不合理，导致了施工单位在施工中，无法有效控制成本，使其工程在建设过程中出现成本超支现象，为整个轨道交通建设的有序建设造成了极为不利的影响。伴随我国相关行业发展和完善，城市轨道交通建设日趋规范化。

（二）融资渠道逐渐增多

建设城市轨道交通是一个非常大的项目，需要巨额的资金支持。想要保障轨道交通工程顺利建设，资金的支持是必不可少的。另外，社会上的资金投入也是非常重要的，所以在工程实施的过程之中，为了保证工程建造中的融资，要持续地吸收社会资金，从而来保证轨道建设工程的顺利进行。目前，我国经济水平的提升，其社会的经济主体也在不断地攀升。此种情况，为轨道交通建设的相关部门提供了优质的条件，再加上现代融资的途径与方式的多样化，可以很大程度上节省工程成本。

（三）轨道安全问题逐渐改善

安全问题是轨道交通建设的核心问题，能否安全运行成为轨道交通质量的标准和目标。安全的轨道交通运行，是城市居民日常出行的必要保障，同时也保障了人民的生命财产安全。现在，我国相关部门也对轨道交通建设安全性给予了高度重视，使轨道交通在运行及安全方面得到了完善和强化，相对应的安全问题也得到了进一步改善。

（四）多种制式和系统并存

从已建和规划建设项目的情况看，根据轨道交通技术发展趋势和不同的运能需求，我国将形成类型众多的轨道交通系统来满足城市交通需求，并引入现代控制、现代通信和现代网络等技术，使轨道交通在城市交通中发挥更大的作用，安全更有保证，服务水平不断提高。我国轨道交通已拥有大运量的地铁系统、城市高架轨道交通系统、高架跨座式单轨系统和中低运量的地面轻轨系统，另外还有高速磁浮系统、快速市郊铁路系统等。

二、我国城市轨道交通存在的主要问题

（一）现阶段道路建设力度过大

近年来，随着社会的发展需求以及国家相应出台的系列政策的支持，越来越多的城市加大了对城市轨道交通的建设力度，据不完全统计，在北京、上海、广州、深圳等一线城市内进行的年均轨道建设量可达莫斯科等城市建设量的十多倍。这虽然反映了我国经济与交通的迅速发展，但是大量交通道路建设工程的开展也带来了一系列严重的后续问题。过于密集的道路建设，不仅占用了一些不该占用的土地资源，而且也会使得现阶段的建筑人员、资金等周转困难，继而延误了工期，不利于经济的发展，此外还会对周边的居民带来一定的困扰。

（二）轨道交通投资不足，仅靠政府支持

就现阶段的发展而言，我国城市轨道交通的主要特点为建设周期较长且规模范围较大。在进行道路工程开展的过程中，进行道路修建作业可能涉及几百公里，在此过程中不仅需要大量的施工人员，还需要多种机器设备，只有这样才能够加快工程的开展速度。而为了满足上述条件，不仅需要对人才与先进的技术进行引进，而且还需要有强大的资金链支持，只有这样，才能够确保工程的顺利进行。但现在，道路修建过程中的资金均来自政府的资金投入，这无疑加剧了政府的财政压力，且在前期的投入过程中，只有投入并没有任何回收，进而导致了前期的运营收支难以平衡，而这也直接增加了贷款的压力。

（三）实际客流量与预测客流量有出入

在进行城市轨道交通规划和建设前，需要对所改建的街道进行合理的客流量预测，并以此为依据作为道路建设的参考。就我国发展的现阶段而言，预测的数据往往与实际客流量不符，且二者相差很大。比如，如果在城市内部进行道路维修，在工程完成后发现在此路段经过的客流量非常少，这就是一种对资源的浪费，不仅没有达到疏通缓解其他道路上客流量的作用，还占用了宝贵的土地资源。除此之外，现阶段的道路高峰期主要是在上班时间点与下班时间点客流量较多，而这也是造成实际客流量与预测客流量存在差异的重要原因。

（四）工作规范化差，相关制度不全面

规范、科学、合理地开展城市轨道交通工作不仅能够保证建设工作的顺利开展，也加快了工程的开展进度。现阶段，我国的城市轨道交通工作规范性相对较差，在进行交通建设工作的整体规划、土地的有效资源利用规划和交通服务规划上略显不足。有的地区在进行道路

建设的过程中，并没有考虑到现阶段该地区的实际情况，盲目跟风，一味地开展道路建设工程，而这不仅浪费了大量的土地资源，也浪费了资金，而且对该地区的实际发展没有发挥到该有的作用，严重者还影响到了区域的发展。

三、城市轨道交通的发展趋势

（一）国家政策明朗化

城市轨道交通建设能够顺利地在各个城市中进行推广和发展，离不开国家相关政策的引导和宏观把控。政府也越来越重视有关城市轨道交通的建设对现阶段人类社会带来的巨大影响。根据现阶段政府颁布的一系列规划建议书中所提到，要大力加强公共交通服务轨道的建设，尤其是针对一些大型发达的经济型城市，做好运输系统的管理对城市的发展也能够起到积极的推动作用。

（二）交通建设体系多样化

针对如何挑选符合国家政策的交通运输体系，如今也有着多种多样的选择。由于国家开始重视公共场所的交通线路建设，不仅一些经济能力较好的大城市开始建设地铁，还有一些中小城市也逐渐开始建设成本相对较低的轻轨项目。对此，许多业内人士也赞同这种扩展多种城市轨道交通方式的行为，并相信多样化格局将促进我国整体的交通水平提升到一个崭新的层次。

（三）技术精良化

随着当今时代经济的迅速发展，对于各个领域来说科技水平也达到了一个前所未有的新高度。同样在轨道交通运输领域来说，高科技也得到了广泛的运用。这不仅可以提高大型项目在运行过程中的运输效率，为各个城市的交通领域提供更加便利的服务，同时还能有效降低开支，使轨道交通建设进入到一个全新的发展阶段。

（四）投资主体多元化

轨道交通的建设需要巨额资金，如果只依靠政府，会给财政带来巨大的压力，尤其是在目前轨道交通规模越来越大的环境下，为了解决轨道交通建设资金问题，许多城市都在走投资主体多元化的道路。政府在轨道交通投资多元化中起着很重要的作用，显而易见，轨道交通沿线的商业开发会带来可观的经济效益，所以社会资本也愿意参与到轨道交通投资多元化的潮流中。在实际操作中，许多城市的政府正在建立政府投入少量资金起导向作用，让社会资本参与到轨道交通建设中的模式，通过这种模式来解决财政资金紧张与城市轨道交通建设规模不断扩大的矛盾，进一步提高社会资本在轨道交通建设中的占比。

（五）运营市场化

在以往的轨道交通运行模式中，有采用国有垄断经营模式，也有采取市场化经营模式。根据实践证明，市场化经营模式更有利于提高轨道交通的竞争力，提高服务质量。国有垄断经营模式，会增加运营成本，降低运营效率，使轨道交通失去活力，错失机遇，降低服务质量。市场化的经营模式，可以根据市场风向，及时做出有利于轨道交通运营的决策，提高运营效率，降低运营成本，将利益最大化，有利于轨道交通的健康、持续发展。总体上说，我国轨道交通市场化程度还不够高，有关部门应该鼓励轨道交通市场化运作，依靠市场规律，更好地发展城市轨道交通。

（六）管理法制化

管理法制化即利用法律来管理轨道交通。目前我国轨道交通规模越来越大，城市轨道交通涉及的利益群体也日渐庞大，投资者、经营者、管理者、消费者之间的法律关系权利和义务都需要明确。所以，法制化管理轨道交通是必然的选择。首先，管理法制化可以降低轨道交通运行风险，轨道交通在建设、运行、管理的过程中，难免会出现不可预见的问题，通过法律来规定权利和义务，才能够及时明确责任人，确定处理方案，保障轨道交通运行；其次，通过法制化管理可以规范投资方、建设方、管理方的行为和维护彼此的合法利益，通过法制来规范政府、企业和市民的行为，使政府、企业和市民均在法律的约束下投资轨道交通或使用轨道交通，同时，当政府、企业和市民的权利受到侵犯时，通过法律来维护各方的利益；最后，法制化管理可以让轨道交通建设、运行更加透明、公平、公正。轨道交通建设是关乎城市发展的重要决定，法制化管理可以让轨道交通建设在投资、建设、运行、管理等各个阶段更加公平、公正，一方面可以保障轨道交通建设的正常进行，另一方面也保障了人民群众的知情权，让人民群众可以监督轨道交通的建设与运营。

第二章　城市轨道交通线路及轨道结构新技术

第一节　概　述

当前我国城市化处于高速发展时期，作为城市公共交通的重要组成部分，城市轨道交通以其大容量、准时快捷、安全高效、低碳环保等优势，成为当前及今后一段时期内我国城市交通发展的重点。同时，轨道交通的修建对城市既有建筑环境也具有潜在威胁，其线路往往沿城市主干道方向布设，不可避免地将穿越大量地下管线、河湖及周边建构筑物；另一方面，轨道交通建设受线路限制往往难以避开富水的砂卵石、粉细砂等不良地层，这使得施工更具复杂性。

一、线路组成

1. 线路的空间设置

城市轨道交通线路空间设置有地下、地面和高架三种方式。

地下线路置于地下隧道中，与地面交通完全分离，基本上不受地面气候影响。但需要较大投资，较高的施工技术，较先进的管理，完善的环控、防灾措施与设备。相对而言，运营成本较高，改造、调整与维护均较困难。

地面线路一般采用独立路基的方式，减少与地面道路交通的互相干扰。优点是造价低，施工简便，运营成本低，线路调整与维护较易。其不足是运营速度难以提高（有部分平交道口），容易受气候影响，乘车环境难以改善，有一定的负效应（如噪声、景观等）。

高架线路设在高架工程结构物上，与地面交通无干扰。造价介于地下与地面之间，施工、维护、管理、环控、防灾诸方面都较地下线路方便；但要占用一定的城市用地并有光照、景观、噪声等负效应，也受气候的影响。

2. 线路的主要组成

线路由下部基础及上部建筑组成。

对于线路下部基础，城市轨道交通多采用整体道床结构。城市轨道交通中多采用无砟道床结构，主要用于地下隧道与高架线路。最为普遍的是混凝土整体式道床，即将道床路基轨枕组合形成钢筋混凝土整体结构的轨下基础。

城市轨道交通道岔是线路上供列车安全转线的设备，它用来使车辆从一股道转向或越过另一股道。为满足运营需要，地铁正线上设有9号单开、5 m间距交叉渡线和复式交分等多种道岔，一般都是经过特殊设计的非标道岔。

017

城市轨道交通线路为无缝线路，普通线路上的钢轨接头是轨道结构的薄弱环节之一，它不仅对线路设备、列车的使用寿命、旅客的舒适度等有不良影响，还直接威胁行车安全。为减少接头，把许多根普通长度的钢轨焊接起来形成长钢轨线路，称为无缝线路。除了在道岔区、小曲线段，上海地铁正线均为无缝钢轨。

二、轨道结构

城市轨道交通轨道包括直线轨道和曲线轨道。

1. 直线轨道

轨道由直线和曲线组成。直线部分的方向应保持平直，两股钢轨之间应保持一定的距离。轨距为两股钢轨头部内侧与轨道中线相垂直的距离。因为轨底坡的缘故，规定轨距应在钢轨头部内侧面下 16 mm 处量取。目前，世界大多数国家地铁和轻轨普遍采用 1 435 mm 轨距，也称为标准轨距。我国城市轨道交通线路的轨距都采用 1 435 mm。

2. 曲线轨道

轨道交通车辆在曲线轨道上行驶时，由于车辆固定轴距的影响，转向架前一轮对的外轮轮缘和后一轮对的内轮轮缘紧贴钢轨，致使行车阻力增大，轮轨磨耗加剧。

为使轨道交通车辆能顺利通过曲线，半径等于及小于 200 m 曲线地段轨距要适当加宽。

轨道交通车辆在曲线轨道上运行时产生了离心力，为了平衡这个离心力，需在曲线轨道上设置外轨超高，即把曲线外轨适当抬高，借助车辆重力的水平分力以平衡离心力，从而达到内外两股钢轨受力均匀、垂直磨耗均等，使旅客不因离心加速度的存在而感到不舒适，以及提高线路横向稳定性，保证行车安全。

三、城市轨道交通线路及轨道结构传统技术的不足

城市轨道交通线路是城市轨道交通车辆运行的基础。

城市轨道交通地下线采用明挖法时，为减少土方开挖量，线路埋深应尽可能地浅；当采用暗挖法时，应选择较好地层，一般埋设深度较深。

城市轨道交通高架线结构必须在保证功能要求、结构安全、耐久性的前提下，满足城市规划和城市景观的需要。

传统技术下的城市轨道交通线路的轨道线路及结构存在以下不足：

（1）在城市轨道交通线路施工方面，传统技术一般采用明挖法，土方开挖量大，造价较高，对地面交通影响较大，施工周期长。

（2）在城市轨道交通线路管理方面，缺乏较先进的管理，在环控、防灾措施与设备等方面也有一定的欠缺。部分轨道线路产生环境污染、噪声等负面影响。

（3）在城市轨道交通线路运营维护方面，城市轨道交通运营成本较高，线路的改造、调整与维护均较困难。

（4）对于城市轨道交通轨道结构，城市轨道交通线路并非无缝线路，而普通线路上的钢轨接头是轨道结构的薄弱环节之一，它不仅对线路设备、列车的使用寿命、旅客的舒适等有

不良影响，还直接威胁行车安全。城市轨道交通线路的轨道结构也是影响城市轨道交通列车运行速度提高的因素之一。

近年来，设计理念的跨越发展，新技术、新设备、新工艺的不断涌现，推动了轨道交通建设的高速发展。城市轨道交通线路新技术主要体现在线路勘测、线路施工、线路管理等方面。

第二节　线路勘测新技术

一、轨道部件检测技术

目前国外的轨道检测技术都是基于轨道无损检测技术（简称 NDE），此研究开始于 1877 年。1928 年，Sperry 先生开发了世界上第一台高速磁感应传感器钢轨检测车，1960 年超声传感器首次安装在 Sperry 测试车上。纵观 NDE 技术，主要包括视觉检测、超声、磁感应、放射技术、交变电流场、电磁声学和涡流感应技术等。

（一）可视轨道检测系统

以前视觉检测只能靠有经验的技师进行巡道目测，最近几年，以摄像机为基础的可视系统得到了广泛的应用。这些系统根据功能可分为四大类：① 轨道检测系统；② 车辆检测系统；③ 维修和运营系统；④ 与乘客相关的系统。

自动可视系统使用高速摄像机来捕捉轨道图像，再利用软件分析采集信息，如图 2-1 所示。该系统用于测量轨头形状、钢轨磨耗率、轨缝、轨枕、道砟缺失、道砟脱空时的轨下垫层状态、螺栓缺失和表面伤损，包括滚动接触疲劳（RCF）和钢轨波磨等，该系统的运行速度为 60~320 km/h。

图 2-1　自动可视系统示意图

（二）超声技术

超声技术的物理学原理是：在用普通超声探头检测钢轨时，压电体发射一能量束到钢轨上，能量束被反射或者散射，再利用若干传感器对其进行捕捉。利用这一原理开发出许多超声技术检测设备：人工检测小车、高速钢轨测试车和车载钢轨测试车，如图 2-2 所示的大型探伤车。

图 2-2 大型探伤车

近年来，又开发出无接触式的激光超声检测技术，改变了传统的超声设备必须同被测物体表面接触进行检测的限制，通过在距被检测物体表面一定距离内发射激光束，然后利用摄像机捕捉反射或者是散射后的激光束，从而获得被测物体的信息，使检测的灵敏性和可靠性提高。

（三）脉冲涡流（PEC）

多年来，涡流技术仅仅限于单个钢轨焊接的表面检测，因此，涡流系统也只能用于人工检测 RCF 缺陷和其他表面损伤。现在，随着涡流技术的发展，开发出了高速钢轨涡流检测系统。在检测中，比较重要的一点就是要调整涡流探头，以使信号不受影响，而且灵敏度也不会因为离物体表面距离的变化而出现波动。图 2-3 所示为涡流检查原理图。

（四）磁感应（MFL）

磁感应的原理就是在钢轨一定距离上放置检测线圈或探头，来探测轨头周围直流电磁场区域的任何变化。MFL 的缺点是传感器只能探测离表面很近或者沿表面的缺陷。如轨头上的 RCF 裂缝，但不能探测与磁力线平行的深层缺陷或者瑕疵。而且 MFL 受检测速度的影响，速度越高，轨头的磁流密度越少，因此，需要与霍尔探头相配合以提高灵敏度。图 2-4 所示为磁感应检测原理图。

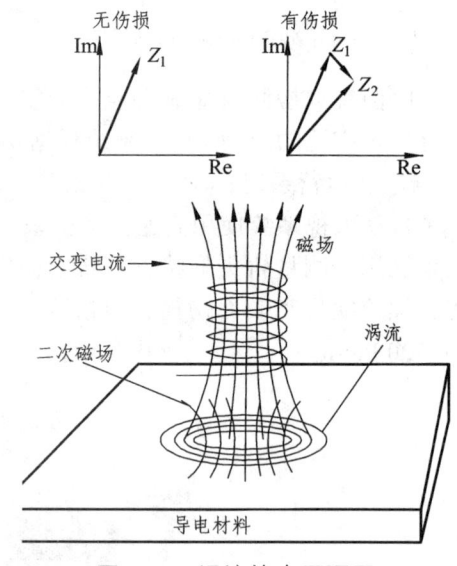

图 2-3 涡流检查原理图

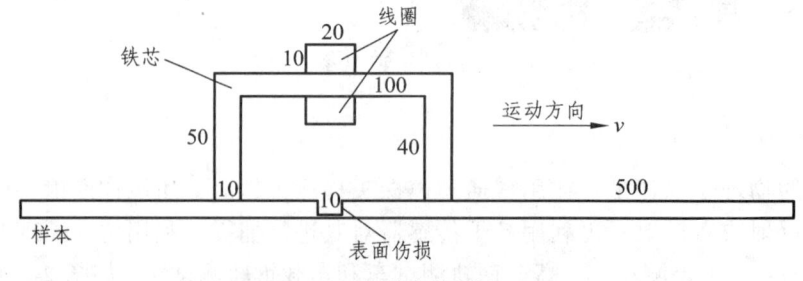

图 2-4 磁感应检测原理图

（五）放射技术

放射技术主要使用的是 γ 射线或者是 X 射线，探测时使用数字探测器（数字放射技术）。但放射技术涉及健康和安全问题，需要严格控制暴露时间，因此，放射技术只能通过其他 NDE 技术定位出缺陷位置之后，再利用该技术进行证实，或者是当使用其他方法都不可靠时，只能采用放射方法作为替代。图 2-5 所示为数字放射系统。

图 2-5　数字放射系统

（六）交变电流场（ACFM）

交变电流场技术是一种电磁检测方法，该技术的理论基础是在任何导体表面附近均可产生感应交变电流。从远处向检测区域输入直流电，如果检测区域没有缺陷存在，电流将不会发生变化。如果检测区域存在缺陷，电流将发生变化。

由于交变电流在近表面区域流动，不会影响物体的整个几何形位，同时物体表面的电流感应磁场也会由于缺陷的存在而发生变化。图 2-6 所示为交变电流场技术原理图。

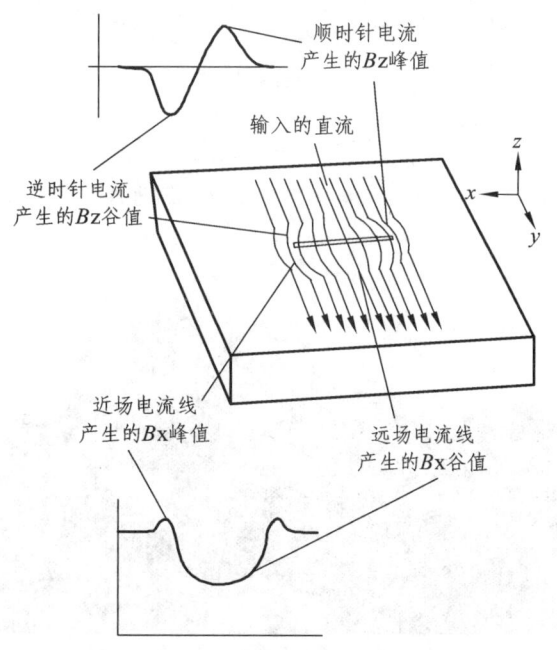

图 2-6　交变电流场技术原理图

该技术的检测探头可以精确测量磁场的变化，在不损失信号的前提下可距离物体表面大于 5 mm 进行检测，而且 ACFM 探头可制作成标准铅笔探头或多维探头阵列。但 ACFM 检测技术只能用于近表面裂缝测量，检测的灵敏度很大程度上取决于被检测金属的电磁特性。该技术一开始应用在测力轮对上，后来发展到人工操作 ACFM 小车来探测 RCF 裂缝，再后来发展到布置成 ACFM 阵列，以适应于被检测轨头的形状。不仅如此，ACFM 在高速检测和量化 RCF 裂纹方面具有非常广阔的发展前景，目前伯明翰大学正在致力于研究降低因探头离物体表面过远而对检测灵敏度所带来的影响，并提高对波磨和打磨轨迹的检测灵敏度，使检测速度提高到 32 km/h。

（七）电磁声学传感器（EMAT）

电磁声学传感器是靠通电导体及磁体产生或者探测超声波。磁场的方向性、感应线圈的几何形状、被检测物体的物理和电特性对产生的超声波类型影响很大。Tektrend 公司基于 EMAT 技术开发了一种叫 RailPro 钢轨检测车，使用几个 EMAT 模块来产生超声面波和体波，可以检查整个钢轨截面，检测速度达到 5~9 km/h。

EMAT 技术不受检测速度的影响，对升降变化敏感，性能受钢轨表面质量影响（例如严重的打磨轨迹），检测深度为 2~15 mm。图 2-7、图 2-8 所示为电磁声传感器原理图和检测设备。

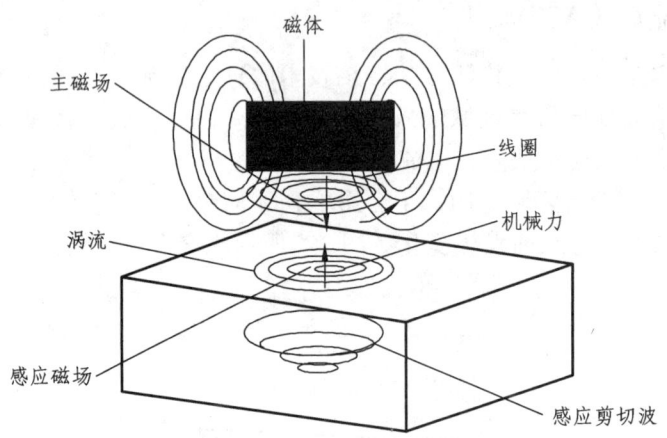

图 2-7　电磁声学传感器原理图

图 2-8　电磁声学传感器检测设备

（八）声学轨道监测

AEA 公司使用安装在列车上的声学设备来测试钢轨缺陷，该设计理念是基于探测轮轨接触表面滚动噪声的变化。声学轨道监测技术可以用于探测几类缺陷，如钢轨断裂、剥离、掉块、钢轨磨耗、道砟恶化、曲线轨距发生变化等。

（九）声学脉冲

声学脉冲技术不是探测由钢轨缺陷所产生的信号，而是用外部源来感应超声波，再利用传感器来探测频谱变化，目前利用该技术开展的工作还很有限。

二、无缝线路检测技术

（一）轨温检测

英国的无线遥感勘测专家 Radio-Tech 公司开发了一种新型无线自动轨温监测系统，简称 RTM，并获得了 Network Rail 的支持。该系统是全自动的，由电池供电，可以连续有效地监测轨温。现在 RTM 系统在进行了风险评估和现场试验之后，已经获得了 NR 的认可，使人工监测更加精确、可靠。该系统由非侵入的钢轨探测器构成，直接安装在钢轨轨底，用于监测轨温，然后探测器将数据传送到 70 m 以外轨道旁的无线数据采集器中。数据采集器将数据反馈给运行 RTM 软件的中央服务器，并监测温度。同时，服务器也将数据传送到因特网、局域网或是通过手机短信系统进行传输，使得工作人员远程获得所有信息，满足监、测、报的要求。图 2-9 所示为轨温检测系统的轨旁设备。

图 2-9　轨温检测系统的轨旁设备

美国联邦铁路局开发了一种锁定轨温检测装置，它是由一个传感器元件和输出元件组成的，前者利用磁性安装在轨腰上用于检测锁定轨温，每隔一定时间采集钢轨应变和温度数据，并将其储存起来，输出元件由小型的接收器/全球卫星定位系统传感器组成，并同笔记本电脑相连，可从最大 200 英尺（ft）的距离外接收来自传感器的数据信息，如图 2-10 所示。

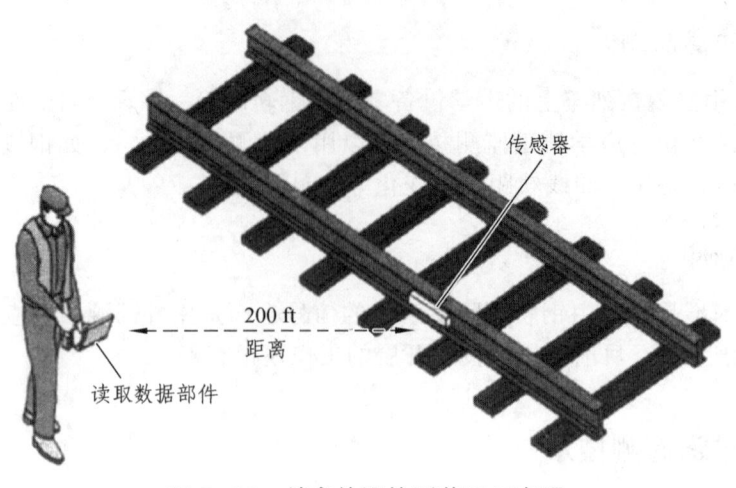

图 2-10 锁定轨温检测装置示意图

(二)无缝线路温度力的检测

在城市轨道交通的正常运营阶段,容易因为道床松散或扣件松动等问题导致无缝线路存在累积爬行等情况,纵向应力分布难以达到均匀性,且会造成胀轨、断轨等缺陷问题。因此,研究和应用纵向力检测装置能准确地测定轨道的纵向力变化情况,可更好地确保无缝线路达到运行安全性的标准。世界范围内各国家都投入大量的成本研究纵向力检测装置,研发出的无缝钢轨温度应力检测方式也较多,主要有应力法、能量释放法、应变法、声测法等几种类型,这些都是中外研究学者长期研究的结果,并且取得了较好的成绩,大幅提高了当前的轨道检测技术水平。

(1)直接测量钢轨变形法。

该方式可结合应力应变的工作原理检测确定钢轨的变形量参数,然后确定是否存在损坏问题,主要使用的设备是机械应变仪、电阻丝变形计等基础的设备。但是在应用该方式前,须充分地了解零应力条件下的轨温数据,并根据轨温的变化趋势进行无缝线路锁定轨温检测,这种操作方式难度比较高。

(2)钢轨振动法。

采用检测确定钢轨振动特点来进行,主要是检测确定钢轨纵向应力参数。

(3)声振法。

英国铁路技术研究中心研究出采用声振法进行检测,具体是通过使用测量传感器内的张丝固定频率伴随着轨温应力大小而发生变化的基本原则,就能检测确定传感器直径 2.54 cm。但是该检测方式应用的过程中,会给钢轨造成一定程度的损坏,进而影响无缝线路的正常运行,造成比较大的危害。

(4)音响弹性测量法。

主要工作原理是应力会直接导致音速出现一定程度的变化,然后确定纵向应力数据。

(5)巴克豪森法。

该方式就是通过磁场内增加强磁性材料,因为发生该效应之后能在铁磁材料的表面检测出感应电脉冲信号。该噪声能直接反映出磁性体随着应力变化而发生的变化,从而准确地计算确定轨道出现的缺陷问题。

（6）X 射线法。

该技术检测的物理工作原理就是材料的表面晶面间隔因为受力发生变化而产生一定的变化，这种比较小的变化情况可使用 X 射线能检测出来，然后就能准确地确定钢轨的应力参数。传统的 X 射线法所应用的设备内部复杂性高且设备重量较大，所以不会应用到多种环境中，但是近年受益科技的发展，便携式的 X 射线设备被研发和应用，可以应用的范围也逐步扩大，所以该技术被广泛使用，产生的效果非常好。

（7）超声波应力测定仪。

轨温在出现了一定的变化后，超声波传播的速度就会发生一定的变化，检测系统可通过该现象的变化测定钢轨的纵向应力。虽然钢轨的纵轴输入纵波会存在比较高的难度，但是在表面传播可顺利地进行，而在钢轨的腹部位置上需设置较易拆除的卡具测定器。为了使测量精度达到要求，可根据需要预先确定初始值，要明确无应力条件下的长轨超声波的传播时间，再测定准确锁定轨温状态下的传播时间，就能准确判定钢轨的纵向力参数。从当前的检测结果可发现，钢轨拉应力越大，传播的速度会越慢；反之，则越快。

三、GPS RTK 技术

（一）GPS RTK 技术简介

GPS RTK 定位技术是以载波相位观测值为根据的实时动态定位技术，它将 GPS 与数据传输技术相结合，实时解算并进行数据传输，能够实时提供流动站在指定坐标系中的三维定位结果，并达到厘米级精度。GPS RTK 系统由 GPS 信号接收系统、数据实时传输系统、数据实时处理系统 3 部分组成。GPS RTK 定位有两种测量模式：快速静态定位和动态定位，实际作业中两种定位模式相互结合，既可以解决线路勘测中诸如中桩放样测量、横断面测量、线路纵断面测量、地形测量，又可以解决线路勘测中一定等级控制测量（平面或高程）等。

（二）GPS RTK 技术在线路勘测中的应用

1. 地形图测量

工程线路选线多是在大比例尺（通常是 1∶2 000 或 1∶1 000）带状地形图上进行，用传统方法测图，先要建立控制网，然后进行碎部测量，绘制成大比例尺地形图。其工作量大，速度慢，花费时间长。用实时 GPS 动态测量，仅需一人背着仪器在要测的地形地貌碎部点停留 1~2 s，并同时输入特征编码，通过手簿可以实时知道点位精度，把一个区域测完后回到室内，由专业的软件接口就可以输出所要求的地形图。这样用 RTK 仅需一人操作，不要求点间通视，大大提高了工作效率，采用 RTK 配合电子手簿可以测设各种地形图，如普通测图、铁路线路带状地形图的测设，公路管线地形图的测设，配合测深仪可以用于测水库地形图、航海海洋测图等，而且采集速度快，大大降低了测图的难度，既省时又省力。

2. 一般工程的控制测量

用 GPS 建立控制网，最精密的方法应属静态测量。对于大型建筑物，如特大桥、隧道、互通式立交等进行控制，宜用静态测量。而一般工程的控制测量，则可采用实时 GPS 动态测量。这种方法在测量过程中能实时获得定位精度，当达到要求的点位精度，即可停止观测，大大提高了作业效率。由于点与点之间不要求必须通视，使得测量更简便易行。实践及研究均证明，用 GPS 快速静态定位测量方法建立测区平面控制网的精度完全能够代替一、二级导线网，高程控制网的精度完全能够代替四等水准测量网，满足线路勘测要求及一般工程测量要求。

3. 中桩测设

采用实时 GPS 测量，只需将中线桩点的坐标输入 GPS 接收机中或线路元素输入 GPS 手簿，调用 GPS 线路计算程序计算相应里程中桩坐标，系统就会指示出放样的点位。由于每个点位的测量都是独立完成的，不会产生累积误差，各点放样精度趋于一致。

4. 纵、横断面测量

线路中线确定后，利用中线桩点坐标，通过绘图软件，即可给出路线纵断面和各桩点的横断面。由于所用数据都是测绘地形图时采集来的，因此不需要再到现场进行纵、横断面测量，从而大大减少了外业工作。如果需要进行现场断面测量时，也可采用实时动态 GPS 断面测量功能。与传统方法相比，在精度、经济、实用各方面都有明显的优势。

四、轨道精密三维测控技术

（一）测量体系

轨道精密三维测控技术的主要内容是建立自由测站三维边角测量网、应用轨道几何状态测量仪进行轨道精密测量，从而指导轨道精调施工、轨道精密验收检测等。自由测站三维边角测量网可为调线调坡测量、设备安装测量、轨道的铺设、轨道的精调、沉降变形监测和运营维护等提供服务，在轨道工程施工前、施工中以及施工后的各个不同阶段提供统一的三维测量控制基准，并通过研究先进的仪器设备和技术手段进行三维的测量与控制，可使轨道的相对精度达到毫米级，实现轨道的高平顺性与高稳定性。新体系包括了一整套与目前轨道施工工艺配套的测量标准和技术规程，对今后轨道的设计、施工及运营提出相关的改进和优化建议。

（二）自由测站三维边角交会测量网

自由测站三维边角交会测量网，是在城市轨道交通地面控制网（或经联系测量）、地下施工控制网的基础上按分级布设的原则进行布设的。通过研发专用的数据采集与处理软件系统，与智能型全站仪进行控制指令与数据的交换，实现了轨道控制网测量数据采集过程的自动一体化。通过研发专用的测量组件，实现了轨道基础控制点长期稳定保存。下面从控制点位布设、测量组件、测量方法及成果形式方面介绍该网。

1. 控制点布设

控制点按 30~60 m 的纵向间距，成对布设于线路两侧的隧道侧墙、中隔墙或站台廊檐上，高于轨面 0.7~1.2 m。

考虑到隧道空间狭小、设备管线纷繁复杂，要满足长期保存、结构稳定、高度合适、便于建设与运营阶段测量的要求，在布设点位前，应与线路设计单位沟通，将控制点与应急平台、消防水管、电缆支架的设计位置进行综合设计；与机电设备安装单位进行沟通，在管网布设时，避开控制点。

2. 三维测量组件

城市轨道交通专用三维测量组件包括预埋件、棱镜杆及精密测量棱镜，棱镜杆用于连接精密测量棱镜与预埋件，在使用时安装上棱镜，再将其安装在预埋件中。该组件均由 1Cr18Ni9 不锈钢材料制作，标志重复安置精度和互换安装精度 X、Y、Z 的三方向分别小于 0.4、0.4、0.2 mm。预埋件直接安放棱镜，属于强制对中，消除了棱镜的对中误差，也易于控制点的保护，可供建设和运营长期使用并保存。

3. 外业测量

采用自由测站边角交会的方法测量，每个自由测站观测 4 对控制点，测站间重复观测 3 对控制点，每个控制点有 4 个自由测站的方向和距离，具体测量方法如图 2-11 所示，平面测量主要技术要求如表 2-1 所示。水平方向采用全圆方向观测法进行观测，水平方向观测应满足表 2-2 的要求。

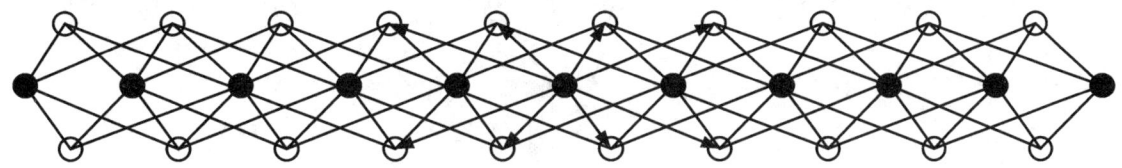

图 2-11　自由测站三维边角交会测量网

表 2-1　测量方法与主要技术要求

测量方法	方向观测中误差/″	距离观测中误差/mm	相邻点的相对中误差/mm
自由测站边角交会测量	1.8	1.0	1.0

表 2-2　水平方向观测技术要求

控制网	仪器等级	测回数	半测回归零差	不同测回同一方向 2C 误差	同一方向归零后方向值误差	2C 值
自由测站三维边角交会测量网	0.5″	2	6″	9″	6″	15″
	1″	3	6″	9″	6″	15″

距离观测采用多测回距离观测法，应满足表 2-3 的要求。边长观测应实时地在全站仪中输入温度和气压进行气象元素改正，温度读数精确至 0.2 ℃，气压读数精确至 0.5 hPa。

表 2-3　距离观测技术要求

控制网	测回数	半测回间距离误差/mm	测回间距离误差/mm
自由测站三维边角交会测量网	≥2	±1	±1

高程采用自由测站三角高程测量方法进行高程测量，与平面测量同时进行。自由测站三角高程进行观测时，除满足平面网的外业观测要求外，还应满足表 2-4 的技术要求。

表 2-4　高程外业观测主要技术要求

全站仪标称精度	测回数	测回间距离误差/mm	测回间竖盘指标差误差/″	测回间竖直角误差/″
≤1″，1mm +1ppm	≥3	≤1	≤9	≤6

4. 与起算点的联测

（1）与平面起算点的联测。当沿线布设有施工控制网（或贯通导线）时，应每隔 300 m 左右联测 1 个平面施工控制点。同时，应联测每个车站布设的地下平面起算点（经联系测量传递的控制点）。与平面起算点联测时，应通过2个或2个以上自由测站进行联测，如图 2-12 所示。

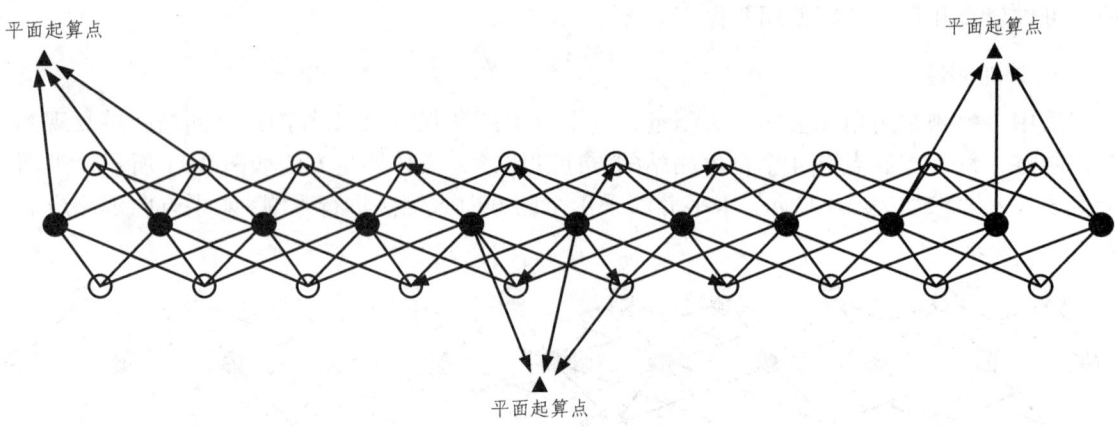

图 2-12　与平面起算点联测示意

（2）与高程起算点的联测。每隔 1 km 左右与水准基点进行高程联测。与水准基点的联测采用水准测量时，应按二等水准测量要求进行往返观测；与水准基点的联测采用三角高程测量时，应在水准基点上架设固定高度的棱镜，并在不同的 3 个自由测站对其进行观测。

5. 数据处理

进行三维数据处理时，先采用独立三维自由网平差，再采用合格的平面、高程起算点进行固定三维约束平差，以下为数据处理步骤。

（1）解算三维概略坐标。是对所选择的平差文件进行概略坐标的推算，概略坐标的正确与否，将直接影响误差方程开列的正确性。

（2）三维自由网平差。是对所选择的三维平差文件进行三维自由网平差，以检查观测数据的内符合精度及其与控制点已知坐标的兼容性。在自由网平差报告中，验后单位权中误差反映了观测数据的内符合精度，尺度 K 和控制点变换后较差反映了观测数据与控制点已知坐标的兼容性。当控制点变换后较差较大时，可在控制点坐标文件中将较差较大的控制点剔除，重新进行自由网平差。

（3）三维约束平差。是对所选择的三维平差文件进行三维约束平差，并输出平差结果。三维约束平差结果包括：方向平差结果、斜距平差结果、天顶距平差结果、各测站大气折光系数、三维平差坐标及其精度、方位角、斜距、天顶距及其相对精度、三维控制网总体信息、方差分量估计结果。

（4）搭接点平滑处理。是对相邻区段的重叠点进行平滑处理，形成全网统一坐标。

（三）轨道三维精密测量与控制

长轨枕埋入式整体道床主要应用于我国轨道交通的一般减振要求地段，是城市轨道交通正线及辅助线一般地段采用的道床结构类型。以长轨枕埋入式整体道床为例，说明轨道三维精密测量与控制的方法，既有轨道施工工艺改进后的工艺流程见图 2-13。

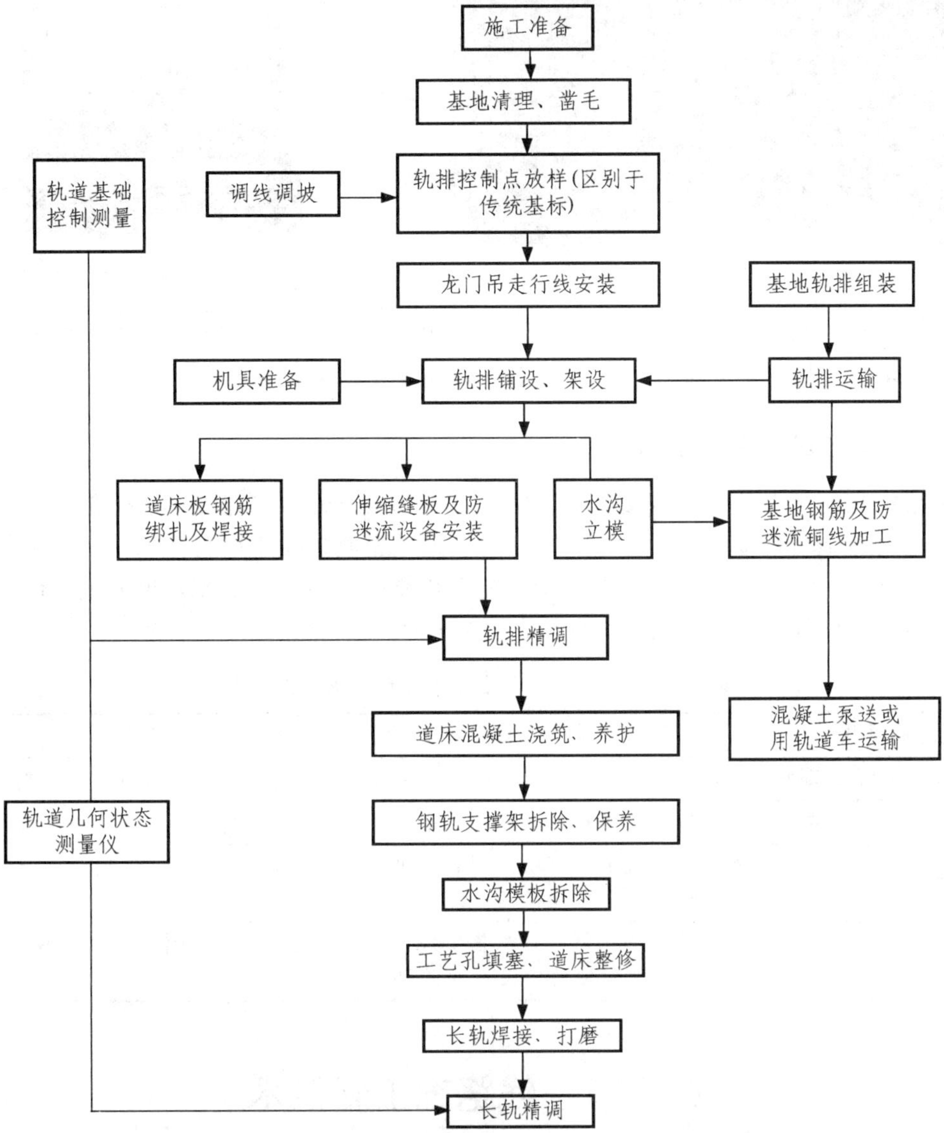

图 2-13　轨道三维精密测量与控制施工流程

轨排精调采用全站仪自由设站配合轨道几何状态测量仪进行。将自由测站三维边角交会测量网测量成果坐标导入智能型全站仪中，并将线路平面、纵断面设计参数和曲线超高值等录入轨道几何状态测量仪。轨道检测利用自由测站三维边角交会测量网坐标成果进行全站仪自由设站（后方交会），确定全站仪的三维坐标，然后将轨道几何状态测量仪推动到待检测部位，通过全站仪观测轨道几何状态测量仪上的棱镜，实时显示当前轨道位置与设计位置的偏差，经过人工调轨，来精确控制轨道的实际位置与理论位置的绝对偏移量，以使轨排达到设计要求。轨道检测方法如图 2-14 所示，由轨道几何状态测量仪上配套的电脑实时显示待检测位置的设计与实测的偏差（见图 2-15）。

　　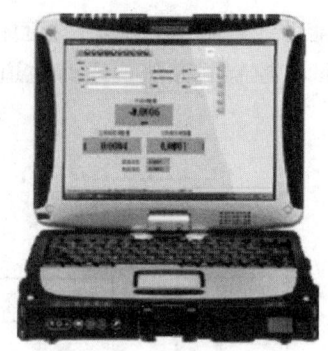

图 2-14　轨道三维精密测量与控制施工　　　　图 2-15　轨道偏差三维实时显示

轨道精确测量与调整后，轨道的中心线、轨顶面高程允许偏差及轨道的平顺性指标均应满足规范要求，自检合格并报监理工程师验收后再浇筑道床混凝土。

（四）轨道三维精密验收检测

轨道结构几何状态的好坏直接影响着轨道行车的安全性、平稳性和舒适性。衡量轨道的几何状态主要有绝对精度和相对精度两方面。轨道精密测量技术以自由测站三维边角交会测量网坐标为基准，通过轨道几何状态测量仪配合智能型全站仪来实现轨道的绝对位置与相对平顺性的检测。检测原理、方法及工具如表 2-5 所示。

表 2-5　轨道精密三维测控原理、方法及工具

轨道测量指标	轨道精密三维测控原理、方法及工具
绝对位置（平面、高程）	轨道几何状态测量仪基于坐标测量，全站仪自由设站确定绝对位置
轨距和水平（超高）	轨道几何状态测量仪内置高精度传感器进行轨距、超高的测量
轨向、高低	利用轨道几何状态测量仪进行数据采集，基于数值分析，通过配套软件计算出平顺性指标，设定任意波长
里程	将轨道几何状态测量仪棱镜中心坐标投影到设计平曲线，以投影点的里程作为当前检定位置的里程

第三节　线路施工新技术

一、浅埋暗挖法

1948 年，奥地利专家 L.V.Rabcewicz 设计了建立在使用新建筑材料前提下的，并且安全经济的隧道开挖方式及支护结构形式，并于 1963 年形成系统理论，定名为"新奥地利隧道建造法"，简称"新奥法"（NATM）。我国于 20 世纪 80 年代在军都山铁路双线隧道进口段首次应用新奥法（NATM）原理进行了浅埋暗挖施工技术的研究和试验，随后在 1986 年北京地铁复兴门折返段应用这种新技术并获得成功；20 世纪 90 年代北京地铁复八线全面推广浅埋暗挖法修建了约 13.5 km 的地铁区间段及西单、天安门西、王府井和东单 4 座地下暗挖车站。复八线的成功建设，丰富、发展了浅埋暗挖法，创造出了一整套城市地铁工程暗挖新技术、新工艺、新方法。

浅埋暗挖法原理是利用土层在开挖过程中短时间的自稳能力，采取适当的支护措施，使围岩或土层表面形成密贴型薄壁支护结构的不开槽施工方法，主要适用于黏性土层、砂层、砂卵层等地质。应用该法在我国已成功建成许多地铁工程、城市过街地下通道、地下商场等。浅埋暗挖法的实质内涵是"十八字"方针，即管超前、严注浆、短开挖、强支护、快封闭、勤量测。设计和施工的关键与辅助施工技术主要有降水、土体加固、超前支护、土方开挖与初期支护、土方地下水平运输与垂直提升、地下结构防水施工、与周边建（构）筑物隔离技术、监测技术与信息化施工等。

浅埋暗挖法施工因掘进方式不同，可分为全断面法、正台阶法、环形开挖预留核心土法、单侧壁导坑法、双侧壁导坑法、中隔壁法、交叉中隔壁法、中洞法、侧洞法、柱洞法等。"一次扣拱暗挖逆作法"新技术的应用，实现了地下工程暗挖施工法的新突破，目前已经形成了"一次扣拱法"设计与施工成套技术，并取得国家发明专利。

近年来，围绕浅埋暗挖法所形成的各种新工法均是将开挖面以大化小、多导洞并充分利用初支结构进行暗挖作业，最终形成满足轨道不同功能的大尺度地下空间。该方法在城市中心区、建构筑物复杂、施工场地狭小等地区有显著优势，其以大化小的思路很好地解决了地铁施工所面临的脆弱周边环境、复杂地质条件等问题。

二、盾构技术

我国盾构施工技术始于20世纪50年代后期，1957年北京市政采用直径2.0 m和2.6 m的手掘式盾构进行城市下水道施工，系统的全面盾构试验是1963年于上海塘桥正式起步的。1996年北京地铁复八线引入插刀式盾构，盾构施工技术在北京获得实质性的工程应用。进入21世纪后，随着轨道交通工程的大规模建设，盾构施工技术在不同深度的浅埋典型地层中得到了广泛的应用和发展。以北京地铁建设为例，自2000年北京地铁5号线盾构施工地铁区间隧道开始，相继随着4号线、10号线、机场线、9号线、大兴线、6号线、8号线、亦庄线等线路的全面开工而投入使用，6号线（二期）、7号线、14号线、昌平线二期、16号线等新建线路中大量采用土压平衡盾构技术修建区间隧道，如6号线二期共计7个区间全部采用盾构法施工。北京地铁8号线三期、6号线西延和3号线、12号线、17号线和燕房线北延段等也大量采用盾构进行区间隧道的施工。

盾构施工技术是一种机械化和自动化程度较高的隧道掘进施工方法，其基本工作原理就是一个圆柱体的钢组件沿隧洞轴线边向前推进边对土壤进行挖掘。该圆柱体组件的壳体即护盾，对挖掘出的还未衬砌的隧洞段起着临时支撑的作用，承受周围土层的压力，有时还承受地下水压，可将地下水挡在外面，挖掘、排土、衬砌等作业在护盾的掩护下进行。

盾构施工主要包括稳定开挖面、挖掘及排土、衬砌（壁后灌浆）三大部分，盾构机主要由开挖系统、推进系统、排土系统、管片拼装系统，油压、电气、控制系统，姿态控制装置、导向系统、壁后注浆装置、后方台车、集中润滑装置、超前钻机及预注浆、铰接装置、通风装置、渣土改良装置及其他一些重要装置（如盾壳、稳定翼、人闸等）组成。目前地铁施工中使用的盾构机以日本和德国设备为主。随着国产化设备的发展，国产盾构机的应用比例将会逐步提高。

盾构施工根据其适用的土质及工作方式的不同主要分为压缩空气式、泥浆式、土压平衡式等不同类型；具有自动化程度高、节省人力、施工速度快、一次成洞、不受气候影响、可控制地面沉降、减少对地面建筑物的影响、水下开挖不影响水面交通等特点；在隧洞较长、埋深较大的情况下，此法更为经济合理。随着刀盘优化、渣土改良方法与改良剂的不断更新，尤其是能实现远程实时监控和管理的盾构施工实时信息管理系统的出现，使得盾构技术必将在轨道施工中得到更加广泛的应用。

三、真空管井复合降水技术

（一）技术内容

在地铁建设过程中，如何处理好地下水是一大难题。地下水对隧道的整体稳定、隧道底的隆起稳定、隧道管涌、流沙以及承压水对隧道底部的突涌等都将产生一定的影响。北京地铁暗挖段施工较多，如果降水效果不好，侧壁滞留水直接影响到暗挖施工的进度和安全。明挖段由于支护结构与主体结构之间没有肥槽以及新型防水材料的应用也对降水效果提出了很严格的要求。

真空管井复合降水技术的基本原理就是在井管和填料及地层中形成一定的真空度，使含水层和井管及填料之间形成更大的压力差，一方面提高重力水流速，另一方面削弱毛细管作用力使更多毛细水被抽出，达到增加出水量和增大降深目的。

真空管井复合降水技术的核心是真空管井复合降水系统。真空管井复合降水系统由真空泵、潜水泵、抽气和抽水管路、井口密封系统和井管组成。真空管井的井管采用无砂混凝土管或钢管；井口密封采用法兰+密封垫，下法兰与钢管焊接并与死管连接，各连接处均进行密封处理；根据地层条件和工程需要在任意井段进行分段密封处理以实现分层降水，分段密封采用死管和黏土球处理；真空泵采用水环式真空泵，单个泵连接 3~4 口井，泵量较大的真空泵连接管井数量适当增加。真空管井采用反循环成孔，气举法洗井，真空管井的布置间距一般大于 10 m。采用电磁感应水位控制器和控制真空泵和潜水泵的合理运行，以达到节能、减少烧泵发生的目的。图 2-16 所示为真空管井复合降水试验系统图。

图 2-16 真空管井复合降水试验系统图

（二）技术特点

真空管井复合降水技术不仅保留了管井重力释水的优点，而且可以根据地层条件和工程需要在任意井增加负压汲取黏性土、粉土中的饱和水和界面残留水。同时真空管井复合降水技术可以实现分层降水，防止上层受污染的滞水下渗污染深层地下水资源。因此，真空管井复合降水与管井降水相比，除能解决弱透水层、层间滞水和界面残留水的难题外，尚具有节水环保特性。该技术具有如下的特点：

（1）研制了比较完善的真空管井复合降水系统，所采用的井口密封和井管段密封措施及施工工艺均能达到降水井内必需的真空度，在试验段取得了明显效果。

（2）真空管井复合降水系统采用分段密封，实现了分层降水，具有节水环保特性。

（3）编写了一套适用于类似地层下真空管井降水的技术规程。

（4）采用电磁感应水位控制器和潜水泵自动液位开关控制真空泵和潜水泵的合理运行。

（三）适用范围及应用条件

真空管井复合降水技术适用于存在弱透水层饱和水和界面残留水等类似地层的施工降水。

四、施工信息化实时监测技术

地下工程施工监测项目与内容一般包括：地表沉降、周围建构筑物变形、管线沉降、基坑围护结构倾斜变形（逆作法）、隧道拱顶沉降与收敛变形、隆起变形、竖向支撑应力（逆作法）等；不同监测项目采用的仪器主要有轴力计、应力计、水准仪、全站仪、测斜仪等。监测实施过程中，不同监测点的元件安装、保护等做法也逐渐完善。

施工过程中的监测不仅有施工监测，而且引入了第三方监测。近几年，各级管理部门非常重视施工过程的监控与管理以及作业面的控制，投入了大量人力、物力，建立了系统的网络平台，这在施工安全风险管控过程中起到了很好的作用。例如，北京市轨道交通工程施工安全风险监控系统的建立与运行就有效地实施了风险管控，降低了风险源诱发安全事故的频次与概率。

此外，将建筑信息模型（BIM）技术引入地铁工程施工领域，探索建筑信息模型技术在地铁施工管理方面的实现机制与作用模式。将传统的二维静态设计图纸与文字方案转化为虚拟的计算机操控程序，通过该系统平台能有效整合项目的施工信息，实现真实尺寸的三维（3D）施工方法模拟与交互式的施工形象进度展示有机结合（即构成 4D），有助于正确显示各类复杂的施工信息，以指导施工安全。

第四节　线路管理新技术

一、特殊风险源工程处理技术

为确保地铁工程自身的施工安全与近接建构筑物的安全，一般采取隔离或保护等方式进行科学处置。近接建构筑物的施工首先应详细调查工程条件、地质条件、既有结构物现况与安全要求，在调查的基础上进行分析与预测，制定防护措施与实施方案；施工过程中通过监控量测反馈指导施工，以确保既有结构物的安全。

近接建构筑物的施工措施主要有隔离、悬吊保护、基础加固、临时支顶等。隔离措施主要是在新建地下空间结构与既有结构净距的空间范围内进行土注浆加固或设置隔离桩、旋喷桩等。悬吊保护主要是在逆作法基坑工程范围内或暗挖下穿的管线时所采取的临时保护措施。基础加固主要用于暗挖法中暗挖下穿房屋、桥梁等建筑物基础时所采取的注浆加固、基础托换等措施。

近年来，杭州、天津、北京等多条在建地铁线路在下穿河湖施工时突发事故，造成巨大损失，因此隧道下穿河湖的地层加固、河底导流与防渗加固技术备受关注。目前，在施工管理及技术措施方面取得了新进展，如注浆与冷冻法的超前土层加固，可显著提高盾构、暗挖下穿河流施工的安全性；河流导流新技术桩膜围堰的应用，具有施工简单、可拆卸、材料可循环利用、工期短且对河道无污染等优势；河道防渗新技术"两布一膜"与钢筋混凝土的刚柔并济结构，防渗性能高、抗变形能力强，对河道生态影响小。

二、地铁轨道减振降噪技术

（一）技术内容

城市轨道交通中的振动和噪声问题不容忽视。近20年来，这一问题日益受到广泛关注。1996年10月我国通过了《环境噪声污染防治法》并于2018年12月进行了修订，其中第三十九条规定应当减轻因铁路运行造成的环境噪声污染。振动和噪声使人感到疲劳和不舒适，地铁引起的振动和噪声已经成为发展地铁交通的首要制约因素。地铁振动和噪声的防治作为环保产业的一部分，在地铁环境建设方面和经济与环境协调可持续发展方面都具有重要而独特的意义。我国铁路和日本新干线都有这方面的教训，北京地铁、上海地铁、广州地铁都曾被居民投诉。在工程建设时如果忽视了振动和噪声问题，投入运营后再改造，困难增大，并浪费财力。

1. 橡胶支承浮置板的分类

橡胶支承浮置板按照混凝土施工方式可分为两种类型：
（1）连续现浇浮置板；
（2）双支承块式预制浮置板。

华盛顿（美国采用浮置板的第一个城市）、巴尔的摩、纽约地铁采用连续现浇浮置板，只有在需要施工缝时才断开。多伦多、亚特兰大、圣弗朗西斯科、洛杉矶、墨尔本、新加坡、中国香港、广州地铁采用双支承块式预制浮置板。双支承块式预制浮置板最早是由多伦多地铁采用，后来几乎每个新建的需要较高振动衰减的重型轨道交通系统都采用了这种浮置板。连续现浇浮置板和车辆系统的基本共振频率为16 Hz左右。双支承块式预制浮置板和车辆系统的基本共振频率为12~16 Hz。连续现浇浮置板是在弹性体（合成橡胶）隔振垫上铺一张金属模板，然后将混凝土浇入金属模板。双支承块式预制浮置板的一个独特优点是可以用叉车安装，用液压千斤顶定位。

橡胶支承浮置板按照橡胶支承方式可分为整体支承、线性支承、分布式支承三种。瑞士的日内瓦，法国的格勒诺布尔，西班牙的马德里，意大利的米兰、罗马，德国的慕尼黑，法国的南特、鲁昂、斯特拉斯堡，西班牙的巴伦西亚地铁采用的是整体支承，其优点是构造简单，施工速度快，施工误差小，隧道仰拱和道床受力均匀、支承面积大，可以很好地抵抗轨道纵向力和横向力，成本较低；缺点是可维修性差。德国的波恩、多特蒙德、埃森、慕尼黑地铁采用的是线性支承，其优点是较整体支承节省材料，轨道结构的固有频率较低。德国的波恩、汉堡、慕尼黑、纽伦堡，美国的华盛顿、亚特兰大、圣弗朗西斯科、洛杉矶，加拿大的多伦多，新加坡，澳大利亚的墨尔本，我国香港、广州、深圳地铁采用了分布式支承，其特点是抵抗轨道纵向力和横向力能力差，为了限制变形，必须使剪切模量、弹性模量、垫板厚度、垫板大小十分匹配，但是如果设计合理，轨道结构的固有频率低，减振效果好，维修方便。三种支承方式要求的轨道建筑高度和隧道开挖深度不同。其技术内容包括噪声控制技术和振动控制技术。

2. 浮置板的初步设计

初步设计可以将浮置板简化为单自由度（垂向）振动系统进行分析。为了避免模态相互作用和控制浮置板的运动，并达到显著减小地面振动和噪声的效果，板的重量至少应等于列车重量加上 3 倍的转向架簧下重量（这里的重量指板的长度范围）。在考虑转向架重量的情况下，浮置板的基本垂向共振频率必须小于 16~18 Hz，这样才能减小低频噪音。一般说来，设计目标是 13~15 Hz，如果要减小频率在 20~25 Hz 以下的振动，必须采用更低的频率。获得更低的共振频率需要更大的钢轨挠度或在仰拱以上更大的空间以放置更大重量的板。15 Hz 有载垂向共振频率和最大活载静挠度 3 mm 的浮置板的设计参数为：混凝土板厚度为 275~375 mm，宽度为 3~3.5 m，弹性垫板厚度为 75 mm。板必须与地铁结构完全隔离，因此，侧向和径向也必须采用弹性垫板。设计中侧向固有频率一般采用板垂向共振频率的 0.5~1.0 倍。对于连续板，在计算共振频率和确定所需的弹性垫板特性时，必须考虑垂向和侧向支承垫板的动力刚度和所容纳的空气。

浮置板的阻尼比应不小于 5%，由于车轮对轨道的激励频带较宽，对阻尼比的规定是为了抑制浮置板固有频率附近的共振。

3. 耦合动力计算

城市轨道交通浮置板式轨道结构中应进行列车—轨道—路基（或桥梁）耦合动力计算，应满足《机车车辆动力学性能评定和试验鉴定规范》（GB/T 5599—2019），以保证列车运行稳定性（安全性）和旅客乘坐的舒适性。

在轮轨系统建模时，对机车车辆系统和轨道结构子系统的种种简化，或多或少会导致弱型功能的损失或分析精度的降低。因此，理想的模型应充分考虑各种影响因素，尽可能完整地反映轮轨系统本质，从而使模型具有精度高、功能强的特点，同时又不能使模型过分复杂以便于计算模型的实施。车辆—轨道—浮置板耦合系统的动力学有限元计算模型应遵循以下基本假设和原则：

（1）采用连续分布参数轨道模型，适合于复杂问题的定量分析。

（2）钢轨采用连续弹性离散点支承梁模型而不用连续弹性基础梁模型，从而更好地符合城市轨道交通实际，并能用于处理轨道支承弹性沿纵向非均匀变化等特殊类型的动力学问题。

（3）将钢轨视如 Bernoulli-Euler 梁，既不使计算过程过于繁杂，又能适应工程应用需要。

（4）扣件、轨下弹性垫板和枕下道床的支承弹性及阻尼分别用等效的弹性刚度系数和阻尼系数表示。

（5）车辆采用整车模型。城市轨道交通车辆由车体、转向架构架、轮对以及联系弹簧所组成。联系转向架和车轮之间的弹簧称为一系弹簧，联系车体和转向架之间的弹簧称为二系弹簧。在轨道结构振动分析中，车辆视为具有一、二系悬挂的由车体、转向架构架及轮对组成的空间刚体系统，不考虑车体、转向架构架及轮对的弹性变形，并假设车体前后左右对称，转向架构架左右对称，悬挂系统中阻尼可为线性或非线性。因此，在竖向振动分析中，车辆具有 10 个自由度，即车体沉浮运动（沿铅垂轴上下移动）和点头运动（绕形心在竖平面内的转动）、前后转向架构架的沉浮和点头运动、4 个轮对的沉浮运动。

（6）轮轨之间的作用力由赫兹非线性弹性接触理论确定。

（7）轨道不平顺模型：1972 年美国开始使用有自动记录和计算机数据处理功能的轨道检测车，Corbifi Jc 根据实测资料，提出了比较详细的轨面不平顺公式及有关常数，线路共分为 6 级。在计算中可以采用 5 级线路轨道谱的不平顺样本。

4. 橡胶材料的选择

美国所有的双支承块式预制浮置板的橡胶支座均采用天然橡胶，配方源于加拿大多伦多地铁开发的用于 Spadina 曲线的双支承块式预制浮置板支承垫板。这种配方表现出低蠕变率，因而具有高可靠性和尺寸稳定性。合成橡胶的蠕变率比天然橡胶高。华盛顿地铁早期的浮置板垫板采用合成橡胶，不仅蠕变率较高，而且吸收水分，降低了弹性，需要更换。多伦多、亚特兰大地铁采用的天然橡胶垫板，没有发生垫板失效。天然橡胶垫板的可靠性高，蠕变率低，耐腐蚀性好，能减小其振动。天然橡胶的应用真正使浮置板做到了免维护，但不论采用何种橡胶材料，为了确保长寿命和合适的刚度范围，都必须制订详细的弹性垫板规格。

5. 减　振

目前各国城市轨道交通普遍采用的坡支承块式预制浮置板固有的有载频率为 12~16 Hz，而连续现浇浮置板固有有载频率为 16 Hz。

1995 年旧金山地铁和亚特兰大地铁采用了有载固有频率为 8 Hz 的双支承块式预制浮置板。主要是为了隔离 12~20 Hz 的振动，这个频率范围的振动也是人易感觉到的。圣弗朗西斯科地铁的独特设计在于采用了高密度混凝土，其浮置板总厚度只有 353.6 mm。亚特兰大地铁的 8 Hz 轨枕板式预制浮置板的总厚度为 609.6 mm，质量为 6.8 t，包括四套天然橡胶隔振垫。

华盛顿地铁、亚特兰大地铁、多伦多地铁浮置板隔振性能的实测数据表明浮置板隔振系统在设计共振频率以上的隔振效果是明显的，浮置板在 1/3 倍频程和 125~250 Hz 中心频率范围内减振效果最好，比普通整体道床减小 24~28 dB。其中亚特兰大地铁在 16 Hz 以上的减振效果最好，是因为其设计共振频率最低。我国广州地铁浮置板比普通整体道床减振 21dB。

6. 施工和维修

双支承块式预制浮置板的一个独特优点是可以用叉车安装，用气压千斤顶定位。多伦多地铁的标准重量的浮置板和亚特兰大地铁的浮置板质量为 6.8 t、有载固有频率为 8 Hz 的浮置板都采用这种方法安装定位。连续现浇浮置板是在橡胶隔振垫上铺一张金属模板，然后将混凝土浇入金属模板。

影响浮置板造价和施工复杂性的一个非常重要因素是对地铁混凝土仰拱表面不需要特殊的精度。标准的公差和修整下的混凝土表面足够支承弹性垫板。对于连续浮置板，当混凝土浇筑时，薄金属模板弯曲，因此即使混凝土仰拱不平，每个垫板也能均匀承载。对于预制块式非连续设计，采用橡胶调整垫板，厚度 3~6 mm，用于浮置板下以调节支承为一个平面，使

得每个垫板的荷载基本相等。

在连续现浇浮置板的施工阶段，支承垫板粘贴在混凝土仰拱上意在安放金属模板和浇注混凝土时保持其位置。在双支承块式预制浮置板设计中，每块浮置板下表面设有凹坑，以对支承垫板进行机械固定。橡胶垫板粘贴在浮置板下使得安装浮置板时保持其位置。调整垫板不粘贴，否则无法取出调整。动载试验表明在对于连续现浇和一般支承块式预制浮置板、混凝土板荷载施加后，不需要固定橡胶垫板或调整垫板以保持其位置。

早期的橡胶支承浮置板维修较为困难，目前采取在浮置板上设置检修井、对现有板下橡胶垫板固定方式进行改进，可使施工和维修简化，在维修过程中完全可能采用简单机具更换橡胶垫板。

（二）主要技术性能

该项目提出了地铁综合轨道减振降噪措施，在国内首次从理论分析、仿真计算、足尺模型试验、实际运营试验等方面综合完善地研究和设计了适合于地铁的弹簧支承浮置板、弹性支承块、一次成型橡胶支承浮置板三种轨道结构。对国际上多种减振轨道结构进行了理论分析和方案比选；建立了车辆-钢轨-减振轨道耦合动力学系统有限元模型，进行了耦合动力学计算。完成了弹簧隔振器的选型，包括材料选择、结构形式、弹簧刚度、疲劳寿命检算和试验等；完成了橡胶套靴、橡胶垫板和橡胶支座的研制，包括材料选择、结构形式、尺寸、物理力学参数和耐老化性能；并提出了减振轨道的全套技术条件和设计图纸。仿真计算、足尺模型试验、运营试验均表明三种轨道结构具有良好的减振性能，并能够保证列车走行安全性和乘坐舒适度，设计中解决了轨道稳定性、纵向力、养护维修等方面难题。

（三）技术特点

该技术在轨道减振降噪的研究和设计方面取得了创新性成果，三种轨道结构的动力学仿真计算、足尺模型试验在国际上均为空白。《环境影响报告》指出，如果不采用减振措施，深圳地铁一期工程弹簧支承浮置板、橡胶支承浮置板、弹性支承块对应地段的减振效果不小于16 dB、12 dB、7 dB。根据实际运营测试结果，弹簧支承浮置板、橡胶支承浮置板、弹性支承块的减振效果分别为29.9 dB、17.6 dB、8 dB，达到减振要求。

（四）适用范围及应用条件

该技术适用于地铁轨道道床和轨道结构，其专业条件为：高架桥上声屏障设置地段和轨道减振不同要求地段，线路噪声的预测、评估，振动的预测、评估，振动噪声总体效果的预测、评估、设计。

三、地铁隧道变形自动化监测技术

（一）概　述

新建地铁的工程量较大且施工和测量复杂，各项工序都是交错进行，对临近运行中的地铁的监测形成了一定的干扰，因此，对已投入运行的地铁隧道要进行实时监测。由于智能型全站仪的自动化监测技术可以有效地对地铁隧道现场进行数据监测，并且可采集相应的数据，准确、及时地掌握和了解地铁隧道的变形情况，所以，使用智能型全站仪对地铁隧道变形自动化监测具有重要的意义。

（二）技术原理

1. 全站仪的三维坐标监测原理

地铁隧道变形监测的参考点，也可称作基准点，获得与监测点的边角角度后，通过边角的角度可以测算出平面的坐标和高度，如图2-17所示。

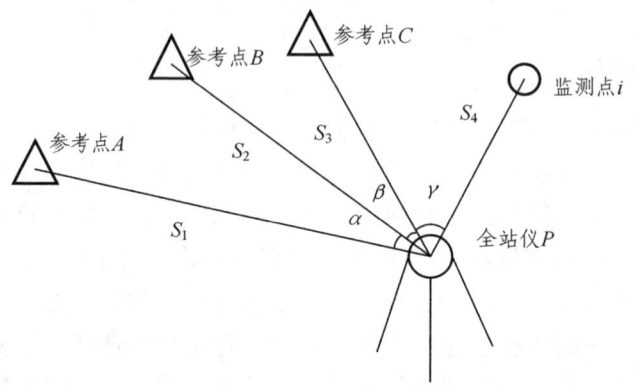

图2-17 监测点坐标和高程示意图

图中的 A、B、C 代表三个参考指定的坐标和高程，P 点代表全站仪的置镜区域，i 是监测点。通过后方交会测量技术，可以先算出 P 点的坐标和高程（X_p, Y_p, H_p），从而可以测算出 i 点的坐标与高程（X_i, Y_i, H_i）。如果监测点的初始周期的坐标点为（X_{i1}, Y_{i1}, H_{i1}）（初始值），那么各个监测点的第 n 期相比于初始周期的变形量为 $\Delta X = X_{in} - X_{i1}$，$\Delta Y = Y_{in} - Y_{i1}$，$\Delta H = H_{in} - H_{i1}$。

2. 围岩收敛变形监测原理

如图2-18所示，A、B 两点代表位于地铁隧道管片两侧的监测点上的棱镜，S 点为全站仪的监测站，d 为两个棱镜间的距离，b、a、α 分别为全站仪与监测点 A、B 间的测量距离和角度，可以根据三角函数中的余弦公式得出在不同测量时期 d 值的变化，以此来反映地铁隧道双面侧壁的变形状况。如果初始周期的弦长 d_1 被设置为初始值，那么第 n 期相比于初始周期的变形量 $\Delta S = d_n - d_1$。

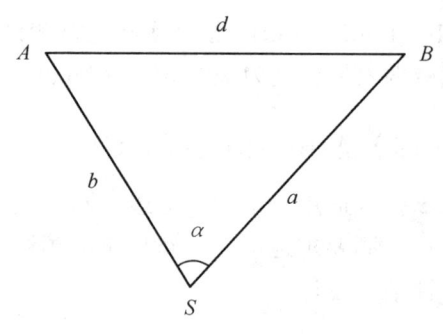

图2-18 地铁隧道双面侧壁变形量示意图

（三）系统设计与应用

1. 系统的设置

在地铁隧道变形监测中，智能全站仪可以通过测量机器人的强大功能来进行工作。智能机器人可以实现自动搜索、自动找准、自动测量等功能，技术人员可预先对机器人进行编程，实现人机互动、远程遥控、数据传输、数据存储和分析的功能，以此实现对地铁隧道变形状况的自动监测，同时，对地铁隧道内发生的变形状况进行实时反馈。机器人应用于地铁隧道监测主要分为以下三个部分：

（1）监测数据采集系统。

机器人经过更加深层次的开发，可实现功能上的扩展，具备自动搜索、自动找准、自动测量等功能，并根据指令进行控制，采集相关数据。在数据采集的过程中，机器人搭载的软件为 GeoMoS 与 ADM-SL2 及机载软件。

（2）无线通信系统。

测量地铁轨道的机器人利用无线连接的模式进行远程作业，操作人员通过无线技术将指令传达到数据采集系统中，采集系统又将所收集到的数据传输到控制中心。

（3）控制系统。

控制系统通常放置在办公室内，利用 IP 网络下达和接收指令，同时可以分析机器人所获取到的信息。

2. 监测数据采集

在机器人进行监测前，全站仪首先要进行测量学习，这里的测量学习是指专业操作人员需要对机器人的参数进行调整，然后对监测点进行人工校准，校准机器人相较于定向点的水平角度与监测站的天顶距，且保存其初始值数据。地铁隧道变形自动化监测技术的核心功能就是地铁隧道自动测量系统。由控制中心通过网络传输指令，对机器人进行指挥，控制机器人对地铁隧道的监测点和位置进行自动搜索、瞄准和测量，并通过之前设置好的各项参数，设置手动或自动的监测方式对数据进行实时监测，并及时地将数据传输到返回控制中心。

3. 监测数据传输

GPRS DTU 采用 ARM9 高性能处理器，通过软件平台对系统进行实时操作，在硬件配置上，采用超大内存，且在其内部采用 TCP/IP 协议，可以为用户在数据采集上提供高效稳定的传输模式、始终在线的数据终端和多协议转换的虚拟网络。在应用机器人前，首先要对机器人进行参数设置，通过软件设置确定控制中心的 IP 和端口，令窜口和采集器进行对接，最后通过之前设置好的 IP 和端口连接，实现双接口的数据透明传输。

（四）智能型全站仪在智慧城市中的实际应用

以某市地铁 5 号线为例介绍智能型全站仪在智慧城市中的实际应用。在地铁 5 号线的一期、二期工程中，由于有 3 号线通过，所以，在 5 号线的施工过程中，务必保证 3 号线的安全运行。因此，在 5 号线施工过程中要对 3 号线的地铁隧道变形情况进行实时监测。此项工程的监测内容包括地铁 3 号线隧道管片结构的沉降、水位监测和道床沉降等等。由于监测区域大、易产生变形区域较多、监测的频率较高及数据量庞大，且面临在地铁 3 号线运行时，监测人员无法进场的难题，所以此时，只能使用自动化监测设备来为 3 号线和 5 号线地铁的正常运行提供监测数据。

1. 基准点的排布设置

在变形影响区域外的一定范围内，在地铁 3 号线分布了 3 个基准点，这样可以有效保障监测结果的准确性。同时，定期对监测基准点的稳定性进行观察，严格控制基准点与置镜点的距离，使置镜点与基准点的距离大于与监测点的距离，以保证监测点的准确度。

2. 监测点的排布设置

在地铁隧道变形影响区域内的范围内，要做到每个隧道中每 5 m 作业设置 1 个监测断面，在每个断面上要再设置 5 个监测点。其中，2 个监测点为水平位置监测点，2 个为道床沉降监测点，1 个为拱顶沉降监测点。在监测中，由于全站仪的三角形高程测量的精确度比较低，所以，为了保证测量的精确度，在隧道中还排布了静力水准测量系统来保证监测的精准度。

（五）监测数据分析

根据设计要求，地铁隧道变形水平和垂直位移的最大值不可以超过±10 mm，并且设置最大值的 1/3 作为报警值，即±3.3 mm；设置最大值的 2/3 作为警戒值，即±6.7 mm。另外，对于沉降的速率也有极高的要求，要求控制在 2.0 mm/d，且道床的最大沉降值为 4 mm，在最大值达到 70%时为警戒值，即 2.8 mm。在监测过程中，如果发生超出以上各个数值的情况，监测系统会向相关人员发送报警信息。而在实际监测中，道床沉降值超出了警戒值，沉降的速率也超过了设计值。为了验证监测系统的准确性，操作人员与静力水准测量数据进行了对比。监测对比结果表明，智能型全站仪的监测系统准确无误，数据可靠。针对该情况的发生，相关部门组织了专家研讨会，并在会议上对所发生的状况提供了解决办法。经过专家的建议，在隧道变形处采用了注浆加固的处理方式，在实施过程中效果良好，并且，在之后的施工和监测中，沉降状态趋于稳定。

第三章　城市轨道交通车站新技术

城市轨道交通车站是旅客乘降的场所，是乘客出行的出发点、换乘与终止点。车站是城市轨道交通系统最重要的现代建筑类型，在轨道交通线网构架中，车站起到了锚固作用。车站是轨道交通线路的电气设备、信号设备、控制设备等集中的场所，也是运营、管理人员工作的场所，除此之外，车站还可以具有一系列功能：购物、聚会及作为城市景观。车站也是空间建筑物与工程结构的结合之处，反映着城市轨道交通系统的特色。

地铁车站的总体设计，应妥善处理与城市规划、城市交通、地面建筑、地下管线、地下建筑物之间的关系。车站设计要保证乘客使用安全、方便，并具有良好的内部和外部环境条件。车站的规模、站台的形式、站厅平面及层间通道均按"功能、安全、环境"三要素优化设计，并应满足灾害时 6 min 内疏散列车乘客和候车、工作人员的要求。

第一节　概　述

一、城市轨道交通车站传统技术

（一）常用施工技术

轨道交通地下工程的结构类型及施工方法应根据区间隧道及车站的规模、工程地质及水文地质条件和周围环境条件进行技术经济比较确定。一般常用的施工方法有明挖法、盖挖法和暗挖法三种。

1. 明挖法

明挖法适用于线路较浅的地段，一般几米深较适合。其优点有速度快、工期短、易保证工程质量、工程造价低等。但其缺点是：对地面破坏大，严重影响周围居民及道路交通；受气候影响大；拆迁量大；软土条件下受坑内土坡的稳定性影响。

明挖车站一般采用矩形框架结构，根据功能要求，可以设计成单层、双层、多层或单跨、双跨、多跨等型式，如图 3-1 所示。

2. 盖挖法

盖挖法施工的车站结构，从结构形式上看，与明挖法并无大的不同，它是通过打桩或连续墙支护侧壁，加顶盖恢复交通后在顶盖下开挖，灌注混凝土进行施工。

与明挖法比较，其特点是：在地面交通繁忙地区可以很快恢复路面，尽可能小地影响交通，但其施工难度要大于明挖法。

图 3-1 明挖法施工的车站

3. 暗挖法

暗挖法有盾构法和矿山法两种技术。

传统的盾构车站可采用单圆盾构、单圆盾构与半盾构结合或单圆盾构与矿山法结合修建。近年来开发的"多圆盾构"等新型盾构，进一步丰富了盾构车站的型式。

虽然盾构机成本高昂，但可将地铁暗挖功效提高 8 到 10 倍，而且具有在施工过程中振动小、噪音低等优点，在松软含水地层中及城市地下管线密布，施工条件困难地段采用盾构法施工的优点尤为明显。而盾构法的矩形断面与圆形断面相比，其有效使用面积增加 20% 以上。图 3-2、3-3 所示分别为圆形盾构机和矩形断面盾构机。

图 3-2 圆形盾构机

图 3-3 矩形断面盾构机

传统矿山法以人力、小型机械化开挖、钻爆开挖等方式在横断面上分部开挖，纵断面上正台阶或反台阶开挖。这种施工方法多用于岩石地层。在松软地层中，施工难度和土建造价要高于明挖法车站，且其施工工艺落后，安全性较差，近年有逐步被新矿山法取代的趋势。图 3-4 所示为采用矿山法施工的车站。

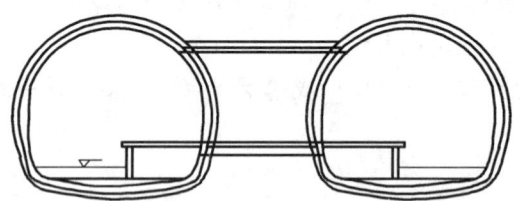

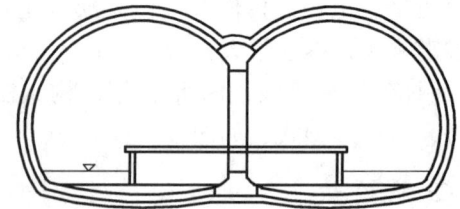

图 3-4 矿山法施工的车站

新矿山法，又称为新奥法（NATM，奥地利学者 20 世纪 50 年代提出）或浅埋暗挖法，强调减少对围岩的扰动，充分利用围岩的自承能力和开挖面的空间约束作用，及时对围岩进行加固，如图 3-5 所示。

图 3-5　新矿山法技术

（二）车站设施常用技术

车站的主要设施包括站台、站厅、售检票设施、通道楼梯与扶梯、照明设施、风厅风道设施、设备用房、管理用房等。各设施在其布置设计时都运用了相应的技术。

二、城市轨道交通车站新技术的内容及分类

城市轨道交通车站在其规划设计及运营过程中涉及很多新技术，具体包括：车站施工新技术、车站设备新技术、车站运营管理新技术、城市轨道交通站点分类的聚类方法等。车站施工新技术包括地下车站盖挖法、全暗挖同步建造技术、节点修建新技术、车站综合设计技术、车站实时施工模拟的 BIM 技术、车站预制装配技术；车站设备新技术包括站台屏蔽门技术、集中供冷技术、智能自动扶梯技术、环控通风空调系统技术、集成闭式通风空调系统技术、智慧照明系统、基于云平台的综合监控系统；车站运营管理新技术包括时间同步技术、城市轨道交通安检新技术、人脸识别新技术。

第二节　车站施工新技术

一、地下车站盖挖法

位于市中心主要道路的地下车站在施工期间如何维持地面交通，减少施工对社会生活的影响是轨道交通建设中一个十分突出的问题。

（一）盖挖法施工概述

盖挖法是由地面向下开挖至一定深度后，将顶部封闭，其余的下部工程在封闭的顶盖下进行施工。主体结构可以顺作，也可以逆作。

最早运用盖挖法的工程是 20 世纪 60 年代西班牙马德里的隧道，后来在很多国家隧道建设中得到应用，其在国外已经是成熟的技术，但我国的发展应用比较晚。

盖挖法的优点：

（1）结构的水平位移小，安全系数高；

（2）对地面影响小，可以最低程度影响交通，对居民生活影响小；

（3）施工受外界气候影响小。

盖挖法的缺点：

（1）由于竖向出口少，需水平运输，后期开挖出土不方便；

（2）作业空间小，施工速度较明挖法慢，工期长；

（3）和基坑开挖、支挡开挖相比费用较高。

（二）盖挖法施工类型

盖挖法有逆作和顺作两种施工方法。

盖挖顺作法是在现有的道路上，按所需的宽度，由地表面完成挡土墙结构后，以定型的预制标准覆盖结构置于挡土结构上维持正常的交通流，往下反复进行开挖和架设横撑，直至设计标高。依序由下而上建筑主体结构和防水措施，回填土并恢复管线路。最后依据需要拆除挡土结构的外露部分及恢复交通。盖挖顺作法中的挡土结构是非常重要的，要求具有较高的强度、刚度和较高的止水性。

盖挖逆作法多用在深层开挖、软弱地层开挖、靠近建筑物施工等情况下。该法在地下建筑结构施工时以结构本身既做挡土墙又作内支撑，不架设临时支撑。施工顺序和顺作法相反，从上往下依次开挖和构筑结构本体。所谓全逆作法就是从地面开始，地上和地下同时进行立体交叉施工的方法；半逆作法是将地下结构自地面往下逐层施工，地面以上结构在地下结构完成后再进行施工。

盖挖逆作法的优点：

（1）结构本身用来作为支撑，具有相当高的刚度，使挡墙的应力、变形减小，提高了工程的安全性，能有效控制周围土体的变形和地表的沉降，减小了对周边环境的影响。

（2）适用于任何不规则形状的平面或大平面的地下工程。

（3）可以早期展开地上结构的施工，同时进行地上和地下结构的施工，缩短了工程的施工总工期。

（4）不必另外架设开挖工作平台，大大削减支撑和工作平台等大型临时设施，减少费用。

（5）由于开挖和施工的交错进行，逆作结构的自身荷载由立柱直接承担并传递给地基，减少了大开挖时卸载对持力层的影响，减小了基坑内地基回弹量。

（三）盖挖逆作法的施工步骤

盖挖逆作法的施工步骤为：一柱、二盖、三板、四墙、五底。

（1）柱：先施作边柱（桩）护壁（摩擦桩或条形基础桩），同时施作结构钢管柱（或混凝土柱）；

（2）盖：将盖板置于边桩和中柱之上。为了使边桩连成一体，边桩上设冠梁。这里盖板的概念，实际上是由周边梁结构和柱上纵横梁结构及盖板结构均置于地膜之上（此时结构已倒挂于桩柱上）而组成的梁板结构；

（3）板：开挖负一层土方后，施作中隔板地膜，在地膜上绑扎中隔板钢筋（梁板结构），浇注中隔板混凝土；

（4）墙：用不带动力的移动式边墙支架（专门设计）逐层浇筑边墙混凝土；

（5）底：在完成负一层土方、中板、边墙后施作车站的负二层土方、底板及边墙；逆作法能做到地上和地下同时施工，合理、安全、有效缩短工期，提高经济效益。

（四）盖挖逆作法的关键技术

盖挖逆作法没有太复杂的技术，它是若干简单、原始技术巧妙而有机地组合，从而形成一套完整的甚至于完美的施工工法。确保整个车站防水系统和结构钢筋的完整和连续是第一个关键技术，通过地模预留沟槽和回填沟槽来实现。

钢管柱的加工、运输、吊装、就位要求精度极高，不论是旋挖桩钢管基础或条形基础都有一套完整的工艺流程，为确保底层深基坑开挖安全必须采取横向支撑或桩锚加固技术。

二、全暗挖同步建造技术

（一）暗挖法施工概述

暗挖法是相对于明挖或盖挖法的另一车站施工技术，暗挖法是指不挖开地面，采用在地下挖洞的方式施工。城市轨道交通车站由于工程规模大、结构体系复杂，一般均适宜采用明挖或盖挖法施工；但由于部分车站特殊的环境条件使得其工法的选择存在诸多制约因素，而不得不采用暗挖法技术。这些制约因素包括道路交通繁忙、地下管线繁杂、环境保护要求高、工程地质及水文地质具备暗挖实施条件等。全暗挖同步建造技术的一个典型案例为北京地铁黄庄站。

（二）全暗挖关键技术的应用

地面沉降及群洞效应控制、暗挖隧道相交、暗挖进洞、环境保护及安全风险等难点是全暗挖技术必须解决的关键问题。通过大量的研究和技术论证，提出并实施了一次扣拱暗挖逆作法、双层直墙+单层曲墙暗挖交叉节点模式、双层格栅+贴壁环梁和贴壁空间框架初支暗挖进洞方式等一系列新技术和新措施，并将地下管线的安全保护列为一级风险源项目，有针对性地进行了环境安全专项设计和风险控制。

1. 一次扣拱暗挖逆作法

一次扣拱暗挖逆作法的技术核心为选取三连拱框架侧跨的顶拱和底板结构，分别拟合并形成上、下导洞，底板及底纵梁先于其他构件在下导洞内一次性、完整地形成，而后在上、下导洞间施作边桩和中间立柱，形成竖向支撑构件，上导洞初支即为顶拱初支，顶拱及顶纵梁二次衬砌可在上导洞内一次性、完整地完成。图 3-6 所示为一次扣拱暗挖逆作法技术要点。

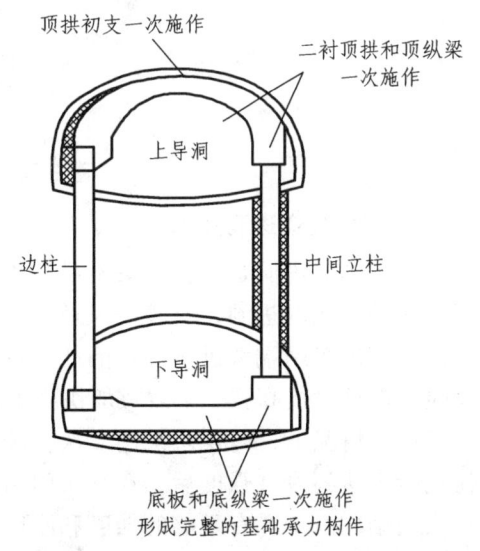

图 3-6　一次扣拱暗挖逆作法技术要点

新工法与传统工法相比，其优势在于能控制显著地面沉降及群洞效应；结构受力转换次数少，施工安全性高；二衬结构分块少、施工缝少，大空间、作业环境好，整个工程质量高；施工速度快。尤其是新工法的核心技术，即拱顶和基础底板能一次性、完整地形成，对提高结构稳定性、加快施工速度、提高施工安全性起到至关重要的作用。

2. 暗挖交叉节点设计

暗挖交叉节点的最佳组合模式为对直墙与曲墙、单层与双层等多种形式、不同组合的节点结构体系进行受力状况、地面沉降和群洞效应、施工难度和风险等方面的研究，其理论分析及工程实践均证明，暗挖隧道曲墙相交，尤其是曲墙平层相交，其结构体系为极其复杂的空间板壳受力体系，且施工难度大、风险高。研究提出双层直墙+单层曲墙或高直墙+低曲墙组合模式，此模式的节点为简单的平面结构，受力明确，控制地面沉降及群洞效应效果最佳，同时施工难度和风险大大降低。

借助车站主体隧道采用一次扣拱暗挖逆作法施工形成的直边墙结构，主体与附属通道的交叉节点均为双层直墙+单层曲墙模式。而对于最为复杂的车站主体隧道交叉节点，以黄庄站为例，从车站的使用功能入手进行分析，由于两站十字相交，10号线轨道在上、4号线轨道在上，4号线地下1层站厅层被10号线轨行区分隔成南、北两端厅形式，在满足车站使用功能的前提下，将两端厅的长度尽量缩短，便形成了交叉节点10号线双层，而4号线单层的形式，如图3-7所示。

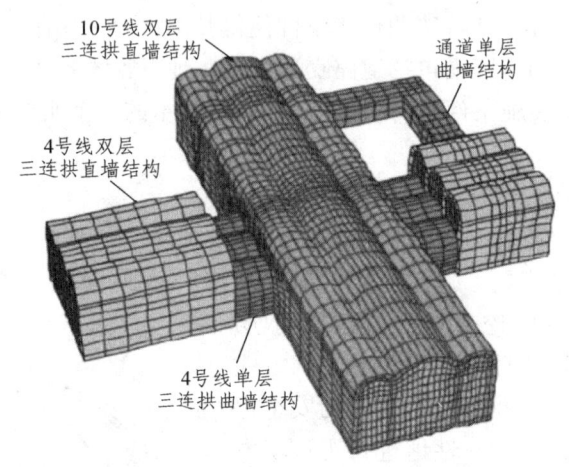

图3-7 暗挖交叉节点空间结构

3. 暗挖隧道进洞技术

暗挖隧道进洞是暗挖工法不可缺少的一个环节，黄庄站由于规模大、结构体系复杂，出现了多种形式的进洞，有暗挖风道进洞、倒挂井壁竖井进洞、明挖基坑进洞、暗挖交叉节点进洞、双层车站端墙进洞等。因此，进洞方式的合理选择，不仅能有效减小施工难度和施工风险，而且对提高施工工效及加快施工进度意义重大。

一般情况下，暗挖均采用二次衬砌马头门进洞，即在二衬结构上预留马头门孔洞，待二衬混凝土达到设计强度后，在马头门结构的支护下破除初支或围护桩，进洞开挖隧道。二衬马头门结构由于具有足够的强度和刚度，可承担初支整体性破除后的受力转换，使得这种进洞方式安全、可靠。

4. 环境保护及安全风险控制

车站繁杂的建设环境、不利的工程地质及水文地质条件、复杂的结构体系以及高难度的全暗挖工法，使得环境保护及安全风险控制除了施工方法和结构体系的选择需要安全、可靠外，有针对性地进行环境安全专项设计和风险控制也同样必不可少。

该工程采用人工挖孔，利用钢管和钢筋将监测点直接布设于管道上方，动态实时监测管线的变形，真实地反映管线的安全状态；有针对性地制定管线加固措施，如洞内管线定位注浆、沉降偏大的管线跟踪定位注浆进行适当抬升等。实测管线沉降槽与对应的地面沉降槽曲线形式基本吻合，管线沉降平均值为地层沉降平均值的 29 % 左右。实测管线沉降值全部小于 30 mm，最大的差异沉降为直径 800 m 的上水管每米 1.234 mm/m，满足不大于允许变形值（差异沉降）每米 3 mm 的要求，说明地下管线的整体状态是安全的，提出的地下管线变形控制技术和方法取得了预期的效果，使得施工期间道路下的各类市政管线基本没有受到影响。

三、节点修建新技术

（一）技术内容

节点修建新技术的应用案例为成都地铁 3 号线体育西路站的修建，其主要技术内容如下：

（1）通过对 3 号线体育西路站的功能要求和相邻区间的设计条件进行综合分析，同时考虑地铁 1 号线的安全、工程投资、施工要求，确定 1、3 号线车站之间的最小间距和节点部分 3 号线结构形式及施工方法。

（2）对 1、3 号线结构建立三维有限元计算分析模型，分别采用地层结构模式、荷载-结构模式，模拟计算施工工序中每一施工步骤对 1 号线车站各构件的结构受力和变形变化情况、暗挖隧道初期支护及二次衬砌的内力变化及安全系数、洞周位移变化、围岩内的位移场变化、地面沉降的变化等，初步提出相应的设计参数和工程措施。

（3）现场对 1 号线车站进行全方位的监测，同时对 3 号线明挖基坑和节点暗挖隧道洞身进行围岩压力、洞周收敛、拱顶下沉等进行监测，通过对监测数据进行分析和反馈，检验和修正上述计算出的初步设计参数和工程措施，在实施过程中逐步获得最合理的设计参数和技术措施。

（二）主要技术性能

1. 1 号线车站下 3 号线的结构形式及施工方案

根据 1 号线车站的结构形式、受力特点和 1 号线车站底板下的地质情况，对节点段 3 号线车站结构形式拟订了三个方案：

（1）三连拱暗挖隧道结构方案，保留 1、3 号线之间的加土体。

（2）三跨矩形暗挖结构方案，保留 1、3 号线之间的加土体。

（3）三跨矩形盖挖结构方案，取消 1、3 号线之间的加土体。

对三个方案结构模拟计算分析，第 1 方案对 1 号线车站的影响最小，因此，对 1 号线车站下 3 号线结构采用三连拱暗挖隧道结构方案，保留 1、3 号线之间的加土体。

2. 1 号线车站两侧 3 号线明挖基坑施工方法

根据研究，得出 1 号线车站两侧 3 号线明挖基坑施工工序如下：

（1）1 号线顶板上覆土部分卸载、对 1 号线结构进行加固。

（2）邻 1 号线结构两侧 3 号线结构施工：1 号线结构两侧 3 号线基坑对称开挖，并预留反压土体，同时对反压土体做边坡防护；基坑开挖到基底，施工底板下接地网和垫层；顺便对 1 号线结构和两侧 3 号线结构进行施工。

（3）紧贴 1 号线结构反压土体开挖：在已完成的 3 号线顶板、地下 1 层中板与 1 号线结构之间分别架设支撑（1 号线两侧对称架设）；顺序开挖反压土体。

（4）在开挖到 1 号线底板后分期掏槽施作明暗挖连接处壁框的中柱、侧墙位置的土体，同时对 1 号线底板下土体进行超前长管棚施作。

（5）施工 3 号线明暗挖连接壁框。

（6）顺筑施工紧贴 1 号线两侧的 3 号线结构（破除 1 号线围护桩）到 3 号线车站顶板，同时施工 1、3 号线站厅连接壁框，完成 1、3 号线结构的连接。

（7）施工 3 号线暗挖结构。

（8）凿除 1、3 号线车站站厅连通部分剩余的 1 号线侧墙。

3. 节点暗挖施工方法

由于隧道为三连拱结构，总的原则是隧道施工采用先施工中导坑（中墙），然后施工两个边导坑（边墙），最后开挖隧道核心部分。隧道共分 7 个导坑进行开挖及支护施工，每个导坑采用短台阶法开挖，每个开挖步距控制在 0.6~0.8 m 范围内；开挖后应及时支护、封闭成环，使其与围岩共同形成联合支护体系，有效抑制围岩过大变形。同时，为了最大限度地减小隧道施工对 1 号线结构的影响，隧道的两个中导坑和边导坑应错开施工；开挖隧道核心部分时，二衬应及时跟进、封闭成环，由于设有中间临时支撑，每次拆除临时支撑和施作二衬的长度应控制在 2.0 m 以内。

4. 节点暗挖初期支护参数

节点暗挖隧道采取了相应的临时支护措施，包括超前大管棚进行预支护，超前（注浆）小导管预支护；临时仰拱或临时支护。

5. 节点暗挖段监测控制基准

（1）为掌握地层、洞室、1 号线车站在施工过程中的力学状态，确保洞室的稳定和 1 号线车站的安全，必须进行现场监控量测。通过对监测数据进行分析和判断，对围岩-支护体系和 1 号线车站的安全度进行预测，并以此采取相应的工程措施，合理安排施工工序，以保证施工安全和隧道稳定。

（2）洞内各测点应尽量靠近开挖面布置，且与开挖面距离不大于 1 m，应在开挖后不大于 6 h 或下一次开挖前读取初始值。

（3）监测控制值除根据结构计算要求外，还需满足有关规范的规定。

（4）监测警戒值按控制值的 70%~80% 来控制。

6. 节点暗挖隧道预加固技术

节点暗挖隧道穿越一号线车站的关键是控制沉降，施工辅助措施采取大管棚超前支护，围岩注浆加固止水等综合措施。大管棚采用 $\varphi 121$ mm、壁厚 8 mm 的无缝钢管，长 23.7m，分节安装。分节为 5.2 m+4.0 m×2+5.0 m+5.5 m，两节之间用丝扣连结，丝扣螺纹段长度为 150 mm。相邻两根钢管的接头错接，其错接长度不小于 1.0 m。为提高钢管的刚度和强度，钢管内增设由 4 根 $\varphi 20$ mm 螺纹钢筋和固定短环组成的钢筋笼，固定环采用 $\varphi 50$ mm、壁厚 6 mm、长 60 mm 的短钢环，短管间距 1.0 m。注浆钢管上钻孔注浆，孔径 $\varphi 10$ mm，孔距 200 mm，呈梅花形布置，钢管尾部（孔口段）2 m 不钻孔作止浆段；注浆浆液采用 425 号普通硅酸盐水泥浆液，水泥浆水灰比 1∶1；注浆压力为 0.4～0.8 MPa。管棚孔口位置为隧道拱部开挖轮廓线外 200 mm 布置，钢管环向间距 300 mm，外插角度 0.5°，管棚利用明挖基坑作为工作室。

7. 1 号线车站的受力转化问题

由于 1 号线车站设计时未预留与 3 号线的连接条件，当 3 号线下穿时，1 号线车站的结构受力将发生变化。通过节点暗挖施工工序的分析和计算机数值模拟计算，1 号线车站结构除底纵梁原有设计不满足受力要求外，其余构件均满足，须对 1 号线底纵梁进行加固。加固材料采用对 1 号线运营影响较小的高分子材料（芳纶纤维布）。

8. 1 号线列车震动影响问题

列车进出 1 号线车站产生的动荷载对隧道周边围岩内应力场和位移场不可避免地产生一定的影响，列车在轨底面产生的震动经过道床后传递到 1 号线车站底板上，再通过地层传递给暗挖结构。

列车振动荷载在施工阶段主要影响暗挖隧道的混凝土浇筑质量，由于震动的影响，混凝土浇筑不密实，可能在结构与地层之间形成空隙，造成安全隐患，经与运营部门协调，在施工期间控制列车进出站的速度在 20 km/h。在使用期间，1 号线车站结构除底纵梁外，其他构件满足结构受力的要求；但对暗挖隧道的初支和二衬有一定的影响，最大主拉应力为 3.54 MPa，超过了 C25 混凝土的抗拉极限强度 2.0 MPa，因此，根据计算结果对暗挖隧道的初支和二衬增大配筋率。

（三）技术特点

1. 1、3 号线结构间距 800 mm

由于 1 号线体育西路站为已建成运营的车站，1、3 号线结构之间的间距就决定了 3 号线车站的埋深，进而影响 3 号线的工程投资。如何确定 1、3 号线结构之间的距离是本工程的关键，也是本工程的创新点所在。通过对节点段进行综合研究，从结构设计方案、结构施工方案、结构空间计算分析、辅助施工措施等多方面进行分析，确定了 1、3 号线结构之间的间距采用 800 mm，这一间距突破了国内外类似工程的最小间距，节省投资约 1 500 万元。同时，在施工过程中，通过建立完备的监测体系，根据监测结果，及时调整施工参数，指导施工，保证了施工安全和 1 号线的正常运营。

2. 节点暗挖隧道施工技术根据 3 号线的使用功能要求，3 号线将与支线、机场线换乘，暗挖宽度将达到 32.3 m

通过对节点段进行综合研究，暗挖隧道采用三连拱结构、喷锚构筑法施工，施工工序采用先施工中导坑（中墙），然后施工两个边导坑（边墙），最后开挖施工隧道核心部分。隧道共分 7 个导坑进行开挖及支护施工，每个导坑采用短台阶法开挖，每个开挖步距控制在 0.6~0.8 m 范围内；开挖后应及时支护、封闭成环，使其与围岩共同形成联合支护体系，有效抑制围岩过大变形。同时，为了最大限度地减小隧道施工对 1 号线结构的影响，隧道的两个中导坑和边导坑应错开施工；开挖隧道核心部分时，二衬应及时跟进、封闭成环，由于设有中间临时支撑，每次拆除临时支撑和施作二衬的长度应控制在 2.0 m 以内。

3. 1 号线底纵梁加固技术

由于 1 号线车站设计时未预留与 3 号线的连接条件，当 3 号线下穿时，1 号线车站的结构受力将发生变化。通过节点暗挖施工工序的分析和计算机数值模拟计算，1 号线车站结构除底纵梁原有设计不满足受力要求外，其余构件均满足，须对 1 号线底纵梁进行加固。为最大限度减少加固对 1 号线运营的影响和地铁车站防迷流的要求，加固材料采用芳纶纤维布，该材料也是第一次应用到地铁领域。

（四）使用范围及应用条件

目前我国在建和规划修建地铁的城市有 30 多个，由于我国各大城市过去都没有重视规划，或者规划中没有考虑地铁的修建空间，因此目前地铁线路规划布置非常困难。在一个城市中，地铁网络往往由多条线路组成，随着线路的增多，线路交叉在所难免，因此，节点隧道在地铁中还将大量遇到。所以，通过开展节点暗挖修建技术研究，不但对地铁节点隧道的设计和施工提供足够的技术支持，而且成果也将推广应用到与其他领域的线路相交隧道，应用前景广阔。同时，也为未来制订规范提供理论和实践依据，这样可以为国家节约大量投资，其社会效益和经济效益是巨大的。

四、广州地铁换乘车站综合设计技术

（一）技术内容

为促进城市区域融合与协调、推动城市空间优化与提升、提高交通出行效率、缓解城区交通压力、改善交通环境、应对城市机动化，各大城市都在规划构建多层次轨道交通线网系统。随着广州轨道交通线网的形成，换乘车站将日益增多，如何优化换乘车站设计，在保证合理快捷换乘功能的同时尽量压缩车站规模是目前换乘车站设计的技术重点。

广州地铁 2 号线调整工程万胜围换乘车站在设计技术上不断探索，不断提高和创新，新技术不仅解决了建设过程中的难题，更重要的是节省了建设成本，加快了建设速度，提高了质量，而且为以后的地铁运营节省了成本。万胜围站的设计本着"安全、实用、经济、高效"的原则，遵循以人为本、技术创新的设计理念，在总结广州地铁1、2 号线设计及施工经验，分析运营情况的基础上，经多方研究和论证，在设计中采用了一系列的新技术和创新，成为国内地铁车站工程建设的样板。

主要技术内容包括：

（1）地下两层十字侧岛换乘方式研究。

（2）换乘车站设备管理用房合并布置技术。

（3）针对万胜围站存在深厚软弱土层的地质特点，开展围护结构设计技术和施工技术的研究，探索安全性、经济性和合理性相结合的围护结构模式。

（4）车站过街功能解决办法研究。

（5）玻璃加马赛克（柱）墙面在地铁公共区应用技术。

（二）主要技术性能

1. 采用地下两层十字侧岛换乘车站

万胜围站是国内乃至全球首次采用地下两层十字侧岛换乘车站，换乘直接方便。在负一层的2号线采用前三个站侧式浅埋，设计及施工也可借鉴前三个站，4号线路往北要过珠江，区间将采用盾构的施工方法，这就要求线路有足够的埋深和线间距，那么万胜围站4号线车站宜采用在2号线之下的岛式站台。2号线站台与站厅同在负一层，乘客过闸后就可直接乘坐2号线，2号线下车乘客可利用付费区扶梯直接下负二层，与4号线进行换乘，两线换乘都可在节点解决，换乘距离小于10 m，换乘直接方便；车站埋深最浅，达到控制车站规模、降低造价的目的，如图3-8所示。

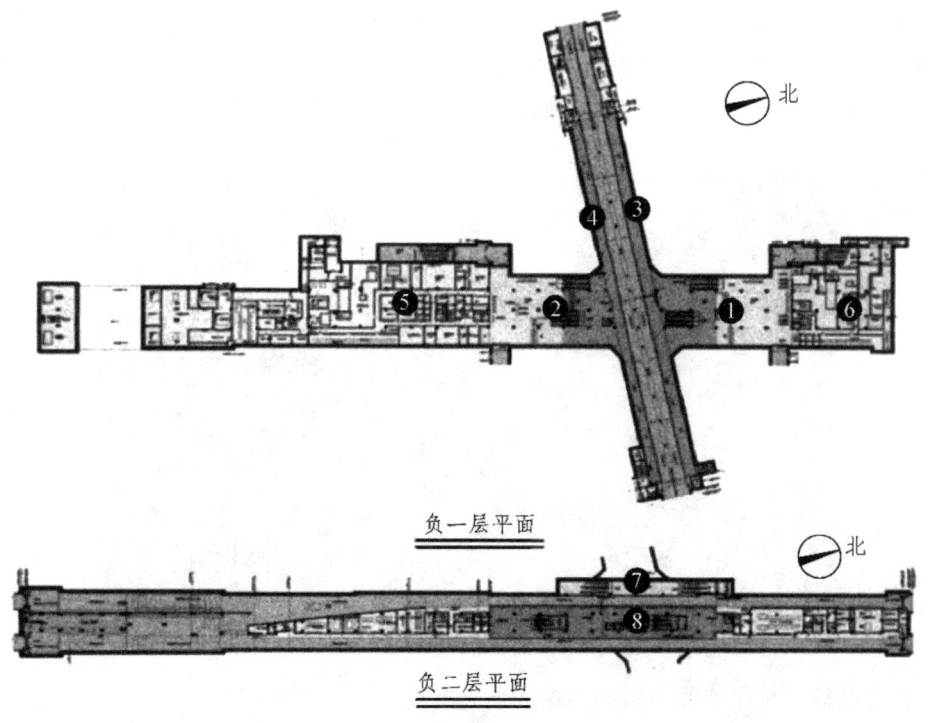

图3-8 世界首创地下十字侧岛换乘车站

2. 设备管理用房资源共享

地铁2、4号线设备管理用房资源共享，不仅节省用房面积，缩小车站规模，更有利于车站管理运营，2号线东延并增加万胜围站，是为了实现2号线与4号线的换乘，设计和施工必定是同步进行。2号线与4号线都由广州地铁总公司经营管理，因此万胜围站可当作"一个"车站来设计与管理：站厅两线共用，乘客进闸后再选择乘坐的线路；设备、管理用房布置上打破以往分线设置的方法，采用合并设置的方式。车站管理设备用房合并的原则为：

（1）车站管理用房：车站管理以一个站管理考虑，其面积参考 2 号线技术要求，除车站控制室适当加大外，其他管理用房按一个站的面积考虑。

（2）环控用房：隧道通风部分分两条线设置，用房分开；车站通风空调按一个站综合考虑，只设一套大系统，设备用房合并。

（3）配电：合并用房，合用一套系统，不同线路分柜供电。

（4）通信用房：合并用房，分线路监控，用房面积是一条线的 1.5 倍左右。

2 号线、4 号线车站实现资源共享，不仅能节省用房的面积，缩小车站规模，更有利于车站的管理和运营。但由于共用房间，两线的管线都会从一个房间引出，增加管线综合的难度，设备管理区的走道和层高在设计时要留有余地。

3. 站内非付费区过轨通道设计巧妙

站内非付费区过轨通道设计巧妙，既解决了 2 号线侧式站台的过轨问题，同时也解决了十字路口的过街功能，一举两得。

侧岛换乘车站虽然换乘方便，但由于车站站厅被 2 号线轨道隔开为南北站厅，2 号线的乘客也存在选择正确站台的问题。因此在站厅非付费区设计有下穿 2 号线轨道的通道连接南北站厅。2 号线乘客进站后，可通过过轨通道调整站台；来自 4 号线换乘的乘客在 4 号线站台就可选择相应的扶梯，到达要换成的 2 号线站台。由于本站设置在十字路口下，非付费区的过轨通道同时也解决了十字路口的过街功能，一举两得，如图 3-9 所示。

图 3-9　站内非付费区过轨通道

4. 车站公共区（柱）墙面装修采用玻璃加马赛克

车站装修材料的选择具有超前性。在工业化、模式化、装配化原则下努力创新，车站公共区（柱）墙面装修大胆采用玻璃加马赛克，如图 3-10、图 3-11 所示。

玻璃模数为 1 580 mm 宽，充分考虑了广告灯箱和其他设备箱的安装方便。玻璃加马赛克（柱）墙面经济实用，简洁通透，效果甚佳，为日后地铁车站的装修提供了很好的参考价值。另外，通过对设备管线的整合，把车站公共区用天花板分区设计。两侧 A 区为主要管线，采用多孔铝天花板，高度为 3 000 mm；中间 B 区利用管线不多的优势尽量抬高，改善车站的空间效果，中间 B 区天花板采用彩色吊片动感的波浪构图，寓意广州地铁的建设高潮一浪接一浪。

图 3-10　站内公共区墙面装修采用玻璃加马赛克

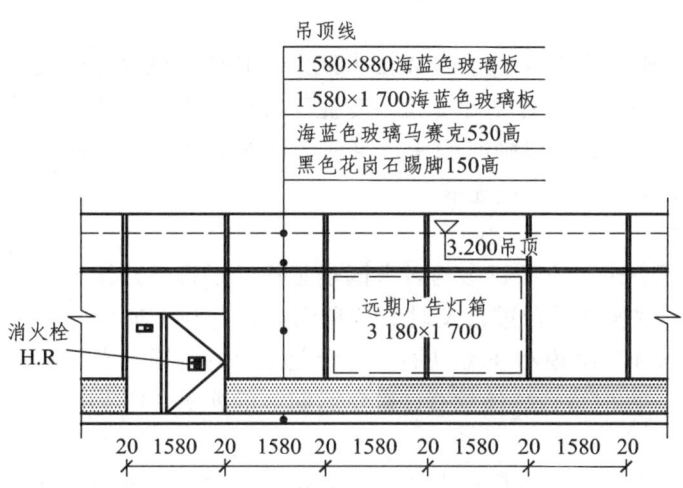

图 3-11　玻璃加马赛克（柱）墙面效果甚佳（单位：mm）

（三）技术特点

（1）广州地铁 2、4 号线换乘车站万胜围站是全球首次采用地下两层十字侧岛换乘车站，换乘直接方便；车站埋深最浅，达到控制车站规模、降低造价的目的。

（2）车站设备管理用房布置上打破以往换乘车站分线设置的方法，而是采用合并设置的方式，车站两线实现资源共享，不仅能节省用房的面积，缩小车站规模，更有利于车站的管理和运营。

（3）车站基坑支护方案一采用加筋深层搅拌桩与土钉、预应力锚杆相结合的形式。支护方案二采用搅拌桩将软弱土层加固后再进行放坡，基坑深度达 17 m。这两种围护结构形式在广州地铁的深基坑工程中是第一次采用，为节约、高效地进行地铁建设提供了成功经验和可行办法。

（4）车站结构采用弹性地基上的等代框架法进行内力分析计算。

（5）站内非付费区过轨通道设计巧妙，既解决了 2 号线侧式站台的过轨问题，同时也具备了十字路口的过街功能，一举两得。

（6）车站公共区装修具有超前性，大胆采用玻璃加马赛克（柱）墙面，经济实用，装修效果简洁通透。

（7）负责环控设备配电与控制的环控电控柜采用了先进的智能配电与控制系统，采用工控机与总线轻松地实现远端设备的检测与控制，同时节省了控制电缆的使用，避免了电缆敷设的困难。

五、地铁车站实时施工模拟的BIM技术

（一）BIM技术概述

1. BIM技术特点

BIM（Building Information Modeling）是一种借助特定软件创建包含工程信息的三维模型并应用于项目各个阶段的数据化工具。BIM技术在工程项目的应用为项目各参与方提供了协同工作的平台，能够有效提高生产效率和工程质量，其主要特点包括以下几个方面：

（1）信息集成。

将工程信息集成到三维模型中是BIM技术区别于其他二维设计模式的一个重要特点，也是BIM技术的生命力所在。通过创建涵盖各专业工程信息的特定族库，从而组建一个完整的三维模型数据库，设计人员可以随时调用建筑内构件的信息，包括材料种类、几何形状、空间关系等，极大地便利了施工信息提取。

（2）工作协同性。

BIM技术搭建了一个可供项目参与各方同步工作的平台，建设单位、设计单位、施工单位和监理单位可以通过这个平台进行及时的信息沟通，有利于项目各个环节的把控，提高项目整体效率。同时BIM三维模型还可以加强各专业之间的沟通，有效解决不同专业基于不同布设原则产生的冲突，及时进行碰撞检查，避免后期施工进度受到影响，有利于缩短施工工期。

（3）工作关联性。

BIM的工作关联指三维信息模型在建立或使用过程中，建筑信息有任意一部分内容发生更改时，通过BIM技术调整参数信息或更改模型可以使得三维模型以及模型的平面、立面、剖面发生同步的变化，不再需要工作人员对各部分图纸进行逐一修改，同时也极大方便了更改的查看。BIM技术的工作关联性使得各专业之间联系更加紧密，同时节约人力成本。

（4）工作可视化。

BIM技术的一个显著特点是它的工作可视化。区别于传统CAD二维图纸，基于Revit等软件创建的三维立体模型，能用一个模型来表达原本需要多张二维图纸才能表达的问题。这种立体的展示更为直观，同时也减少了信息重复传递的工作量，避免了传递信息失真的风险。通过三维渲染技术将实际工程在模型中完美呈现，实现"所见即所得"，给人以强烈的视觉冲击。

2. BIM三维模型

利用BIM建模软件构建三维模型是BIM技术的核心，建立的模型是包含了项目信息的参数化实体模型。模型的建立是一个由点到面的过程，每一个构件都包含了各自的信息，组成的整个三维模型就是一个集成的、参数化的数字模型。利用AudodeskRevit建立地铁车站的三维BIM模型，鼠标点击楼板构件，模型中将自动显示构件的名称、尺寸、材料。此外模型中还可以查看构件数量、构件的位置等信息；当对构件信息进行修改时，模型中平面、剖面、

立面图等也将同步更改，保证了工程信息的一致性和准确性。BIM 模型的信息包含在各个组件当中，都可以被检索和利用，为施工和后期运营维护均提供了极大的便利。

（二）基于 BIM 的实时施工模拟

1. 实时施工模型

实时施工模型是根据实际施工进度对模型参数进行实时更新的三维模型。设计阶段创建的 BIM 三维原始模型是实时施工模型创建的基础，但实时模型需要根据施工进度进行实时的参数调整保证模型能根据项目实际进度不断更新，与项目施工实际进度保持同步。实时施工模型的最大特点是模型包含的信息随着施工的进行而不断增加，模型本身也随之不断更新，在每一个阶段都能准确反应施工的实际状态，有利于对项目进行动态控制。

实时施工模型创建的核心是现场数据信息的实时更新，因此模型创建包括现场数据采集和模型参数更新两个过程。现场数据的采集需要对工程现场的实际状况进行全方位的侦测，包括施工中不断更新的建筑物构件的几何尺寸、材料选用、三维坐标等。目前在施工现场监控对象的定位中应用比较多主要有 GPS 及 RFID 技术，而施工现场三维坐标的采集应用比较多的主要是照相测量技术和激光扫描技术。模型参数的更新是指利用 BIM 技术将采集的数据进行识别、提取、分类匹配等操作，将数据转换为包含特定工程信息的实时数据，从而更新模型构件。在原来三维模型的基础上完成实时参数构件的更新，就完成了实时施工模型的创建。

2. 实时施工模型的自动创建方法

由于实时施工模型需要的现场数据是实时更新变化的，采取人工创建需要耗费较多的人力和时间，实用性较低。实时参数模型的自动创建技术通过图像自动识别和匹配技术完成数据自动更新，并自动向含有对象属性的实体构件转换，极大地提高模型自动化程度。运用于实时施工模型的创建包括 6 个状态（如图 3-12 矩形框所示），并且每个状态对应其特定的输入和输出内容。模型自动创建的整个过程从现场数据采集开始，最终产品为基于 BIM 的实时施工模型。

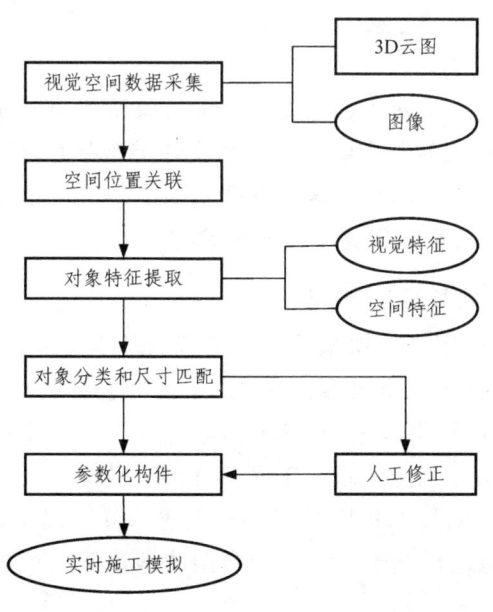

图 3-12 实时施工模型自动创建框架

（1）数据采集与空间关联。

视觉和空间数据的采集采用 3D 激光扫描仪和照相设备来捕捉现场构筑物,从而输出由图像和 3D 点云呈现的三维表面轮廓。施工现场需要多台照相设备和 3D 激光扫描仪对现场构筑物进行多角度的图像采集和扫描,从而保证采集的数据能覆盖到全部施工现场,最后将所有数据汇集并生成单一的三维表面。空间位置关联是将经过配准和校正的 3D 点云和图像输出为一个可以描述被扫描构筑物的表面模型。这样一个三维模型表面具有与实际构件或构筑物相应的材质纹理,且形成互相关联的拓扑结构。利用三角形网格划分 3D 点云生成的三维表面模型,以便于简化几何模型同时为计算机计算提供算法基础。

（2）特征提取、分类和匹配。

特征提取是源于计算机图像处理技术的一个概念,使用图像加工工具提取图像信息,决定每个图像上的点是否属于一个图像特征。在空间关联的基础上,将具有材质纹理的三维表面模型作为提取对象,通过计算机对视觉特征和空间特征信息进行提取,输出结果为包含潜在对象和背景空间特征的三维表面。在此基础上以包含潜在对象和背景空间特征的三维表面的对象,将对象特征逐一与样本中的对象特征进行对比,判定对象所属的类别。通过计算一个对象和样本的距离,判断将对象归入到某一预先定义好的类别的可能性大小,从而实现对象和样本的距离匹配。这个过程可认为是将一个抽象定义的对象指向一个更为现实的对象。

（3）人工修正。

目前的技术水平下还无法实现通过计算机实现全自动的模型创建,因此在过程中需要人工修正一些错误或进行参数修改。需要进行人工修正主要包括以下几种类型:对象不识别、对象识别错误、对象的集成和分离。利用计算机算法自动识别过程中发生个别对象未识别的情况,建模人员需要将未识别的对象进行合理的参数设置并插入到正确的位置;当一个对象被错误地识别时,建模人员需要将错误的对象替换或删除;当多个对象被聚集成一个单一对象时,建模人员需要进行分离对象;反之当一个单一对象被识别为多个分解对象时,则需要将这些分散对象聚集成一个单一对象。

（4）参数化构件生成。

在前面的步骤中生成了一系列经过归类的三维对象,其中所涉及的参数都需要被计算。由于 BIM 模型中对构件类型设定的参数和对象的实体类型都是已知的,且对于不同对象有各自不同的内部表示规则,因此可以利用这些规则来匹配每个对象内部的关键参数。经过分类匹配以及人工修正后的表面模型可以完整生成构筑物所需的所有参数化构件。

3. 基于实时施工模型的地铁车站施工模拟

将 BIM 实时施工模型应用于地铁车站施工模拟的基本流程如图 3-13 所示。施工前按照设计资料建立地铁车站的 BIM 三维模型,实时采集现场数据资料创建动态的实时施工模型。数据采集利用 BIM 模型自动更新技术,将 3D 激光扫描仪等设备采集到的数据自动添加到模型当中。针对明挖地铁车站施工主要施工工序,将实时模拟分成了临建工程、围护结构、基坑开挖与支护、主体结构、附属结构以及其他非土建部分工程。通过 BIM 实时施工模型可视化界面,能够更加直观地进行基于实时施工模型的地铁深基坑施工模拟时的进度、成本以及安全控制。

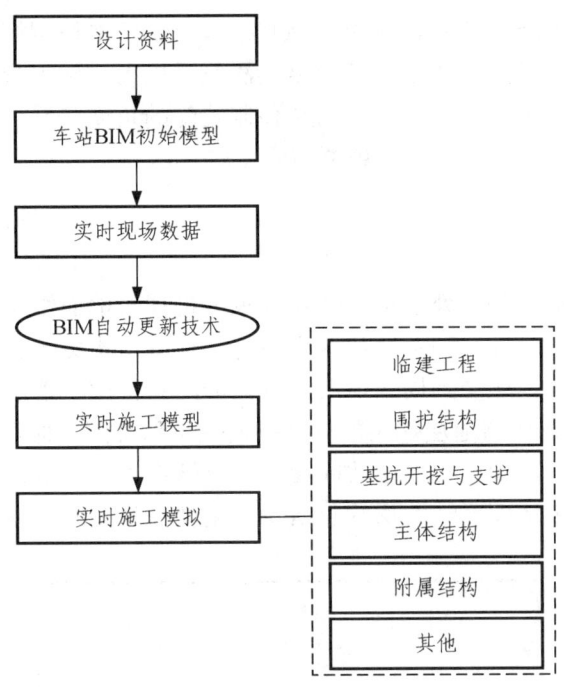

图 3-13 基于实时施工模型的地铁车站施工模拟

六、地铁车站预制装配新技术

(一) 技术特性分析

1. 装配式地面建筑结构

装配式地面建筑以其高效率、高质量、高寿命、绿色环保等优势，在欧美及日本等发达国家得到了非常广泛的应用，且技术成熟、体系完整。我国在这方面虽然起步较晚，但也取得了长足的发展。目前我国的地面建筑预制装配结构是由预制混凝土构件通过可靠的方式连接，并与现场后浇混凝土、水泥基灌浆料形成整体的装配式混凝土结构，简称装配整体式结构。在装配整体式结构中，节点及接缝处的纵向钢筋可采用机械连接、套筒灌浆连接、浆锚搭接连接、焊接连接或绑扎搭接连接等方式，实现接头的刚性连接。

地面建筑除基础嵌固于地基中外，其上部结构位于地表以上，屹立在没有约束作用的空间，结构除了承受垂直荷载外，还有风荷载和地震力作用。地面结构在风荷载作用下会产生水平位移及振动振幅；当地震时，地震波在土层中传播引起地面运动，导致建筑结构发生振动。地面结构在地震力的作用下将产生"鞭梢"效应，此时由结构形状、质量和刚度属性所反映出的自振特性对结构反应的影响起决定性作用。

因此，地面结构要实现预制装配化，其承载体预制构件之间的刚性连接及装配整体式的定位非常重要。国家行业标准《装配式混凝土结构技术规程》(JGJ 1—2014)规定"在各种设计状况下，装配整体式结构可采用与现浇混凝土结构相同的方法进行结构分析"。显然，这一装配整体式技术符合地面建筑结构的环境特性和受力特性，是安全可靠、经济合理的。

我国也有建筑工程采用德国的叠合板式混凝土剪力墙技术，其理念是将内外两层预制构件作为核心部位的后浇混凝土的模板使用，预制模板上设置格构钢筋，与后浇混凝土形成永久的整体混凝土结构，不足之处在于现场混凝土浇筑量极大，施工难度较大，且不利于后期的检测，抗震设计也存在不足等诸多问题。从预制装配的角度来看，这种所谓的叠合整体装配式结构因现场作业量很大，导致其优势更不明显。

2. 装配式地下结构

（1）受力特性。

地下结构位于地层中，其所处的环境特点和承载机理与地面结构有着本质的区别。除了需要承受自重、人群、设备等各种垂直荷载作用外，地下结构更主要的作用是来自周围全方位的水土压力，与此同时，还受到周围地层全方位的约束作用，地层既是荷载，也是承载体的一部分，图3-14为结构体与地层作用的整体平衡关系示意图。即便在地震作用下，结构体在地层的"裹挟"下同步振动、与地层共同变形，对结构地震反应起主要作用的是地基土的运动特性，而非结构自振特性，结构形状、质量和刚度的改变并不能改变结构与地层运动的振动特性。

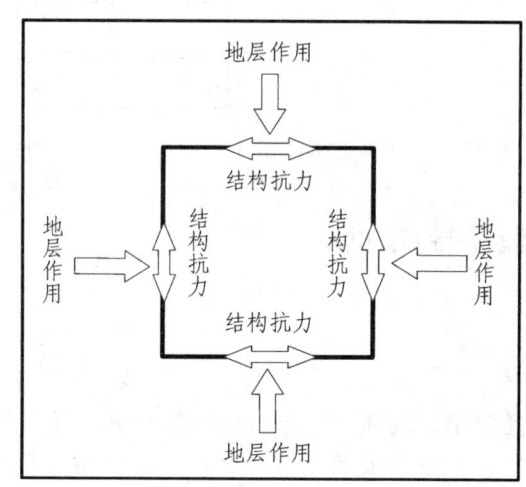

图3-14　结构体与地层作用的整体平衡关系

无衬砌的黄土窑洞、简单喷锚支护的岩石隧道、各种软硬地层中采用的装配式盾构隧道、各种形式的现浇钢筋混凝土结构等地下工程，其良好的承载性能和抗震性能均充分反映了地下结构的受力特性。对于预制装配式地下结构，采用稳定的结构体系、选择合适的接头形式、掌握接头的刚度和承载特性、安排合理的接头位置、剖析结构体系的力学行为应是技术关键。

（2）防水特性。

地下结构承受地下水的作用往往不可避免，它不同于地面建筑防水以改变水的运动路径、起挡水和排水作用为目的，即"雨伞和雨衣"的防水做法，地下结构的防水性质类似于"潜水艇"，需要承受较大的地下水压力。

在防水做法及效果方面，大量的工程实践表明，地下结构即便是整体现浇钢筋混凝土结构，在结构与地层之间设置全包防水层的情况下，渗漏水现象也时有发生。而大量的盾构隧道在无外包防水层及无现浇内衬的情况下，防水性能却较为理想，尤其是穿越江河、海底的盾构隧道通常能抵御水头压力达60 m以上。

解决好装配式地下水结构防水的关键是混凝土结构自防水性能及接头、接缝的防水性能，包括确定合理的防水体系、材料性能、构造措施、施工工艺及检测手段等。

（3）施工环境特性。

地下结构的建造与土体开挖方式，即施工工法密切相关。地下结构的施工工法主要有基坑开挖类的明挖法，矿山式挖掘类的暗挖法，以及机械掘进类的盾构法。无论何种建造技术，其特点都是作业空间狭小。预制装配地面结构一般构件小、配筋少，且有自由的空间进行吊运和拼装，刚性接头也能较好实现。而地下结构的预制装配却相当于在一个"盒子"里面"搭积木"，对于大构件、高配筋的地下结构，从结构选型、接头方式、防水措施到构件吊运、定位、拼装等各环节均需要充分考虑施工环境条件制约的影响。

总之，预制装配技术应用于地下结构，应综合考虑地下结构的承载特性、施工方法及环境特点。从充分发挥预制装配技术优势的角度出发，结合以往地上和地下实际工程的应用经验，合理确定结构形式和承载体系、接头连接方式、防水措施、预制和拼装工艺等关键技术，使预制装配式地下结构真正实现技术先进、安全可靠、绿色环保、经济合理的建设目标。

（二）长春地铁2号线预制装配车站关键技术

1. 研究背景

长春市地处我国东北的严寒气候区域，地铁施工每年有4~5个月的冬歇期，致使工程工期压力巨大。2014年长春地铁2号线启动了预制装配车站的研究和应用工作，首先开展研究和应用的试验段选在线路西端的袁家店车站，随后又分别开展了另外4座车站的应用工作。目前5座车站中除西湖站（车站长700 m）因拆迁原因尚有一少部分结构未装配外，其余4座车站均已建成，图3-15是2号线5座装配式车站的分布示意图。

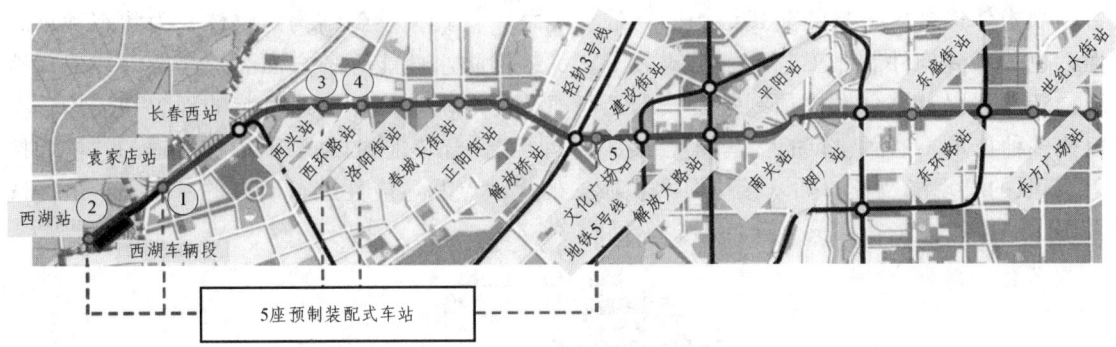

图3-15 长春地铁2号线5座装配式车站分布

这5座车站均为采用桩锚体系基坑支护结构的明挖车站，车站主体为单拱双层马蹄形结构，结构总宽20.5 m、总高17.45 m，外围主体承载结构由环宽2 m的7块大型预制构件拼装而成（见图3-16），装配式结构整体无现浇混凝土湿作业，为"全装配式结构"。预制装配结构环向的构件与构件之间、纵向的环与环之间均采用"榫槽注浆式接头"形式，接头部位设置多道防水措施，除拱顶外其他部位均未设置外包防水层。目前，施工完毕的车站已覆土，并恢复地下水状态约1年半时间，历经2个雨季，从长期监测情况看，车站结构变形稳定，且无渗漏水现象。

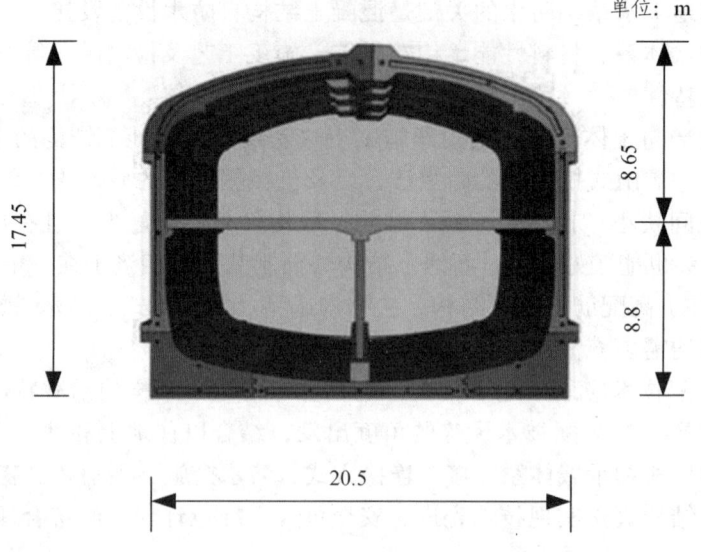

图 3-16　长春地铁 2 号线装配式车站断面示意

2. 关键技术研究

在长春地铁预制装配技术研究过程中，共开展了 6 大部分的理论和试验研究工作，主要研究内容包括结构选型及力学行为研究、接头综合技术研究、结构防水关键技术研究、施工技术研究与专用施工装备研发、大型预制构件生产技术研究、装配式地铁车站多专业一体化综合技术研究等，主要研究成果全面覆盖并形成了设计、施工、构件制造等成套技术体系。下面就业内较为关注的几个关键技术研究做简要介绍。

（1）预制构件连接接头研究。

预制构件连接接头是装配式结构研究的核心之一，其关系到结构的整体受力状态和承载特性，也关系到构件制作工艺、施工拼装工艺、结构防水性能等各方面。综合考虑装配式地下结构特性，以及充分发挥预制装配技术工序简洁、准确定位、快速拼装的理念和优势，在对以往多种技术（地面建筑的"套筒灌浆接头"及"叠合装配式技术"、盾构隧道的"拼装接头"、苏联的"现浇及杯口插入接头"等）做法的优缺点及适应性进行研究的基础上，最终选择采用了"榫槽注浆式接头"连接形式（见图 3-17）。

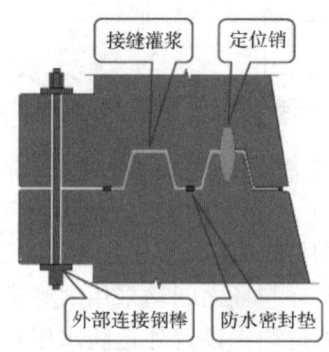

图 3-17　榫槽注浆式接头示意

"榫槽注浆式接头"是典型的变刚度结构，在不同的荷载氛围下呈现不同的接头刚度属性。

非刚性接头的存在以及变刚度接头的连接,是导致预制装配式地下结构体系复杂性的根本原因,而这种良好的接头结构又是有效调节和优化结构体系内力幅值(尤其是弯矩)的重要手段。对于这种接头,必须通过大量的理论分析和多种形式的1:1原型接头试验,研究接头结构的力学行为、刚度、承载能力、合理构造、注浆作用机理及防水特性等,掌握接头结构的关键力学行为规律,即接头本构关系,形成接头结构承载能力的设计方法,为地铁车站预制装配技术的研究奠定坚实的基础。

(2)装配式结构体系和力学行为研究。

全装配式地下结构的"装配"以及"非刚性连接"特性,使其在结构体系和力学行为方面与传统的整体现浇混凝土地下结构形成了显著的区别,需要对"结构体系稳定性"和"变刚度接头下的结构体系力学行为"进行重点研究。

结构体系稳定性涉及多个方面:首先是结构体与地层作用之间要能够形成稳定的力学平衡关系,而且结构体还应保留必要的能力储备;其次是在土体约束下结构体必须保持自身的静定特性,应确保底板、侧墙、拱顶、中楼板等承载构件之间能够形成静定或超静定体系;另外,单一构件的承载能力以及接头的承载和变形能力应确保结构体系中不出现局部稳定问题等。

变刚度接头下的结构体系力学行为相对复杂。非刚性接头的存在,一方面使结构体系的整体变形能力得到有效的提升;另一方面,由于接头的刚度及承载能力不仅与接头构造有关,而且与接头所承受的轴力大小关系密切,不同部位接头的内力及接头构造不同,导致每一个接头的刚度均有所差异,加上接头的刚度与轴力、弯矩之间的非线性本构关系,因此,结构体系力学行为需要考虑从装配施工过程到正常使用期间以及地震时的各个阶段,分析在受力演变过程中接头结构的行为特性和整体结构体系的力学行为,并需要进行多次迭代。

(3)装配式结构抗震性能研究。

地下结构由于受地层约束作用,其抗震性能大大优于地面建筑,且地震时对结构反应的控制因素是地层土的运动特性,因此,国内外对于地下结构抗震方面的研究主要集中在土体振动特性上,而对地下结构尤其是装配式地下结构抗震性能的研究尚处在起步阶段。

提高结构的延性是提升地下结构抗震性能的重要手段,在地震荷载作用下,装配式结构非刚性接头使整体结构的变形能力得到提高,地震时利用接头的变形削减接头部位的弯矩、适应地层变形,结构体系的延性优于传统的现浇结构,合理的结构体系甚至可以避免在结构构件上形成塑性铰。

基于上述理念,对于装配式地下结构抗震性能研究的重点有以下3点:

① 多条件下的结构体系抗震性能分析。需要对不同地层条件、不同接头性能、不同地震作用等级条件下的结构分别进行大量的数值仿真分析,研究多因素条件下结构体系的性能及其内力、变形规律,必要时进行不同软件的平行验证。

② 接头的抗震性能和构造研究。接头的抗震性能体现在两个方面,即承载能力和变形能力(转角),可采取实验室原型接头试验的方法进行研究。接头的构造决定了接头的特性,构造形式和附加构造措施直接影响接头的变形能力和破坏方式。

③ 开展装配式结构与同型现浇结构的静力和动力工况下的对照分析。主要是获取装配式结构与现浇结构的差异性特征,进而验证装配式结构的主要技术优势和特点。

通过对长春地铁装配式车站在地震作用下的主要行为特征及相关技术指标进行研究,充

分验证了结构在抗震性能方面不仅完全满足要求，而且在有效降低主要结构内力（弯矩）幅值方面具有优势。研究充分证明地铁装配式车站结构体系在地震作用下的稳定性和安全性。

（4）装配式结构防水技术研究。

根据预制装配建造技术的特点，确立长春地铁装配式车站结构的防水目标是取消常规外包防水层，达到或超过国家规范对地铁车站结构防水的设防要求。

由于采用预制构件，因此不必担心结构的自防水问题，但接头防水性能是关键。装配式地下结构接缝众多，纵横交错，首先应对装配式结构的整体防水密封系统进行合理周密的规划和设计，形成可靠的密封防水构造系统。合理规划防水系统的设置路径，尤其对边、角、榫槽、交叉、留孔等部位进行详细的设计，确保接缝不漏空，纵向不串水。

高标准配置接缝的防水性能必不可少。确立的设计原则是多道防线、主动密封，具体措施是"二垫一注一嵌"（见图 3-19），即接缝设置两道复合膨胀压缩橡胶密封垫、接头接触面缝隙进行充填注浆、接缝表面的沟槽做嵌缝/排水处理。

结合长春装配式车站具体工程开展了一系列的接缝防水试验验证。试验证明，在接缝最不利就位的情况下（接缝张开 10 mm、密封垫错位 5 mm），仅采用一道橡胶密封垫即可达到承受 80 m 水头压力下不渗漏功效；接头接触面填充注浆采用新研发的环氧改性材料，理论上不存在渗水可能；内表面的嵌缝兼具排水和表面封闭功能。

（5）装配式结构构件轻量化研究。

与地面建筑不同，地下结构需要承受巨大的水土压力作用，一般构件体积大、配筋高。装配式地下结构即使拆分为多块预制构件后，单块构件的体积和质量仍然较大，导致拼装作业难度大，对起重吊运设备的要求相应提高。因此，构件的轻量化是提升装配式结构施工性能的重要手段。

对于混凝土构件，轻量化有效的途径是减少混凝土的用量。根据混凝土截面的受力特性，提出了在构件内部设置封闭腔体，并采用轻质材料填充的闭腔薄壁构件思路。

采用闭腔薄壁方式后，构件的轻量化效果显著。环宽 2 m 的构件，轻量化之前每一环总重 360 t，其中最重构件达 65 t、最轻构件 35.35 t，轻量化后平均减重 16.67%，目前一环总重 300 t。轻量化不仅方便了施工，而且节约了混凝土和钢筋用量，同时，在构件预制环节还收获了意想不到的好处，即闭腔薄壁构件预制时的混凝土水化热大幅降低，降温时间大大缩短，避免了构件降温开裂现象，构件的生产效率得到提高。

当然，轻量化构件增加了研究、设计和制造难度，由于内空腔的存在，端头、隔肋、纵肋、腔体等各部位的内力和应力传递非常复杂，需要探讨闭腔薄壁构件的力学特性，以及内力应力—构造尺度—构件性能等多因素的互动关系，研究闭腔薄壁构件的设计方法。对空腔芯模在轻质材料、成型方法、防吸水、经济性等多方面进行了研究，使用后达到了预期效果。

（6）施工技术研究与专用施工装备研发。

施工是装配式地下结构实施的关键环节，作为一种全新的地下结构建造方式，与拼装技术相关的所有工艺和环节都不可忽视，包括：科学合理的装配施工流程安排、大型预制构件的吊运、就位定位方法、接头拼装流线、张拉和接缝宽度控制等。

各类专用施工装备以及辅助拼装部件的研发和利用也十分重要，包括：专用拼装台车、侧向支撑丝杠、构件导向定位销棒、辅助连接张拉系列装置和设备、专用接缝注浆设备，以及构件测量定位系统、拼装自动控制系统等。

第三节　车站设备新技术

一、站台屏蔽门技术

（一）技术内容

车站屏蔽门系统将车站站台与行车隧道区域隔离开，降低车站空调通风系统的运行能耗，减少列车运行噪声和活塞风对车站的影响，防止人员跌落轨道产生意外事故，为乘客提供舒适、安全的候车环境，提高地铁的服务水平。

1. 屏蔽门系统组成

屏蔽门系统主要由门体、门机驱动系统、电源装置及控制系统四个部分组成。屏蔽门门体由滑动门、固定门、应急门、端门、支承结构、门槛等组成，每个门单元安装一套门机（包含驱动系统、传动系统、行程开关等）。

系统采取 RAS 设计技术，软硬件的设计充分考虑了可靠性、可维护性和可扩展性，同时遵循了模块化和冗余设计的原则。门机驱动系统由电机、减速箱、门锁和传动装置等组成，电机为无刷直流电机，电机与涡轮蜗杆减速箱直联，在减速箱输出轴上有一与齿形皮带相啮合的齿轮，以皮带传动。

每个车站配置一套电源装置，给屏蔽门驱动及控制设备供电，主要由 UPS、蓄电池组、开关柜等组成。屏蔽门控制系统由中央接口盘（PSC）、就地控制盘（PSL）、远方报警盘（PSA）、门控单元（DCU）和连接这些装置的通信网络、接口控制部件构成，系统内部连接有现场总线和硬线两种形式。每个车站的中央接口盘（PSC）由两个屏蔽门单元控制器（PEDC）及 PEDC 与系统内其他设备、接线端子、接口设备、PEDC 的控制配电回路组成。屏蔽门系统重要的状态及信息可以通过与机电设备监控系统的接口上传至车站控制室操作终端及控制中心。图 3-18 所示为门体标准单元示意图。

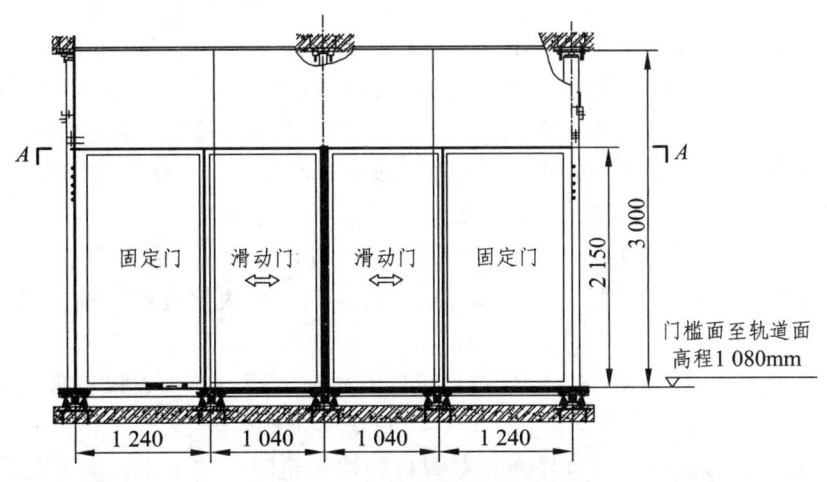

图 3-18　门体标准单元示意图

2. 系统功能及控制功能

屏蔽门提高了地铁运营的安全性，防止乘客因拥挤或意外掉下轨道，保证站台乘客候车安全；为地铁线路实现无人驾驶创造条件，提高了运营效率；有效阻隔列车运行活塞风进入站台，减少了站台区域气流热交换，降低车站空调能耗，节省运营费用；提高车站环境的舒适性，减少列车行驶噪声和活塞风对站台候车乘客的影响。

除此之外，屏蔽门还具有控制及监视功能，控制功能可分三个层次实现：系统级控制、站台级控制和手动操作。

（1）系统级控制是在正常运行模式下由信号系统直接对屏蔽门进行控制的方式。在系统级控制方式下，列车到站并停在允许的误差范围内时，信号系统向屏蔽门发送开/关门命令，控制命令经信号系统（SIG）发送至屏蔽门单元控制器，单元控制器通过DCU对门体进行实时控制，实现屏蔽门的系统级控制操作。

（2）站台级控制是由列车驾驶员或站务人员在站台PSL上对屏蔽门进行开/关门的控制方式。当系统级控制不能正常实现时，如SIG故障、单元控制器对DCU控制失败等故障状态下，列车驾驶员或站务人员可在PSL上进行开门、关门操作，实现屏蔽门的站台级控制操作。

（3）手动操作是由站台人员或乘客对屏蔽门进行的操作。当控制系统电源故障或个别屏蔽门操作机构发生故障时，站台工作人员在站台侧用钥匙或乘客在轨道侧用开门把手打开屏蔽门。

屏蔽门系统的监视功能表现在：屏蔽门系统在站台上设置有PSA，对屏蔽门系统的运行状态进行监视及故障报警，具体故障可以细分到模块级；屏蔽门系统通过与机电设备监控系统（EMCS）间的接口，向车站控制室及OCC发送重要的屏蔽门系统状态信息。实现了在控制中心（OCC）及车站控制室对屏蔽门系统状态的实时监视。

（二）主要技术性能指标

主要技术性能指标包括：环境条件、运行强度、主要技术参数、可靠性指标、系统测试及试验情况。

（三）适用范围及应用条件

目前，随着大气变暖，全国许多城市地铁都设置了空调系统，屏蔽门的应用可以有效提高车站空调效率，减少能耗。屏蔽门系统作为车站设备的一个子系统，与信号系统、EMCS系统均有运营接口关系，使屏蔽门系统与列车、信号实现逻辑控制，使各系统、设备间可靠地连锁，进一步保证行车安全。同时，可以方便地在车站控制室查询屏蔽门系统的重要信息。

本系统与相关专业的工程接口较多，如与土建结构、建筑装修、车辆、信号、车站设备监控系统（EMCS）、低压配电、轨道、限界等专业都有接口。主要接口如下：

（1）与信号系统（SIG）的接口。接口界面在屏蔽门的中央接线端子排，两系统之间传递的信息均为安全信号。

（2）与设备监控系统（EMCS）的接口。接口界面在屏蔽门的中央接口盘端子排；两系统间采用数据通信接口（RS485异步串行）连接进行信息传送。

（3）与低压配电的接口。接口界面在电源自动切换箱输出端子排；向屏蔽门系统提供两路三相380 V电源，负荷等级为一级。

（4）与行车限界的接口。屏蔽门在站台的安装必须满足行车限界要求，门体结构外轮廓不得侵入列车动态包络线。

二、集中供冷技术

（一）技术内容

大型的空调系统一般是通过制冷机房生产低温冷冻水，冷冻水在空调风柜内与空气冷热交换产出"冷气"。所谓地铁系统中的集中供冷是相对于每个车站设置制冷机房而言，通过集中设置制冷机房，供应几个车站的冷冻水来实现空调的效果。

对于地铁车站建设，车站出入口风亭设计及协调难度大，由于分站供冷设置于地面上的冷却塔相对难找到设置的位置，一般都设置在风亭出入口附近等部位，对于人口稠密的老城区，部分位置离民居很近，由于设备运行的噪声及飘水影响了周边市民的生活，甚至在运营后遭到市民的投诉，同时对城市的景观也产生了影响，因地制宜地采用集中供冷新技术可达到"环保满意""规划满意"的效果。系统提供了一种新的供冷方式，可以通过集中冷站的选择使空调系统对周围城市环境的影响减小。减小了地铁建设与环保、规划的协调工作量，减小了市民投诉的概率。

合理的供冷系统布置可充分利用线路上的已有"资源"及城市的"综合能源梯级利用"，例如可利用盾构始发井、折返线、联络线上部明挖空间等无法充分使用的建筑空间设置集中冷站，节省被供冷站的制冷机房的面积。热源应优先，当城市具有火力热电厂等"废"热源时可直接实现冷、热、电联产，这是国家推荐的节能技术，通过集中冷站可方便地向多个车站供冷，这也符合现行的《工业建筑供暖通风与空气调节设计规范》（GB50019—2015）规定："需设空气调节的商业或公共建筑群，有条件时宜采用热、电、冷联产系统或设置集中供冷、供热站。"可利用城市的江河水进行天然冷却，达到节能运行的效果；城市电网有峰谷电价差别时，可采用蓄冷或蓄冰的集中供冷系统，达到降低制冷机容量，移峰填谷，实现最佳经济性能的目的。

（二）技术性能及技术特点

1. 供冷范围及距离

根据广州地铁多条线路的应用情况以及集中供冷系统的技术比较，采用常规供水温度（7℃）下供冷的较佳距离为 2 km 左右，根据车站间距的情况，单向分支不宜大于两个车站。广州地铁 2 号线最大的供冷距离达到了 3.2 km。供冷的容量越大，其性能比越高，冷站布置应集中在负荷中心。

2. 冷站容量

冷站宜采用放射状辐射，应根据线网规划的站点布置，做好线网集中供冷的专题研究。根据广州的工程应用，最大的冷站目前做到了 9 900 kW（2 815 美国冷吨），供应 2 条线、1 个控制中心的规模，采用分期实施的方式。

3. 冷站的占地面积

在同样的供冷半径下，供冷的点越多，辐射的面积越广，经济效益越优。冷站的面积不随容量比例增加，目前采用二级泵系统，1 500 冷吨的冷水机房面积约为 700 m^2（包含了供电及配电用房）。

4. 冷冻水输送保温及能耗

集中供冷的技术难点之一就是冷冻水的长距离输送。保温材料及保温工艺的优劣直接影响各被供冷车站的舒适度，采用了容重 80 kg/m³ 的管壳式玻璃棉及泡沫玻璃两种保温材料，保温材料外表面有防潮及防护层，计算的冷损失为 20 W/m 左右。

5. 大温差

集中供冷系统采用了冷冻水大温差技术，进一步弥补了长距离输送的缺陷。以往国内空调系统冷冻水温差历来都是按 5℃ 设计，很少有设计人员突破 5℃ 的限制。冷冻水温升 Δt_w 加大，则水量变小，泵的动力可减少。集中供冷系统目前最高采用了冷冻水 10℃ 的大温差应用，并已成功运营。

6. 二次冷冻泵的扬程及变频控制

为进一步降低输送能耗和便于调节，集中供冷系统采用了二次冷冻泵及变频控制，根据不同的供冷距离选择二次冷冻水泵扬程，水泵采用无级变频控制。二次冷冻水泵的扬程目前在 80 m 以下，全年的变频控制可在 25～50 Hz 调节，管网的承压在 1.2 MPa 以内。

7. 集中供冷系统的集中自动控制

集中供冷系统存在的难点是：每个集中供冷站需控制的设备包括冷水机组、变频泵等智能设备 7~10 套，末端组合空调 10~14 台，要求调控的过程变量达 30 多个，属于多变量调节系统，关联因素多，无法精确建立控制模型；冷冻水传输距离远达 3.5 km，系统的时延长，实现实时控制难度大。作为一个完整的控制系统，必须综合考虑所有被控参数的调节、所有被控对象的联动控制与安全互锁问题。

集中自动控制主要思路是：采用解涡的方法，按主元分析法的思路将整个控制系统分解成三个相对独立的调节环节，实现多变量控制系统的动态调节；将三个环节组成一个串级调节系统，把系统中的许多过程变量当作内部干扰量处理，建立自适应抗扰动调节模型；通过对变化趋势的预测，采用超前调节与控制，实现系统的实时控制。

集中自动控制主要技术措施是：采用串级调节的思想，将整个冷站的空调水系统看成是一个三环调节系统，将系统中的诸多变量按负荷传递的作用进行分组分环。图 3-19 所示为三环调节系统图。

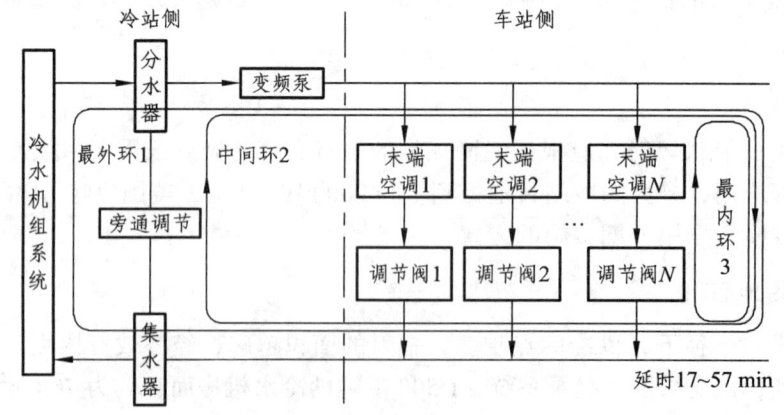

图 3-19　三环调节系统图

内环：末端空调机组作为最内环，以环境温度作为控制变量，调节阀开度作为调整控制变量，其他像冷冻水温度、车站客流量、冷冻水压差等作为扰动变量；

中环：以变频泵调节作为中间环，冷冻水管网压差作为控制变量，变频泵的运行频率作为调整控制变量，像阀的开度、冷冻水温度、环境温度等作为扰动变量；

外环：以冷水机组作为最外环，以冷负荷作为控制变量，结合冷机的运行效率曲线进行冷机群控，实现冷机运行台数的控制和冷冻水出水温度的再设定，将其他因素作为扰动变量。

8. 地铁系统采用集中供冷系统的特点

针对集中冷供系统的特点及技术难点，采用了冷冻水大温差及二次泵变频技术，从而提高了制冷机组的能效，降低了冷冻水输送的能耗，解决了在不增加土建工程的基础上利用区间隧道空间敷设冷冻水供回水管道的诸多关键问题，优化了集中冷站作用半径，对集中冷站的合理布局与集中供冷的输送冷负荷损耗及负荷调节的延时问题从工艺设计上控制到了最少，且又通过创新的自动控制与调节得到了较为理想的解决。2号线集中冷站已经运行近两年，成功实现无人值班的全自动化控制，达到了各项预计目标。

（三）适用范围及应用条件

针对集中冷供系统的特点及技术难点，本系统主要适用以下的城市轨道交通线路：

（1）城市具有冷、热、电三联供，可提供经济合理的低品质热源（采用吸收式制冷时）。

（2）可以通过集中冷站的选择使空调系统对周围城市环境的影响减小，集中设置冷冻站便于化零为整，使设备的效率合理利用。

（3）城市老城区或规划限制区域建设轨道交通线路时，可减小地铁建设与环保、规划的协调工作量，减小了市民投诉的概率。

（4）当采用蓄冷空调经济合理时，存在峰谷电价差。

（5）多条线路的交汇站点，供冷时可呈辐射状。

（6）线路存在折返线，上部空间可以充分合理利用，并有条件设置冷却系统。

（7）可以利用天然冷源冷却（如江水或湖水时），水质良好，水处理工艺简单有效。

三、智能自动扶梯技术

随着城市轨道交通的不断发展，轨道交通车站的自动扶梯数量不断增加。目前，上海轨道交通拥有超过4 000部自动扶梯，它们每天输送着超过3 000万人次客流，承担着上海公共交通超过50%的运量。据统计，发生在自动扶梯上的客伤约占轨道交通客伤总数的60%；显然，自动扶梯运维是城市轨道交通运维管理的重要组成部分。

（一）自动扶梯面临的痛点与难点

自上海轨道交通1号线1993年5月开通以来，申通地铁集团至今已运营自动扶梯逾26年。作为旋转部件直接与乘客接触的高危险性特种安全设备，自动扶梯始终是轨道交通站点运营优化研究的重点。因此，申通地铁集团与上海三菱电梯公司于2018—2019年联合开展了《地铁自动扶梯、电梯智能化运维技术与管理的研究》课题研究。课题组经过反复调研，梳理和挖掘了轨道交通自动扶梯日常运维中的主要痛点与难点：

（1）乘客摔倒、出口拥堵等异常状态不能第一时间被觉察、及时紧急干预，容易酿成重大伤害。自动扶梯上发生乘客跌倒（特别是腿脚不便的老人、孩童）等突发事件时，处理方式仍然是人工巡查、乘客报警，监控系统只能起到被动的追溯作用，容易错过处理的最佳时间段。经过多年发展，如今轨道交通车站已全面实现了信息化，采集了海量的数据、信息、图像，并在车控室进行汇总。然而，车站管理人员陷入了数据的"汪洋"中，无法有效提取出"现在正有危险状况发生"的信息，更不能及时实施远程干预，阻止进一步伤害的发生。

（2）乘客危险行为（如逆向行走、携带婴儿车乘坐、孩童在扶手区域玩耍等）不能及时警示，形成安全隐患。大量的事故案例显示，乘客的危险行为是造成自动扶梯事故的主要危险源，而目前的自动扶梯并没有有效的解决方案。

（3）日常管理消耗人工多。以汉中路站为例（共计64台自动扶梯），每天需超过1h完成关梯，早晨再花相同的时间开启扶梯，耗时耗力。

（4）无法针对环境变化进行自动适应和调整。下雨天，未带伞的乘客容易拥堵在自动扶梯出口，而自动扶梯一直在持续向外输送乘客，易引发危险。此外，由于语音播报不能根据环境音量自动调整，导致环境安静时，语音播报过于响亮；环境嘈杂时，语音播报又不够清晰。

（5）常规故障后停梯维修方式，对车站运营影响大。传统上扶梯采用故障后停梯维修方式，而故障往往发生在高峰、高负荷期间，导致车站运营受到很大影响。

（二）智能自动扶梯解决方案

针对上述问题，上海三菱与申通地铁深度合作，在汉中路站开展了智能自动扶梯试点研究。相比于常规自动扶梯，智能自动扶梯通过智能传感、智能控制、智能交互及智能物联技术，使自动扶梯在运行过程中对于外界环境及乘客行为的变化进行智能感知、决策判断，并进行适应性调整；从产品智能化、监控智能化、维保智能化三个维度全面提升，使自动扶梯更安全、更智能、更好地服务于轨道交通运维。智能自动扶梯原理如图3-20所示。

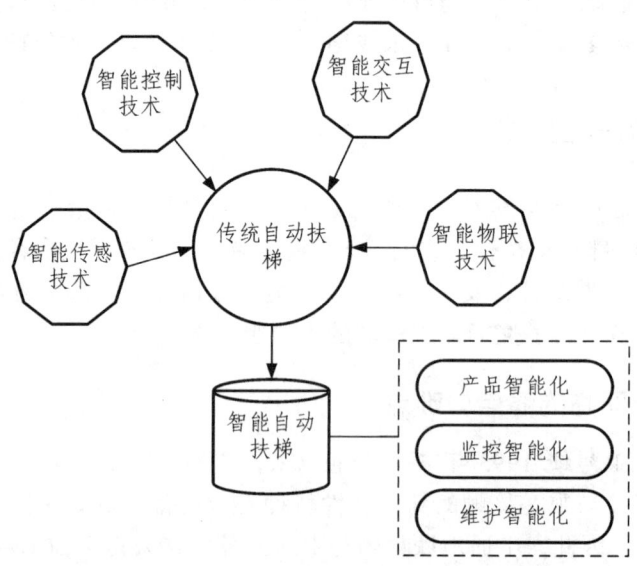

图3-20 智能自动扶梯

1. 产品智能化（通过差异化待机模式实现智能安全自动启停）

若自动扶梯在梯级上有人的情况下突然启动可能导致严重的伤害事故，因此自动扶梯的启动需符合严格的安全标准和法规要求。目前全国所有地铁公司都在晚上停止运营后逐台手动关闭、早晨车站开始运营前逐台手动开启，耗费大量人工。《自动扶梯和自动人行道的制造与安装安全规范》（GB 16899—2011）对启动有三种允许的方式：

（1）手动启动，只能由被授权人员通过操作一个或数个开关（例如：钥匙操作式开关、拆卸式手柄开关、护盖可锁式开关、远程启动装置）来实现。这些开关应能从梳齿和踏面相交线外部区域操作。用作 5.11.4 条中规定的主开关，操纵开关的人员在操作之前应能看到整个自动扶梯或自动人行道，或者应有措施确保在操作之前没有人员正在使用自动扶梯或自动人行道。在开关的指示上应能明显识别运行方向。5.12.1.1.2 条所列的任何一个自动扶梯或自动人行道的电气设备故障，如果在 5.12.1.1.3 条和附录 B 所述的条件下不能排除，不应导致自动扶梯和自动人行道的启动。

（2）自动按预设待机的方向启动，不允许传感器失效导致未能使扶梯在乘客踏上梯级前启动的情况发生。

（3）紧急按钮停止后的自动运行，在两端梳齿与踏面相交线，包括它们外侧 0.3m 的附加距离之间，应对梯级、踏板或胶带进行监测，且只有当这个区域内没有人和物时，自动再启动的重复使用才是有效的。该装置应能探测到在该区域内任何位置，直径为 0.3m、高度为 0.3m 的不透明直立圆柱。控制自动再启动的重复使用的应是符合 5.12.1.2 条规定的电气安全装置，自控传感元件允许单通道设计。

通过手动启动或紧急按钮停止后的自动运行实现自动启动，均需基于当前时刻的传感器信息，以功能安全级的可靠性确定扶梯上没有乘客；在现有技术条件下，如使用图像识别等方式判断扶梯上无人，其难度堪比 L4 级别的自动驾驶，成本和难度极高，且需通过国家市场监督管理总局特种设备安全监察局的同等安全性评价。

通过自动按待机的方向启动，则可有效地根据历史传感器信息可靠地确认扶梯上没有乘客（上次待机前至本次自动启动前，没有乘客进入），实现成本可控的智能安全自动启停。根据 GB 16899—2011 的要求，自动扶梯可以通过乘客传感器检测到乘客已全部离开扶梯（根据 5.12.2.2.2 条，自动操作至少为预期乘客输送时间再加 10s）后，进行节能待机运行或停止待机，直至下一个乘客被乘客传感器检测到，扶梯启动并再次进入名义速度运行，如图 3-21 所示。

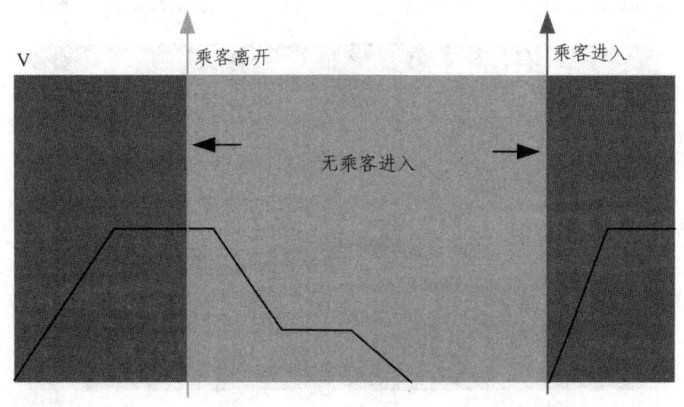

图 3-21 无乘客时停止待机示意图

通过设定差异化待机模式（晚上关站后，设置为停止待机；早晨车站投入运营前，设置为不待机），可在确保没有乘客的情况下实现安全的智能自动启停，解决车站运营长期以来的痛点问题。差异化待机模式如图3-22所示。

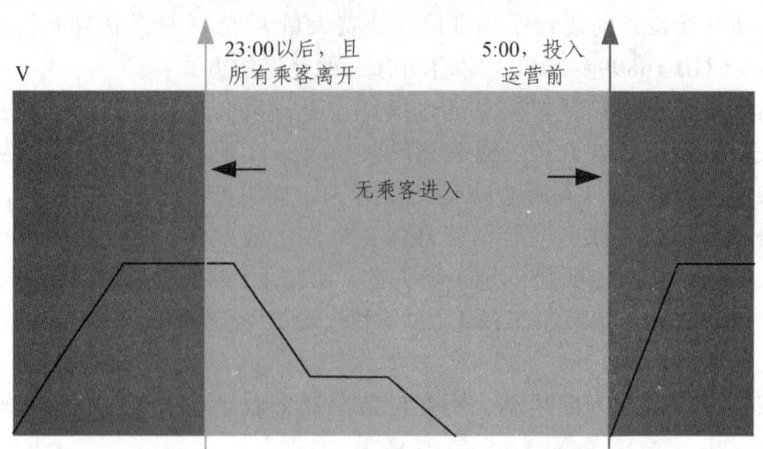

图3-22　差异化待机模式示意图

在车站实际运营中，上述技术方案仍存在以下问题：

（1）夜间关站后，非站内巡站的工作人员（主要为夜间施工人员），需通过技术手段严禁其使用自动扶梯，否则携带设备施工容易酿成事故。

（2）站内巡站工作人员可通过专用工具（开梯钥匙）使用自动扶梯。

为解决这些问题，追加以下逻辑：若乘客传感器监测到夜间有人进入自动扶梯，则该台自动扶梯自动退出停止待机、不运行；且第二天不得启动。站内巡站人员仍可通过钥匙开关启动扶梯进行巡站，此后操作完全相同。通过本章所述智能安全早晚自动启停技术，在国内电梯行业和地铁行业首次实现了安全的智能早晚自动启停，并已申请发明专利，大大减少了日常管理的人工投入。

2. 产品智能化（危险行为识别及警示）

逆向行走、携带婴儿车乘坐、孩童在扶手区域玩耍是三种典型的危险乘梯行为，通过深度学习图像识别技术、TOF（Time-of-Flight）技术，可对这些危险乘梯行为进行有效识别，及时对其进行警示，大大降低安全风险。危险行为（孩童在扶手区域玩耍）警示功能如图3-23所示。

图3-23　危险行为（孩童在扶手区域玩耍）警示功能

3. 产品智能化（自动适应环境音量的语音播报装置）

通过专利技术自动侦测环境音量，调节语音播报装置的输出音量，在环境嘈杂时声音洪亮、环境安静时舒适静谧，从而达到理想的播报效果。经试点验证，自动适应环境音量语音播报技术可有效地根据环境噪音实时调整语音播报音量，保持语音播报音量比实测环境噪音高 8～12 dB，妥善解决环境噪音和播报音量不匹配的问题，如图 3-24 所示。

图 3-24　自动适应环境音量的语音播报装置

4. 监控智能化（紧急状态的智能监测及远程紧急停止控制）

根据申通地铁集团统计，发生在上海轨道交通自动扶梯上的乘客跌倒事件频发，每月达 70～80 起。鉴于扶梯上乘客跌倒等紧急状态可能酿成严重伤害，国内外地铁公司对于自动扶梯在紧急状态下的监控和紧急干预进行了一系列努力，但进展有限。莫斯科地铁在一组自动扶梯（通常 3～4 部）边上，设置一个岗亭及值班人员，值班人员在运营时段人工观察这几部自动扶梯，并在紧急情况发生时立即操动岗亭中设置的紧急停止开关。国内部分地铁公司则在高峰危险时段设置了专人临时值守，以便在发生紧急状况时立即予以紧急停止干预。

在汉中路站试点研究中，从"智能监视""安全的远程紧急停止控制"两方面实现突破：

（1）运用 AI 图像识别技术，实现了乘客跌倒等紧急状态的"智能监视"：一旦发生乘客跌倒事件，将通过图像分析技术实现自动抓取，在监控室声光提示、弹屏显示发生摔倒扶梯的实时画面。

（2）经过管理人员确认：情况危急需要立即紧急停止扶梯时，通过操作监控屏附带的实体紧急按钮切断监控屏上显示扶梯的安全回路，立即制停扶梯确保安全。为确保安全性，切断所显示扶梯安全回路的安全功能按可编程电子安全系统 PESSRAESIL2 设计、认证并取得型式试验证书。

2018 年 8 月—2019 年 2 月，汉中路站 19 台部署了监控智能化技术的自动扶梯运行期间，共抓取、响应了：16 次乘客摔倒事件（试点期间所有乘客向车站反馈的跌倒事件全部被成功抓取到，每台每年平均发生摔倒事件达 1.44 次；以此推算上海轨道交通每年实际发生乘客摔倒事件超过 4 000 次）；3 次自动扶梯出口拥堵事件。通过监控智能化技术，大大提高了紧急状态的应急响应及时性和安全性。

5. 维保智能化（预测性维护技术）

传统上扶梯采用故障后停梯维修方式，而故障往往发生在高峰、高负荷期间，导致车站运营受到很大影响。维保智能化技术通过对定期关键部件的性能指标（如制动器制停距离、变频器的最高温度、扶手带速度偏差等）进行持续监测，在部件性能发生劣化至"亚健康状态"时，在最近一次维保中给予及时的预测性维护对策，避免关键部件性能劣化达到故障停梯的程度，减少对车站运营的影响。对亚健康状态实施预测性维护对策的维保智能化技术如图 3-25 所示。

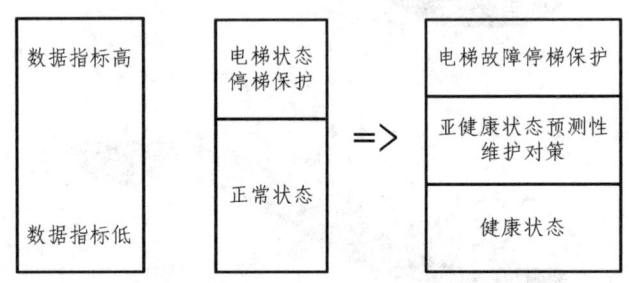

图 3-25 对亚健康状态实施预测性维护对策的维保智能化技术

（三）智能技术运用于自动扶梯的安全性要求

智能技术运用于自动扶梯，可以显著加强产品使用、监控、维保等方面的体验，但作为受《中华人民共和国特种设备安全法》管辖的特种安全设备，在自动扶梯上应用智能技术带来的安全性风险也必须得到慎重评估。

目前轨道交通车站均设有车站级监控系统，其中包含对自动扶梯的控制。在监控专业、电梯专业未充分协同分工的情况下，对电梯和自动扶梯的智能化控制容易形成专业技术管理的盲区和法规监管的盲区。一般典型车站建设施工中，电梯、自动扶梯先于监控系统进行安装调试，在电梯、自动扶梯监督检验时通常监控系统还未开始施工，因此容易遗漏监控系统对电梯控制的监管审查。对于紧急情况下的紧急停止操作，应符合安全标准的要求并在监督检验时进行审查，对其中 PESSRAE 装置，需提供型式试验证书。

须考虑在传感器失效时应能检出并阻止其不启动，即：对传感器进行自检（电源定期 OFF-ON 状态比较）或与其他乘客传感器（如微波）、双传感器双路冗余比较实现自诊断，若通过自诊断检出其发生故障，则保持自动扶梯运行。满足标准和安全法规的要求，才能实现充分安全的智能安全自动启停。

四、环控通风空调系统

（一）技术内容

地铁运营的直接成本近 40% 是电费，而其中 50% 是环控系统消耗，因此环控系统的节能尤为重要。传统的地铁空调通风系统中的大型风机、空调箱、水泵等设备，采用单一的固定频率运行，不能根据地铁车站负荷的变化进行自动调节，耗费了大量的能源。因此，如何采用先进的技术对空调通风系统中的大型风机、空调箱、水泵等设备进行智能控制，有效地降低地铁空调通风系统的运行成本，成为地铁节能领域的一个重要课题。

本技术采用闭环负反馈的控制原理对车站公共区的温度、湿度进行自动调整与控制。首先，按环境控制的工艺要求，在站厅、站台的不同部位安装了多套温湿度探测器，对其采集的数据加权平均后，作为车站公共区的环境温度、湿度的实测值；然后，将该实测值与设计的给定值进行比较，自动控制系统的控制器根据此实测值与给定值的比较结果，进行运算，并将运算的结果输出给变频器，动态调整电动二通阀的开度和风机电动机的输入电源频率，从而实现了对车站公共区的环境温度、湿度的自动控制，大大提高了设备的运行效率，减少电能的消耗，降低了地铁运营成本，节约了能源。

（二）主要技术性能

通过理论分析和实测，在满足换气次数≥5次/h、设计新风比＞10%及客流量＞2.5万人/（站·日）的前提下，组合式空调箱送风机、回排风机采用闭环负反馈变频控制系统与非变频的常规系统相比，节能的效果明显，比不采用变频技术的空调通风系统节电70%以上。

（三）技术特点

本项目采用流体相似性理论和现代控制理论中闭环负反馈的控制原理，通过变频调速实现地铁环控空调通风系统的低能耗、低噪音、低磨损、高效率的运行状态，能够根据地铁的客流量、室外的温度和湿度变化情况，自动调整地铁环控空调通风系统中电动二通阀的开度和各种送风机、排风机的运行频率，在保证车站内所要求的温度、湿度、新风量和换气次数的情况下，全面实现最大限度的节能。为地铁车站空调通风设备提供了一个集计算机、软件、网络、控制、通信等技术为一体，并将信息、控制、机电设备进行深度集成的全自动智能化的中央监控管理系统。根据国际、国内最新报告和鉴定的结果，确定该成果为国内首创，处于国际先进、国内领先水平。

（四）适用范围及应用条件

适用于城市轨道交通领域的空调通风系统。

五、集成闭式通风空调系统

（一）技术内容

1. 技术原理

在城市轨道交通集成闭式通风空调系统产生之前，国内外城市轨道交通采用的通风空调闭式系统形式基本相同，都是区间隧道与车站通风空调系统分散独立设置，系统功能单一。传统闭式系统虽然已经过长时间的实际应用、工程技术及设备工艺成熟，但这样的系统形式构成复杂、控制烦琐，从而导致车站土建规模大、投资高、运行费用大。典型闭式系统地下车站通风空调机房及土建风道的面积约为 2 600 m², 占车站总建筑面积的 25 %左右, 土建造价约为 1 900 万元。由于系统分散, 设备数量多, 车站通风空调设备投资较高, 每站约为 800 万 ~ 1 000 万元。另外, 传统城市轨道交通通风空调系统缺乏行之有效的节能降耗手段, 系统的运营能耗惊人。据广州地铁公司的统计数据显示, 城市轨道交通通风空调能耗已占到了城市轨道交通总能耗的约 60 %, 也就是说, 通风空调能耗已超过了列车牵引能耗（约占 17 %）, 成为城市轨道交通中的第一用电大户。正是在这样的背景下, 北京城建设计研究总院推出了城市轨道交通集成闭式通风空调系统, 以谋求在满足城市轨道交通的各种功能要求的前提下, 降低城市轨道交通造价和运行成本。

根据以往传统闭式系统的做法, 区间隧道与车站公共区的通风空调系统是完全分开独立设置的: 区间隧道通风系统设置专用事故轴流风机, 只在区间发生阻塞、火灾事故以及夜间通风时使用; 车站公共区设置组合式空调机组及回排风机, 仅为公共区的正常通风空调及火灾排烟服务。从工况分析可以看出, 区间隧道与车站公共区两个独立的系统不存在同时使用的情况, 即车站公共区系统运行时, 区间隧道系统是关闭的, 反之亦然。而且, 车站公共区系统常年运行, 而区间隧道系统则长时间闲置。另外, 城市轨道交通线路通常走在规划道路下面, 风亭要控制在道路红线以外的合适位置, 风道一般很长, 少则三四十米, 多则七八十米。传统闭式系统中风道内部的空间不能很好地加以利用, 如何将长时间闲置的隧道事故风机以及风道内部的空间有效地利用起来, 便成为城市轨道交通集成闭式通风空调系统产生的最初动因。

传统系统的区间隧道与车站公共区的通风空调机房一般都设置在车站两端, 位置相邻。区间隧道风机的风量约为 20 万 m³/h, 车站公共区系统风量在 12 万 ~ 18 万 m³/h, 两个系统的风量相近, 采用变频技术可以将两个系统的风机合用, 满足风量、风压要求。从两个系统的通风方向看, 一个向隧道且方向可逆转; 另一个向车站有送有排。风机合用后设置在风道内, 通过风机及风阀的转换即可实现分别对隧道和车站通风。车站公共区的空气处理设备, 如表冷器、过滤器亦可以通过改装后设置在风道中。这样就可以将隧道与车站公共区通风系统完全合并设置在风道中, 既解决了隧道风机的闲置问题, 又有效地利用了风道内的空间。可以说, 将隧道通风系统与车站公共区通风系统完全合并集成设置在风道中是集成系统的基本思路。

除将系统合并布置外, 为了保证合并后的系统能够安全、可靠、节能运行, 在集成闭式系统中还采用了风机变频技术及可自动开启表冷器等新型设备。采用风机变频技术, 一方面, 满足不同通风工况的不同通风参数要求; 另一方面, 根据季节、时段分别对通风空调系统进行全过程、精细化、智能化控制。采用可自动开启的表冷器, 在通风季节将表冷器从风道中移开, 较传统采用固定表冷器空调机组的系统风阻降低, 节省风机电耗。图 3-26 所示为集成闭式通风空调系统原理图。

因此, 所谓"集成系统"是利用传统系统中常规的通风空调设备, 并采用成熟的风机变频技术以及在传统设备基础上改进而成的可自动开启表冷器, 对传统闭式通风空调系统的各个子系统进行系统合并、集成, 并重新组织系统布局。通过系统的集成, 可以大大地简化系统构成, 节省机房面积、缩小车站规模、节约运行成本。

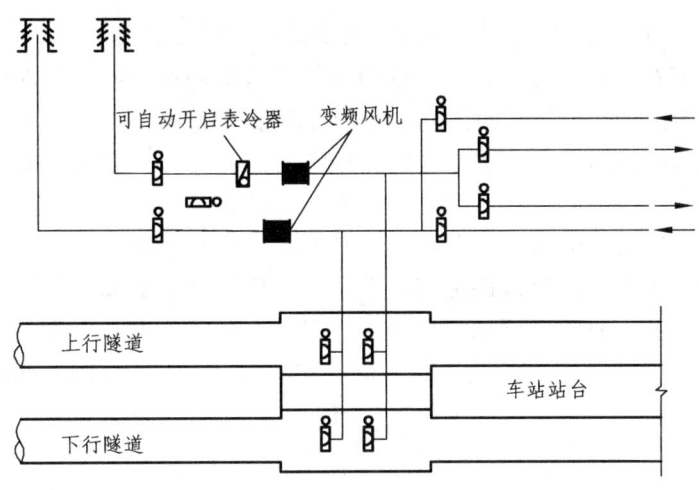

图 3-26 集成闭式通风空调系统原理图

2. 简要技术介绍

城市轨道交通集成闭式通风空调系统包括：区间隧道正常通风及事故通风系统；车站站厅和站台公共区空调、通风兼防排烟系统；车站设备管理用房空调、通风兼防排烟系统；空调水系统。其中车站设备管理用房空调、通风兼防排烟系统、空调水系统与传统系统基本相同，主要创新集中在车站公共区及区间隧道通风空调系统上。

典型车站在车站两端分别设置一条送风道和一条排风道，每端的送风道内设置可自动开启式表冷器（包括挡水板）和空气过滤器，并利用车站送排风道及风道内的送排风机、消声器、组合风阀等组成车站公共区空气处理系统。通过电动组合风阀的开闭转换及表冷器的开启，该系统能满足公共区空调季节最小新风运行、全新风空调运行和非空调季节通风运行等要求。车站公共区通风空调系统同时兼做站台、站厅的排烟系统，排风机兼排烟风机。车站送、排风机均为可逆转耐高温轴流变频风机。正常运行工况下，通过变频调整至车站所需的空调送、回风量和风压。

上述每端两台车站送、排风机共同兼作区间隧道事故风机，共同组成区间隧道事故通风系统。当区间隧道发生火灾时，两台风机可以同时对事故区间进行送风或排烟，同时电动开启送风道内的表冷器和空气过滤器，形成无阻挡的送风道或排烟道；当区间隧道发生阻塞事故时，可以继续向表冷器送冷冻水，降低送入阻塞区间空气的温度，对降低夏季阻塞区间的温度非常有利。可自动开启式表冷器主要由两扇门式表冷器组成，而每扇门式表冷器是由 3～4 个小型模块式表冷器组成，安装在装配式的表冷段之内。整个表冷段在工厂完成加工、测试，现场施工管理方便，冬季可采用高压吹风的方法进行泄水防冻。另外，门式表冷器可以电动开启和关闭，开启时间小于 30 s，火灾时和非空调季节可电动打开，无须设旁通风道，系统简单，节约造价及运行费用。

（二）主要技术性能

新型集成闭式系统方案，可完成城市轨道交通通风空调系统的全部功能，并达到《地铁设计规范》《暖通空调设计规范》等规定的技术参数要求。

新型集成闭式系统方案，可完成城市轨道交通通风空调系统的如下功能：

（1）当列车正常运行时，应保证城市轨道交通内部空气环境在规定标准范围内，为乘客和工作人员提供一个适宜的人工环境,满足其生理和心理上的要求。

(2)当列车阻塞在区间隧道时,应保证阻塞处的有效通风功能,以保证列车空调等设备正常工作,维持车厢内乘客在短时间内能接受的环境条件。

(3)当列车在区间隧道发生火灾事故时,应具备防灾排烟、通风功能,为乘客和消防人员提供足够的新鲜空气,并形成一定的迎面风速,引导乘客安全迅速地撤离火灾现场。

(4)当车站内发生火灾事故时,应具备防灾排烟、通风功能。

新型集成闭式系统方案,可以保证车站公共区及区间隧道的如下设计参数:夏季空调站台计算干球温度29.0℃;夏季空调站厅计算干球温度30.0℃;夏季空调站厅、站台计算相对湿度40%~65%。隧道内正常运行时,日最高平均温度≤35℃;区间阻塞时,列车顶部最不利点温度≤45℃。

(三)技术特点

与国内外同类技术比较,集成闭式通风空调系统具有以下独创性和先进性。

(1)将车站公共区通风空调系统与区间隧道通风系统设备集成设置,减少平时闲置设备,降低系统的机房面积。

国内外普遍采用的闭式通风空调系统的区间通风系统、车站空调系统均为独立设置,每座车站设置的4台事故风机(大型可逆转轴流风机)常年闲置,占用宝贵的地下空间。同时,车站公共区通风空调系统设备布置在车站主体结构内,风道空间没有得到充分利用。而集成系统通过区间隧道通风设备与平时通风设备共用以及对土建风道空间的充分利用,大大简化了系统,降低系统的机房占用空间,节省土建造价。

(2)取消车站公共区组合式空调机组,设置可自动开启风道表冷器。

传统的城市轨道交通通风空调系统中设置组合式空调机组,其内部的表冷器空气侧阻力为150~200 Pa,占风系统总阻力的20%。在空调季节表冷器对空气进行降温除湿处理,是必需的设备;而在通风季节,表冷器则变成了多余的设备,只能增加能耗。为此,在集成闭式系统中引入了可自动开启表冷器的新型设备。该设备设计为门式,两侧设轴,可以在通风季节电控延轴开启,降低系统的通风阻力,节约通风能耗。根据实测结果,8万m^3/h的组合式空调机组,表冷器打开前的风机功率为50 kW,打开后风机功率降为36.8 kW。也就是说,通过表冷开启,在通风季节能耗可以降低28%左右。对于通风季节较长的城市来说,节能意义非常重大。

(3)集成系统的车站送排风机均采用变频控制。一方面,满足不同通风工况的不同通风参数要求;另一方面,根据季节、时段对通风空调系统进行全过程、精细化、智能化控制。

集成闭式系统的车站送、排风机在事故工况下(包括车站排烟工况、区间隧道火灾及阻塞工况),兼作为事故通风机。由于不同功能所需的风机风量与风压均有所不同,为了使一台风机满足所有工况要求,以往的做法是按照最大的风量、风压(事故工况)选择风机,导致正常工况下的风量、风压都高于设计值,运行时通过风阀的调节进行节流,造成一定的浪费。在闭式集成系统中,设置了可以调节风机转速的变频器,从而改变风机的特性曲线,以满足不同的风量、风压要求。通过变频使工作点与设计点重合,从而大大降低正常通风工况的运行能耗。

地铁通风空调系统的设备一般按远期高峰小时运行情况进行配置,而系统负荷随列车的对数、客流的变化而变化。在运行初期、近期,客流及行车对数远没有达到设计水平,因此设备容量有较大的富余量；同样，在非高峰时段的系统负荷较高峰时段也有较大的差距，也存在设备容量富余的问题。在一般民用建筑中，当空调负荷发生变化时，采用调节风量的手段较其他调节手段更加节能的思想已被广泛接受，并已大量采用。从空气动力学理论讲，改变通风机转速是最合理的调节方法。对于电动机来说，变频调速可以保证在较低的输出功时有较高的电机效率。另外，在相同的流量和压力下，由于采用变频调速调节通风机时，叶轮的转速较低，通风机的噪音相对于其他调节方法要低。同时由于转速降低，叶片所受离心力也降低，这对于延长通风机叶轮的寿命也是有利的。

城市轨道交通集成闭式通风空调系统在保证城市轨道交通工程的功能要求的前提下，通过对通风设备的共用、新设备的采用、地下空间的合理利用，实现降低城市轨道交通造价、降低城市轨道交通运行能耗的目的。

（四）适用范围及应用条件

城市轨道交通集成闭式通风空调系统适用于城市轨道交通工程采用闭式通风空调系统的地下车站。

六、智慧照明系统

（一）系统简介

1. 系统构成

如图 3-27 所示，智慧照明系统由智慧照明通过物联网技术物物相联组成，覆盖地铁车站的所有区域，并可以相互通信。该网络通过网关连入云端后可以和计算机、手机等传统信息设备交互数据。智慧照明的运行主要依靠自身所集成的传感器与物联网中其他照明发送的信息，也可以接收到来自网络内运行管理服务器的指令并进行开关动作。

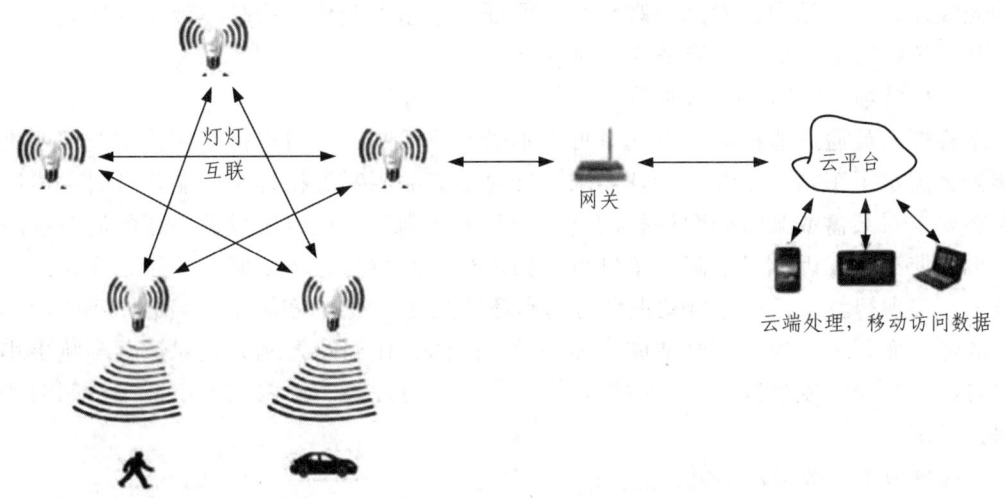

图 3-27　智慧照明系统的构成

2. 技术原理

通过将智能控制模块嵌入 LED 光源中，在高度集成后，制作成与传统日光灯管相同型式标准的光源，可对现场既有照明直接替换。其所集成的控制模块包含基础的三个模块：程序运行、LED 亮度控制、无线组网。扩展的部分可根据照明用途组合选择，包括雷达、红外、蓝牙、照度传感器等装置，以实现包括：人、物体感知；光线强弱的感知；人、物体移动速度的感知；遥控；与手机直接通信等功能，如图 3-28 所示。

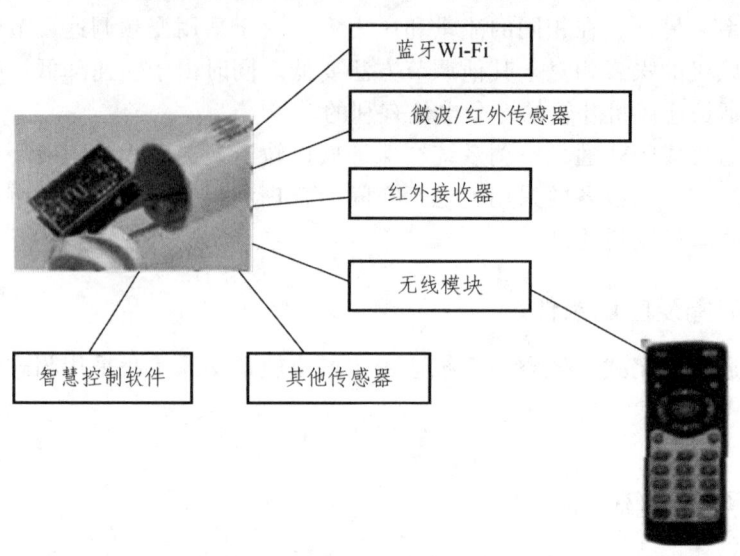

图 3-28　智慧照明技术原理

3. 智慧照明特点

（1）无级调光，无感节能。

每盏灯都可以进行无级调光。通过内置集成的 LED 亮度控制模块，可以无级调节通过 LED 芯片的电流，从而使整灯亮度在 0～100%范围内可调节。与传统的节能方式相比，智慧照明可以在不关一盏灯的前提下降低车站整体照度，布光均匀，让乘客觉察不到车站进行了节能。均匀的光线保证了车站内艺术品的观赏性，保证了车站主题化装修整体效果的实现。美观的环境提升了车站服务，给乘客带来良好的感受。

（2）单灯精细化控制，按需照明。

车站管理人员通过遥控器等方式，可以不受回路限制，自由选择某盏或某组照明进行关闭或调光，满足了车站最精细的管理需求。针对乘客的照明类投诉响应非常及时，可以完全按照乘客要求对某盏或某组照明进行调整，直至乘客满意。在解决投诉问题的同时也减少了重复投诉，使整体投诉数量下降。单灯可单独进行时间控制，环境照度控制，在精细化管理的基础上，实现智慧化，单灯自动识别时间和环境照度，做出正确响应，减少管理工作量。

在故障方面，单灯控制不会造成大面积照明故障，比回路控制方式对运营影响更小。因为不关灯，一旦照明发生故障，车站管理人员能够及时发现。维修跟上后，车站照明条件可长期保持稳定。

（3）深度节能，改造成本低。

智慧照明节能率高，在平均照度相等前提下，比传统日光灯管节能70%以上，比普通LED灯管节能也超过40%。每盏灯集成无线组网模块，灯灯相联自动组网，不需要网络布线，只需要更换照明灯管，应用方便，同时也减少了因有线控制带来的设计、材料、施工成本。

（4）物联网+智慧照明，灯随人动。

每盏灯都具有单独智慧。单灯可集成多种传感器，例如定时、光线感知、物体探测等，每盏灯可以根据自身所处环境与运行要求判断采取哪种亮暗模式。

多盏灯互联成网后形成集体智慧。典型的应用是前灯感知到物体，通知后灯开启。每盏灯既是执行者又是控制者。这样组成的网络没有控制中枢，去中心化特点明显。其智慧特点类似于蜂群在飞行时改变方向，不是依靠中心指挥，而是来自相邻蜜蜂的行为影响，综合判断后改变自身的飞行路线，进而使蜂群整体有序地向同一方向迁徙。这种去中心化的网络结构还可以随时转换为有中心的，单灯感知到环境的改变，通知整组灯改变运行模式，例如智慧照明系统的应急模式，只要对网络中的任意一盏灯下达指令，所有灯都会响应并执行。

智慧照明系统可以兼容传统的控制模式，例如在网络中接入控制服务器来对所有照明进行更复杂的控制，其运作方式类似于传统控制网络，每个照明有一个单独的数字化身份，运行指令精确地传达并执行。

（二）地铁照明节能的常见问题

1. 设计施工方面的问题

地铁照明在设计时，考虑到车站的多样化用途和主题特点，往往会超出国家标准。以南京地铁4号线为例，开通的第1个月，车站照明全开，测得最高照度近500 lx，远超国标中站厅200 lx，站台150 lx的标准。这就给地铁运营企业的节能带来了空间。在照明回路设计时，往往没有考虑到实际情况，例如，地下车站出入口顶棚上的照明和通道照明设计在同一回路中，难以通过回路分开控制。施工时没有严格按照交叉布灯设计原则接线，导致某片区域照明在同一回路，全开不节能，全关又较暗等。

2. 管理方面的问题

地铁照明节能的一般性做法是关灯，将多个照明回路中的其中几路关闭，以实现间隔关闭的效果。对回路的控制还会纳入BAS系统功能，为其设置专门的节能模式，具备定时运行的功能。但这样做主要的问题有三点：一是布光不均，设计施工问题造成了局部不满足规范；二是故障难识别，作为车站管理人员，分不清照明是因节能关闭还是因故障关闭，长期累积造成车站越来越暗；三是影响车站整体观感，近年来地铁车站的装修都采用了主题化设计，例如南京地铁的红楼主题，龙舟主题等，壁画小品为车站营造了特别的氛围。间隔关闭照明后会使这些作品上出现斑驳的光影，影响车站整体美观，在乘客的精神上造成了一定影响。

3. 投诉方面的问题

随着近年来生活水平的提高，乘客的维权意识加强，关于地铁照明的投诉多种多样。再加上政府对政务投诉满意度关注度不断提升，对地铁车站照明节能造成了压力。例如对地下车站出入口附近照明的投诉，就很难处理。地下车站出入口连接地面，形成了一条明暗交界线。这条交界线会随着外界光线的变化不断改变位置，前后相差十多米，此区域的照明经常被投诉。在天气晴朗时确实可以关闭，但阴雨时又需打开，且该部分照明数量不多，不可能设计为单独的回路，这就对车站处理增加了难度，处理不好就容易导致乘客不满意，直接影响地铁企业在城市中的公共服务满意度排名。

(三) 地铁车站智慧照明系统应用方案

地铁照明按区域分为站厅层、站台层、出入口等公共区域，以及设备用房、管理附属用房、区间隧道风井等非公共区域。其中以公共区域的照明数量最多，又分为工作照明、节电照明、出入口照明、广告照明、导向标志照明、应急照明等，通过回路进行区分管理。智慧照明系统因为做到了单灯控制，可以突破回路的局限，使得部分传统的分类方式不再适用，比如工作照明和节电照明。

通过在南京地铁宏运大道站的试点情况来看，智慧照明系统在公共区的应用方案基本分为 3 类：车站通道与站厅区，车站站台区，楼梯与自动扶梯区。

（1）车站通道与站厅区。在车站通道与站厅区域中，大部分乘客的目的是快速进站前往站台候车。乘客的步行速度在 1 m/s 左右，视线范围在 5～20 m。将智慧照明系统功能设计为，照明网络中乘客最先遇到的第一盏灯亮起，判断乘客的前进方向，并通知该方向上 10 m 范围内的灯达到 100% 亮度，10～20 m 范围的灯处于 70% 亮度，超过 20 m 亮度 10%。如图 3-29 所示。随着乘客前进，前进方向上的灯不断亮起，而乘客身后的灯不断由亮转暗。总体效果是灯随人动，人视野内照明开启 100% 亮度。当然人未到达灯已亮，给人的感觉是周围的灯一直亮着，节电的同时让乘客不易察觉。

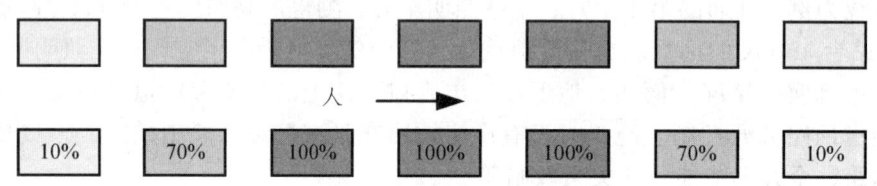

图 3-29 智慧照明灯随人动效果示例

（2）车站站台区。该区域与站厅区不同，乘客要在此区域等待列车前来，并在此时会有阅读行为，需要照明灯持续亮起。此外站台的人流特征与发车时间间隔有明显的对应关系，在列车即将到站时，站台上的人数最多，在车离站的几分钟内车站处于无人或者人少状态。将智慧照明系统功能设计为，以检测到有人的灯为中心，周围 5 m 范围的灯全部保持 100% 亮度，5～10 m 的灯保持 70% 亮度，其他亮度 10%。

（3）楼梯与自动扶梯区。该区域往往楼梯与自动扶梯同时存在，需要进行区分。自动扶梯属于特种设备，在其上方安装了专门的摄像装置用于监测故障，所以扶梯上方的照明需要达标且常亮。楼梯上方没有这样的需求，检测到乘客之后再亮起即可。将智慧照明系统功能设计为，楼梯上方灯与灯之间联动。在有人将到达时，灯亮度无级调光到 100%。离开后亮度无级调光为 10%。自动扶梯上方 100% 常亮。

（4）其他照明。应急照明在失电情况下通过直流供电，智慧照明光源为 LED 光源，可以直流驱动，不受影响，只需集成电源转换模块。广告照明费用由广告商支付，一般要求全亮。区间照明理论上可以应用智慧照明网络，节电量可观，但有待进一步研究论证。机房、设备房、走廊的照明一般也是常亮，可以应用智慧照明系统，实现人来灯亮、人走灯暗，定时开关等功能。

七、基于云平台的车站综合监控系统

（一）综合监控云平台解决方案

1. 云平台及其虚拟化

云平台采用资源池构成数据中心，为用户提供服务，能根据工作负载的大小动态调整资源。云计算服务主要包括 IaaS（Infrastructure as a Service，基础设施即服务）、PaaS（Platform as a Service，平台即服务）和 SaaS（Software as a Service，软件即服务）3 种模式。综合监控业务对实时性要求高，对管理及分析功能需求较少，因此用不到高层次的大数据挖掘等功能，故采用 IaaS 服务。IaaS 层将计算设备、网络设备、存储设备等基础设施进行虚拟化和封装，向用户提供服务。

此处介绍 KVM（Kernel-based Virtual Machine）虚拟化技术。KVM 是已嵌入 Linux 操作系统标准内核中的一个虚拟化模块，提供 CPU（中央处理器）和内存虚拟化，通过 QEMU（纯软件实现的虚拟化模拟器）的辅助实现虚拟机的创建。Linux 内核具有虚拟化管理软件（Hypervisor）的条件，并作为虚拟机管理器（Virtual machine monitor，简称"VMM"）。VMM 能够支持 KVM 工具来进行加载虚拟机（Virtual Machine，简称"VM"）。图 3-30 为云平台基础架构图。

图 3-30 中第一层为硬件基础设施层，选用性能较好的服务器，担任本平台的硬件实体资源。第二层为虚拟化层，将第一层基础设施进行抽象，形成虚拟资源，同时担任虚拟机管理。第三层为虚拟机层，根据需求生成虚拟机，通过虚拟机封装用户各自的运行环境，配置私有服务器，指定 CPU 数目、内存容量、磁盘空间，创建云平台的资源池。此层虚拟机的创建、迁移、内存扩容及安全隔离等均由第二层做技术支持。第四层为应用平台层即综合监控系统所在层。以下提出基于云平台的综合监控集中式和分布式 2 种解决方案。

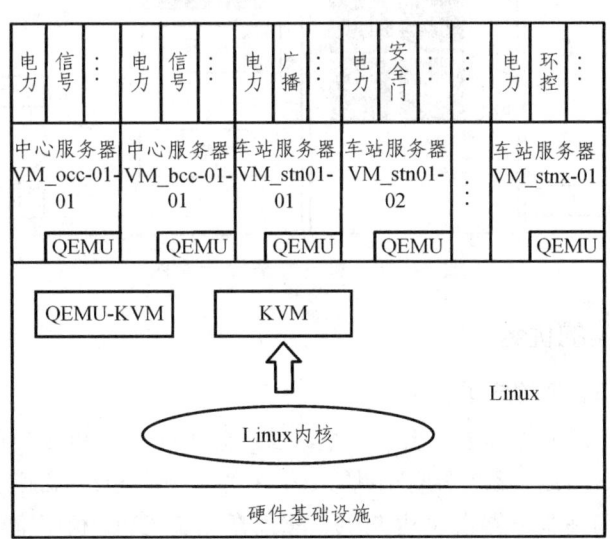

图 3-30 云平台基础架构图

2. 综合监控解决方案

（1）集中式解决方案。

集中式解决方案是在中心部署多台服务器，分为主备 2 个服务器组集群，每个服务器组集群部署2台中心实时服务器（互为主备）、2台历史服务器及每个车站的1台实时服务器，通过虚拟化技术形成中心虚拟化平台，服务器之间通过虚拟网络进行通信。FEP（前端处理器）设备等部署在车站，通过交换机与中心通信，中心和车站工作站部署桌面云终端。

由于云平台的自动迁移技术，形成了此方案除综合监控系统的主备之外，又拥有云服务器的主备，形成了双重冗余，增强了系统的可靠性。由于车站服务器部署在中心集群中，车站不再部署机柜，只部署云终端，因此，减少了建设成本，节约了空间，同时减少了车站工作人员数量。当虚拟机故障或者内存不足时，通过云平台的自动迁移和扩容技术可以在短时间内实现扩容，而且不影响系统运行，既保证了系统的可靠性，又节省了运维成本。然而所有服务器均部署在控制中心，增加了网络的数据流量，对骨干网本身带宽有一定要求。此种方案若发生极端情况，系统将无法降级运行，适用于规模小、站点少、造价较低的工程。

（2）分布式解决方案。

分布式解决方案，是在中心部署虚拟化平台，车站的主服务器均部署在中心，车站备用服务器部署在车站，中心的客户端采用云桌面的方式。当出现中心瘫痪或断网等突发状况时，各车站服务器接管监控业务，降级运行。车站工作站采用PC（个人电脑）加桌面云的方式。

如图3-31所示，正常情况下，车站PC、云终端和FEP数据来源于控制中心的虚拟车站服务器；当网络中断，车站PC和FEP数据来源于车站服务器。此种方案适用于规模较大、站点较多的线路。

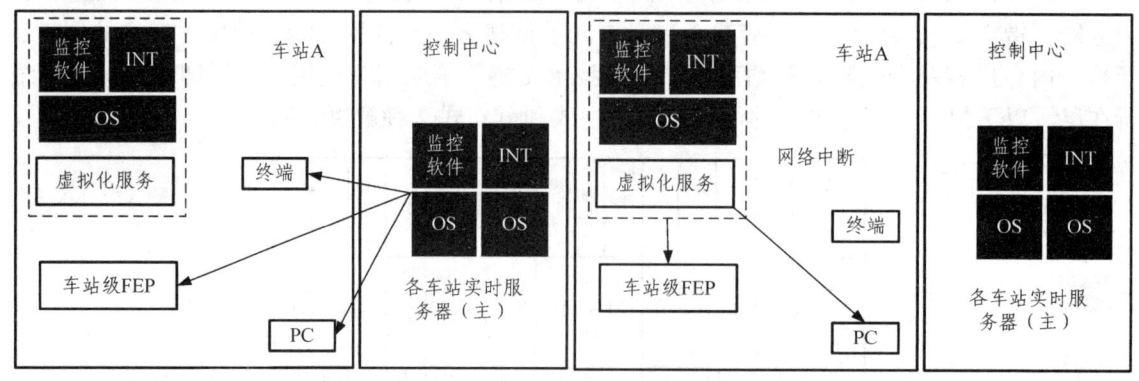

图3-31 车站数据流示意图

（二）云平台方案的优势

1. 提高资源利用率，节约成本

传统综合监控系统，中心部署6台服务器、6台台式计算机和2台存储设备，车站部署2台服务器和3台工作站。以某线20座车站、1个中心为例，全线需服务器46台、台式机66台和存储设备2台。车站服务器占比达90%，然而车站级CPU利用率较低，甚至低于5%，而中心服务器长期处于高负载。云平台中1台2路服务器可虚拟20个云桌面，1台4路高配服务器可虚拟50个车站服务器，考虑到容错、负载可满足40座车站的正常运行需求，资源利用率明显提升。云平台还可将地铁各业务统一部署管理，能大大降低管理和运营成本，明显降低工程总造价。

2. 高可靠性

主要体现在双冗余机制和服务器物理特征。综合监控系统通常是 2 台服务器同时运行，互为冗余。当某主机故障时，备机转主机，单机运行。与传统维修流程相比较，云平台可在不中断业务的情况下进行热迁移，大幅缩短了单机不稳定运行时间，还可灵活配置迁移策略，提高系统的高可靠性。云平台系统使用平均故障时间（MTTF）长的服务器替代分散在各车站 MTTF 低的服务器。假设云平台综合监控系统 n 台 MTTF 为 x 的服务器，传统综合监控系统 m 台 MTTF 为 y 的服务器，云平台综合监控故障率为 C_n^1/x，传统综合监控故障率为 C_m^1/y，前者远远小于后者。云平台中心整机每边三路供电，只要有一路不断电，整机柜的服务器都能工作。

3. 数据安全

分布式共享存储，数据分片在资源池内打散，硬盘故障后，在全资源池内自动并行重建。虚拟机导出导入机制，以文件形式将数据导出至外部存储，能够快速恢复虚拟机中数据，做到安全备份。当需要多个数据备份时，在传统综合监控系统中，数据冗余遵循业务主备机互斥原则，而云平台可以更好地提供数据冗余服务。在云平台中管理、业务和存储通信平面独立，从根本上保证了综合监控系统的数据安全。

4. 简化部署和运维

通过虚拟镜像方便地创建多个虚拟机，省去了工程装机和配置的大量工作，且保证运行环境的高度一致。当物理节点故障时虚拟机自动迁移并且重启，减少了人工干预，也缩短了恢复时间。云平台可实现控制中心集中化运维，车站工作量大幅减少，运维人员减少，只需增加少量的云平台运维人员。云平台管理方便快速，提高了运维效率，降低了运维成本。

第四节 车站运营管理新技术

一、时间同步技术

（一）时间同步技术概述

基于网络的时间同步技术是地铁综合监控系统的支撑技术之一。为确保综合监控系统（ISCS）的安全稳定运行，对时间同步精度提出了高要求。各类综合监控子系统的稳定工作和作用发挥更离不开统一精确的时间基准。目前，普遍采用全球定位系统（GPS）或者北斗卫星导航系统作为基准时间，地铁控制中心构建全站统一的通信时钟源装置，为地铁设备提供统一对时信号。ISCS 通过和通信时钟源的串行接口获取标准的时钟信号，从而在 ISCS 内部构建起统一的地铁综合监控时间同步系统。

为确保 ISCS 统一的对时精度，开展了时间同步监测技术的研究工作，实现了覆盖控制中心和各座车站的时间同步闭环管理，为综合监控设备时间同步精度提供了技术手段和工作平台。

在地铁 ISCS 的建设中一般不包含通信时钟源。该时钟源由通信专业提供，因此 ISCS 的对时需要分为两个阶段：首先，ISCS 利用通信接口从通信系统时钟源获取标准时间，然后 ISCS 内部利用 NTP 协议实现全系统时间同步。

（二）对时接口设计

清晰地划分 ISCS 和通信系统的职责分界面是对时方案顺利实施的保证。ISCS 与时钟系统的接口位置在中央通信设备室时钟配线架外侧，ISCS 控制中心通信前置机通过 2 路 RS422 串行接口电缆连接至控制中心通信时钟源。该钟源是由通信专业提供的一级母钟。ISCS 和通信时钟源采用基于 RS422 的串行通信协议实现对时功能。当 ISCS 和通信时钟源建立链接后，时钟源每隔 1 000 ms 向 ISCS 发送一次对时报文。

（三）ISCS 内部的 NTP 对时方法

ISCS 中央级前置机从通信时钟源获取标准时间信号，该时间即成为 ISCS 内部时钟源，然后再利用 NTP 协议实现内部设备的时间同步。通过因特网调整时间分配，使用的是可返回时间设计方案，通过本地路由选择算法和时间后台程序，可以重新分配标准时间。其目的是以网络的方式传递统一、标准的时间。NTP 协议是 SIO（国际标准化组织）参考模型的高层协议，符合 UDP（用户数据报协议）传输协议格式，拥有专用端口号 123。

在 NTP 对时网络中，根据设备所在的层次结构，在理论上可以将对时网络划分为 15 个级别，按照时钟源的远近将所有服务器归入不同层（Stratum）中。Stratum-1 在顶层，有外部时钟源接入；而 Stratum-2 则从 Stratum-1 获取时间，Stratum-3 从 Stratum-2 获取时间，以此类推。但 Stratum 层的总数限制在 15 层以内。所有这些服务器在逻辑上形成阶梯式的架构相互连接，如图 3-32 所示。

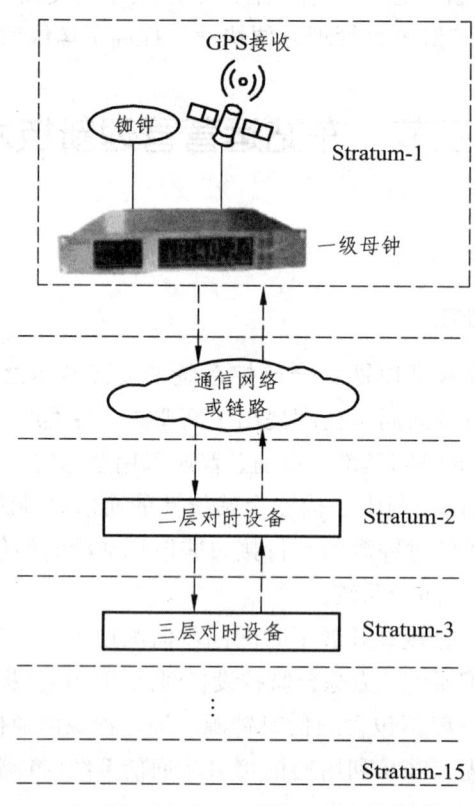

图 3-32　NTP 对时网络层次结构图

内部时钟源和接收方的通信处理有一定的延迟,并且 RS422 串行口的传输时间也是不容忽略的,因此如何确定传输延时就显得非常重要。确定了合理的传输延时,接收方就知道了自己和时钟源的偏差,从而更新自身时钟,完成对时工作。

在 ISCS 内部利用 NTP 协议对时可采用 C/S(客户端/服务端)模式,分别设计客户端对时软件和服务端对时软件。对客户方而言,产生 NTP 查询信息包发送给服务端,并能对服务端返回的时间信息包进行检查、分析,生成 NTP 时间与本地时间的差值,进而对本地时间进行调整实现同步;对服务端而言,接收 NTP 查询数据包,按 NTP 协议规范,从本地时间产生 NTP 信息数据包并发回给查询方。

二、城市轨道交通安检新技术

(一)安防系统设计必要性及原则

1. 安防系统设计的必要性

城市轨道交通是促进城市经济发展、社会繁荣的重要因素,但在提升生活质量和产业竞争的同时,降低对环境、能源使用以及对公共安全和公共健康的负面影响不可忽视。其中安全需求是城轨内在要求,表现为预防性、主动性的保护措施和救援、应急管理相结合的安全防范体系。

城轨安防是一项十分艰巨的常态性工作,增强城轨安防和应急应变能力是城轨运营管理的重要任务,研究合理的安防机制,引进新的安防技术和设备是其中十分重要的课题。安防机制的基本任务是日常安全防范,重点任务定位在突发事件的一线处置。在进行城轨基础设施建设和规划的同时应当考虑安防安检,避免造成改建、补建或重建的浪费。

城轨安防系统设计以技术先进、产品主流、设备实用可靠、系统结构合理、易操作、低维护量为出发点,应有设备和软件升级的余地。选用的设备必须适于电磁干扰大、粉尘大、温度高的工作环境,并可长期在这种恶劣环境下稳定可靠地工作。注重使用中的误报率和漏报率指标,这关系到系统的可信度和安防人员的劳动强度。实现数据共享,实时诊断,实时备份和良好的扩展性,形成完整的安防系统,发挥技术防范和人员防范最大功效。前端现场设备和各分系统集中统一管理,实施对所有远端设备的分级控制,以保证系统发挥日常运营管理、突发事件时应急处理的职能;事发响应快、事后可追溯,使系统成为指挥员的助手。

2. 安防系统的设计原则

(1)安全性和可靠性。

安全和可靠是对安全防范系统的基本要求,也是最重要的要求,是系统设计的主要目标。安全性体现在安防系统的程序或文件要有能力阻止未授权的使用、访问、篡改或毁坏安全防范级别的行为,对于硬件设备要具有防破坏和报警的功能。可靠性是指在安防系统设计、设备选型、调试、安装等环节应严格执行相关部门有关安全技术防范的要求。

(2)合理性和经济性。

在满足安全防范级别要求的前提下,在确保系统稳定可靠、性能良好的基础上,在考虑系统先进性的同时，按需选择系统和设备，做到合理、实用、降低成本，从而达到较高的性价比，降低系统的运营成本。

（3）结构化和可扩充性。

安全防范系统的总体结构是结构化和模块化的，具有良好的开放性和兼容性，从而使系统的升级和改造方便、快捷。在进行系统的初步设计时，就要考虑未来的发展性。例如，选择开放的硬件平台，为实现各种设备之间的互联、集成奠定良好的基础；选择开放的网络操作系统，满足不同操作系统及不同软件的需要，使之具有联网的能力；选择标准化和模块化的部件，使系统具有较大的灵活性和容量扩展性；遵守各种标准规定、规范进行设计，为系统的扩展提供一个良好的环境；采用标准化产品，以利于现在和将来的设备选型及联网集成，便于保证各供应商产品的协同运行，施工、维护成本低。

（4）易操作及实用性。

系统设计时要保证界面友好，能够方便、准确地提供丰富的信息，帮助和提示操作人员进行操作，易学易用。系统要具有较强的容错操作能力，在各种可能发生的误操作下，不应引起系统的混乱。系统应支持热插拔，具有良好的维护性。

（5）联动性。

安防系统应能与其他系统联动，如消防系统、灯光照明系统等，从而保证自身能获得更好、更准确的信息，并为其他系统提供必要的服务，同时确保安防系统不会影响到其他系统的功能。

综合上述分析可以看到，城轨对安防设备的使用要求除准确、可靠性外，还要检测速度快、小型、廉价。

（二）安检新技术的内容

1. X射线检测技术

X射线检测技术包括双（多）视角技术和背散射技术。

双（多）视角技术能够解决双能设备所得到二维图像在分辨重叠结构上的不足等问题，多视角设备具备爆炸物、毒品检查功能的增强机型。多视角技术利用不同角度的照射，克服单视角下重叠物品无法区分的弊病。另外可使用2个或3个视图重建被测物体的三维视图，从而获得更精确的物体形状和密度信息。

背散射技术不同于传统的X射线技术。背散射技术是基于X射线技术的另一个应用发展，采用能量整形与"飞点"等技术。能量整形是用一种射线整形装置，使输出的射线具有预想的能量分布立体发散角及合适的射线强度。"飞点"是将经过能量整形的射线束，用开孔或开槽转盘调制，转换成为按某一个固定规律扫描的线状射线束。用此X射线束照射被检查物体，会使低密度有机物（违禁物品）产生背散射激发，使其从其他物品的复杂图像背景中浮现出来。图3-33所示为背散射技术人体扫描安检系统。

与传统X射线透射成像相比，背散射技术的最大特点是对低原子序数的物质、有机物等有自动加亮功能，能够很好地区分在人体表面衣物内的金属、非金属和其他复合材料。因此，背散射成像特别适合对爆炸物、毒品等物品的检测，成为伪装或隐藏的爆炸物等违禁品的有效识别手段。

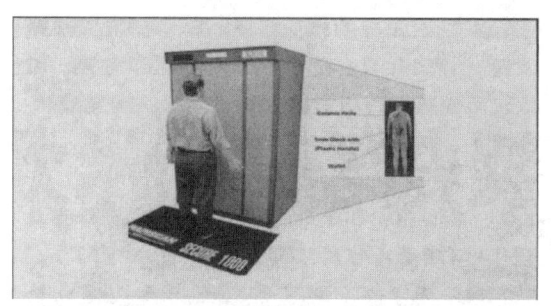

图 3-33　背散射技术人体扫描安检系统

2. 离子迁移谱探测技术

离子迁移谱探测技术的工作原理是用吸气探头在被检查行李箱中采样,将样品放入离子管气化电离区,用放射性同位素或其他高能射线照射使气样中的各种杂质产生电离,再用高温的保护气体带这些气化电离后的杂质离子通过再生式分子筛过滤系统,分子筛在200℃高温下释放吸入的杂质,杂质离子在离子管高压电场的作用下产生离子迁移,形成离子迁移图谱。根据不同物质的离子迁移谱波峰特征建立相应的样本库。

离子迁移谱探测技术是一种高准确率和高灵敏度的探测手段,一般国外产品对离子浓度的探测灵敏度达到 10～14 量级以上,国产设备达到 10～12 量级,是各种军民用炸药和各种毒品的有效探测工具,已经在民航安检和边防、海关安检中大量使用。国外已经开始生产、销售一种配合这类安检的行李箱,在箱盖上有一个吸气采样的接口,实现不开箱安检,提高了安检速度。图 3-34 所示为国产离子迁移谱探测仪。

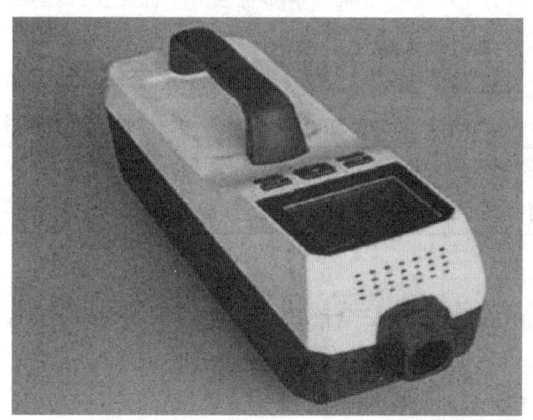

图 3-34　国产离子迁移谱探测仪

3. 拉曼光谱探测技术

拉曼光谱研究分子内部各种简正振动频率及振动能级的情况,拉曼光谱是由分子振动或转动时的极化率变化(即分子中电子云变化)引起的,拉曼效应对应于分子振动能级跃迁,用来鉴定分子中存在的官能团,根据光谱峰值特征确定物质种类。对液态危险品检测很准确,可以预建样本库比对。

拉曼光谱探测设备已经在民航安检和重要场所安检中使用,如炸药在溶液中的特征谱线很明显,激光拉曼在乳制品加工的三聚氰胺检测方面已经获得国家质量监督总局的认可。图 3-35 所示为拉曼光谱检测设备。

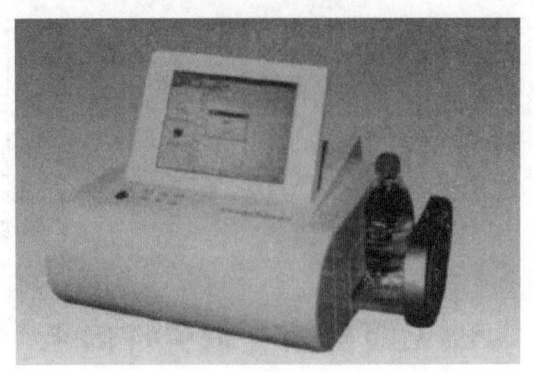

图 3-35 拉曼光谱检测设备

(三)安检新技术的特点

1. 安检新设备的应用特点比较

以上介绍的几种安检新技术,其设备在安检工作中可以相互配合使用。这些安检新设备的应用特点比较如表 3-1 所示。

表 3-1 安检新设备的应用特点比较

安检设备	应用特点
X 射线安检仪	功能完善,技术成熟,可连续地对行李箱包进行安检,直接看到透视成像;特别是采用伪彩色等功能后,成为安检的主流器材,体积较大
背散射检查设备	对毒品、炸药等有机物有加亮显示,能检查大型集装箱和人体表面携带物品。高清晰显示藏匿的违禁物品;体积较大
离子迁移潜探测仪	台式设备,体积小、便于携带;对毒品、炸药等能进行高准确率和高灵敏度的探测,可自行建模添加新样本;但一次分析时间较长(几十秒)
拉曼光谱探测设备	手持或台式设备,重量轻、操作简单、分析速度快、能分辨液体中物质成分,识别危险化学品;数据库比对准确率高,可自行建模添加新样本

2. 新型安检设备的优点

(1)安检手段互补,在保障乘客安全前提下,减少了现场开箱检查,更加尊重个人隐私。

(2)安检新技术是主动预防性检查,对不法分子有强大的震慑作用。

(3)提高安检的有效性,发现危险品的概率大大提高。

(4)扩大安检的范围,安检手段覆盖了人体、箱包、液态物品及有伪装包装的危险品。

(5)安检新技术已有成型产品,是集危险品探测、识别、认定、预防的一体化系统,将可能的安防漏洞减到最少。

(四)智能化与网络化安检系统在上海城市轨道交通中的应用

1. 上海城市轨道交通安检系统的现状与问题

(1)安检系统现状分析。

据统计,按照标准车站设置 2 个安检点、非标准车站根据出入口情况适当调整安检点数量的原则,上海城市轨道交通线网共设置了 800 余个安检点。每个安检点均配置了通道式 X

射线安检仪 1 台、危险液体检测仪 1 台、便携式爆炸物探测器 1 台、手持金属探测器 1 个，以及 1 套安检辅助设备。各安检设备的功能如表 3-2 所示。

表 3-2 上海城市轨道交通安检点安检设备配置

安检设备	数量	设备功能
通道式 X 光射线安检仪/台	1	使用多能量 X 射线检查技术，能够准确识别有机物、无机物和混合物
危险液体检测仪/台	1	在不打开容器的情况下，可检测出汽油、无水乙醇、甲醇、香蕉水、乙醚等常见易燃液体
便携式爆炸物探测器/台	1	可检测出绝大多数的商用和军用炸药，如 TNT、黑索金、太安、硝铵类炸药及黑火药
手持金属探测器/台	1	可对乘客身体进行非接触式检查，能够检测到隐藏的超过限定量的金属物品

上海城市轨道交通车站内的安检人员由上海申通地铁集团有限公司委托上海市公安局城市轨道和公交总队下属的上海市城市轨道交通保安服务有限公司管理。安检工作时间与上海城市轨道交通的运营时间同步（约为 5:30—23:30），每天分 3 个班次，每个安检点每个班次配置 3 名安检员（可根据需要做调整）。安检人员负责引导乘客、操作 X 射线检查设备等仪器、开包检查和辅助站内协调等工作。

上海城市轨道交通安检的基本流程如图 3-36 所示，分为引导、检查、定性、处置 4 个方面。

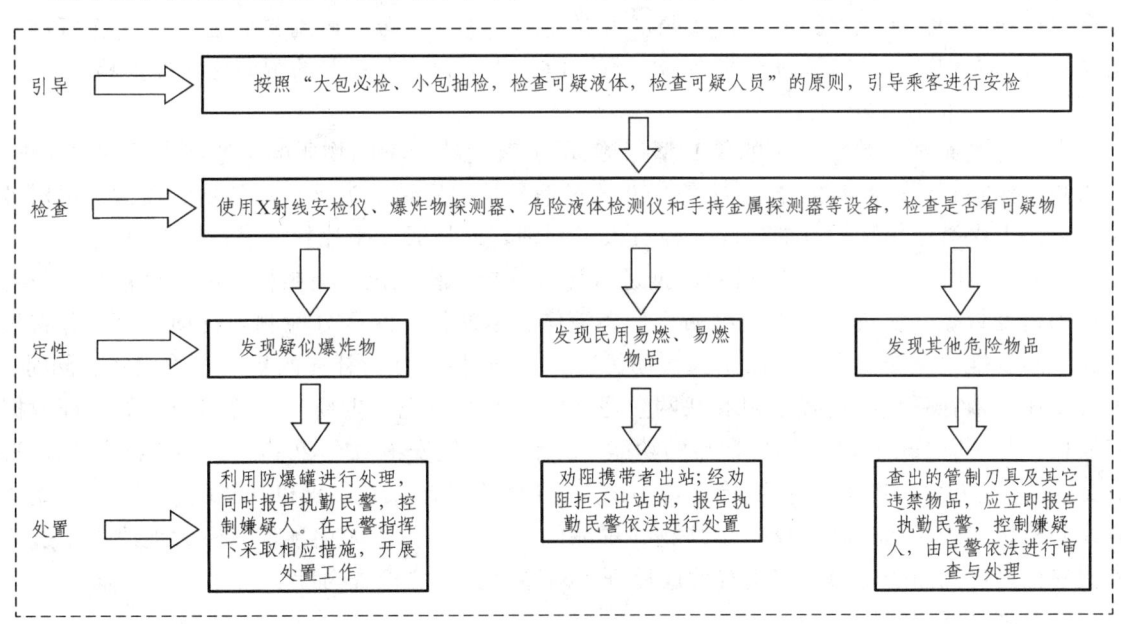

图 3-36 上海城市轨道交通安检的工作流程

（2）安检系统存在问题。

近年来，随着上海城市轨道交通线网规模的持续增长，线网运营总长度不断增加，城市轨道交通安全保障工作的压力日趋加大。现有的城市轨道交通安检存在不少问题，难以满足城市轨道交通确保公共安全和运营安全工作的需要。

① 安检设备的局限性。现有的安检设备智能化、网络化程度低，安全检查的效果很大程度上取决于安检员是否具备责任心和称职的工作能力，违禁品的识别率难以保证。由于采用依靠值机员读图判断的方式进行安检，所以 X 射线安检仪的过包速度不宜超过 0.2 m/s，速度过快可能造成安检值机员的视觉疲劳，大大影响其判断的准确率。

② 安全检查与通行效率存在矛盾。在超大城市轨道交通的常态大客流背景下，安检效果和通行效率不能两全其美。客流的密集到达导致轨道交通的安检工作没有办法如机场安检一般细致和严谨，尤其是在早晚高峰时段客流量超大的车站，乘客平均候检时间约需 20~23 min。此时，站内人群拥挤，安检通道狭窄，乘客情绪急躁，反而容易引发踩踏等安全事故。因此，安检在确保乘客通行效率的前提下多流于形式，几乎达不到降低事故概率的初衷。

③ 安检人员素质参差不齐。车站安检人员的收入较市场同类岗位薪酬水平偏低、劳动强度高，且易遭受到乘客的不法侵害，因而安检人员的职业认同感较低，人员流失率较高。同时，安检公司新招录安检员的岗前培训时间短、培训质量较低，很多安检员在上岗之前对于安检及其相关工作内容一无所知，因而在进入工作岗位后，对其从事的安检工作对于城市轨道交通安全和乘客人身财产安全的重要性认知度并不高。

2. 安检系统的智能化技术试点

面对现阶段安检工作的困境，上海城市轨道交通以 2018 年第一届中国国际进口博览会期间城市轨道交通安保工作的要求为契机，在徐泾东站、诸光路站等车站试点应用了新型 X 射线安检机、多维感知安检门、太赫兹安检通道、毫米波安检通道等新的技术装备，尝试搭建城市轨道交通的智能化安检系统，按照"人要纯洁、物要干净、客流要平缓"的 3 个标准，实现对可疑人和物等危险源进行全覆盖、不停留、非接触、有尊严的智能化快速安检。

（1）新型 X 射线安检机。

常见的 X 射线安检机使用的是 L 型探测，基于 X 射线对不同物质的穿透能力不同的原理，由探测器接收到经过衰减的 X 射线信号并通过信号处理后转变为被检物的检测图像，但对被检物中是否含有违禁物品只能依赖安检员人工判别，或是通过图片数据进行比对判别。

新型 X 射线安检机由计算机对数据进行算法分析，智能化采集被检物的时序信息、位置信息和密度数据，实现对"常规物品、易燃液体、爆炸物"的区分检测和自动报警，并将报警提示同步推送至安检员，形成了"自动机检+人工辅检"互为补充的新的安检模式。同时，该设备还可依托系统的自我学习和联网学习功能，不断补充、更新、完善违禁品的特征数据库信息，进一步提升自动识别违禁品的功能。新型 X 射线安检机在 2017—2018 年上海城市轨道交通的 17 个站点共计 60 台安检设备中试点应用。在满足原有安检机功能的前提下，新型 X 射线安检机实现了对违禁液体、爆炸物、毒品的"三合一"智能化预警，极大地改善了过于依赖安检人员判图的现状，切实有效地提升了对违禁物品的检查力度。

（2）多维感知安检门。

多维感知安检门整合了人像识别、Wi-Fi 嗅探、金属探测等技术，实时采集乘客的动态人像、身份信息、手机 MAC（媒体存取控制地址）和串码后，与后台离线数据库进行比对识别，一旦识别出重点人员则实时报警。同时，该安检门还可利用分子量技术实时探测出乘客随身携带的金属类物品，探测到刀、枪、压力罐等金属制危险品时可进行实时报警。

（3）太赫兹快速安检通道

利用太赫兹成像技术对进站乘客的随身物品进行检测。该设备通过太赫兹射线，能探测到隐藏在人体所穿衣物和鞋内中的刀具、枪械等金属物品，以及诸如陶瓷刀具、毒品粉末、液态炸药、胶体炸弹等非金属危险物质，并在成像中显示隐藏物品的所在位置、形状及大小。按照"全覆盖、非接触、不停留"的安检要求，该技术整合了人像围栏、电子围栏、人体安检、信息研判、预警推送等技术手段，实现了对重点关注人员的标注预警、危险物品告警等功能，有力推动了安检工作的智能化和网络化。

3. 安检系统的网络化研究。

目前，上海城市轨道交通安检系统各设备尚未实现联网，仍需人工进行警情上报。因此，需对既有的安检模式进行架构化、系统化建设，将现行独立的安检设备与安全防范工程的其他系统结合起来，在确保安检水平不变的前提下，进一步提升安检效率。同时，依据《城市轨道交通公共安全防范系统工程技术规范》（GB51151—2016）的规定："城市轨道交通公共安全技术防范系统的各子系统应集合成为一个整体，并应由独立的安防集成平台统一进行管理，安全检查及探测系统及其他技术防范系统均应接入安防集成平台。"为此，上海城市轨道交通对安全检查和探测系统以及安防集成平台进行了标准研究和建设规划，其系统架构如图3-37所示。

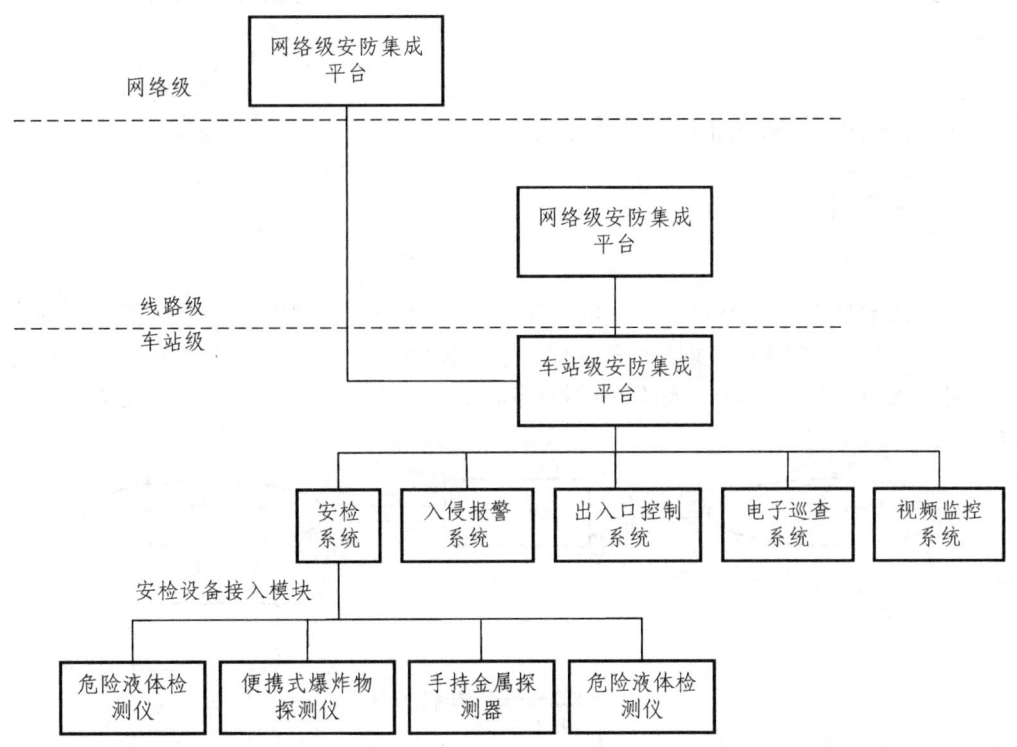

图3-37　上海城市轨道交通安检系统联网架构图

（1）车站级安检系统。

车站级安检系统通过安检设备联网接入模块将危险液体检测仪、便携式爆炸物探测器、手持金属探测器和通道式X射线安检仪的信息有机整合在一起，进行联网管理，并实现各类危险物品告警上报。

车站级安检系统将所检测箱包的属性等信息上传至安防集成平台，这些信息包括站点名称、安检机区域、过包检测时间、过包状态（正常/有危险品）、危险品类型、过包详细信息（包括X射线图片、关联的人脸照片）、过包关联短视频、过人关联短视频及安检操作员等。

通过车站级安防集成平台，可实现对车站安检设备及安检人员的监控管理、设备管理、统计管理、人力管理等功能。此外，还可根据预定的逻辑关系以自动或人工的方式向车站内的各安防子系统或通信系统（如视频监控系统、出入口控制系统、广播系统、乘客信息系统等）发布相关的联动请求命令。

（2）线路级和网络级的安防集成平台。

线路级安防集成平台和网络级安防集成平台负责接收站点级安防集成平台上传的所有事件记录，可依据报警来源、报警类型、报警时间、报警级别等条件对报警进行筛选显示、联动配置，并实现电子地图、时间、报警管理及统计分析展示等功能。

通过安检系统的网络化，可有效解决现行安检信息无法联网、无法进行数据积累而成为信息孤岛的问题，可实现安检信息数据的集中存储及资源共享，为城市轨道交通数据挖掘提供支持，为城市轨道交通公共安全提供充分的保障；同时，通过与外部数据（如公安系统、手机支付系统）的对接，获取乘客实名制注册信息，可通过对实名制乘客出行轨迹进行数据挖掘和大数据分析；在现行的规章制度内对重点乘客进行针对性的安检，以达到精准安检、提升安检效率的目的。

三、城市轨道交通人脸识别新技术

（一）技术介绍

1. 人脸识别技术

人脸识别技术是基于人类脸部特征的识别方式，就是一种利用人类自身所拥有的，并且能够唯一标识其身份的人脸生理特征来进行身份验证的技术。其一般包含人脸图像采集、人脸图像检测、人脸图像预处理、人脸图像特征提取、人脸图像匹配识别等。人脸识别技术的实现如图3-38所示。

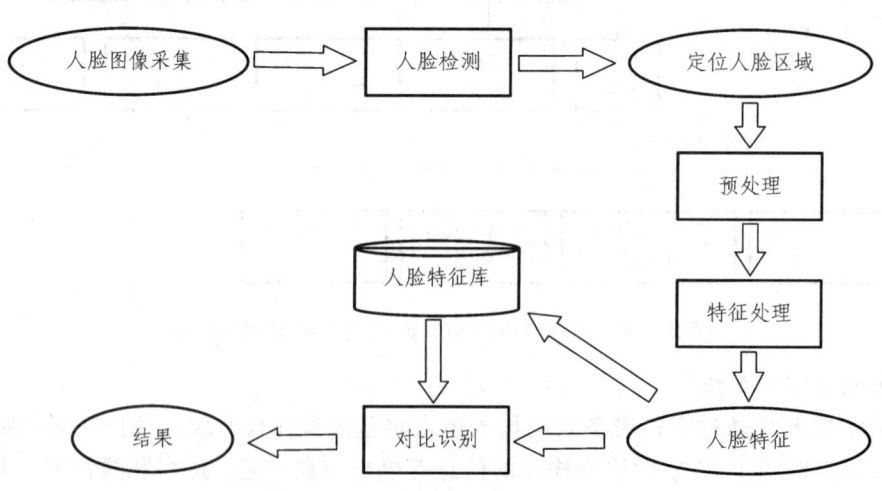

图3-38 人脸识别技术的实现示意图

人脸识别过程首先是通过前端的采集设备获取原始图像，运用人脸检测方法抠出人脸的图像并对该图像进行优化的预处理，过滤去除外界的干扰因素，如强光、装饰等，保留人脸最基本有用的部分；然后利用人脸特征算法对该处理过的人脸图像进行特征码提取，最后根据与对比图像的对比来获得匹配的结果。

人脸特征具备唯一性和不易被复制的特性，与其他类型的生物识别技术（例如指纹、掌纹等）比较，人脸识别技术具有如下优点：

（1）非强制性：被采集人员不必主动进行人脸采集，可以在对方无感知的状态下就可获取人脸图像，这样的取样方式无"强制性"，适合应用在城市轨道交通区域人员进出量大的场景。

（2）非接触性：被采集人员不需要和检测设备直接接触就能获取人脸图像。

（3）并发性：在城市轨道交通环境场景应用下，可以同时进行多人的人脸取样、识别。

（4）实时性：人脸图形采集、分析速度快，可及时做出比对结果，有利于城市轨道交通公安人员的实战运用。

2. 大数据技术

大数据是指在一定范围和时间内无法通过传统数据处理方式对其进行分析、处理和管理的数据集合。大数据具备四大基本特征：海量规模，多样化类型，价值密度低，处理要求快。

海量规模是指数据量在 TB 级以上，存储量大、增量大；多样化类型是指数据来源不同及存在结构化、非结构化等多种形式；价值密度低是指这些数据的独立维度没有高效的价值，只有形成一定体量并相互之间或与其他数据之间充分关联解析，才能提取较大的价值；处理要求快是指对数据分析、研判达成结果的实时性要求高。

城市轨道交通区域的海量视频数据就是一个典型的大数据。利用大数据技术是针对大数据的四大特点，结合城市轨道交通公安人员管控业务的实际需求，通过基于分布式计算、搜索引擎等大数据技术进行设计，可有效解决视频监控系统海量非结构化数据的使用效率问题，提供视频数据的快速检索、分析统计、标准化输出应用，并通过大数据的深度关联分析，可对事物的发展趋势做出研究、预判。

（二）城市轨道交通人脸识别系统

1. 城市轨道交通人脸识别系统组网

基于上海轨道交通重点区域的安保要求，在人民广场站、虹桥火车站等重点车站布设人脸识别系统。车站的人脸抓拍摄像机输出视频流、图片流，图片含人脸大小图、人体大小图、路人结构化数据，并将以上的视频数据和图片数据均存储在本地车站。同时通过线路传输将小图（含人脸、人体）、大图（含人脸、人体）、结构化数据等实时传至线路控制中心的动态人像处理服务器，并进行建模，建模后的小图、大图、结构化数据、特征码通过既有传输网络实时传送至城市轨道交通公安人脸识别系统，以完成实时动态布控、路人检索和人像大数据的相关应用。人脸识别系统架构如图3-39所示。

2. 人脸识别系统的车站设备构成

人脸识别系统的车站设备主要由人脸识别摄像机、智能安防箱（内含光配线单元、断路器、二层交换机等）、车站存储设备、图像服务器、车站交换机等组成。车站设备主要完成对本站换乘区域内人员的人脸抓拍和提取，以及图片、视频图像的存储等。人脸抓拍摄像机的设置如下：

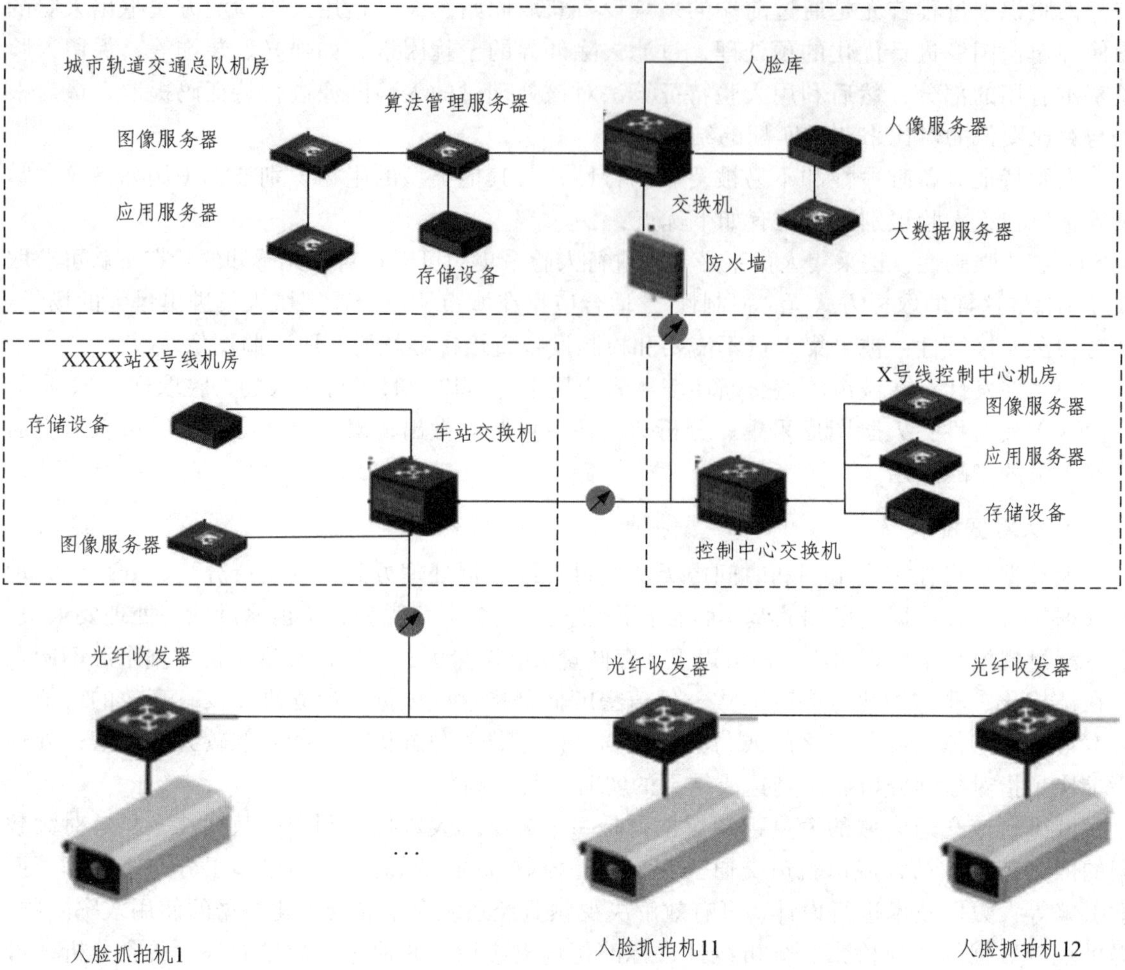

图 3-39 人脸识别系统架构图

（1）对监控图像中人脸细节的要求为瞳距覆盖的像素大于 40 像素点，利用 800 万像素抓拍机进行覆盖，覆盖范围约为 7 m，安装高度 3 m 或以上。

（2）摄像机主要布设在同一车站不同线路换乘区域，对不同换乘方式，其布点原则如下：对站厅换乘，有换乘门洞则布设在门洞内，无门洞则布设在站厅至站台的自动扶梯、人行步梯（不包含垂直电梯）；对通道换乘，布设在换乘通道；对步梯换乘，布设在换乘步梯；同站台换乘，则不做覆盖。

3. 控制中心的人脸识别设备构成

控制中心的人脸识别设备主要由中心汇聚交换机、图像服务器、应用服务器、存储设备等组成。

人民广场站及虹桥火车站的人脸抓拍摄像机输出的图片流（人脸/人体小图、人脸/人体大图、机构化数据）经线路传输至线路控制中心；控制中心的图像服务器需实时对图片流进行建模，并将处理后的人脸/人体小图、人脸/人体大图、特征码经传输网络传输至城市轨道交通公安机房。

4. 城市轨道交通人脸识别系统公安设备构成

城市轨道交通公安部门建设人脸识别应用平台，需在城市轨道交通公安机房内设置三层交换机、网络隔离设备、轨道交通总队人像应用识别平台设备（含主应用服务器硬件及配套软件，人像、算法管理服务器硬件及配套软件，存储设备硬件及配套软件，大数据服务器硬件及配套软件等），并与上海市公安局 8 000 万人像库进行对接。城市轨道交通总队人脸识别系统通过既有传输系统实现与各线控制中心的数据交互和联动，同时支持与上海市公安局人像平台进行联动。

人脸识别系统在城市轨道交通公安部门的配置如下：

（1）主应用平台服务器硬件及配套软件：实现视频应用、融合查询和布控报警管理，建立数据库、网管和视图库。

（2）人像、算法管理服务器硬件及配套软件（包括授权）：实现静态应用功能，包括 1：N 比对功能和 n：N 交叉检索功能；实现动态应用功能，包括布控报警功能、人像卡口功能和路人检索功能等。

（3）存储设备：负责城市轨道交通车站上传的人脸人体小图、人脸人体大图、特征码存储，资源分配，负载平衡调度；提供数据查询、回放、下载等功能，并可提供视频、图片的统一存储。

（4）大数据服务器硬件及配套软件：实现人脸数据应用，包含属性检索、数据统计、以图搜图、人员布控等；提供路人库数据与上海市公安局 8 000 万人像库数据的碰撞分析，从而对路人轨迹、人员频次分析和同行分析等人像大数据进行分析。

5. 视频和图像存储方案

车站：视频录像按 1080 p 的分辨率、4 bit/s 码流，在车站存储时间不小于 90 d，人脸/人体大图、人脸/人体小图、结构化信息存储时间 90 d；控制中心：人脸/人体小图、特征值、人脸/人体大图存储不小于 30 d；城市轨道交通公安：人脸/人体小图、特征值存储不小于 365 d，人脸/人体大图存储 90 d。

6. 人脸识别系统功能

（1）静态应用功能。

① 1：N 比对功能。应用于城市轨道交通公安民警日常的盘查及检索对象的工作中。人脸 1：N 比对指输入一张指定的人脸图像，系统将会在上海市公安局 8000 万人像库中进行检索、查询图像相似的人脸序列。主要用于在大规模人像库中检索一个人，从而确定其身份。其应满足快速搜索：自动滤除特征值不匹配的结果，比如千万级人像库 1s 内返回结果，十亿级人像库 5s 内返回结果，以满足实时性要求，达到实战效果；若快速搜索并未获得满意的结果，可以切换为深度搜索模式（该模式将花费更多时间，获得更准确的结果）。比对结果展示：比对结果的多样化展示，包括分库模式展示、条件筛选、导出等。高级功能：支持双目标注功能，改善实战中对模糊照片的比对效果；支持图片镜像功能，可以将图片进行镜像翻转，调换左右脸位置，以提高比对准确率。

② n：N 交叉检索功能。人脸 n：N 比对是指将两个人脸图像库互相进行一一匹配比对，获得这两个数据库中人脸特征值匹配度高于设定阈值的人像对。比如，将城市轨道交通重点车站一段时间内获取的人脸数据库与公安在逃人员数据库进行比对，以发现城市轨道交通重

点车站人脸库中藏匿的在逃人员。其本质是将城市轨道交通重点车站的人脸数据库中所有人脸图像（数量为 n）逐一地与在逃库人员的人脸图像（数量为 N）进行比对，比对结果经过人工确认后，实施缉拿。在比对中，还可以支持对于两个库增量的内容进行交叉比对，保证及时地发现在逃人员。根据实战需求，人脸识别系统支持单次型比对和持续型比对。单次型比对任务执行一次给出结果便结束；持续型比对是指系统自动监控要比对的人像库，当库中数据有增加时，对增加的部分进行持续比对。人脸识别系统具备优先级功能，即优先级高的任务优先处理。

（2）动态应用功能。

动态应用主要是人像卡口功能，指通行人员在通行过程无感知的情况下，达到对人员的人脸特征提取、分析、确认的目的，可对实时人流进行监控，包括实施抓拍及路人属性识别等。

① 实时抓拍功能。是指系统自动检索并提取实时视频流中人脸图像的功能。其中，视频流支持主流的 h.264/h.265 编码标准。人脸识别系统自动保存路人最清晰的一帧人像照片到人脸库中，存储抓拍路人照片的人像合集一般称为路人库。支持检索所有历史时间段的路人库图片，同时通过在路人库中检索某个路人的信息，可以分析某路人出现频率及出现规律。

② 路人属性识别功能。人脸识别系统根据路人图像提取人脸结构化数据，含性别、年龄、民族等，并将结构化信息存在路人库中，同时具备支持筛选功能，可筛选特定条件人员信息。

（3）布控报警功能。

布控报警是指当布控人员出现画面中时，人脸识别系统立即触发报警。抓拍和报警的记录可以保存在数据库中，以供事后查询；可针对各类对象，如在逃犯、重点关注人员等。人脸识别系统支持 50 万量级以上的人像库布控，支持查询任何时间段内的抓拍和报警记录，并具备导出报警信息的功能。

布控报警任务可以根据实际情况，如布控对象数量、布控对象重要性、警力配置、报警信息保密性等，灵活设置报警阈值以及布控报警任务类型。

布控功能支持申请与审批，用户向人脸识别系统管理员发出申请，管理员进行审批。用户只能选择有布控权限的库和视频源，可以针对每个库做报警阈值的设定。布控类型分三种：常控，所有用户都会接收到报警推送，不管此用户有没有订阅报警；临控，所有有订阅权限的用户都可以接收到报警；密控，即使用户有订阅权限，且订阅了该摄像头的报警，也无法收到报警。

（4）离线视频分析功能。

人脸识别系统支持对独立的离线视频文件进行分析，抠取出视频中出现的所有人脸照片。人脸识别系统在分析过程中支持在卡口页面实时展示最新检测到的人脸场景截图，方便用户确认是否有重要信息遗漏。

第四章 城市轨道交通载运工具新技术

第一节 概　述

随着现代社会的不断发展，城市规模不断扩大，城市轨道交通在交通系统中的作用越来越重要。城市轨道交通车辆作为城市轨道交通的核心部分，在轨道交通向着高速度、高密度、技术系统构成复杂、业务系统联动性高等方面发展时，运载工具的新技术就显得愈发重要，因此，对城市轨道交通运载工具新技术的研究对于保证列车的安全运行具有重要意义。

目前，德国的动车技术系列、加拿大的动车技术系列、法国的动车技术系列等轨道交通技术代表着世界先进水平，我国轨道交通技术通过近几年的引进和开发，也基本达到世界先进水平，但关键的牵引控制技术仍以国外产品为主。

近年来，随着我国城市轨道的发展，以及各个一、二线城市的城市轨道设计与建设，我国的城市轨道交通运载工具技术也逐渐成熟。现代的设计理念：轻量化、集成化、讲究性能优良的同时，更注重安全、舒适、以人为本，尽力追求低生命周期成本；现代化的设计、制造手段：计算机辅助设计及制造（CAD、CAX、CAE等），三维立体设计、仿真计算、有限元应力分析等；现代的检测、试验手段：计算机技术、激光技术以及自动化技术的应用，全天候环境模拟试验、电磁兼容性试验等手段；新材料、新工艺、新设备的应用：大型中空铝型材、薄型不锈钢板材、高强度玻璃钢、焊接铆接新工艺，大量采用CNC加工中心机床设备等。

1. 交流传动技术

20世纪90年代前，世界各国均采用切换电阻的有级调速直流电机系统或采用电力电子控制的无级斩波调压调速直流电机系统。1990年，可关断晶闸管（GTO）、绝缘栅晶体管（IGBT）元件出现后，发达国家地铁开始采用直-交变频、变压调速交流电机的交流传动系统。我国从20世纪90年代开始，除上海1号线地铁外，所有新建地铁线、单轨线、轻轨线均采用IGBT模块的交流传动系统。交流传动车与直流传动车相比，用电量能降低40%；由于采用再生制动，闸瓦用量减少一半以上；车轮磨耗小，车轮更换周期延长；交流电机维修工作量很小。

2. 转向架

地铁A型车（车宽3 m）和B型车（车宽2.8 m）均全面采用国际上普遍应用的无摇枕转向架。这种转向架具有结构简单、零部件少、重量轻、维修工作量少等优点。转向架采用两系悬挂减振结构，一系采用金属橡胶叠层结构，二系采用空气弹簧，并设有高度自动调整阀，通过排气和供气，自动调整车辆地板面高度，使之与站台面相匹配。目前，对于地铁A型车、B型车、线性电机车、单轨车、低地板轻轨车等所有不同类型车辆的转向架，我国均有生产能力。

第二节 城市轨道交通车辆车门新技术

一、车辆车门控制软件安全完整性技术

城市轨道交通对安全性、可靠性要求很高。为避免在运营过程中出现安全事故，城轨车辆装备需要满足特定的安全性、可靠性要求。城市轨道交通车辆车门的基本要求如下：

（1）具有足够的数量和有效长度；
（2）车门要均匀分布，方便乘客上、下车；
（3）车门附近有足够的空间；
（4）具有较高的工作可靠性，以确保乘客的安全。

城市轨道交通车辆车门的结构形式：

（1）按照驱动系统动力来源的不同，分为电动式车门和气动式车门；
（2）按照车门的运动轨迹以及车体的安装方式，分为内藏门、外挂门、塞拉门和外摆门。

目前，城轨车辆安全性可靠性技术主要的参考标准是欧洲电工标准化委员会（CENELEC）制定的铁路安全相关标准。CENELEC的标准中，对于软件、硬件乃至整个系统在研发过程中如何保证安全性、可靠性有详细的定义与描述。

城轨车辆门系统是机电技术和软硬件技术高度集成的系统，是典型的安全相关系统。车门系统控制软件则是车门系统的核心部件，它控制车辆门系统的机械部件实现门控制逻辑、现场总线通信、故障诊断等功能，其安全完整性直接影响到整个门系统的安全性。如何在CENELEC标准框架下，开发符合相关安全完整性要求的车门控制软件并通过相关评估，至关重要。

（一）软件安全完整性技术简介

安全完整性是安全相关系统有效实现安全功能的关键。安全完整性等级（Safety Integrity Level，简称 SIL）是指在一定时间条件下，安全相关系统能够实现所规定安全功能的概率。SIL 最初是在国际电工委员会（IEC）制定的 IEC 61508 标准中定义的，由于 CENELEC 的铁路安全相关标准是在 IEC 61508 基础上制定的，因此其保留了相同的 SIL 定义。

CENELEC 的铁路安全相关标准如图 4-1 所示。图中的标准分别为：EN 50126《铁路应用：可靠性、可用性、可维护性与安全性（RAMS）规范和说明》，EN 50129《铁路应用：铁路控制系统领域的安全相关电子系统》，EN 50128《铁路应用：铁路控制与防护系统的软件》，EN 50159《铁路应用：通信、信号和处理系统》。

从安全性、可靠性的角度看，EN 50126 定义了整个铁路系统的安全性、可靠性；EN 50129 定义了子系统的系统及硬件部分的安全性、可靠性；

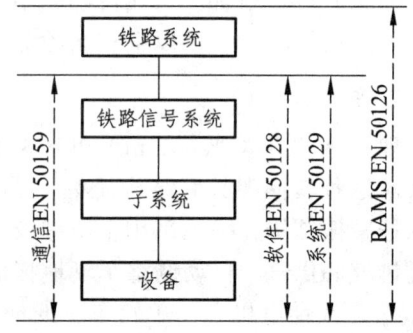

图 4-1 CENELEC 铁路安全相关标准

EN 50128 则定义了子系统涉及软件的安全完整性，如车门系统的控制软件、列车控制管理系统（TCMS）的软件、列车自动防护系统（ATP）的软件等。

硬件部分所能达到的 SIL 是通过元器件失效率的经验数据及元器件之间的关系计算获得的，即可以通过选择不同的元器件或者调整元器件之间的作用关系，使整个硬件部分达到所需要的 SIL。软件部分则不一样，由于无法估算每个软件函数或者模块的失效率，因此只能通过软件研发的过程管理、测试验证、安全性分析、软件研发所采用的技术等来保证软件整体达到预期的 SIL。

EN 50128 标准定义了如何保证、评估软件部分达到需要的 SIL。该标准主要分为两大部分：第一部分是按照软件的研发模型对生命周期各阶段的目标、输入文档、输出文档以及需求进行详细的描述；第二部分则是定义不同的 SIL 情况下，软件研发过程中应采取的技术或方法，并对这些技术、方法进行解释。

（二）软件安全完整性评估方法

根据 EN 50128 的定义，对软件 SIL 进行评估的人员必须与项目开发的人员相互独立，两部分人员不能是同一公司的人员。目前，业内一般采用两种方式：

（1）由软件产品的客户或用户按照 EN 50128 标准对软件进行评估审查；

（2）由具有专业资质的第三方公司对软件进行独立评估。

第一种方式成本较低，但由于客户的评估经验不同以及开发方对技术披露的考虑差异，因此评估的效果并不理想；第二种方式则相对成本较高，但评估效果较好，结果更有公信力。以下针对第二种方式进行阐述。

EN 50128 中，SIL 评估不是针对组织级别的，而是针对特定项目的特定版本软件的，因此软件发生更改后，如果客户或用户要求新版本软件提交符合 EN 50128 的相应 SIL 证据的话，就需要根据软件变更部分的性质决定是否需要重新评估。若改动的软件部分与安全完整性无关，在用户认可的前提下，可由项目开发方提交相关的变更影响分析文件，证明改动的部分不影响原评估结果；若改动的软件部分与安全完整性有关，或用户不认可通过开发方提交变更影响分析，则只能对新版本软件的变更进行重新评估。

基于以上考虑，一般评估时都是针对通用平台软件进行的。例如，针对城轨车辆门系统控制软件 V1.0 进行 SIL 的评估并获得证书，然后基于此版本软件研发 X 市 1 号线、Y 市 2 号线、Z 市 3 号线具体项目的软件。如此，3 个具体项目就只需要对差异部分进行变更影响分析或者评估，如图 4-2 所示。

评估方法主要是按照项目开发的生命周期模型，检查各个阶段的输出、执行及其与 EN50128 的符合程度。虽然评估不是针对组织级别的，但评估时也会关注与项目软件研发相关的组织级别内容，因此评估时会同时检查组织级别与项目级别。

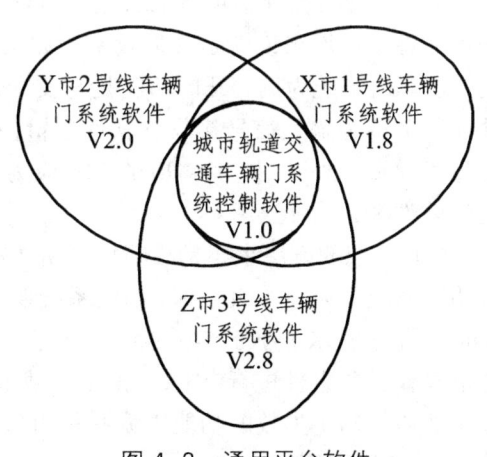

图 4-2　通用平台软件

（三）城轨车门控制软件

车门控制软件位于门控单元（Door Control Unit，简称 DCU）的微处理器内。微处理器可以是 DSP（数字信号处理器）、ARM 处理器等。车门控制软件是典型的嵌入式软件，可为前后台系统，也可基于嵌入式实时操作系统进行应用开发。

城轨车辆门系统控制软件是与硬件部分关系密切的嵌入式系统软件，其主要功能为：

（1）控制门驱动电机实现门扇的平稳曲线运动，根据 DCU 输入口读取到的开关或检测元件信号，实现门的控制逻辑，如开关门、紧急解锁、隔离等，通过 DCU 输出口进行指示灯、蜂鸣器的控制；

（2）对门系统及 DCU 自身进行故障诊断，将诊断得到的数据存储在非易失性存储器内；

（3）通过 DCU 的通信接口与 TCMS 实现 CAN（控制器局域网）、MVB（多功能车辆总线）、因特网等数据通信，上报门的状态信息，接收门控制指令及参数；

（4）通过 DCU 的维护接口与门维护软件（Door Service Software，简称 DSS）通信，实现 DCU 的状态监控、参数设置以及程序下载。

门系统及门控制软件的框架如图 4-3 所示。

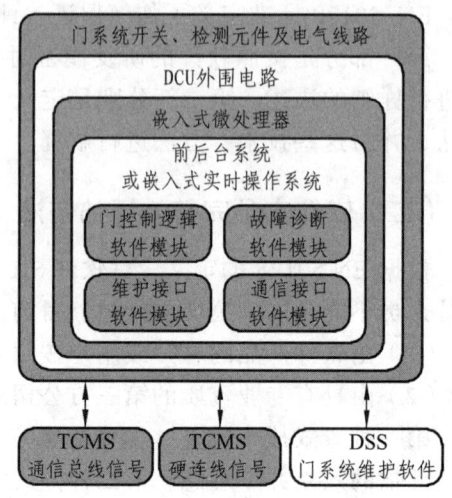

图 4-3 门系统及其软件框架

（四）城轨车门控制软件 SIL 实现方法

城轨车辆门系统是一个软硬件集成的系统，在对其控制软件进行安全完整性技术实现的过程中，首先，要建立或者完善研发体系，包括：建立或改善配置管理体系，导入配置管理、变更控制工具；建立或改善项目管理体系，导入项目管理工具；建立或改善开发质量控制体系，制定内审的制度与方法；固化产品及其软件的开发方法；对上述措施的输出进行标准化、规范化，制定一系列的组织级别规范或者规程文件。

其次，针对被评估项目的方案及其结构特点进行 SIL 分配分析。SIL 本质上就是安全功能的可靠性，反面来说就是其失效率。如果安全功能可以分解为子功能，则 SIL 也可分解、分配。以车门系统为例，开门功能是与安全性相关的，通常客户要求此功能的 SIL 为 4；而开门功能可分解为输入信号接收、软件逻辑控制、门扇驱动等功能，如果软件逻辑控制功能单点故障可导致意外开门，其对应的 SIL 应为 4，但由于对其采取了额外的硬件保护措施，故其分配的软件 SIL 为 2。

SIL 分配的方法主要是故障树分析（Fault Tree Analysis，简称 FTA）。首先，按照客户需求明确系统的风险等级目标，如门系统要求达到 SIL 为 4 或可容忍的危害率（Tolerable Hazard Rate，简为 THR）小于 10；接着，根据产品的结构特点以及客户需求识别系统危害，并以这些危害作为顶事件进行 FTA，得出导致危害的原因，可能是某个功能失效或者某个元器件故障；然后，确定失效的功能中哪些是由软件实现的；最后，根据这些软件功能被允许的 THR 值，确定整体的软件 SIL。

接着，在组织级别的定义框架内，根据软件部分的 SIL 需求，制定被评估项目的软件相关计划。在制订计划的过程中，需要明确软件开发的范畴与方法；确定生命周期模型（生命周期一般选择 V 模型）；参照 EN 50128 选择合适的软件开发技术，如防出错编程（Defensive Programming）、软件错误影响分析、追溯性矩阵、流程图、边界值分析、代码检查等。同时，对于门控制软件内部的外购软件模块（如通信协议栈软件）以及与门控制软件存在协作关系的其他软件（如门维护软件）进行功能失效分析（Function Failure Analysis，简称 FFA），证明其不会影响到门控制软件整体达到预期的 SIL。如果 FFA 得出某项功能失效后风险较高，则应根据最低合理可行原则（As Low As Reasonably Practically，简称 ALARP）制订相关的措施降低此风险。

计划制定完成后将按照该计划执行开发，即：进行需求的整理，在系统需求的基础上编写软件需求；基于软件需求进行软件结构与设计，将软件划分为模块、函数，可采用 Ward & Mellor、流程图等方法；基于结构设计进行 SEEA 等软件安全性分析工作；基于结构设计进行详细的模块设计，通过流程图、结构化英语（Structured English）等方法清楚地描述各函数内部的算法；按照模块设计的输出进行编码；从需求到编码的过程中，均有一系列的验证工作，通过追溯性矩阵、代码检查等方式确保需求与源代码之间的双向追溯性。

最后，按照计划中制定的集成策略，进行软件的集成、测试及发布。一般采用自下而上的方式，先完成单个函数的单元测试，然后将函数集成为模块完成模块测试，最后将模块集成为完整的软件进行软件整体的测试。由于门控制软件整体的测试无法脱离硬件平台单独测试，因此将软硬件集成在一起后再执行集成测试，而不执行单独的软件集成测试。所有的测试、集成工作都完成后，对项目研发过程中的验证、分析及测试进行总结，确认当前软件版本是否符合用户的需求，是否符合计划阶段制定的验证与确认目标。软件确认通过后，编制相关的文档对当前的软件版本状态进行说明，发布当前版本的软件。

此外，在软件开发过程中需要贯彻配置管理、项目管理及质量管理，定期跟踪项目进度，对偏离进行控制。同时，定期或按照生命周期阶段进行内部的配置与质量审计，对不符合项进行闭环控制。

二、车辆车门智能诊断技术

（一）车门系统故障处理程序

目前城市轨道交通车辆车门系统设备的监控维护只能采取被动式服务，还没有主动式的服务。即在车门发生故障（或事故）出现时，只能在现场分析、排除故障。由此，经常对城市轨道交通的线路运营造成影响。

传统的车门系统故障处理程序如图 4-4 所示。其处理模式存在着以下不足：不能对故障及安全隐患进行预测和预警；故障发生后不能及时得到解决方案；由于故障目标不明确，普查工作量巨大，且容易造成误判。

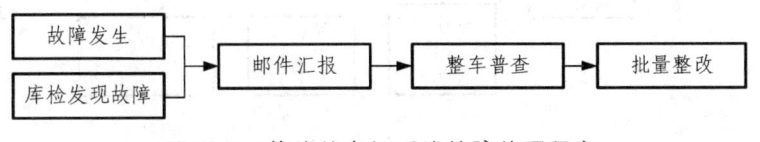

图 4-4 传统的车门系统故障处理程序

（二）车门系统智能诊断技术

城市轨道交通车辆的车门系统故障智能诊断技术，是通过对车门系统工作状态实施远程监控，对每一个故障发生前的征兆进行监测和采集，经专家库数据比对和统计分析后对发生的故障进行分类（如典型故障、亚健康预测等）和预判断，通过车地无线传输。对车门状态进行实时传输和预报。各级管理人员和工程技术人员可随时通过网络远程在线了解列车车门系统的实时运行情况，进而形成对车门系统科学的检修维护制度。

（1）系统网络结构。

远程监测及故障智能诊断系统由车载监测设备、数据中心诊断服务平台以及客户端等组成，总体架构如图 4-5 所示。数据中心诊断服务平台有独立的公网 IP（网际互连协议）地址，主要具备所有在线运行车门系统监测数据的存储、车门系统的故障判断与诊断、车载设备的远程监控与管理、客户端的远程访问门户等功能。

（2）车载监测设备。

车载监测设备为智能门控器，位于城市轨道交通车辆的车厢内。智能门控器可以通过无线和以太网两种方式向线路运营维护数据中心服务平台传输数据。车载监测设备组网示意图如图 4-6 所示。

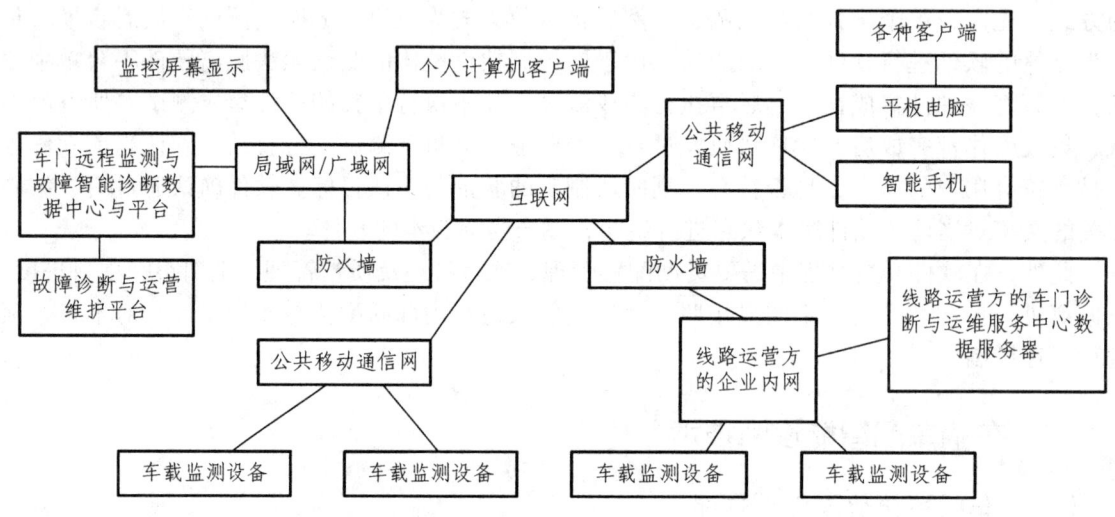

图 4-5　远程监测与故障智能诊断系统总体架构图

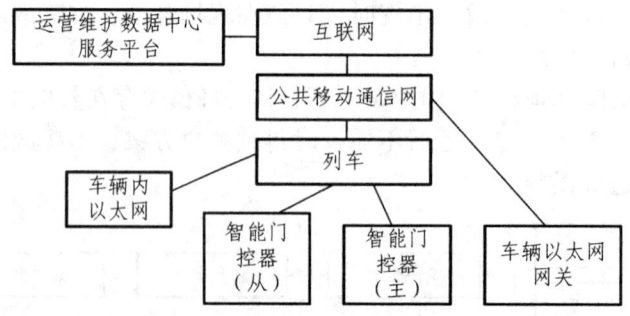

图 4-6　车载监测设备组网示意图

无线智能门控器可动态采集和传输车门系统的工作数据,如电机电流、转速、转角、门控器各种 I/O（输入/输出）信号、门控器故障代码等,并支持车厢内 470 MHz 无线自组网传输、支持车地 3G/4G/Wi-Fi（无线上网）传输。

以太网智能门控器可动态采集和传输门系统工作数据如电机电流、转速、转角、门控器各种 I/O 信号、门控器故障代码等,并支持车辆和车厢内的双以太网组网传输。

（3）智能门控器及其数据传输。

智能门控器是在老式门控器的基础上,把数据采集以太网卡嵌入到门控器内部,实现了电机控制与数据采集装置的一体化。新型的智能门控制在保留门控器原有功能的基础上,进一步增加了实时监测电机特性参数（转角、转速、转矩）的功能。数据采集完成后,智能门控器将这些数据通过以太网实时发送到车载以太网设备,从而达到对电机运行参数实时监测的目的。

（4）车载以太网设备。

车载以太网设备收集和存储各个智能门控器上报的电机和门控器运行参数,将这些数据进行分析处理后,通过 4G 公共移动通信网络或 Wi-Fi 发送到远程的运营维护数据中心服务平台上。图 4-7 为远程数据传输系统原理示意图。

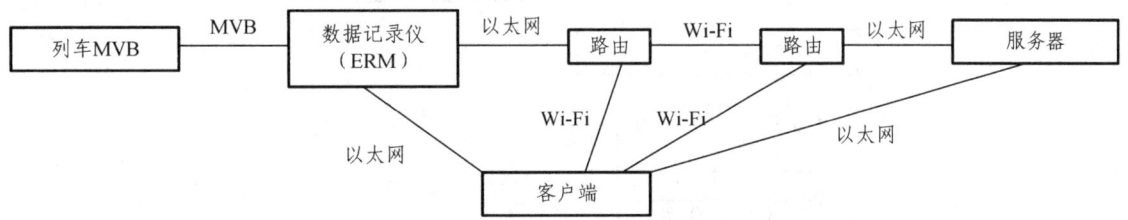

图 4-7　远程数据传输系统原理示意图

（5）车门远程监测功能。

车门智能化系统可以远程实时监控城市轨道交通车辆各个车门的工作情况,使得各级管理人员和工程人员可以通过网络远程了解车门的实时运行情况。车门智能化系统还能自动采集车门的各种运行参数信息,通过系统的故障规则知识库,智能化判断当前的车门是否将会产生故障,以及故障的原因及其解决方案。

通过监测电机、门控器的工作状态,车门智能化系统将优先预测以下车门系统将要发生的故障：无法电动关门、开不到位、三秒不解锁、阻力过小、阻力过大等,并能初步分析出产生这些故障的原因。

（6）车门的亚健康状态分析功能。

车门智能化系统会自动采集车门数据信息,并与该车门的历史数据通过智能算法进行比较,用以判断未来出现故障的概率以及车门是否工作于亚健原状态。此外,通过车门系统的亚健康知识库还可智能化判断当前车门可能存在的问题以及所需检修范围。

（7）移动维修功能。

车门智能化系统支持移动互联网通信的功能。通过事先注册各条线路上维护人员信息和手机号码,一旦车门出现故障或亚健康信息,系统可以通过移动互联网实时推送车门的工作信息给相关人员,并可查询车门故障检修的指南和解决方案,以便维修人员及时处理问题。该功能可以使得城市轨道交通车辆的维修工作由"被动维修"转为"主动维修"、由"全面巡检"转为"重点巡检"。

某城市轨道交通车门厂家提供的车门智能化系统移动检修维护流程，如图 4-8 所示。在车辆检测和维修现场，维护人员可以通过移动终端对现场情况和维修过程进行数据记录；可以通过移动终端实时上传维修记录和现场状况，也可以通过移动终端查询故障的相关检查和维修的方法。

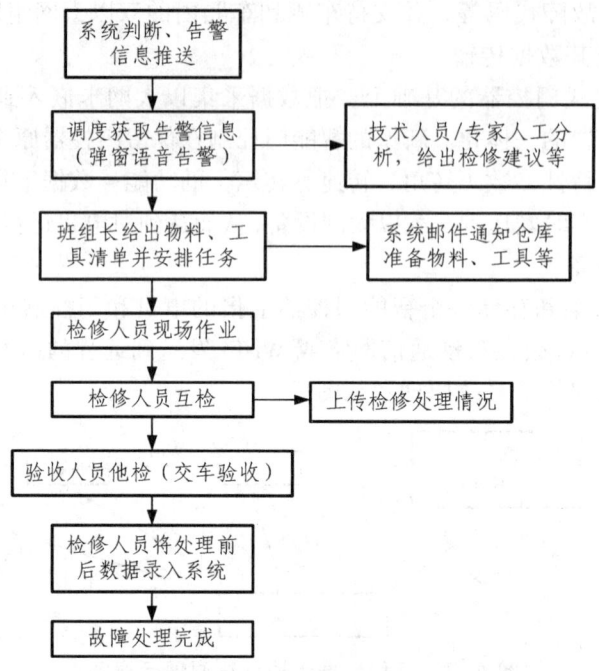

图 4-8　东门智能化系统移动维修处理流程

对于车门的故障或亚健康状态，维护人员可依据移动终端上故障原因规则库的指导，开展有针对性的车门设备检测，而不需要对整车所有车门进行检查，这可以大大减少维护人员数量、降低维护人员对技术水平的要求，并进一步减少维护成本。

（8）技术专家远程会诊。

车门智能化系统对车门的动态跟踪监控信息、基本状态信息和故障信息等数据进行远程传输。其中，动态跟踪监控信息主要包括运行车门的准确位置，经纬度或线路公里标。

对于车门出现的一些疑难杂症问题。线路运营方可以通过车门智能化系统邀请相关技术专家远程对设备故障进行异地会诊。由于车门智能化系统各类信息和数据齐全，从而提高了诊断的准确性和实时性，同时也有利于专家、诊断资源等的共享。

（9）大数据分析功能。

由于数据中心收集了大量的车门工作数据通过这些数据的统计和分析，既可以支撑线路运营方的相关工作，也可以通过这些数据指导车门系统的技术提升。

（三）车门智能诊断技术的应用

目前车门智能化系统已在广州地铁 5 号线和 3 号线北延伸段、北京地铁八通线、南京地铁 4 号线、成都地铁 4 号线、天津地铁 1 号线东延伸段、杭州地铁 4 号线等线路的部分车辆上使用。

据调研，2015年6月起至2016年6月止，广州地铁5号线117118车全车完成了车门智能化改造，并实现了车门的远程监测与故障智能诊断；2017年3月开始，该线车辆由原来的定期检修进入状态修实验阶段。据在2017年3~12月的应用情况统计，车门的故障诊断准确率达98%。

2017年9月开始，该车门智能化系统在广州地铁3号线的081082、085086、091092车上得以应用，其中081082全车安装了智能诊断系统，并进行状态维修试验。

2016年8月，南京地铁4号线001002车和003004车共12个车门安装了城市轨道交通车辆车门系统远程监测与故障智能诊断系统，通过后台大数据分析及专家系统实现了车门的故障智能诊断，以及车门亚健康状态的预测和预警。

第三节 弹性车轮在城市轨道交通车辆中的发展与运用

随着城市规模的扩大、经济的发展，汽车在城市中的数量急剧增加，严重加剧了城市交通拥堵、噪声污染及尾气排放污染。作为一种快捷、环保、节能、舒适、安全的交通方式，城市轨道交通已广泛受到人们的青睐。由于城市中客运要求不断增长，城市轨道交通已逐步成为城市规划和建设的重点，但由于城市轨道交通车辆运行时产生的噪声以及轮轨间所产生的磨耗，致使城市轨道交通的运营和推广面临严峻的挑战。

车辆运行时噪声的产生及钢轮—钢轨的疲劳破坏的关键因素在于轮轨间的相互作用力。由于线路不平顺激扰，车辆在运行过程中随着簧下质量的增加，轮轨间的作用力增大，故应在保证车辆稳定运行的情况下，尽可能降低簧下质量。弹性车轮是在轮箍和轮芯之间镶嵌一个弹性元件，轮箍与车轮弹性装配在一起，则大幅降低了簧下质量，从而降低车辆在运行过程中产生的轮轨间作用力，轮对上非弹性构件的振动也随之降低，磨损减少，同时由于线路不平顺激扰所产生的噪声降低。由于这些优点，弹性车轮在国外轻轨低地板有轨电车、地铁车辆、城际列车上得到了广泛应用。

一、弹性车轮的发展背景及分类

（一）弹性车轮的发展背景

轨道车辆用橡胶弹性车轮设计方案可以追溯到1880年，但由于当时对橡胶特性的研究匮乏，弹性车轮的研制一直处于试验阶段。直到1950年，第一个嵌有橡胶缓冲垫的商用车轮（橡胶弹性车轮）由美国HER-SCHFELD研制出来，其主要目的是降低有轨电车质量，增大车辆的加速度及减速度，增强有轨电车与汽车的竞争力。之后，由于HERSCHEELD等的不断研究与改进，弹性车轮最终获得了认可。自此，弹性车轮在世界范围内得到广泛的发展与应用。

（二）弹性车轮的结构与分类

弹性车轮在国外许多低地板车辆中得到不同程度的引用，其中应用在世界各地的弹性车轮结构如图4-9所示。

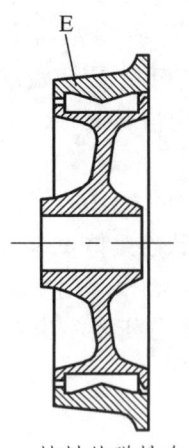 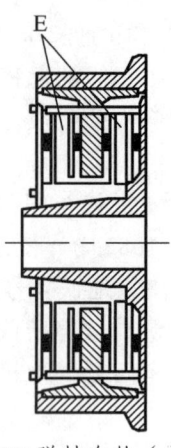

（a）装有 penn 材料的弹性车轮（美国）　　（b）SAB 弹性车轮（美国）

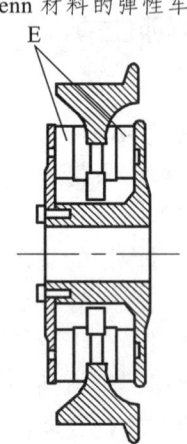 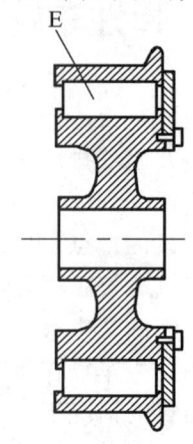

（c）受剪型弹性车轮（日本）　　（d）受压型弹性车轮（日本）

图 4-9　各种弹性车轮结构（E 为弹性材料）

弹性车轮种类繁多，按其承载方式的不同可分为 3 种类型：受压型、受剪型、压剪复合型，如图 4-10 所示。

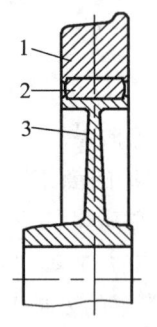 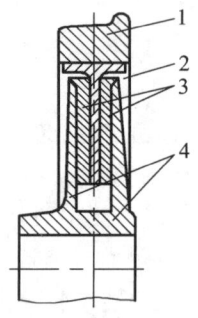 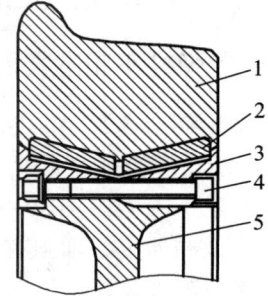

1—轮箍；2—橡胶体；　　1—轮箍；2—T 型环；3—环装橡胶层；　　1—轮箍；2—橡胶体；3—轮环；
3—轮芯　　　　　　　　　4—外轮芯　　　　　　　　　　　　　　4—螺栓；5—轮芯
（a）受压型弹性车轮　　　（b）受剪型弹性车轮　　　　　　　　（c）压剪复合型弹性车轮

图 4-10　3 种橡胶弹性车轮结构示意图

一般来说，要求弹性车轮具备较大的径向挠度和较小的轴向挠度，但由于很难匹配受压型弹性车轮的横向刚度和径向刚度，现已很少使用。同时，普遍认为弹性车轮的减震效果随着垂向静挠度的减小而增大。而受剪型弹性车轮径向弹性较大轴向弹性较小，曾被广泛使用。压剪复合型弹性车轮是指在车轮由于受到轮轨间冲击力及垂直载荷作用，橡胶弹性元件产生剪切和压缩变形。压剪复合型弹性车轮橡胶元件呈 V 形布置，具有一定夹角。V 型角度的改变会使剪切力和压缩力的分配发生变化，即能做到合理地匹配轴向刚度与径向刚度，且压剪复合型弹性车轮结构简单，检修方便，这种形式已在弹性车轮中广泛采用。

压剪复合型橡胶弹性车轮又可分为橡胶块式压剪复合型橡胶弹性车轮和橡胶环式压剪复合型橡胶弹性车轮，如图 4-11 所示。

（a）橡胶块式压剪复合型橡胶弹性车轮　　　　（b）橡胶环式压剪复合型橡胶弹性车轮

图 4-11　压剪复合型橡胶弹性车

（三）弹性车轮的优点

由于在城市中开设的轨道线路路基基本为混凝土结构，且线路曲线半径相对较小，刚性较大，所以在车辆运行时会产生较大的冲击振动和噪声，同时也会加速轮轨磨耗。采用弹性车轮则能明显降低轮轨噪声和轮轨间动作用力。弹性车轮在轮芯和轮箍之间加装弹性元件，由于弹性单元的弹性和阻尼特性，相当于弹性车轮的单自由度质量、弹簧阻尼系统代替了原来的单质量系统，这样不仅降低了轮轨动作用力，车轮和轨道振动幅值也相应减小，而且也削弱了轮轨间所辐射的噪声。值得强调的是橡胶弹性车轮基本上消除了刚性车轮通过曲线时的尖啸声。用橡胶来吸收高频振动、缓和冲击降低噪声并改善轮轨的摩擦；通过橡胶的弹性变形，使车辆通过曲线和道岔时，轮缘和钢轨的摩擦力大大降低，改善轮缘磨耗。

二、弹性车轮研究现状

（一）弹性车轮的降噪研究

一直以来，我国对弹性车轮在降低噪声方面的研究已达到相当深入的水平。

同济大学赵洪伦等通过对刚性车轮和弹性车轮振动模态及频响函数分析，研究了弹性车轮的降噪机理；通过刚性车轮与弹性车轮的噪声对比试验，验证了弹性车轮在改善频谱特性和缩短噪声衰减时间方面的减噪优良性能。

郭晓晖等通过对橡胶弹性车轮的常见结构和应用特点的分析，进行了橡胶材料、刚度和噪声降低对比试验。结果表明，在改善车轮噪声的频谱特性，尤其在高频噪声的衰减方面，弹性车轮具有良好的优越性，在实际应用中能有力地消除列车通过曲线时的尖啸声，而且弹性车轮轴向和径向刚度的合理匹配可以通过改变橡胶 V 型夹角的角度来实现。

柳州机车车辆厂的丁振宇等通过基于 LabVIEW 平台的轮轨噪声测试及后处理软件，测量了不同方向激励下承剪型弹性车轮和刚性车轮的车轮噪声。通过对比，研究了承剪型弹性车轮的噪声特性。结果表明，弹性车轮能极大地缩短噪声的衰减时间，可以很好地改善噪声的频谱特性。

（二）弹性车轮有限元分析及动力学研究

近年来，对弹性车轮的研究不仅仅只停留在降低轮轨冲击和噪声的研究领域。为使弹性车轮能在城市有轨电车中得到更好的应用，更好地完善其降噪的特殊性能，近期开展的工作已把目光转向了弹性车轮的有限元分析和动力学研究。

1. 弹性车轮有限元分析研究

日本铁道综合研究所（RTRI）对几种类型的弹性车轮进行了轮对落放试验，然后对比了刚性车轮和弹性车轮分别在 130 km/h 和 300 km/h 运行速度下的性能，并研究了不同试验下的轨道动态作用情况。结果表明，刚性车轮与弹性车轮动载荷之比值基本一致，大约是 0.8。

西南交通大学张乐利用 Hypermesh 软件建立弹性车轮的有限元模型（见图 4-12），并利用 ABAQUS 软件完成弹性车轮的模态计算。还根据弹性车轮整轮在 6 阶模态时的振型，分析了轮辋、轮芯和车轮整体的模态，比较和研究了不同振型模式下各部分的固有频率、相同振型模式下的固有频率范围，以及车轮整体振型模式和固有频率与各部分零件的振型模式和固有频率的关系。通过有限元计算，验证了橡胶弹性元件的结构和材料性能是影响弹性车轮刚度特性的决定性因素。

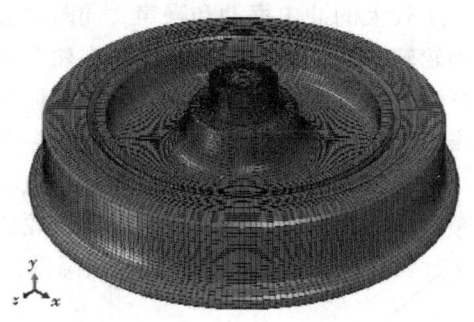

图 4-12 弹性车轮有限元模型

黄彪等采用 ABAQUS 软件建立橡胶的 mooney-rivlin 本构模型以及整个弹性车轮的有限元模型，并对其进行了非线性有限元分析及疲劳强度的校核，如图 4-13 所示。最后的仿真结果表明，各部件在运营组合工况下的危险界面点均落在 Goodman 曲线内，且裕量充足，由此说明采用橡胶块结构的弹性车轮结构设计合理，并且能良好地满足轻轨车辆的使用要求。

王洋通过建立弹性车轮轮轨三维热接触耦合有限元模型，研究了在运行过程中弹性车轮受轮轨接触温升的影响程度。通过以对流换热和整体流入热流的计算模型为基础的传热计算方法，分析车辆在全滑制动、蠕滑制动、运行 3 种工况下弹性车轮附近温度分布，如图 4-14

所示。分析结果表明长时间平稳运行和滚滑制动过程中，弹性车轮各部件的平衡温度均在材料的许用温度范围内；当车辆高速紧急制动出现滑行时，轮轨温度急速增加，将导致踏面磨损并加速车轮弹性元件老化。

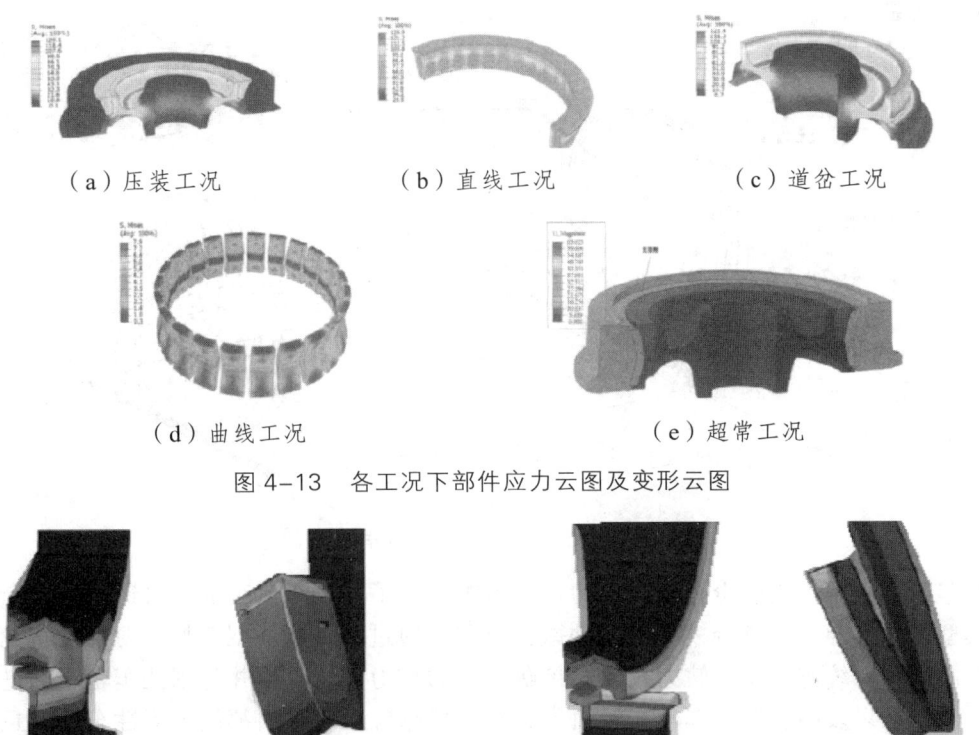

（a）压装工况　　　　　（b）直线工况　　　　　（c）道岔工况

（d）曲线工况　　　　　（e）超常工况

图 4-13　各工况下部件应力云图及变形云图

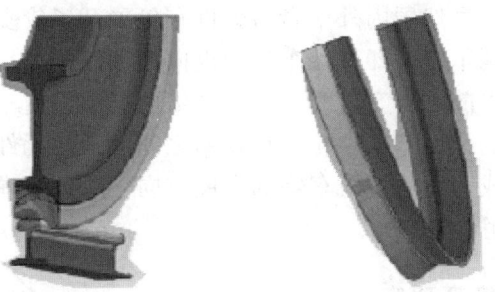

（a）车轮高速全滑制动轮轨及弹性元件温度分布　　（b）车轮高速蠕滑制动轮轨及弹性元件温度分布

（c）车轮高速无制动运行轮轨及弹性元件温度分布

图 4-14　三种工况下的弹性车轮附近温度分布

2. 弹性车轮动力学研究

西南交通大学郭文浩和邢璐璐等均利用 SIMPACK 动力学仿真软件建立了弹性车轮的动力学模型，如图 4-15 所示，并在此模型基础上优化了对弹性车轮橡胶元件的径向和轴向刚度的匹配，利用优化后的参数对弹性车轮橡胶元件的刚度、阻尼以及车辆运行速度三者之间的关系进行研究，通过设置不同的线路激扰，改变车辆运行速度分析，比较了两种模型的动力学性能，之后分析研究了采用弹性车轮的城市轨道车辆的运行稳定性、运行平稳性以及曲线通过性能；通过对比刚性车轮与弹性车轮轴箱处的振动加速度级，考察弹性车轮在降低噪声方面的优越性，并分别研究了弹性车轮的轮轨尖啸噪声和轮轨滚动噪声。仿真结果表明，弹性车轮在降低轮轨噪声和在减小轮轨动作用力等方面具有很大的优越性且具有广泛的应用价值及研究前景。

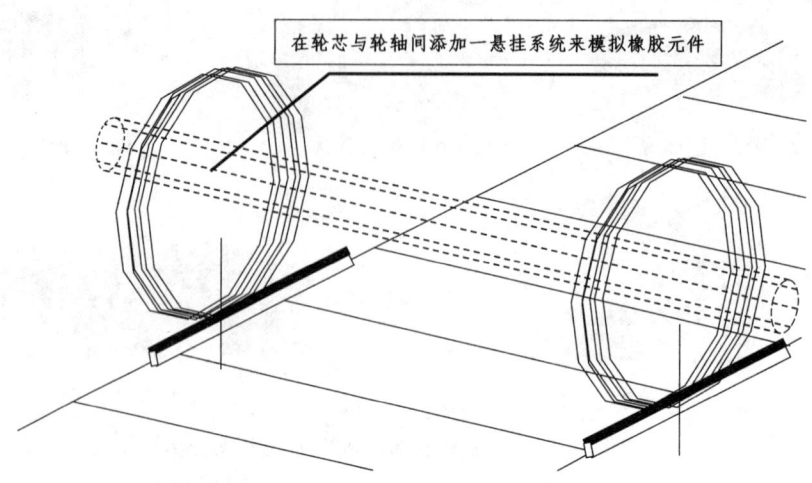

图 4-15　弹性车轮动力学模型

　　中车四方机车车辆股份有限公司的孙明昌等建立了弹性车轮车辆—轨道垂向耦合系统动力学模型，并推导了该耦合模型的振动微分方程。通过输入脉冲型激扰，对弹性车轮车辆—轨道垂向耦合系统进行了轮轨力及轮轨接触应力的动力学仿真，并与刚性车轮车辆进行对比分析。仿真结果表明，弹性车轮在轮轨力、轮轨接触应力等方面都优于刚性车轮，且两者的最大者与弹性车轮的橡胶刚度关系不大。

　　目前，弹性车轮的动力学研究主要停留在轮对的横向和垂向振动，以及整车的运行稳定性及曲线通过性能等方面。虽然国内外学者对弹性车轮展开了较多的理论和试验研究，但其中一个问题长期以来未受到重视，即弹性车轮的纵向振动问题。目前对车轮纵向振动的研究都集中在刚性车轮上，而以前的研究表明，机车的纵向振动会使车轮出现踏面剥离等异常行为，严重影响行车安全。而弹性车轮中轮芯和轮箍之间的弹性元件使得车轮纵向振动行为更加复杂，且弹性车轮必然成为以后城轨车辆的发展方向，所以对弹性车轮的纵向振动行为展开研究具有重要的工程应用价值。

（三）弹性车轮轮轨磨耗研究

　　橡胶弹性车轮的橡胶弹性元件使其轴向、径向和周向上均有一定弹性，因此，与整体车轮相比，踏面磨耗和轮缘磨耗都有较大幅度的降低。与整体车轮踏面磨耗比较如图 4-16 所示，轮轨寿命可提高 20%~40%。橡胶弹性车轮可降低轮轨磨耗，延长维修周期。弹性车轮磨耗到限时，通过更换轮辋，不需要更换轮芯，从而降低维修费用，提高维修效率。

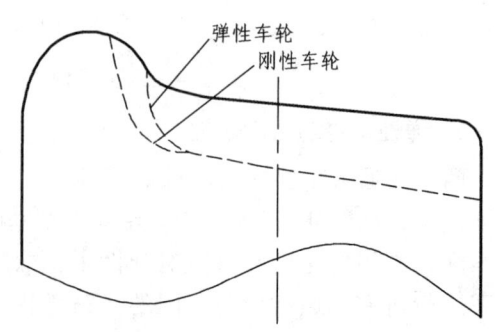

图 4-16　弹性车轮与整体车轮轮缘磨耗比较

三、弹性车轮在城轨车辆上的应用

（一）Sirio 有轨电车

Sirio 系列绿色节能现代有轨电车是由意大利安萨尔多百瑞达公司自行研发制造的低地板现代有轨电车，已在世界各大现代都市运行。Sirio 系列采用 V 型弹性橡胶车轮（见图 4-17），以减少噪音和地面传播的振动。车轮均采用了在轮辋上设置固定孔，以便在有需要时，减少通过曲线时的尖啸和滚动噪声，另外在车轮上还安装了额外的噪音吸收器。在 Sirio 上应用的弹性车轮对其弹性变形进行了优化，保持转向架的轴向限定，从而提高了车辆行驶的舒适性，降低对环境的声学污染，同时，提高了该车辆部件和车轮本身的寿命。

图 4-17 Sirio 橡胶弹性车轮

（二）SGP ULF 电车

ULF（ultra low floor）型超低地板城轨车辆入口处的地板面高度为 210 mm，采用独特的门式无共用轴独立旋转车轮迫导向径向转向架。运行在奥地利维也纳的 ULF 超低地板城轨车辆，其车辆长度为 24 200 mm，宽 2 400 mm，高 3 320 mm，最大轴重小于 12 t，牵引功率 80 kW，最高速度 70 km/h。

ULF 型超低地板城轨车辆同样采用 V 型橡胶块式弹性车轮，以达到减小轮轨冲击和降噪的目的，如图 4-18 所示。

图 4-18 ULF 弹性车轮

（三）TATRA-T3 有轨电车

TATRA-T3 是由捷克共和国著名的卡车制造厂 TATRA 生产的，在整个前东欧国家都曾享有盛誉。为了改进弹性车轮的质量、降低维修成本和提高其强度，Bonatrans 公司采取了不同于其他弹性车轮结构的设计方案。另外，Bonatrans 公司设计生产的弹性车轮中未使用任何销子或螺栓等连接元件，从而增加了车轮辐板部位的空间，可以用于如盘形制动器等其他附件的安装。简化维修的同时，可以在不拆卸转向架的情况下，直接更换磨损的轮箍。

1997 年 Bonatrans 公司获得弹性车轮相关的研发成果，并且在当时由 Bonatrans 公司设计和制造的第一个弹性车轮用于 T3 型有轨电车，该型有轨电车是由捷克共和国 CKD 公司制造、Ostrava 运输局运营，如图 4-19 所示。

图 4-19　TATRA-T3 橡胶弹性车轮

（四）DL6W 型系列轻轨电车转向架

DL6W 型转向架设计采用压剪复合弹性车轮，橡胶元件独立设计制造，将 U 型橡胶模块嵌于轮箍、轮芯及轮环之间，无须将橡胶元件与金属硫化在一起。更换橡胶元件或维修时无须退轮，使得维修更加方便。

四、弹性车轮在中国的发展与运用前景

长久以来，国产铁路机车车辆、地铁车辆和轻轨车辆仍然采用刚性车轮，虽然城市轻轨交通正在大力发展，但由于起步时间晚，对环境污染的严重性尚无切身体会。但在国外，对于环境质量要求高的城轨交通中，弹性车轮已基本普及应用于城市轨道低地板车辆中。

中国弹性车轮的发展已在逐渐起步当中。2013 年 8 月 15 日中国首个现代有轨电车网——沈阳浑南新区现代有轨电车网开始载客，并于 9 月 15 日正式运营。整个路网由 4 条线路组成，线路总长约 60 km，共设车站 67 个，其载客量高于快速公交，没有尾气排放，且弹性车轮的应用降低了沿线的噪声污染。2014 年 4 月 2 日，中车戚墅堰机车车辆工艺研究所成功中标 41 列低地板轻轨车弹性车轮订单，成功实现了中国国内弹性车轮的首次出口。该 41 列低地板轻轨车辆将运用于埃塞俄比亚首都亚的斯亚贝巴的轻轨线路，以提高位于此处的非盟总部的交通便利。中车戚墅堰所研制的新型压剪复合型块式橡胶弹性车轮外形尺寸更加精巧，可以实现 600 mm 以下的超小轮径，使车内地板更加接近地面，以方便乘客上下车；车轮结构采用模块化设计，可以满足 70% 和 100% 低地板车的不同需求；使用该弹性车轮的车辆可降低约

20dB 的运行噪音以及约 30％的车辆振动，能够大幅提高乘客的舒适性，弹性车轮在城市轨道车辆的发展中起着关键作用。

现代有轨电车线路造价是地铁的 1/8 到 1/4，工期是地铁的 1/4 到 1/2，载客量远高于快速公交，具备投资少、工期短、节能环保、绿色智能等特点，所以有轨电车势必成为未来城轨交通的发展方向。如今北京、长春、南京、广州、深圳等地有轨电车已投入运营，而为了改善城轨交通噪声的污染，弹性车轮也必将成为低地板有轨电车的发展方向。

目前，针对弹性车轮的研究主要包括降噪机理、动力学性能研究和有限元强度分析，未来在中国城市轨道车辆上广泛推广弹性车轮的应用，需进一步进行以下研究和展望：

（1）弹性车轮对橡胶元件的轴向刚度和径向刚度的匹配优化的研究；
（2）基于弹性车轮轴箱处振动加速度级、声级或能量级的比较分析对其噪声辐射的研究；
（3）基于橡胶材料的非线性特性，弹性车轮动态刚度的黏滞特性对车辆动力学影响的研究；
（4）随机载荷工况下，弹性车轮疲劳强度或疲劳寿命的研究；
（5）根据橡胶非线性特性，针对车轮刚度和强度的理论分析与实验验证的研究；
（6）基于弹性车轮纵向振动对车辆系统动力学影响研究。

第四节　城市轨道交通车辆转向架新技术

一、城市轨道交通车辆转向架的功能及分类

（一）转向架的功能

1. 承载车辆

转向架主要用于承受车辆自重及载重，将轴重均匀分配；同时，传递车体与轮对之间、轮轨与车体之间的各种载荷及作用力。

2. 通过曲线

转向架可以相对于车体回转，以确保车辆可沿着直线线路运行并通过曲线线路。在减少运行阻力、减低轮轨噪声、提高运行速度、保证车辆运行安全等方面具有重要作用。

3. 传递牵引力和制动力

转向架上安装有牵引电机和基础制动装置，可以将电机产生的牵引力或制动装置产生的制动力转化为轮轨之间的牵引力和制动力，从而实现车辆的牵引和制动作用。

4. 减弱振动和冲击

转向架配置的一系、二系悬挂系统有各类减振装置，例如空气弹簧、一系橡胶弹簧等，能有效减弱轮轨间产生的振动和冲击，确保车辆具有良好的减振特性，提高车辆运行平稳性和安全性。

（二）城市轨道交通车辆转向架的分类

城市轨道交通转向架按照所配套的车辆可以分为城市铁路/城郊动车组车辆转向架、地铁

车辆转向架、轻轨车辆转向架等，分类如图 4-20 所示。地铁转向架分为 A 型车转向架、B 型车转向架、C 型车转向架。新型城轨车辆转向架可以分为线形电机转向架、橡胶轮胎转向架、单轨车转向架等。

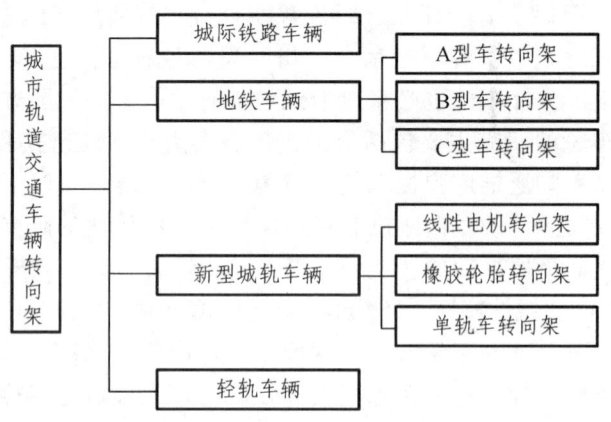

图 4-20 城市轨道交通车辆转向架分类

在《地铁车辆通用技术条件》（GB/T 7928—2003）中，对 A、B 两种型号的城轨车辆主要技术规格进行了明确定义，详见表 4-1。

表 4-1 A/B 型车辆主要技术规格

名称		A 型车	B 型车
车体基本长度/mm		22 000	19 000
车体基本宽度/mm		3 000	2 800
车辆最大高度/mm	受流器车	3 800	
	受电弓车（落弓高度）	3 810~3 890	
	受电弓工作高度	3 980~5 410	
车内净高/mm		≥2 100	
地板面高/mm		1 130	1 100
轴重/t		≤16	≤14
车辆定距/mm		15 700	12 600
固定轴距/mm		2 200~2 500	2 000~2 300
每侧车门数/对		4~5	3~4

二、A/B 型车辆转向架结构特点

（一）A 型车辆转向架

如图 4-21 所示，该转向架为 Alstom 公司 A 型车辆转向架，主要由构架、轮对、轴箱、电机齿轮箱驱动单元、基础制动单元、一系悬挂、二系悬挂等部件组成。

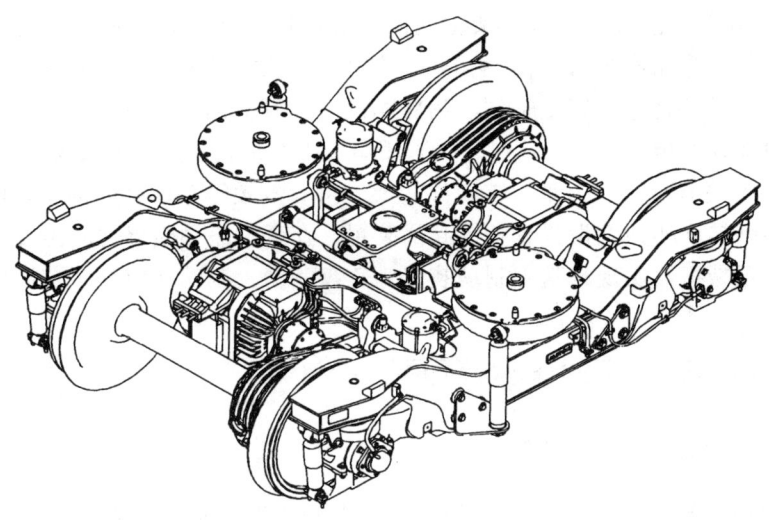

图 4-21 A 型车辆转向架

构架采用焊接的中空梁结构"H"形构架。一系悬挂采用螺旋弹簧顶置式，二系采用空气弹簧结构。转向架悬挂系统设有一系垂向减振器、二系垂向减振器和横向减振器。抗侧滚装置安装在构架与车体之间，扭力杆从构架中间的下方穿过，以提高车辆的抗侧滚性能。电机采用架悬方式；齿轮箱采用两极减速传动，采用抱轴的方式悬挂安装，同时通过吊杆悬挂在构架横梁安装座上。联轴节将电机输出轴端和齿轮箱的小齿轮输出端柔性连接，能适应小齿轮和电机轴之间的相对运动并传递扭矩。牵引装置为中心销结构，中心销板内配置有橡胶衬套，可缓解车体和转向架之间的冲击，减弱噪声的传递；中心销装置兼具整体起吊功能。基础制动装置为踏面制动器，安装在侧梁上。

（二）B 型车辆转向架

如图 4-22 所示，该转向架为 Siemens 公司 B 型车辆转向架，主要由构架、轮对、轴箱、电机齿轮箱驱动单元、基础制动单元、一系悬挂、二系悬挂等部件组成。

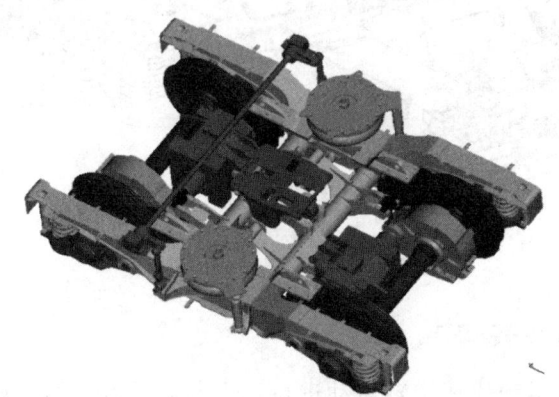

图 4-22 B 型车辆转向架

构架采用焊接的中空梁结构"H"形构架。一系悬挂采用螺旋弹簧顶置式，系采用空气弹簧结构。转向架悬挂系统设有一系垂向减振器、二系垂向减振器和横向减振器。抗侧滚装置安装在构架与车体之间，扭力杆从构架中间的下方穿过，以提高车辆的抗侧滚性能。电机采用架悬方式；齿轮箱采用两极减速传动，采用抱轴的方式悬挂安装，同时通过吊杆悬挂在构架横梁安装座上。联轴节将电机输出轴端和齿轮箱的小齿轮输出端柔性连接，能适应小齿轮和电机轴之间的相对运动并传递扭矩。牵引装置采用单牵引杆结构，牵引座安装在车体的底架下方，牵引杆两端由橡胶关节连接牵引座与转向架构架，可有效缓解车体和转向架之间的冲击，减弱噪声的传递；该型转向架独立设置有整体起吊装置，在牵引座和横梁之间由 2 根钢丝绳组成，轮对的起吊由一系减振器实现；基础制动装置为轮盘制动，制动夹钳安装在横梁的安装座上。

三、新型城市轨道交通车辆转向架

（一）低地板有轨电车转向架

低地板有轨电车转向架根据牵引传动方式的差异主要包括：传统轮对低地板转向架、独立轮对耦合低地板转向架和独立车轮驱动低地板转向架三大类。

低地板车辆以单铰式四模块和多铰式模块为主流车型。有轨电车转向架常选用独立旋转车轮结构，基本都采用低位横轴结构，两侧车轮横向耦合，最终完成自动导向及对中。独立轮对耦合低地板转向架可采用纵向耦合和横向耦合 2 种方式。为保证高可靠性、安全性与舒适性，通常选用传统轮对，避免使用耦合轮对。有轨电车转向架可实现低地板化，同时能够以无滑动无摩擦状态高速通过曲线段，轮轨间磨损、振动及噪声小。有轨电车转向架的结构说明如图 4-23 所示。

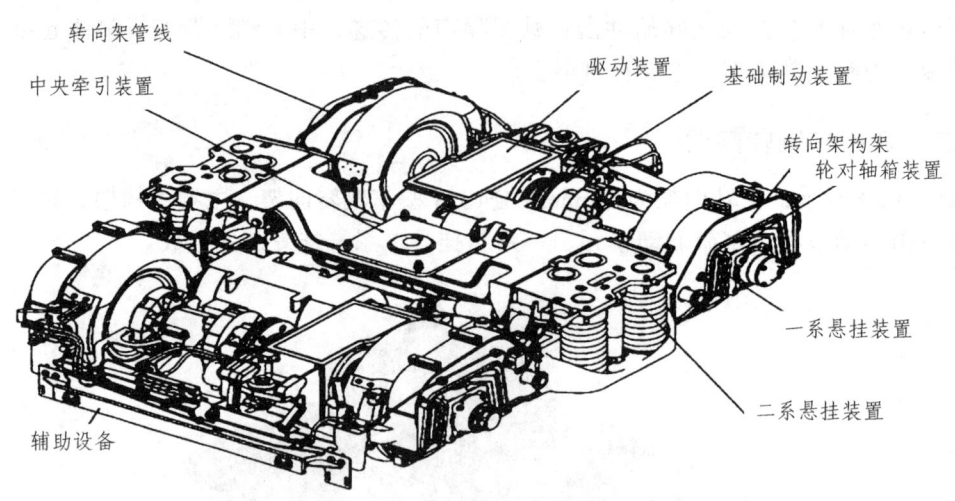

图 4-23　有轨电车转向架

（二）线性电机地铁转向架

直线电机是以直线运动代替旋转运动进行牵引与制动的。线性电机构造简单耐用，与常规的电机相比重量更小。线性电机内没有活动部件，不需要轴承或者润滑机构，体积小于常规电机。由于线形电机体积小，可满足转向架安装空间有限和轻量化的要求。直线电机转向架如图 4-24 所示。

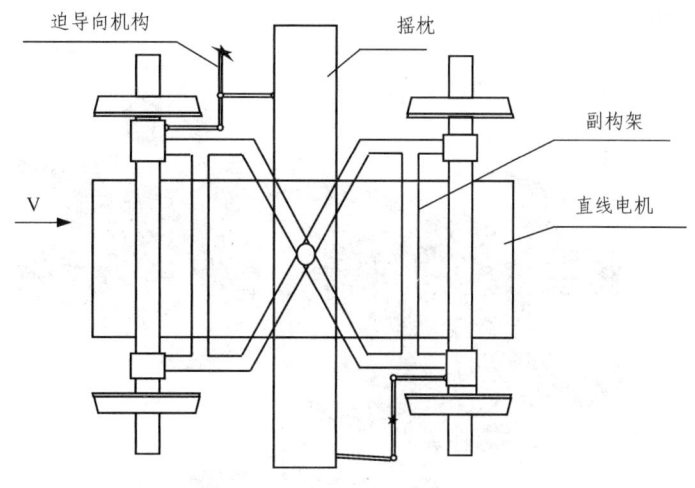

图 4-24 线性电机转向架

（三）橡胶轮转向架

目前主流的橡胶轮转向架有跨座式单轨转向架、悬挂式空轨转向架两种，运输能力为 5 000~20 000 人次/h。采用橡胶轮胎的转向架，整体承载能力比传统钢轮低。因此，要求轻量化车辆结构。

跨座式单轨转向架的结构如图 4-25 所示，除列车两端为无动力转向架外，跨座式单轨转向架均为动力转向架，此外，走行轮明显区别于地铁或轻轨的传统钢轮。单轨车辆通过 4 个导向轮从侧面稳稳抱住轨道梁，从而实现自动对中导向。每个转向架均有稳定轮、导向轮及走行轮，共 10 个橡胶轮胎。同时，所有胶轮为防止失气，都备有辅助车轮，走行轮还安装胎压监测仪。

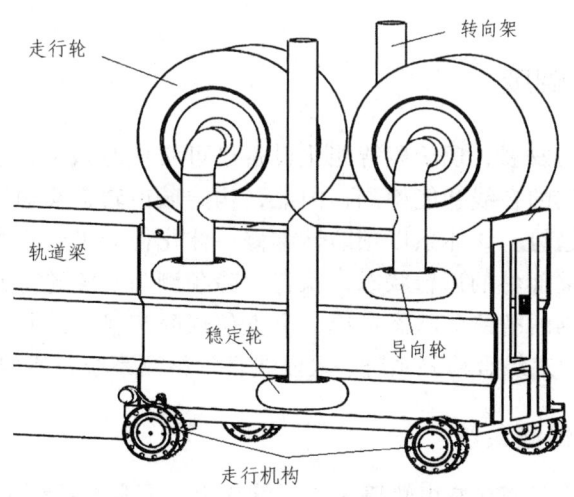

图 4-25 跨座式单轨转向架

悬挂式单轨转向架的结构如图 4-26 所示。悬挂式单轨列车采用单节或 2 节编组，通过车厢悬吊于轨道下方的形式行驶在轨道上，转向架安装于车厢上方，轨道梁为下开口箱型梁。悬挂式单轨转向架靠走行轮承担下部车厢所有重力，并提供驱动力使列车沿轨道行驶。导向轮起导向和平衡作用。

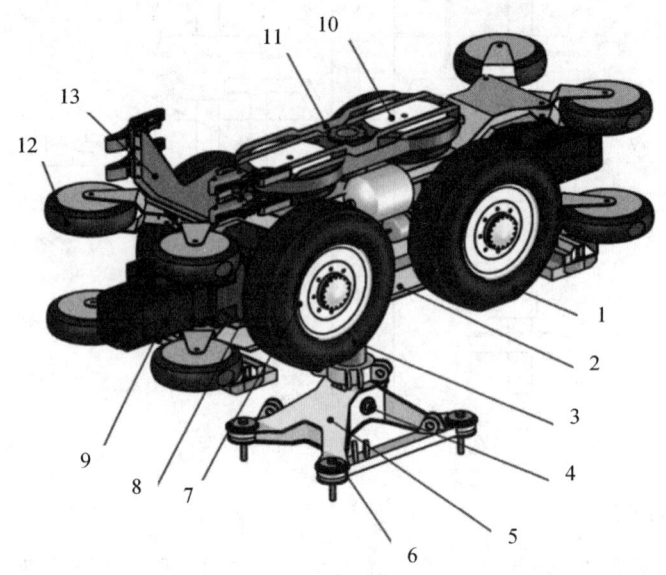

1—走行轮；2—构架；3—走行轮；4—中心悬吊座；5—悬吊装置；6—悬吊连接装置；
7—轮毂；8—走行轮轮胎；9—电机；10—摇枕装置；11—中心销；
12—导向轮；13—受流器

图 4-26 悬挂式单轨转向架

第五节 城市轨道交通车辆检测新技术

一、智能检测系统构成

随着智能化检测技术的发展，现阶段智能化设备已可实现对城市轨道交通车辆的车顶、车底、车侧及转向架等部位的在线智能检测，因此，构建城市轨道交通城轨车辆的智能综合检测体系成为必然的发展趋势。该体系以预防性维修一体化检测平台为主，在大数据中心的支持下，实时监控车辆关键部件的运行状态，执行故障预测与故障趋势判断，实现故障早期预警和分级报警，实现车辆的智能化状态维修，全方位保障车辆的运行安全。该体系的设备按照实施区域可分为正线动态综合检测系统、入段线日常检测系统及库内深度检测系统 3 类。

（一）正线动态综合检测系统

正线动态综合检测系统安装在城市轨道交通运营线上，可实现运行车辆的状态动态检测，监控车辆运行关键数据，确保故障隐患在第一时间得到处理。该系统采用踏面振动式擦伤检测单元、轴温检测单元、受电弓滑板磨耗及中心线检测单元、正线轮对尺寸检测单元等，在线动态检测车辆轮对的外形尺寸、踏面擦伤、轴温、受电弓滑板磨耗、中心线偏移等故障；采用滚动轴承故障轨边声学诊断单元和车辆运行品质在线监测单元，在线动态检测车辆滚动轴承内/外圈滚道和滚动体裂纹、剥离、磨损及腐蚀等故障，以及车轮不圆度和轮轨作用力等数值；采用高压设备温度检测系统，在线动态检测车辆顶部供电系统区域温度等信息，对高压设备温度异常情况进行自动报警。正线动态综合检测系统的设备组成根据车型和车辆运行情况有不同的配置，主要包括图4-27所示的5个子系统。

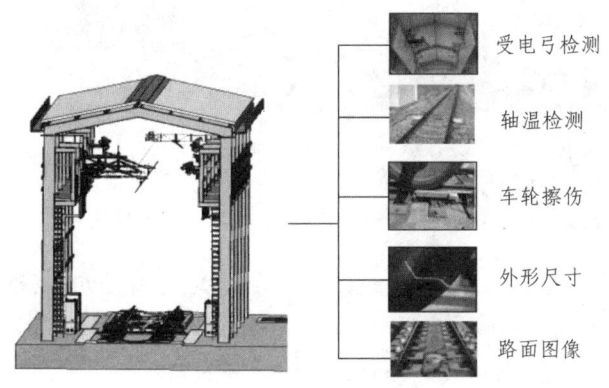

图4-27 正线动态综合检测系统示意图

1. 受电弓及车顶在线检测子系统

受电弓的工作状态直接影响车辆的运营安全。受电弓的传统检查方式依赖人工登车顶检查，检查时需要在车辆段内专用台位上断电进行。受电弓及车顶在线检测子系统则利用高速图像处理器和传感器，配合图像处理与分析方法，在不影响列车正常运行的前提下，实现在线检测受电弓及车顶状态。该子系统由基本检测单元、现场控制中心、远程传输通道和远程控制中心4个部分组成。

2. 正线轮对外形尺寸检测系统

正线轮对外形尺寸检测系统（见图4-28）采用光截图像测量技术及多激光组合技术，以不同角度投射到车轮踏面形成包含踏面外形尺寸信息的光截曲线，经图像采集处理获得车轮外形尺寸，包含踏面磨耗、轮缘厚度、轮缘高度、垂直磨耗、轮辋厚度、轮对内距、轮径等。

（a）检测装置　　　　　　　　　　　　　（b）光截曲线

图4-28 光截图像检测技术用于轮对外形检测示意图

3. 滚动轴承故障轨边声学诊断系统

滚动轴承故障轨边声学诊断系统（见图4-29）采用轨边声学指向跟踪和声音频谱分析技

术,对各型城市轨道交通车辆的滚动轴承内/外圈滚道和滚动体进行早期故障诊断并分级报警(见图 4-30)。该系统适用于各型地铁车辆滚动轴承故障的在线动态检测。

图 4-29 轨边声学诊断系统布置图

4. 车辆运行品质在线监测系统

利用 LASER-PSD 位移测量技术自动检测所通过车辆的车轮踏面损伤、不圆度及超偏载状况,实时动态监控列车通过时的轮轨作用力、过车速度及车体载荷。

(二)入段线日常综合检测系统

入段线日常检修综合检测系统在车辆在进入运营前及完成运营后,对车辆各部件状态进行全面动态检测,以确保运营安全。该系统安装在车辆段入段走行线上,如图 4-30 所示。该系统由地铁车辆全车图像监测系统、闸瓦或闸片动态检测系统、车轮深层次探伤系统、数据专家诊断平台、便携式复核设备等组成,可对车辆的车顶和车底的关键部件及制动单元等进行全面检测。

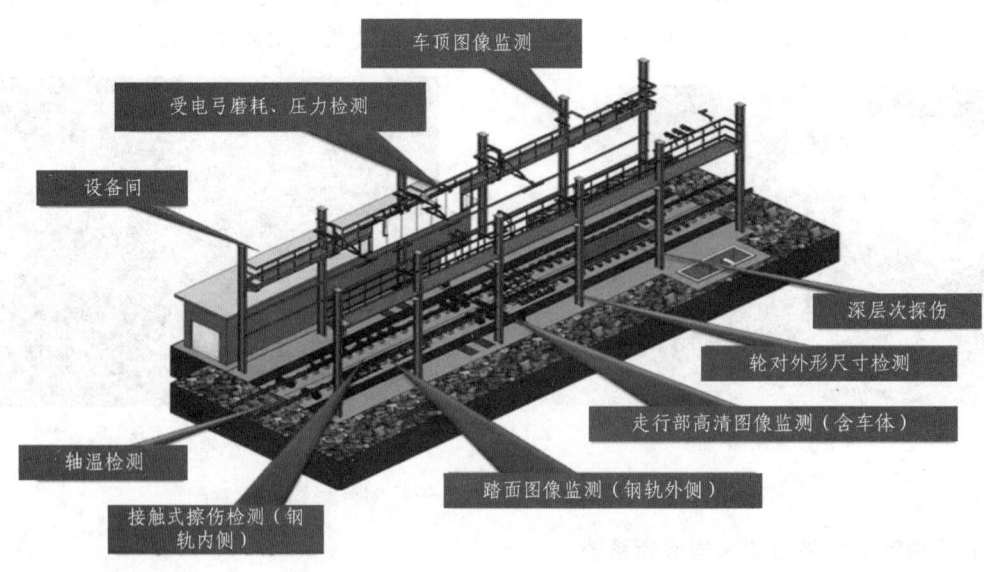

图 4-30 入段线日常检修综合检测系统

1. 轮对故障在线检测系统

轮对故障动态检测系统安装在地铁车辆入段线，如图 4-31 所示。该系统运用光截图像测量技术、高精度位移测量技术及图像模式识别技术实现对轮对的综合检测。

图 4-31 轮对故障动态检测系统

2. 受电弓及车顶状态动态检测系统

该系统安装在车辆入段线路上，采用高速、高分辨率图像分析测量技术和现代传感技术，实现受电弓关键特性参数（滑板磨耗、受电弓中心线偏差、受电弓工作位接触压力等）的在线动态自动检测，以及车顶关键部件的室内可视化观测。该系统适用于各型城市轨道交通车辆的受电弓和车顶状态检测。

3. 车轮深层次探伤检测系统

车轮深层次探伤检测系统安装在车辆入段线上，采用超声波阵列探伤技术在线自动检测入库车辆的轮缘、轮辋及轮辋轮辐过渡区的深层次缺陷检测。该系统适用于各型城市轨道交通车辆。

4. 全车运行故障动态图像监视系统

该系统安装在车辆入段走行线上，可对车底走行部、转向架、受电弓及其他关键设备的工作状态进行全面监控及检测，并可自动识别故障状态和报警。该系统由车底走行部动态监视单元、车顶和车体监测单元组成。

5. 闸片状态在线动态检测系统

该系统安装在地铁车辆入段线路上，采用光学图像检测技术自动获取闸片高清图像，采用模式识别技术和边缘检测技术自动识别车底闸片（见图 4-32），采用自标定方式进行闸片厚度计算。该系统适用于各型城市轨道交通车辆的闸片/闸瓦检测。

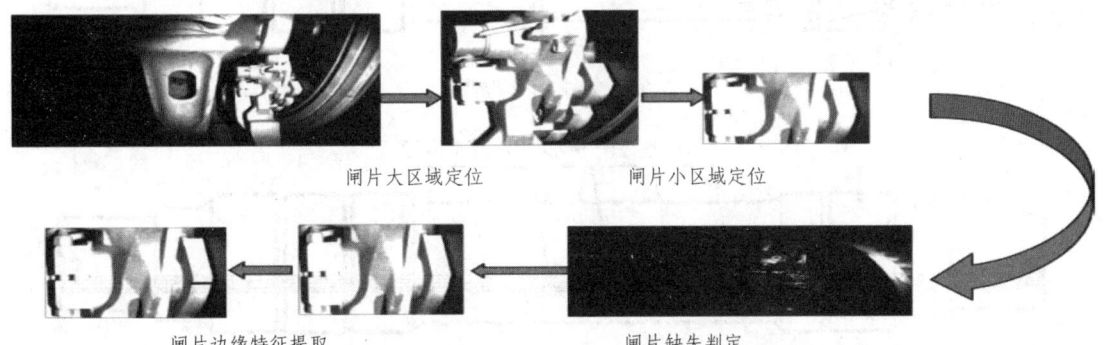

图 4-32 闸片状态在线动态检测过程

（三）库内深度检测系统

库内深度检测系统主要包括移动式车轮超声波探伤机、移动式车轴超声波探伤机、库内智能巡检机器人等3个部分。

1. 移动式轮辋轮辐探伤系统

移动式轮辋轮辐探伤系统安装在检修库的检查线地沟内（见图4-33），采用相控阵超声探伤技术、常规超声探伤技术及智能机器人技术，通过沿地沟移动来自动检测和预警车辆轮对的轮辋、轮缘、轮辐等部位存在的缺陷，实现对车轮精细化自动扫查，预警车轮缺陷，保障行车安全。该系统由地沟检测小车、地面随动小车及样板轮对组成，适用于车辆不落轮探伤检测。其中检测小车是由顶转轮单元、探伤机器人及超声探伤单元等组成的可移动自动检测机构，受地面随动小车控制。

图4-33　移动式轮辋轮辐探伤系统布置图

2. 移动式车轴相控阵探伤系统

移动式车轴相控阵探伤系统利用相控阵超声探伤技术自动在线检测各类型车辆车轴卸荷槽、轮座、齿轮座、抱轴颈及轴身存在的缺陷，具有全轴穿透检测功能，能满足各型机车、客货车及地铁车辆的车轴线检修作业要求。该系统通过在车轴端面放置相控阵探头，根据车轴外形特征设置相应的超声扫查角度。相控阵探头相对轴中心孔自动旋转一周，实现对车轴360°超声扫查，如图4-34所示。

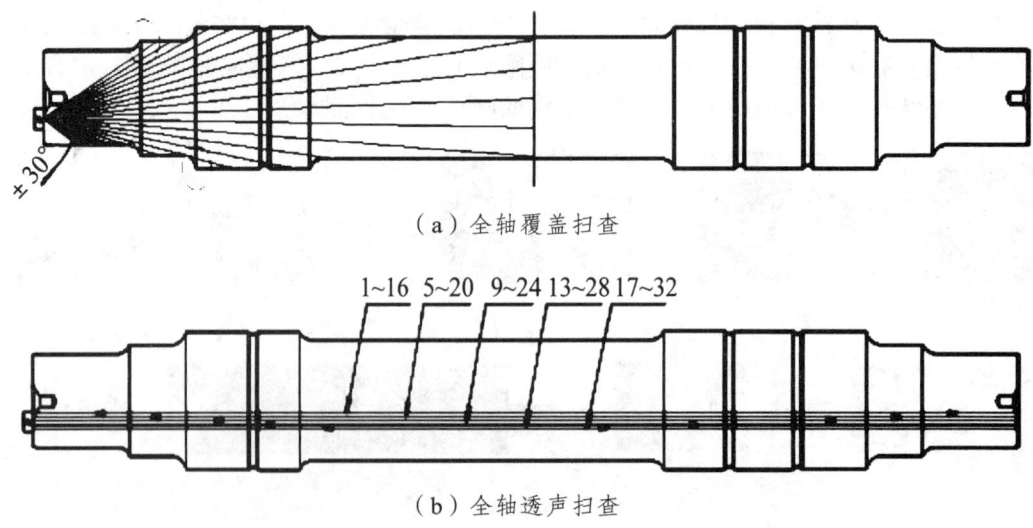

图4-34　移动式车轴相控阵探伤系统扫查示意图

3. 车底智能巡检机器人

车底智能巡检机器人检测系统安装在地铁车辆段检修地沟内（见图4-35），利用光学图像识别技术、机器视觉技术及智能机器人技术实现车辆车底全景和转向架关键部位的自动化检测，可替代传统人工检测作业，解决车辆列检人工作业存在的问题。

（a）布置现场

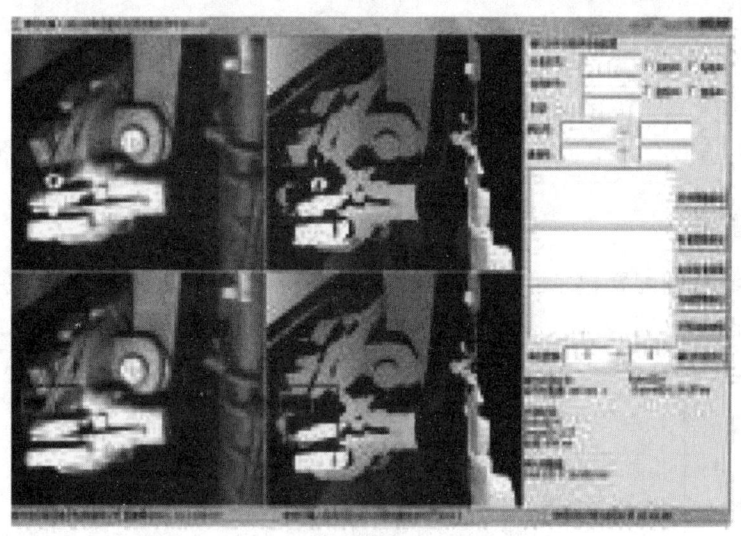

（b）显示界面

图4-35 智能巡检机器人检测系统布置图

4. 智能故障点检设备

车辆完成运营返回车辆段后，由车辆调度组织车辆检修事宜（见图4-36），包括：（1）调度系统推送库位、车辆号及施工内容；（2）操作人员在信息终端接收任务，准备工具与料件，实施点检；（3）操作进度及时间实时反馈至调度系统并记录；（4）有故障及时反馈至技术人员；（5）任务完成后操作报工；（6）调度人员确认车辆操作关闭。

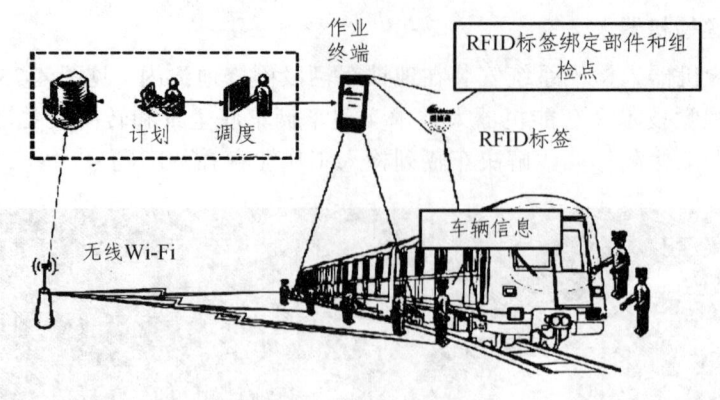

图 4-36 智能故障点检过程示意图

二、智能检测系统成效分析

随着中国城市化进程的加快，各大城市对城市轨道交通的需求也日益增大，因此，采用智能化系统开展车辆运维业务是未来城市轨道交通发展的必然趋势，也是提高效率、降低成本的最佳手段。为确定智能检测系统的全寿命成本效果，可将前述的智能化检测系统分为以下 4 种配置：

基础配置——针对车辆总体维保时间相对较少，且人工成本不高的运营公司；

旗舰配置——针对车辆总体维保时间相对适中，且对车辆部分信息有监控需求的运营公司；

航母配置——针对车辆总体维保时间相对较多，且对车辆关键信息有监控需求、检修精度要求高、自动化要求高、人工成本偏高的运营公司；

定制配置——运营公司根据需求对智能化检测系统按模块进行自由组合搭配。

（一）基础配置

智能检测系统基础配置包括：轮对故障在线动态检测系统、图像车号识别系统、图像动态监测系统、智能指纹巡检仪、服务器交换机、显示屏、智能化软件管理系统。基础配置的成本分析如图 4-37 所示。

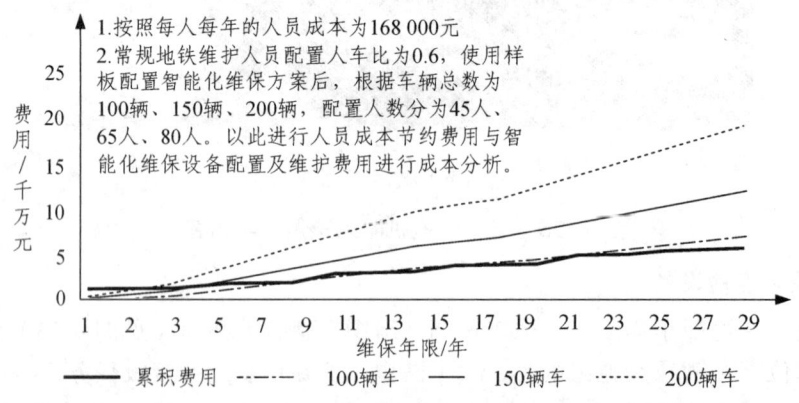

图 4-37 智能检测系统基础配置成本曲线

（二）旗舰配置

智能检测系统旗舰配置包括：振动式轮对擦伤检测系统、红外线轴温检测系统、受电弓动态检测系统、轮对外形尺寸动态检测系统、图像车号识别系统、全车 360°图像动态监测系统、轮对动态超声波探伤系统、移动式车轴超声波探伤机、库内智能巡检机器人检测系统、智能指纹钥匙柜、智能指纹巡检仪、服务器交换机、显示屏、智能化软件管理系统。旗舰配置的成本分析如图 4-38 所示。

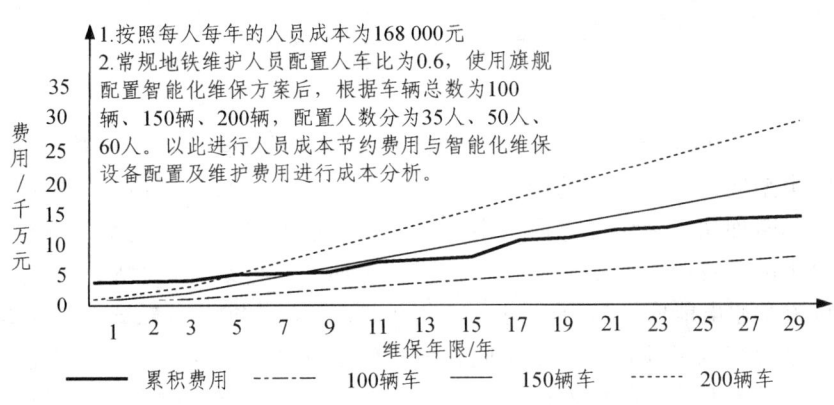

图 4-38 智能检测系统旗舰配置成本曲线

（三）航母配置

智能检测系统航母配置包括：红外线轴温检测系统、图像动态监测系统、高压设备温度检测、滚动轴承故障轨边声学诊断、轮对故障在线动态检测系统、受电弓及车顶动态检测系统、图像车号识别系统、全车 360°图像动态监测系统、轮对动态超声波探伤系统、闸片状态在线动态检测系统、移动式车轴超声波探伤机、库内智能巡检机器人检测系统、智能指纹钥匙柜、智能指纹巡检仪、服务器交换机、显示屏、智能化软件管理系统。航母配置的成本分析如图 4-39 所示。

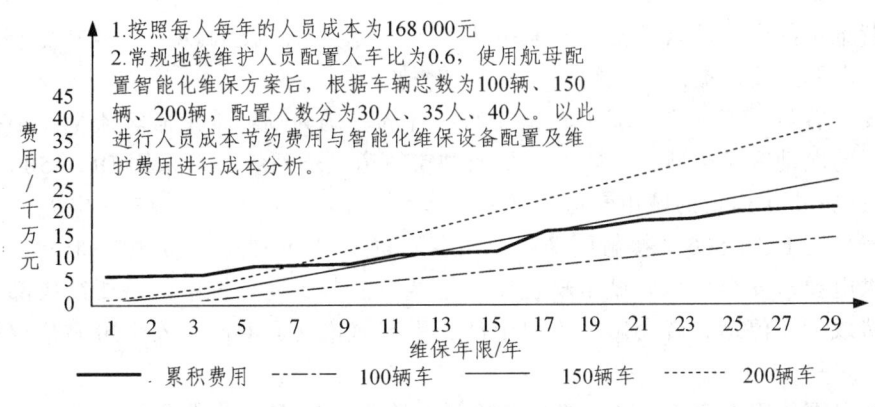

图 4-39 智能检测系统航母配置成本曲线

第五章　城市轨道交通供电新技术

第一节　概　述

21世纪以来，我国城市轨道交通建设进入快速发展的阶段，有相当数量的大、中城市，正在着手不同类型轨道交通建设的前期筹备工作。预计在未来中国城市发展中，轨道交通的建设速度将会不断加快。牵引变电所、电力机车、接触网是城市轨道交通系统中最重要的组成部分。牵引供电系统由电网输入线路、牵引变电所、馈电线、接触网、回流线等组成供电网络。城市轨道交通电能取自城市电网，其供电方式有集中式、分散式、混合式三种。

与城际铁路的交流工频式供电制不同，城市轨道交通统一采用直流供电制式，下面具体从城市轨道交通供电制式、接触网的组成及类型和城市轨道交通供电系统的功能几个方面介绍城市轨道交通供电系统技术。

一、城市轨道交通供电制式

牵引网的供电制式主要包含电流制、电压等级和馈电方式，世界各国城市轨道交通均采用直流供电制式，这是因为城市轨道交通车辆功率相对城际列车是很小的，其供电距离较短，对供电电压要求不高。其电压在 DC 600 V~DC 1 500 V，我国规定采用 DC 750 V 和 DC 1 500 V 两种。牵引网馈电方式分为架空接触网和接触轨两种基本类型。一般 DC750V 采用第三轨馈电方式，DC 1 500 V 采用架空接触网馈电方式。采用哪种供电制式必须根据城市具体条件与要求综合分析论证，经测算采用 DC 750 V 与 DC 1 500 V 供电方式单位工程成本接近，从经济上、运营维护的合理性以及备件的通用性等多方面考虑，选用 DC 1 500 V 更有利一些。选择合理的供电制式要依据以下原则：

（1）要与客流量相适应。城市轨道交通设计的基础为预期乘坐旅客流量。根据预测客流量选择合适的电动客车类型，一般大运量的城市轨道交通系统，多采用 DC 1 500 V 电压，架空接触网馈电；中小运量的城市轨道交通系统多采用 DC 750 V 和接触轨馈电方式。比如上海、广州和大连采用 DC 1 500 V 接触网馈电，长春轻轨采用 DC 750 V 接触网馈电。

（2）供电要求安全可靠。城市轨道交通是城市公共交通系统中的重要组成部分，一旦发生故障，造成列车停运，就会影响市民生活，引起城市交通混乱。安全可靠是选择供电制式的重要条件之一。

（3）牵引网使用寿命长，减少维修工作量，降低轨道交通运营成本。

（4）根据城市人文景观、地理环境需要选择合适的牵引网。

（5）便于安装和事故抢修，选用的牵引网应便于施工安装以及正常运营后的日常维修维护，一旦发生故障，尽快恢复运营。

二、接触网

接触网是城市轨道交通系统中不可或缺的组成部分，占有非常重要的位置，是传递能量的桥梁。接触网分为柔性接触网和刚性接触网：柔性接触网由接触悬挂、支持装置、定位装置、支柱与基础四部分组成；刚性接触网是通过改革研制的新产品，相对柔性接触网来说具有整体结构简单、无须下锚装置、线叉及锚段关节安装调试方便等优点。柔性接触网暴露于空气中，长期面临着外界温度应力变化，处于经常被受电弓抬升摩擦的工作环境中，其可靠性、安全性及供电质量对城市轨道交通起着相当重要的作用。柔性接触网分类大多以接触悬挂的类型来区分，在一条线路上，为了满足供电和机械方面的要求，把接触网分成若干一定长度且相互独立的分段，这就是接触网的锚段。

根据每个锚段结构的不同分为简单接触悬挂和链形接触悬挂。简单悬挂的优点是结构简单、支柱高度低、投资小、施工检修方便；缺点是导线的张力、驰度随温度变化较大，导线弹性不均匀，不利于机车高速受流。

单链形悬挂按下锚方式分为未补偿简单链形悬挂、半补偿链形悬挂、全补偿链形悬挂。未补偿简单链形悬挂即下锚处不设补偿装置，又称为硬锚，其接触线、承力索张力驰度随温度变化大，我国很少采用；半补偿链形悬挂即接触线补偿下锚，承力索未设补偿装置；全补偿链形悬挂即接触线承力索都设有张力补偿装置。接触线、承力索张力恒定、弹性较均匀、受流质量较好。适合高速行车需要，是我国铁路及城轨交通接触悬挂的主要形式。

按悬挂链数分为单链形、双链形及多链形接触悬挂。单链形接触悬挂按其有无弹性吊弦分为简单链形悬挂和简单弹性链形悬挂，如图 5-1 所示。

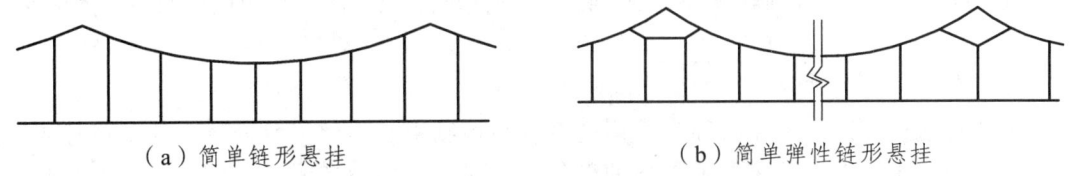

(a) 简单链形悬挂　　　　　　　　(b) 简单弹性链形悬挂

图 5-1　简单链形悬挂和简单弹性链形悬挂

按照悬接触线、承力索在空间位置关系分为直链形悬挂、半斜链形悬挂、斜链形悬挂，如图 5-2 所示。我国城市轨道交通接触悬挂多采用简单斜链形悬挂，这足以支持 100 km/h 以下的列车运行需要。

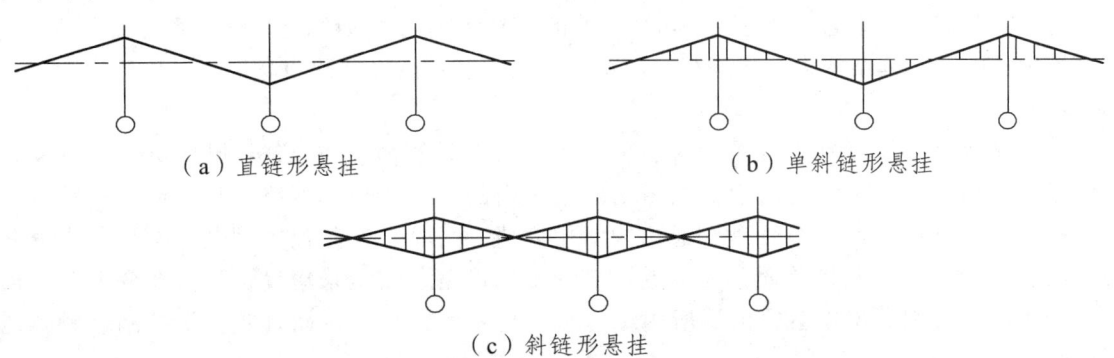

(a) 直链形悬挂　　　　　　　　(b) 单斜链形悬挂

(c) 斜链形悬挂

图 5-2　单链形、双链形及多链形接触悬挂

三、城市轨道交通供电系统功能

电能是地铁安全、可靠运行的重要保证。供电系统不仅为电力机车提供机械能，还保证旅客在旅行中有良好的卫生环境，为空调设施、自动售检票、自动扶梯、屏蔽门、通信信号、消防设施和各种照明设备提供能量，保证城市轨道交通系统正常运行。可以说，供电系统是城市轨道交通系统的心脏，是最基础的能源设施。整个供电系统应具备安全可靠、调度方便、技术先进、功能齐全、经济合理的特点，并应具备以下所述一些功能：显示和计量功能，全方位的服务功能，远程控制功能，故障自救功能，防止误操作的功能，方便灵活的调度功能，完善的控制功能，电磁兼容功能，系统的自我保护功能。

第二节 SCADA 系统在城市轨道交通供电系统中的应用

电力监控系统（SCADA）也被称作远动监控行业数据采集系统，其作用主要是对远方运行的电力设备进行监测与控制，从而保证电力运行的安全。SCADA 系统主要由变电站综合自动化系统、通信通道及调度站主站系统三个大的部分构成。

一、系统组成及设计

SCADA 系统的控制中心选为自动化系统，主要设备包括：web 服务器、系统服务器、因特网交换机、打印服务器、系统维护工作站、操作员工作站，以及网络打印机和网络连接附件等。

（一）控制中心调度系统设计

对于城市轨道交通供电系统而言，调度系统与控制中心主要采取分层、分布式开放局域网结构。其中，中心调度系统主要包含的设备有：两台三层因特网交换机；打印机服务器、操作员工作站、系统服务器各两套；web 服务器、系统维护工作站各一套；四套网络打印机及网络连接的其他附件工程；在该控制中心调度系统中，还可以实现与其他设备系统连接的需要。

（二）变电自动化系统设计

随着国电南京自动化股份有限公司自生产的 NDT650 变电所综合自动化系统在车站级监控系统中的应用，其结构为分层分布式。系统由站级管理层、间隔设备层以及网络通信层三部分组成。

其中站级管理层是在综控屏内设置的便携式维护计算机、SCADA 操作员站，以及冗余设备的通信管理装置。网络通信层则是变电所内的通信接口和网络，间隔单元的数据交换工作则由变电所内的站级管理和通信网络层完成。间隔层设备包括供电一次设备中分散安装的各类微机保护测控单元、硬节点输出的现场设备、信息采集设备等。在变电所自动化系统中，通过间隔层设备完成了所内综合自动化系统的接口，而且实现了控制接触轨道隔离开关的功能。

在整个系统中，以远动控制方式控制系统的正常运行；在检修系统设备时，则通过变电所内的设备本体控制或者所内集中控制，将远方/当地选择开关设置在开关柜上。三级控制方式的使用，形成了相互闭锁的作用，确保了安全的系统控制性能。

（三）车辆段供电检修车间复示系统

在城市轨道交通供电系统中，对全线杂散电流以及触网设备进行监测时采用复示系统，也能对全线的变电所设备进行有效的监视，从而将现场的事故信息及时地提供给供电维修人员，提高了事故的处理效率，也最大限度地缩短了断电的时间，控制中心通过远程通信，对维修调度作业实现了实时接送，及时地将第一手资料传送至检修人员。

（四）通信通道和设备

控制中心和主变电站、牵引降压混合变电所、降压变电所等站所之间的通信系统，以两路 100 M 光纤建立同心通道，提供 RJ45 物理通信结构。通过地铁内部数字光纤网及路由器将控制中心与车辆段复示系统相连，从而实现了与监控中心系统之间的通信。

二、SDCDA 系统功能设计

（一）通信功能

系统服务器是完成控制中心监控系统的实时数据采集功能，系统服务器通过通信专业提供的因特网通道采集全线变电站综合自动化系统采集的所内电气设备信息。通信专业提供的以太网通道为两个，采用主-备工作方式（Active-Standby 方式）。正常运行时中心监控系统通过一个通道与综合自动化系统通信，当通道故障时，中心系统自动切换到备用通道与所内综合自动化系统通信。

通信报文以文本文式在系统上保存，监控系统在计算机上保存固定大小的 4 个文件，记录与所内综合自动化系统的通信报文，供维护人员使用。

（二）采样数据的显示和查询

系统控制和维修人员可以在监控计算机上及时查询实时采样数据，其中数据的显示形式有两种形式：表格显示和图形显示。对于控制中心监测系统来说，通常将历史数据存储于系统服务器中，包含测量、事件等数据信息的存储。通过历史曲线、事件预览表、历史报表的调出可以将先前存储的历史数据显示。还可以设定报表显示和曲线显示的历史数据存储周期，从而方便用户通过报表或画面的形式将历史存档数据显示。在数据库中记录了事件信息，历史时间的查询显示可通过事件一览表实现。

（三）控制操作

系统的控制功能采用了远程控制、设备本体控制、变电所内集中控制三级控制方式。在系统运行的过程中，控制中心具有操作权限，由其完成监控功能，而站内的计算机控制功能则闭锁，如果现场出现紧急情况时，变电所计算机会接收到控制中心下放的控制权限，此时控制功能由站内监视计算机完成，控制中心的控制权限失去，控制中心在下发和收回权限时，需经变电所监控值班人员确认方可进行。

（四）报警功能

在出现以下情况时，系统将启动报警器进行报警：

（1）事故报警，厂站出现事故跳闸信息，形成事故后，此时系统会形成强烈的告警。

（2）变位报警，系统在正常变位时，窗口中的变位点会发生变色并闪烁，推出文字信息，根据需求启动声音报警。

（3）越限告警，对报警模拟量的上限和下限值进行设定，在越限状态改变时，同时启动告警，在窗口显示相关的文字与数据。

（4）预告报警，在和接口设备通信时，如果通信中断，系统会发出告警信息，提示相关工作人员对故障进行处理。

如果发生各种告警信息，数据库会将各种信息进行明确分类、归档，并根据类型和时间采取分别检索和处理。调度员必须要对事故变位和操作变位进行确认更新，避免将变位状态和事故状态永久保留。

（五）其他功能

全线的权限管理一致性通过系统的集中管理完成。任何位置的工作站登录系统均有着相同操作过程，在操作时使用的用户名、用户类型以及密码信息需要一致。

三、SCADA 通信

在上海地铁 8 号线中，SCADA 系统主站则采用了 4 台 SUN-V440 服务器，交换机则是思科 2950，在一期从站用的是研实科技生产的工控一体机，型号为 AWS-8259TP-XA，通信环网交换机用的是 HIRSCHMAN-RS2-4R。在城市轨道系统中，变电站的地理位置分布较为广泛、分散。为了确保控制中心系统与站点，以及各个站间的相互联系进行工作协调，则是采取了专用的综合业务数字通信网完成不同类型信息的相互交换，如数据信息、语音和图像信息等。这些交换系统根据功能可划分为数据通信子系统、专用于列车运行调度的通信系统、闭路电视系统、广播系统等，此网络系统属于广域网范畴，由通信专业完成其建设维护。

就目前而言，城市交通轨道中通信主干网主要有两种形式：同步数字体系（SDH）和异步转移模式（ATM）。其中 SDH 是以时分复用为基础的传输技术，支持固定接入速率；采取了点对点的直线线路模式，可对线路进行 1∶1 的保护。ATM 技术则是以统计时分复用为基础的传输技术，能够灵活分配虚电路带宽，有较强的扩展能力，对于图像信息的传输中有着较大的优势。通过 SCADA 系统设备连接主干网和数据信息子系统，最终实现轨道交通供电系统内的信息传输。

四、接　口

只有通过通信专业通道，同时将信息发送至系统中，才能够将整个系统功能完成。通信专业提供的接口形式为信号至城市轨道交通供电系统服务器屏柜的接口设备，实现了系统控制的对时功能。通信专业提供的双因特网完成了综合自动化系统的通信。控制中心通信和城市轨道专用数字光纤网完成了复示系统接口。

五、HTML5 技术在 SCADA 系统中的应用

（一）HTML5 概述

HTML5 是互联网的下一代标准，是构建以及呈现互联网内容的一种语言方式，被认为是互联网的核心技术之一。HTML 产生于 1990 年，HTML5 是第 5 个版本，其特点如下：

（1）向下兼容。HTML5 对以前已存在的 Web 页面，仍然可以保持正确的显示。

（2）用户至上。HTML5 遵循"用户至上"的原则，在出现具体问题时，把用户放在第一位。

（3）化繁为简。HTML5 做了许多简化工作。如：替代了复杂的 Java Script 设计、DOCTYPE 被大量精简、简化字符集声明、拥有高效的 API。

（4）访问通用性。更加有利于残障人士的阅读；HTML5 的媒体播可以跨平台；支持所有语种，如新元素<ruby>。

（5）引入语义。HTML5 使用了一些标记元素，这改进了编码的可读性和代码区域查询的便利性。

（6）引入可编程内容。HTML5 引入了各种效果，而且都是 HTML5 原生的，HTML5 可以理解为 HTML+CSS+Java Script 的总称。

（二）HTML5 关键技术

HTML5 增加了许多新语法，包括<canvas>等元素，并整合了可缩放矢量的内容，这对网页中的多媒体和图片内容的处理带来了方便。HTML5 的出现，大大促进 Web 应用的发展，并促进新的商业模式的出现。

HTML5 作为 Web 应用的新一代技术标准，对 Web 应用做出了巨大的改变，使得越来越多的开发者选择通过 Web 页面来创建应用和游戏。Canvas 元素是 HTML5 中最常用的元素，它的作用是在浏览器中提供一个矩形区域，Canvas 应用 HTML 和 JavaScript 语言在常用的浏览器中创建图形和动画，所以它经常用于游戏和演示中。Canvas 已经变为创建动态图形和交互体验的强大工具。Canvas 和 SVG、Flash 技术相比，它在一定范围内减少了插件的使用，提高了浏览器运行效率。

（三）HTML5 技术在城轨交通供电 SCADA 系统的应用

HTML5 Canvas 通过 JavaScript 调用 Canvas API，来为显示页面绘制位图图像。Canvas API 功能强大，可在浏览器中实现各种图形应用程序。Canvas API 既可以完成基本的图形图像，还能完成像素级操作。Canvas 图形交互即使用"即时模式"实现，它可以快速在画布上绘制用户需求的内容。其他绘图技术，如 SVG，则会保留绘制图形列表，这被称为"保留模式"绘图系统。而即时模式是比保留模式更原始的绘图模式，也更加灵活，这主要是因为它是直

接在屏幕上绘制的，不需要进行调整。

城市轨道交通 SCADA 系统对变电所和接触网的运行状态进行监视控制，并完成维护，是与网络技术和自动控制技术的深度结合。

图 5-3 所示是基于 HTML5 的电力接线图 SCADA 应用，这个例子用 HTML5 技术进行开发，其中重复的部分封装为一个"图标"，所谓"图标"指的就是矢量图标。矢量是矢量图形的简称，常见的 png 和 jpg 这类的栅格位图，通过存储每个像素的颜色信息来描述图形，这种方式的图片在拉伸放大或缩小时会出现图形模糊，线条变粗出现锯齿等问题。在示例图片中所有能用栅格位图的地方都可用矢量图形替代，例如 GraphView 组件上的图元图片，TreeView 和 TableView 上的图标等，这样 GraphView 组件上的图元缩放都不会失真。

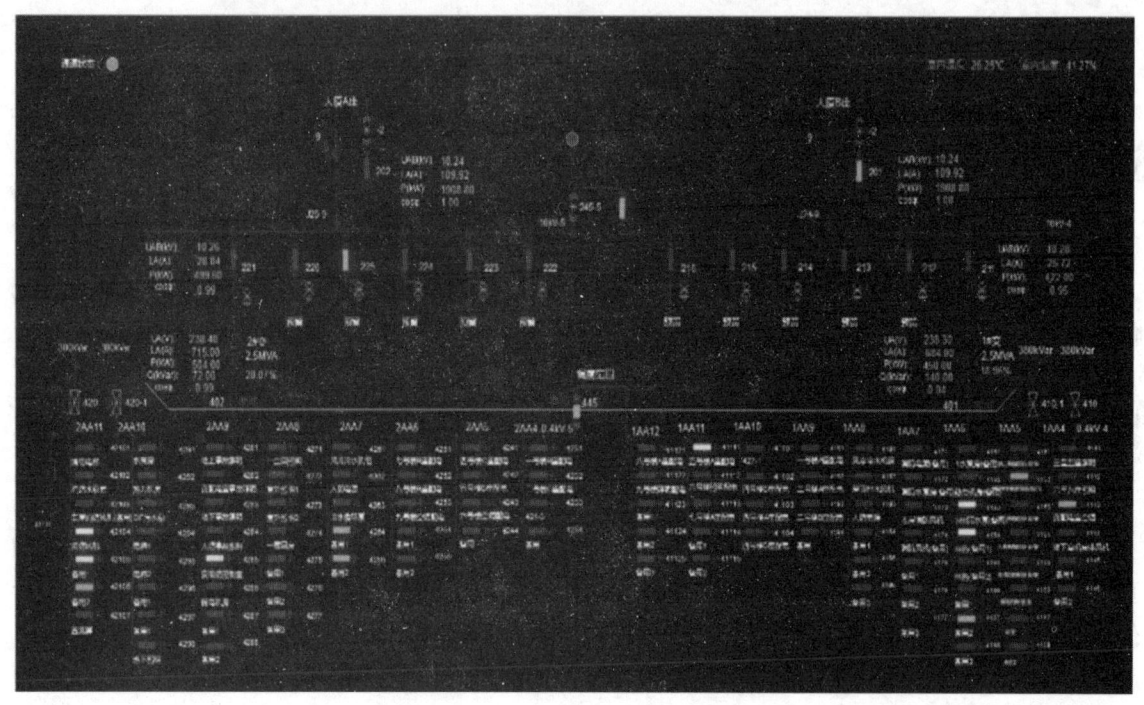

图 5-3　电力主接线图监控画面

在方案解决中，矢量采用 JSON 格式描述，使用方式和普通的栅格位图一致，通过 ht.Default.setImage（'hightopo'，jsonObject）进行注册，使用时将相应图片注册名设置到数据模型即可，如 node.setImage（'hightopo'）和 node.setIcon（'hightopo'）等。

矢量 json 描述必须包含 width、height 和 comps 参数信息：width 表示矢量图形的宽度；height 表示矢量图形的高度；comps 表示矢量图形的组件 Array 数组，每个数组对象为一个独立的组件类型，数组的顺序为组件绘制先后顺序。同时可设置以下可选参数信息：visible 表示是否可见，默认为 true；opacity 表示透明度，默认为 1，可取值范围 0~1；color 表示染色颜色，设置上该颜色后矢量内部绘制内容将会融合该染色值。

SCADA 系统在城市轨道交通电力系统中得到广泛应用，它对系统稳定、经济、安全运行有着巨大的作用。基于 HTML5 技术的 Canvas 方案可定制展现图表，界面美观优化，并取得令人满意的效果，还可以对 Canvas 的控件进行颜色定制，可以通过相关接口进行配置。

第三节　城市轨道交通供电系统中压环网新技术

国内城市轨道交通的建设目前已进入大规模高速发展期。相关统计显示，目前中国大陆有 39 座城市获得国家批准建设城市轨道交通。北京、上海、广州等特大城市的轨道交通已步入网络化发展时代。作为城市轨道交通的动力源泉，供电系统担负着为列车和各种运营设备提供电能的重要任务，其科学性、安全性和可靠性直接影响到城市轨道交通的安全运营与服务水平。而中压网络构成方案作为供电系统的基础，网络构成的合理性又将直接影响到供电系统的可靠性、工程投资、运营管理的方便性、运营维护的工作量及运营成本等。因此，深入研究中压环网结构，根据具体工程"因地制宜"地选择网络结构对供电系统至关重要。

一、中压网络简介

（一）网络结构

所谓中压网络，就是通过中压电缆，纵向把上级主变电所和下级牵引变电所、降压变电所连接起来，横向把全线的各个牵引变电所、降压变电所等联系起来，起分配和传输电能作用的网络。电压等级和构成形式是中压网络的 2 大属性。电压等级选择方面，国内城市轨道交通中压网络一般为 10 kV 和 35（33）kV 等 2 种电压等级。网络结构方面，中压网络有分区链式网络（或称双回路环网）和辐射网络两种连接方式。

中压供电网络按用途又可划分为牵引网络和动力照明网络，这两种网络可独立，也可混合，可采用同一电压等级，也可采用不同电压等级。主要使用的中压环网结构有：

（1）牵引网络、动力照明网络合二为一，如武汉、昆明、苏州、无锡、南京、广州地铁采用牵引、动力照明混合网络。这种组网形式的优点是网络结构简单，设备的利用率较高，投资相对节省；其缺点是事故影响范围较大，排除故障相对复杂。

（2）牵引网络、动力照明网络分开，并且牵引网络电压等级要比动力照明网络电压等级高一级，如上海地铁早期线路则采用牵引和动力照明分开的网络，牵引、动力照明的电压等级分别为 35 kV 和 10 kV。这种组网形式的优点是中压网络供电质量高，网络接线结构清晰，子系统间电气部分相互独立干扰小，事故影响范围小；其缺点是网络结构复杂，设备投资相对较高。采用这种接线的工程有上海地铁 1 号线（不是典型接线方式，但具有独立网络构架的特点），中国香港地铁和伊朗地铁等。这种网络架构国内应用得相对较少。

从我国电力系统的发展情况来看，电网发展的趋势是简化电压等级、减少变压层次，提高供电可靠性、减少运营维护成本。我国目前在建或设计中的轨道交通线路也大多遵循该原则，除早期建设的线路采用牵引网络、动力照明网络分开外，目前在建或设计中的轨道交通线路大多采用牵引动力混合网络。

（二）保护配合方案

链式牵引动力混合双环网的常规保护配置方案为：光纤纵联差动保护作为主保护，定时限过电流、零序过电流保护作为后备保护。光纤纵联差动保护具有较高的可靠性、灵敏性与速动性，但其保护范围仅能保护线路（电缆），对开关柜内（含母线）的故障无能为力。而作为近后备和远后备的过流保护由于无法兼顾速动性与选择性，或者保护动作时限较长，对系统稳定及设备寿命不利，且有可能导致多级变电所同时跳闸，扩大事故影响范围。目前，此种后备保护方案已正逐步被一种新型的数字通信保护（电流选跳）取代。该方案通过保护装置之间的通信和保护装置的内部快速运算实现对故障类型和故障位置的确定，进而准确地使相应开关保护动作，切除故障区段。数字通信保护方案既不存在时间级差配合问题，响应迅速，又通过精确跳闸将故障影响限定在尽可能小的范围内，实现了中压环网全范围、快速度的保护，解决了当前常规方案的局限问题。

二、城市轨道交通环线的中压网络接线方案

（一）中压环网构成原则

城市轨道交通中压环网纵向把上级主变电所和下级牵引变电所、降压变电所连接起来，横向把全线的各个牵引变电所、降压变电所连接起来，实现电能的传输。

根据中压网络功能的不同，为牵引变电所供电的中压网络称为牵引供电网络；为降压变电所供电的中压网络称为动力照明网络。目前，我国城市轨道交通新建工程基本以牵引动力照明混合网络为主，并有向混合网统一的趋势。

中压网络的构成形式涉及很多方面，在电压等级确定的前提下，应遵循以下原则：满足安全可靠的供电要求；每一个变电所均应有两个独立电源；满足潮流计算要求，即设备容量及电压降满足要求；满足负荷分配平衡的要求；供电分区应就近引入电源，尽量避免反送电；具有良好的经济指标；满足继电保护要求；系统接线尽量简单；全线牵引变电所、降压变电所的主接线尽量一致；满足运营管理、倒闸操作的要求；满足设备选型要求。

根据以上原则，我国近年建设的城市轨道交通线路中压供电网络大多采用了双环网结构，开环运行方式：全线设置若干个供电分区，每个分区从外电源或主变电所引入两回电源至分区的第一个变电所两段母线，分区内变电所间采用双回电缆构成环形连接；变电所中压采用单母线分段接线，设母联断路器，并设置备用电源自投功能；为提供故障支援能力，在介于电源点之间的分区尾部设置联络电缆和环网分段开关。正常运行时，环网分段开关打开。当一回电源失电时，闭合变电所母联断路器，由另一回电源支援供电；当一处外电源（两回）失电时，闭合环网分段开关，由另一处外电源进行支援供电。双环网接线方案如图5-4所示（以集中供电为例，分散供电类似。以下简称"传统方案"）。该方案中网络故障自愈采用的是"线路保护倒换"方式。其针对城市中"线型"贯穿城市的线路具有较强优势，在满足线路两端的供电分区"每一个变电所均应有两个独立电源"的同时，又避免了迂回供电。

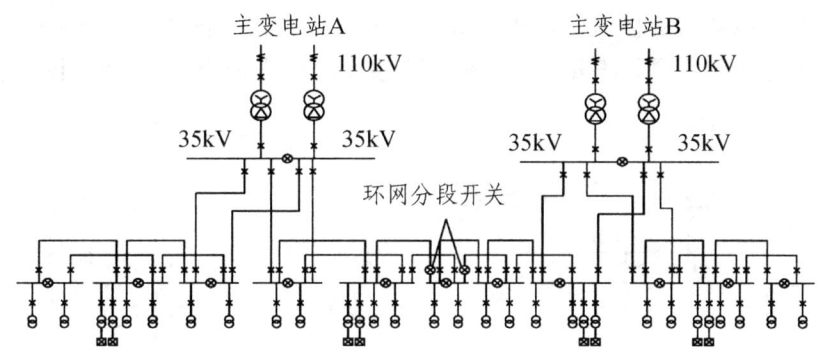

图 5-4 双环网接线示意图

（二）环线中压环网接线新方案

图 5-4 所示传统方案应用于环线时，电源可靠性高，但其没有结合环线特点进行针对性设计，变电所接线和运行方式较复杂，经济性指标较差。

考虑环线首尾贯通的线路特点，可以在全线沿线路构建两条自愈单环供电网，每条自愈单环供电网分别从两座主变电所引入电源，并在环网上适当位置设置分段开关用于故障自愈功能；每座车站变电所设置两段单母线，每段母线通过断路器串联到一个单环内。基于单环自愈供电网的中压环网接线方案如图 5-5 所示。

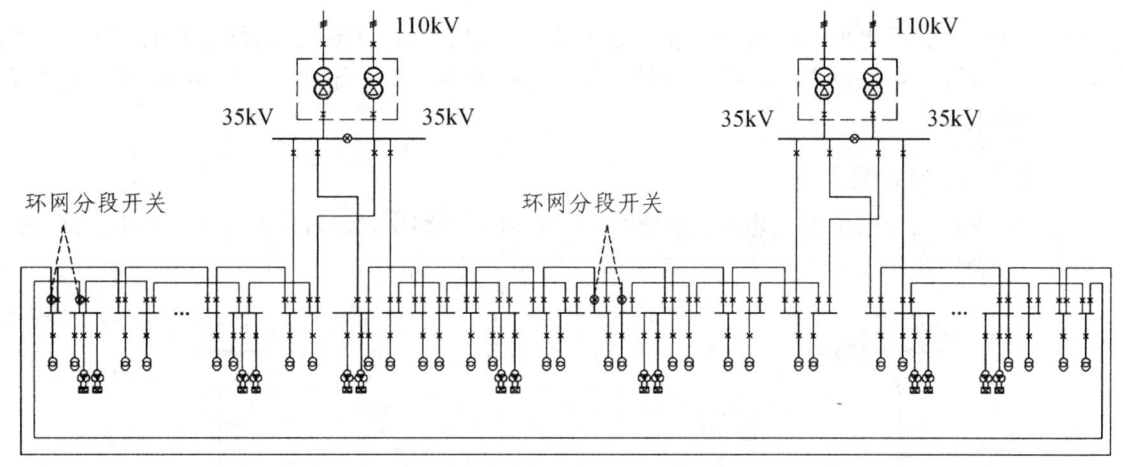

图 5-5 环线中压环网新方案示意图

新方案因环网故障自愈方式变化，原方案中用于备用线路倒换的变电所母联断路器失去作用，因此可以取消。另外，传统方案变电所母线维护接地是通过母联柜内的断路器和接地开关实现的，取消母联断路器后，可将原母联开关柜内的接地开关直接设置到母线上。其余接线与传统方案保持一致。新方案变电所主接线如图 5-6 所示。

1. 系统运行方式

正常运行时，环网分段开关处于分位，每座主变电所为本所供电范围内的两个分区提供电源。当一台主变压器退出运行时，闭合主变电所母联分段开关，由另一台主变压器为本所供电范围内一、二级负荷提供电源。当一座主变电所解列时，将解列主变电所所有出线断路器分开，然后闭合4台环网分段开关，由另一座主变电所为全线一、二级负荷提供电源。

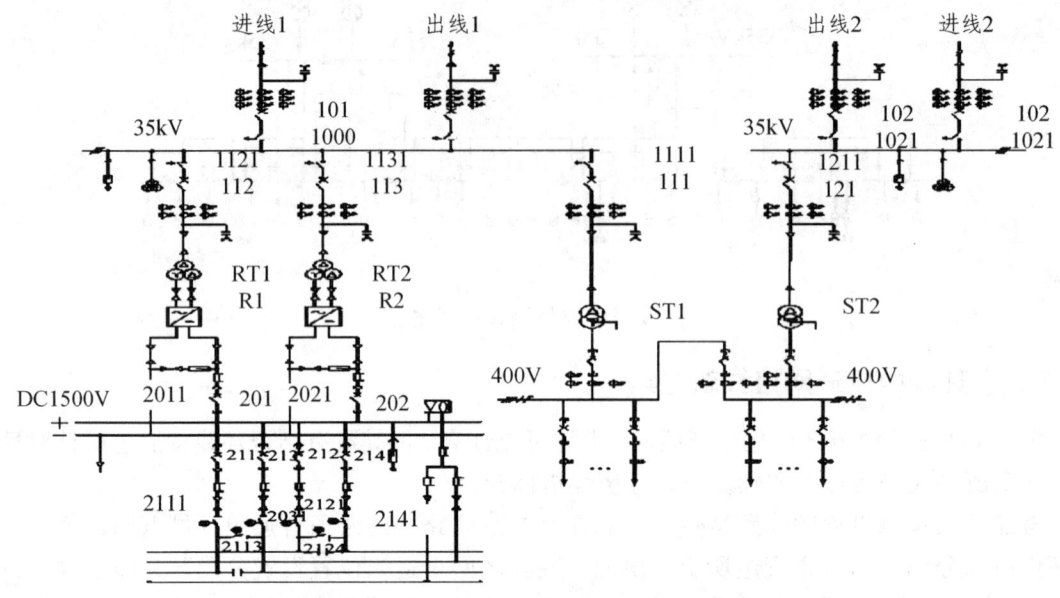

图 5-6　典型牵引降压混合变电所主接线图

2. 变电所运行方式

正常运行时，变电所两段母线分别由进线 1、2 提供电源，当任一进线失电时，闭合环网分段开关，由另一路电源为该段母线提供电源。变电所直流牵引部分和低压 400V 部分运行方式与传统变电所一致。

3. 安全自动装置配置

为了实现环网一路电源失电时，系统自动切换到另一路电源，需在图 5-7 所示中环网分段开关 101 处设置备用电源自投（以下简写为"备自投"）功能。

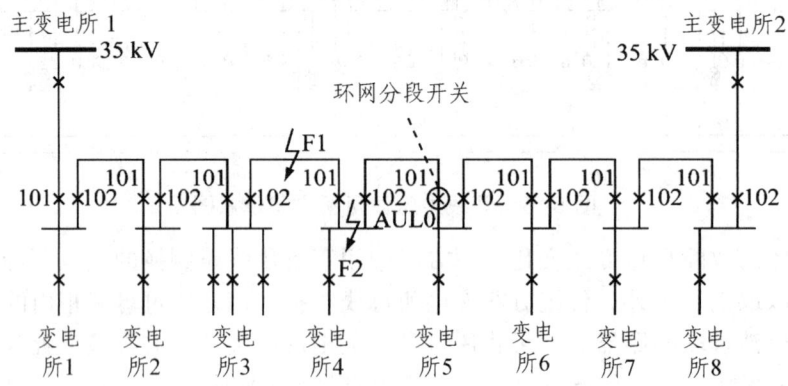

图 5-7　环网安全自动装置配置分析示意图

备自投的启动条件如图 5-8 所示，其中延时 t 需要与环网及母线电流后备保护的最长延时（一般不超过 2s）进行配合，确保故障点被隔离后，备自投再投入。

针对环网失电的3种情况,备用电源投入情况如下:

(1) 手分环网任一断路器。如图5-7所示,正常运行方式下,手分变电所1的101开关,此时备自投条件满足,环网分段开关101合闸,变电所1~8由主变电所2提供电源。一般情况下,手分操作多与检修相关,故如有需要,在环网分段开关101闭合后,可手分变电所1的102断路器,实现对变电所1母线的检修断电。

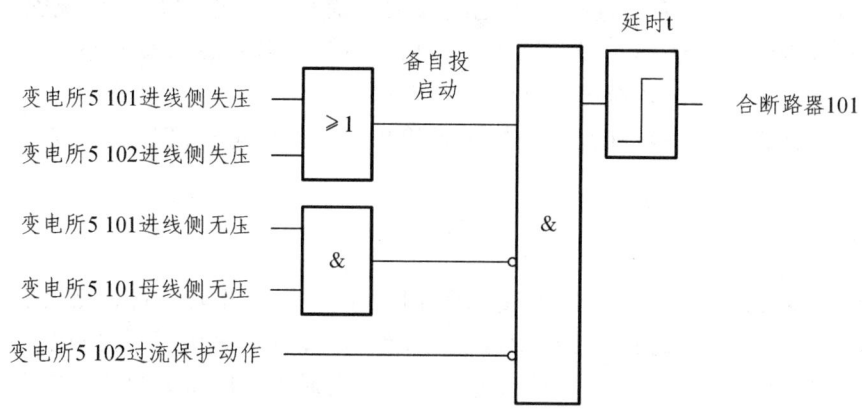

图5-8 环网备自投逻辑图

(2) 任一环网电缆故障。如图5-7所示,正常运行方式下,F1点发生短路,环网保护动作,切除故障电缆两端的102、101开关后,备自投条件满足,环网分段开关101合闸,变电所1~3由主变电所1提供电源,变电所4~8由主变电所2提供电源。

(3) 任一变电所母线故障。如图5-7所示,正常运行方式下,F2点发生短路,变电所4的101开关保护动作跳闸,同时联跳本所102开关,故障母线隔离后,备自投条件满足,环网分段开关101合闸,变电所1~3由主变电所1提供电源,变电所5~8由主变电所2提供电源。

4. 环网继电保护配置

新方案中2座主变电所间划分为2个供电分区,每个分区内变电所数量较多,故环网继电保护配置宜采用"纵差保护+数字通信过流保护+过流保护"的方案。纵差保护作为环网电缆的主保护,数字通信过流保护作为母线的主保护和环网电缆后备保护,过流保护作为环网电缆和母线故障的后备保护。新方案变电所中压接线简单,会大大简化数字通信过流保护的逻辑关系;同时,由于减少了母联开关,过流后备的时差配合也相对容易。

此外,为了更好地实现过流后备保护在大短路电流下的速动性,也可在环网进出线设置反时限电流保护,作为环网电缆和母线故障的后备保护。为便于保护配合,反时限电流保护应带方向性,且同一供电分区内变电所的进线和出线方向应不同。

(三)方案比较

新方案取消了传统方案的母联断路器,并将母线接地开关直接设置到母线上;同时,备自投方案由每个变电所设置母联备自投,调整为仅在环网分段开关设置备自投。下面从安全可靠性、经济性、可实施性、运营管理便利性等方面对两种方案进行分析比较。

1. 安全可靠性

新方案中每个变电所的电源依然为 4 回，所不同的是整流机组交流侧母线电源由 3 回变为 2 回，而大量运行线路已证明，2 回电源完全能够满足供电系统安全运行需求。对于动力照明负荷，由于 400V 母线设置有联络开关，其电源可靠性不变。

新方案母线设置检修用接地开关，与传统方案通过母联断路器后用母联柜接地开关接地比较，其接地回路简单、直接，接地闭锁关系简化，操作快捷，系统安全可靠性会明显提升。变电所两段母线间不设母联断路器后，电气上基本无直接联系，相互影响降至最低，系统可靠性提高。与传统方案相比，备自投方式调整后，针对不同的失电情况，均可启动备自投，且备自投逻辑相同、逻辑关系简单、恢复供电速度快，有利于系统的安全可靠运行。

2. 经济性

新方案较之传统方案，每个变电所减少断路器 1 台、隔离开关 2 台、充气柜柜体 2 面、微机综保装置 1 套；每座变电所直接减少房屋面积约 $6m^2$，如考虑中压开关柜布置更加灵活的因素，可节省的房间面积将更多。根据目前城市轨道交通工程概算编制情况估算，每座变电所节省工程投资约 40 万元人民币。

针对环网电缆截面选择，当一座主变电所解列由另一座主变电所支援供电时，由于传统方案一般不再考虑环网电缆故障（此时变电所母联断路器不允许合闸），故两种方案此时的环网电缆负荷相同，新方案不增加环网电缆投资。

3. 可实施性

新方案仅对环网接线、保护配置、安全自动装置等进行了简单调整，且所采用的方案均为工程常用方案，工程实施时不需要进行特殊研究。城市轨道交通变电所用房中，中压开关柜由于数量多、体积大，在设备布置时往往比较困难。新方案减少 2 面中压母联柜，且两段中压母线间无电气连接，在进行平面布置时两段母线可分开布置，因此体积大幅减小，布置将更加灵活，工程实施更加容易。

城市轨道交通环线两座主变电所间的任一变电所均可从不同主变电所引入 2 回以上电源，电源可靠性高，故而两座主变电所间一般设置 2 个供电分区即可，而每个分区的变电所数量一般都会超过 4 个，需设置数字通信过电流保护作为母线主保护，同时兼做环网电缆的后备保护。新方案因两段母线间不存在电气联系，且运行方式简单，故而数字通信过电流保护较传统方案在保护逻辑、二次接线方面可大大简化，有利于工程实施。

4. 运营管理便利性

如前所述，新方案运行方式简单、闭锁逻辑简化、二次回路接线少，将更加有利于运营管理。此外，由于变电所设备减少，也可减少运营维护工作量。但是，由于其运行方式与传统方式不同，且一般环线建设时既有线路已处于运营阶段，故可能会有来自运营部门的不同意见。不过整体来讲，新方案对运营管理的改变是微小的，且是向好的方向改善，同时轨道交通线路一般按线进行运营管理，不同线路间存在差别也可接受。

第四节　滑动供电系统在城市轨道交通中的应用

一、滑动供电系统简介

（一）产生背景

地铁的供电制式一般分为接触网供电或者第三轨供电，不同供电制式伴随着不同的车辆检修供电方式。

采用第三轨供电的城市轨道交通系统，为了消除检修区内人员的安全隐患，第三轨一般不敷设到检修区内，车辆进出库就需采用轨道车或人为推动的方式。轨道车价格较高且调配较为困难，另外无法控制车辆的制动；而车辆检修则需额外配置一个巨大的电缆卷筒，将几十米长的大截面高压直流电缆缠绕在电缆卷筒上，当进行车辆检修时，需 2~3 人拖拽、搬运笨重的电缆及车辆专用插头到达车辆专用插座位置，完成静调供电。此外，第三轨敷设到检修区内轨道旁，检修人员在检修区内频繁跨越三轨区域，仍然存在很大安全隐患。

一般而言，检修设备除了满足功能需求之外，还希望它足够消弭一定的安全隐患。为了解决这些问题，滑动供电系统应运而生。

（二）系统原理

标准的滑动供电系统（见图 5-9）由滑触线、集电小车及其他附件组合而成。电源从变电所传输给静调电源柜，再从静调电源柜经由电缆将电源传输给铺设在高空的滑触线；集电臂碳刷通过与滑触线的接触与滑动，将任意一点的电源经由车辆专用插头传输给车辆，提供车辆牵引或静调电源。

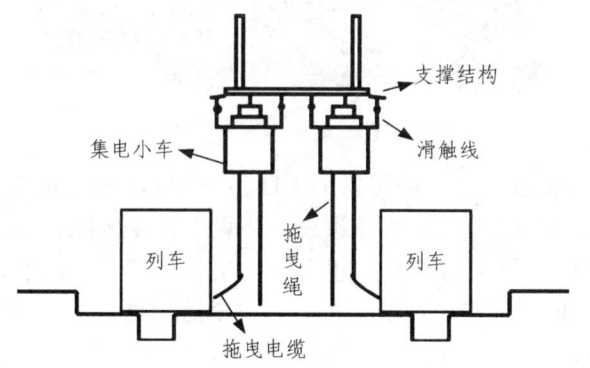

图 5-9　标准的滑动供电系统

（三）系统优势

滑动供电系统敷设于空中，且均配有安全外护罩，满足 IP23 级手指保护要求，在充分利用厂房空间的情况下，能极大地降低乃至消除操作人员在检修区内的安全隐患。同时，滑动供电系统的集电小车在敷设范围内可随车辆或检修需要自由移动，集电小车兼具牵引车辆进出库和静调车辆两种功能。因为滑动供电系统完全采用车辆库内电源供电的传统供电方式，因此车辆基本无须更改原有设计方案即可采用此系统的供电方式，免除如增加接触网时需增加受电弓等的高额投入。

不仅如此，滑动供电系统给车辆送电是在检修库内完成，无须与其他工区调配。熟悉滑动供电系统的操作人员，一般可在1min之内完成车辆的送电。此外，滑动供电系统类似于刚性悬挂，且颜色艳丽、明显，悬挂空中显得小巧、轻便，不仅给工作人员在工作中平添一抹色彩，而且与防护栏遥相辉映时也不失为城市轨道交通车辆段增添一道亮丽的风景线。

滑动供电系统集安全、经济、方便、美观于一身，利用电缆将车辆与系统中的集电小车相连接，为停泊在库内轨道上的车辆提供牵引和静调电力，所以，在采用第三轨供电方式的城市轨道交通系统中，滑动供电系统有着更广泛的推广价值。

二、标准的滑动供电系统

（一）标准滑动供电系统的组成

标准的滑动供电系统中，滑触线与集电小车（见图 5-10）属于最核心部件。

图 5-10　集电小车与滑触线

（1）滑触线。地铁车辆段内，一般提供 DC 1500 V 电压或者 DC 750 V 电压。可选用单极组合式滑触线，导电轨为铜材质。这类滑触线可任意组合成多极，利用标准支架组合悬吊，安装方便，极与极之间的爬电距离较大，还可配套相应绝缘子，即使在湿度较大的场合也可以使用。绝缘外护罩为 PVC（聚氯乙烯）材质，安全防护更可靠。滑线的单极载流量大，可满足大电流的移动受电设备。

（2）集电小车。集电小车主要包含集电臂与取电小车两部分。集电臂上的碳刷与滑触线导电轨接触并滑动，将在滑触线上任意一点获取电能传输给集电小车，再经由车辆专用插头，传输给轨道上的车辆或者静调电源。

（二）滑动供电系统的其他组成

在滑动供电系统中，建议配套警示灯、急停按钮、虚拟插座等部件，用于显示系统的带电状态、在系统突发状况下紧急停止送电以及安放非工作状态下的车辆专用插头并完善系统，这样，操作人员利用该系统完成牵引车辆进出车库或静调的同时，可消弭一定的安全隐患，从而保障了操作人员的安全。

三、滑动供电系统应用实例

滑动供电系统为运营维护人员提供了方便操作的移动电源，并且创造了良好的工作环境，实现提高工作效率、有效保证操作安全的目标。

1. 滑动供电系统在各地区的应用

早在 2004 年，滑动供电系统就已应用于台北与高雄的地铁检修库。到目前为止，该系统中的任何部件还未更换过。由此可见，滑动供电系统经受住了时间与技术的多方考验。在昆明、武汉的城市轨道交通项目中，标准的滑动供电系统也发挥了很好的作用。由于不同地区项目对系统电压、电流等级等的要求不同，所以在配置滑动供电系统时，相应的方案也会存在差异。在武汉的项目中，滑动供电系统所有的操作基于一个直流动力系统，由 3 根单极组合式滑触线为系统集电小车提供动力电源；集电小车上的集电器将导电轨中的电能通过拖曳电缆和车辆专用插头，传输给车辆，用以完成对车辆的牵引。而在昆明的项目中（见图 5-11），滑动供电系统是由 2 根单极组合式滑触线为系统提供动力电源；除此之外，系统中还增加了一系列保护措施，其中包括防拉扯装置。

图 5-11 滑动供电系统现场应用图

2. 防拉扯装置的说明

在车辆段库内，牵引车辆出库时，操作人员若未能按照要求操作，造成车辆带着车辆插头驶离检修区时，很有可能发生车辆插头被拽开，甚至拖曳电缆被拽断的危险。为了消除这类隐患，在系统中添加了防拉扯装置。

防拉扯装置固定在拖曳电缆上，若车辆带着车辆插头驶离检修区，此时防拉扯装置会因设备两边拉力大于拉力设定值而断开，从而保护滑动供电系统及车辆。滑动供电系统由它专属的系统构成，但也可以因项目需求调整系统组件，从而满足项目的相应功能要求。

滑动供电系统服务于车辆，响应于车辆工艺，因此在设计滑动供电系统的时候，首先需要考虑系统使用的环境、车辆的功率要求、车辆工艺的操作流程等，以选择合适的滑动供电系统。其中包括滑动供电系统中各组件的电压等级、电流规格、保护等级、系统的设计方案、与其他专业接口设计要素等。标准的滑动供电系统是基础方案,在项目需求增加的同时,标准滑动供电系统也在不断提升,相应地滑动供电系统的各类方案也随之在不断提高。目前,已将智能控制系统融入标准的滑动供电系统中:在原有的动力滑线旁增加多极控制滑线,为智能控制系统提供稳定的电源以及信号反馈的通道,从而有效利用智能控制系统实现滑动供电系统与车辆、静调电源柜的联锁,同时又能单独控制对应的集电小车且不影响其他集电小车的工作状态。增加了智能控制系统的滑动供电系统能更好地保障系统的安全性与稳定性,更方便人员操作系统、控制系统。

第五节 城市轨道交通双向变流式牵引供电系统

一、系统简介

城市轨道交通牵引供电系统承载电能变换、输送、回馈、故障保护和隔离等多种功能,是城市轨道交通的核心系统。早期的城市轨道交通牵引供电系统主要采用二极管整流机组,在列车起动和加速时提供牵引电能;但列车制动时产生的制动能量只能通过车载或地面制动电阻进行消耗,能源浪费较大。近期新建的城市轨道交通线路开始采用增加列车制动能量吸收装置的方案,通过由全控电力电子器件 IGBT(绝缘栅双极型晶体管)组成的全控整流装置,将大部分列车制动能量反馈回电网,节能效果明显。

本节介绍一种基于 IGBT 的 PWM(脉冲宽度调制)变流器,其具备与原二极管整流机组相同的容量(额定容量 2 MW)、同等的过载能力(峰值 6 MW/1min)和同级的短路耐受能力,被定义为城市轨道交通牵引供电系统双向变流器。双向变流器具备整流机组的牵引供电能力和能馈装置的制动回馈能力,由此形成新一代城市轨道交通牵引供电双向变流系统,可显著改善节能指标,优化供电环境,是城市轨道交通牵引供电系统的发展方向。双向变流式牵引供电系统如图 5-12 所示。

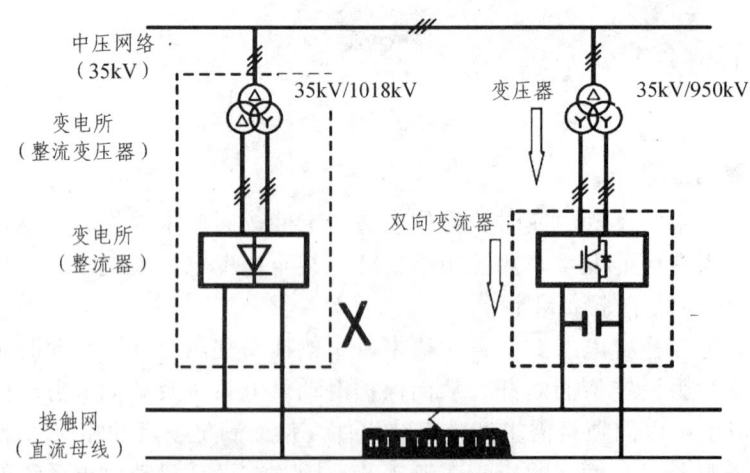

图 5-12 双向变流式牵引供电系统示意图

二、工作原理

双向变流器本质上是一个四象限的 PWM 整流器,通过电压闭环控制使其具备能量自然双向流动的能力,通过坐标矢量旋转变换,实现无功电流 I_d 与有功电流 I_q 的解耦;通过 I_d 控制双向变流器的无功分量,来实现无功功率控制和无功补偿功能;通过 I_q 控制双向变流器的电压,来实现牵引和能馈功能。因此双向变流式牵引供电系统的动态特性很容易实现解耦控制。双向变流式牵引供电系统控制图如图 5-13 所示。

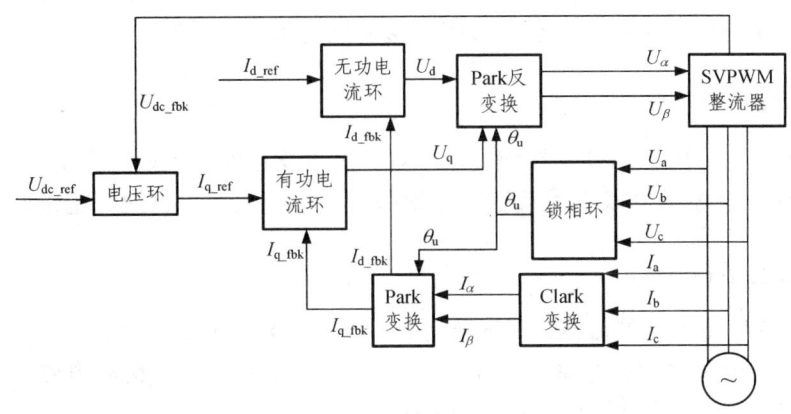

注:SVPWM——空间矢量脉宽调制

图 5-13 双向变流式牵引供电系统控制图

三、正线挂网方案

以宁波地铁 2 号线一期工程为例进行分析。宁波地铁 2 号线一期工程于 2015 年 9 月 26 日开通运营,线路起点为栎社国际机场站,途经海曙区、江北区、镇海区 3 个行政区,终点至清水浦站;线路全长 28.35 km,其中,地下线 22.23 km、高架线 5.77 km、过渡段 0.35 km;设 4 座高架站、18 座地下站,平均站间距约 1.331 km。挂网地点选定为宁波大学站,本站位于线路次末端,为高架车站。宁波地铁 2 号线双向变流式牵引供电系统一次接线方式如图 5-14 所示。

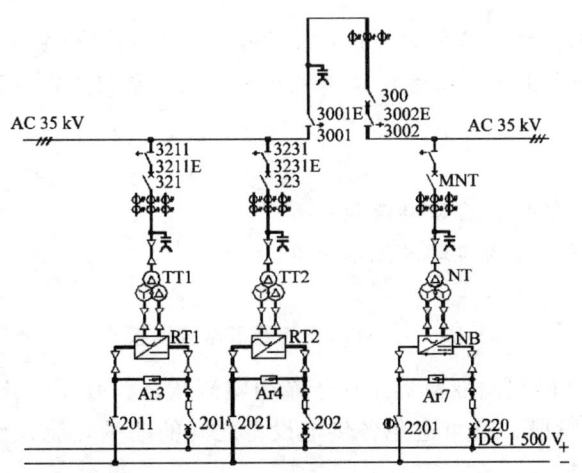

图 5-14 宁波地铁 2 号线双向变流式牵引供电系统一次接线方式

双向变流式牵引供电系统新增 1 个 35kV 开关柜、1 台整流变压器、1 个直流开关柜，与原有的 2 套整流机组共同组网运行。

四、双向变流器挂网实施

双向变流器在正线挂网，对施工和试验都提出了较高要求，重点需要解决以下 3 个问题：设备安装不影响牵引变电所内设备运行；解决双向变流器正线操作逻辑及保护问题；采用适当的控制模式使双向变流器与现有整流机组能够协调运行。

（一）操作保护逻辑

操作显示单元主要由柜门操作按钮、指示灯、仪表及触摸屏组成，实现启停、运行/检修、近控/远控等操作，触摸屏可以实现系统运行状态监视、参数设定、故障记录及录波等功能。

（二）混合供电控制模式

双向变流器作为 PWM 整流器，其本质上是一个电压源，要想与整流机组协调供电，一方面需要杜绝各整流电源之间产生能量环流，另一方面需要顺应整流机组自然下垂特性的负载曲线，因此采用图 5-15 所示的多段下垂控制模式。

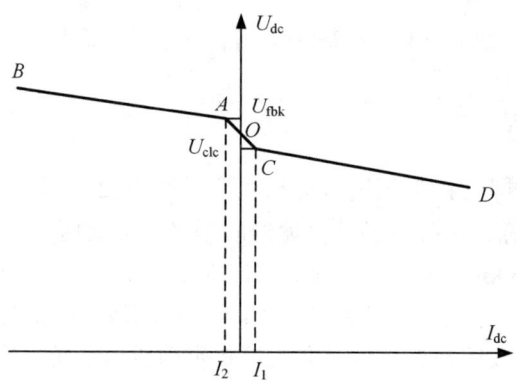

注：U_{fbk}——设备大功率回馈时稳定直流电压的目标值，根据双向变流器工作模式需求设定；
U_{ele}——设备提供大功率牵引电流时牵引稳压目标值，根据双向变流器工作模式及整流机组特性设定；
U_{dc}——直流电压；
I_1——进入牵引稳压特性的启动电流值；
I_2——进入回馈稳压特性的启动电流值；
I_{dc}——直流电流

图 5-15 双向变流器下垂控制模式

如图 5-15 所示，CD 段双向变流器工作于牵引整流状态，AB 段工作于制动回馈状态，AC 段斜率较大，作为过渡阶段，既可避免各供电设备之间的能量环流，也可留出优先邻车吸收的电压区间。

五、运行数据分析

双向变流器按下垂控制模式可正常运行,列车加速时配合整流机组提供牵引供电支撑,列车制动时及时回馈制动能量。运行过程中通过修改双向变流器系统参数,验证测试双向变流器对牵引供电系统的影响。

(一)双向变流器对直流网压的影响

采集列车起动时双向变流器工作和不工作情况下的数据,分析双向变流器对直流网压波动的影响,如图 5-16 所示(每秒钟采集 5 组数据)。

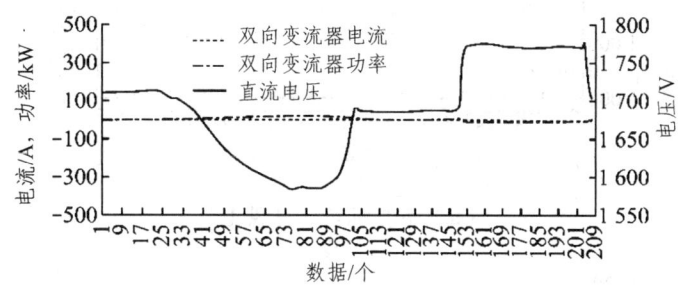

(a)双向变流器不工作

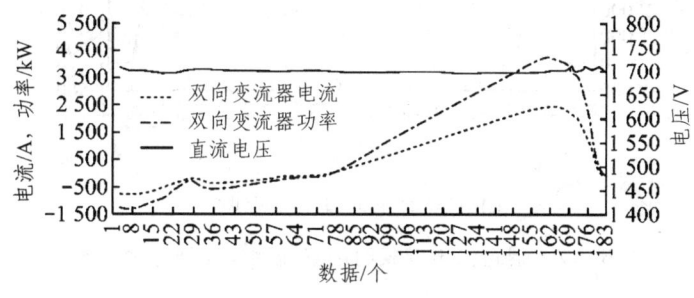

(b)双向变流器工作

图 5-16 双向变流器不同工作状态下直流网压波形曲线图

如图 5-16(a)所示,双向变流器不工作情况下,列车加速时直流电压跌落至 1 580 V,列车制动时直流电压抬升至 1 780 V,电压存在 200 V 的波动范围。如图 5-16(b)所示,当双向变流器工作于稳压模式时,随着列车加速和制动,直流电压波动约为 15 V。由此可见,双向变流器具有较强的稳压性能。由于线路上只有 1 台双向变流器挂网,双向变流器无法采用稳压模式。这种情况下,即使采用下垂控制模式,直流网压波动幅度也可以大幅下降。

(二)混合供电模式分析

双向变流器与整流机组协同供电,二者不同优先供电模式对直流网压波动的影响如图 5-17 所示(每秒钟采集 5 组数据)。

通过修改系统参数，双向变流器可工作于整流机组优先模式和双向变流器优先模式，二者最大的不同在于双向变流器的牵引阈值不同。如图5-17（a）所示，双向变流器牵引阈值较低，列车加速时整流机组先供电；随着电压下降到牵引阈值时双向变流器开始提供牵引支撑，网压变得较为稳定。如图5-17（b）所示，双向变流器牵引阈值较高，列车加速时双向变流器优先提供牵引支撑，网压较为稳定；随着牵引功率的增加双向变流器进入下垂控制，直流网压下降，整流机组开始提供牵引能量。

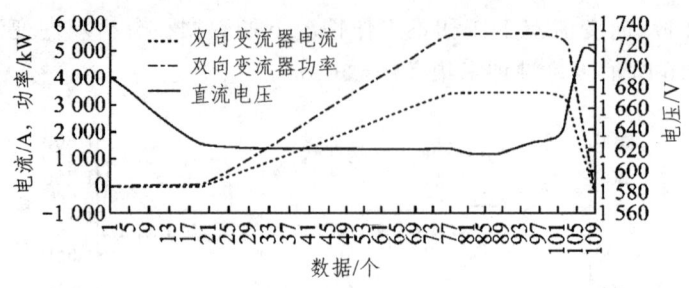

（a）整流机组优先供电

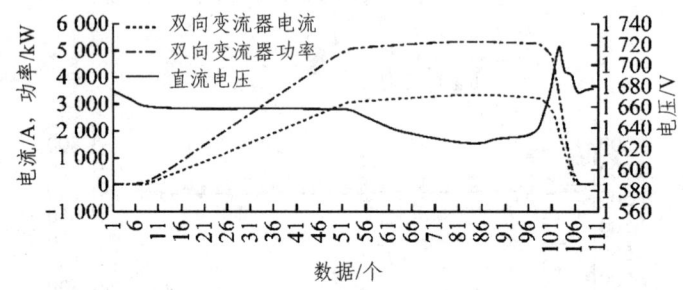

（b）双向变流器优先供电

图5-17　混合供电模式时的直流网电压波形曲线图

（三）对越区供电的影响

采集列车起动时双向变流器工作和不工作情况下的数据，分析双向变流器对本站及邻站整流机组输出功率的影响，如图5-18所示（每秒钟采集5组数据）。

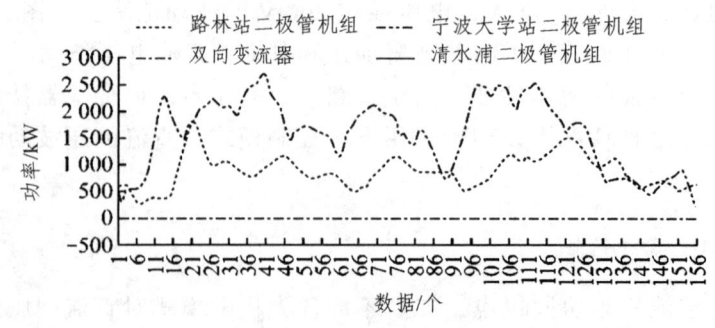

（a）双向变流器不工作

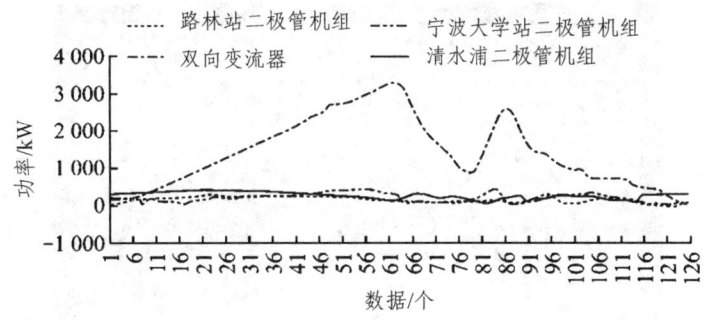

(b) 双向变流器工作

图 5-18 双向变流器不同工作状态对本站及邻站整流机组的影响

当列车起动加速时，本站整流机组会优先供电，但由于整流机组的自然下垂特性，邻站及远端站整流机组也会进行越区供电。如图 5-18（a）所示，当双向变流器不工作时，可以看到本站整流机组提供的牵引能量最多，但邻站穿越过来的功率也占了相当大的比例。如图 5-18（b）所示，当双向变流器工作时，本站牵引功率几乎全部来自双向变流器，本站及邻站整流机组输出功率占比非常低，大大降低了越区供电现象。如果全线路都有双向变流器挂网运行，则列车在全线路都可以实现能量的就近传递，这就从根本上解决了越区供电的问题。

（四）无功补偿效果分析

城市轨道交通牵引供电系统采用主变电所集中补偿的方案，在主变电所配备 SVG（无功补偿设备）对线路无功进行补偿。双向变流器作为一个电压源型的 PWM 整流器，本身具备无功补偿的功能。图 5-19 为主变电所 SVG 界面截图。

（a）双向变流器不补偿

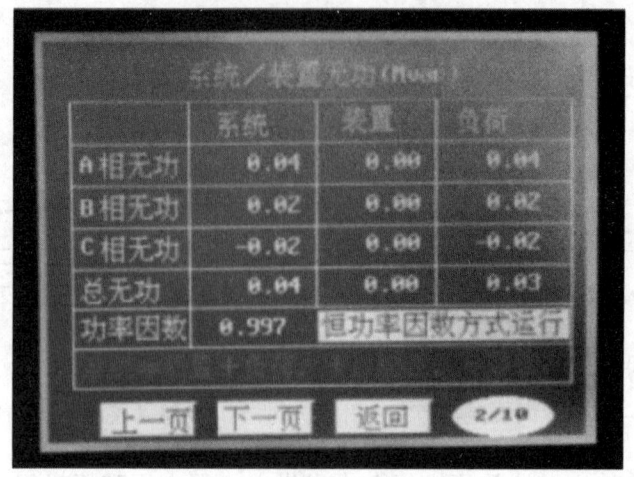

（b）双向变流器全额补偿

图 5-19 主变电所 SVG 界面截图

如图 5-19（a）所示，双向变流器不进行无功补偿时，主变电所无功负荷为-1.29 MVar，主变电所 SVG 补偿 1.2 MVar。如图 5-19（b）所示，双向变流器逐渐增加无功补偿容量直至全额补偿时，主变电所无功负荷几乎为零（-0.03 MVar），主变电所 SVG 停止补偿，主变电所处功率因数为 0.997。由此可见，双向变流器具备良好的分布式无功补偿能力，完全可以替代主变电所 SVG 集中补偿的方式，进行全线路分布式无功补偿。

（五）挂网运行小结

宁波地铁 2 号线一期工程双向变流器挂网以来运行稳定，没有出现因设备故障而停机的现象。运行期间统计了部分工作日的牵引电能和回馈电能，如图 5-20 所示。

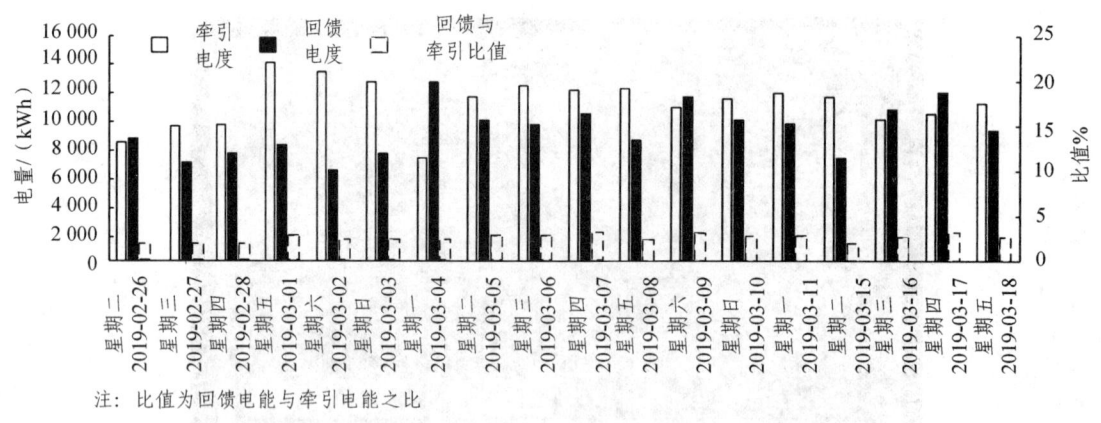

图 5-20 宁波地铁 2 号线一期工程牵引及回馈电能统计图

如图 5-20 所示，双向变流器日均牵引供电 11 255 kW·h，日均回馈 1 635 kW·h，回馈电能占牵引电能的 14.69%。每月按 30 d 计算，则月均可回馈电能为 49 050 kW·h。双向变流器挂网期间设备运行稳定，各性能指标符合预期要求。作为国内第一个峰值 6 MW 的全功率双向变流器正线挂网案例，具有重大的里程碑意义。

第六节　城市轨道交通供电系统合环精准协调控制新技术

随着大量轨道交通线路的建设投运，轨道交通供电网络复杂程度越来越高，轨道交通供电系统出现故障的可能性、故障波及的范围及造成损失的风险也在增大，严重情况下会造成社会秩序混乱，甚至影响社会稳定。基于配电物联网的轨道交通供电电源精准协调控制技术是利用配电网的微型同步相量测量装置作为感知层，对合环点两侧进行高精度相角和电压测量，同时作为边缘物联代理用于进行实时潮流计算，通过精准控制选择合环点两侧相角和电压最小的时刻进行合环操作，确保合环操作的可靠性。

一、合环潮流计算

城市轨道交通一般是双电源供电模式，为城市轨道交通供电的变电站或开关站多是单母分段运行。在进行负荷转供或者配电检修时，通过事先计算的合、解环预案进行操作可提高供电可靠性，提高用户体验，但合环操作引起的环流可能会对配电网的安全运行产生较大影响，情况严重时可能对整个电网的安全运行造成影响。10kV配电网合环操作如图5-21所示。

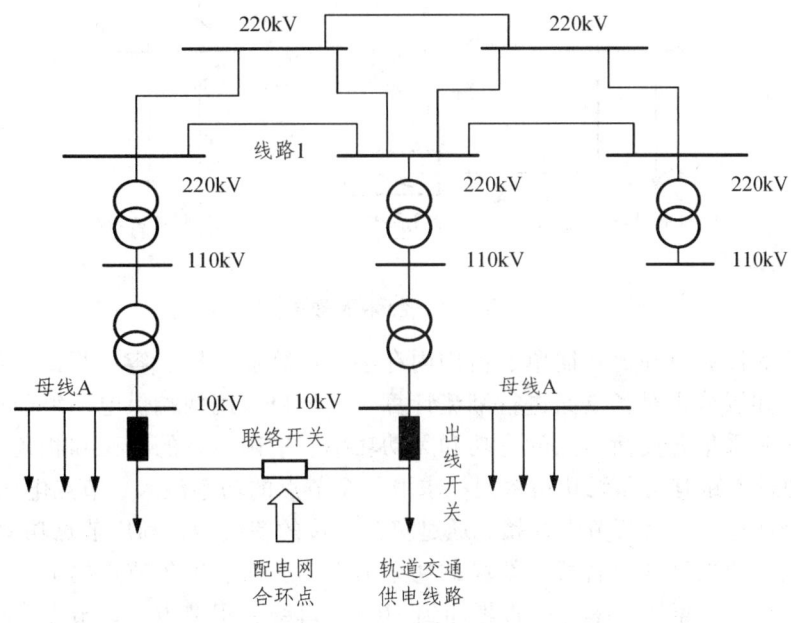

图 5-21　10kV 配电网合环操作示意图

（一）配电网合环操作的潜在风险

对轨道交通供电的 10kV 线路在 110kV 变电站或开闭站倒闸操作时，对电力系统来说，存在以下潜在风险。

（1）图 5-21 中，当倒闸期间联络开关并联运行时，如果线路1因为故障出现跳闸退出运行时,高压侧流经联络开关很大潮流,会导致保护动作,造成更大面积的停电事故。

(2)如果联络开关两侧电压差较大(电压幅值差和相角差较大,特别是相角差较大),或者系统短路阻抗相差较大,那么合环操作会导致合环后稳态电流和冲击电流过大,引起保护误动,从而造成停电。

(3)由于配电网是直接接入各类用电负荷,负荷随时发生变化,尤其是轨道交通供电系统,在同一供电区段中多个列车随时可能分别运行在不同状态,启动加速时冲击电流很大,而在列车制动时,列车机车处于发电机状态,由于地铁直流供电系统中存在大量的整流元件,如果能量不能被吸收,将导致接触网电压升高,电能质量严重恶化。对于轨道交通供电系统的10kV配电网,需谨慎进行合环操作,防止引起系统谐振。

(二)利用潮流计算合环点两侧电压和相角

由前面论述可知,合环稳态电流和瞬时冲击电流的出现给合解环操作带来风险。潮流计算是进行合环操作分析的基础,通过对相关合环点进行潮流计算以分析合环操作的可行性。潮流计算分2个部分,先计算合环前各个支路上的功率与电流分布,以及各个节点的电压,然后通过计算出的合环电流大小判断合环操作的可行性。合环操作示意图见图5-22。

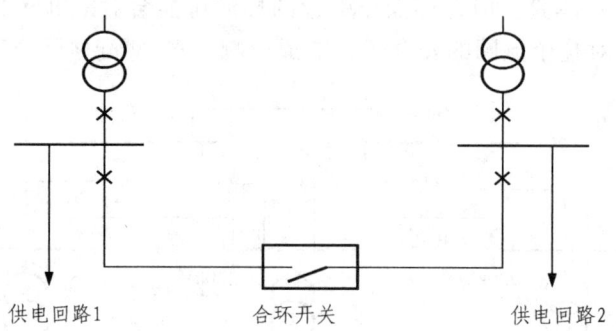

图 5-22 合环示意图

前推回代法的计算原理比较简单、占用内存小、运算速度快、容易收敛,特别适合配电物联网的终端感知层分别对各支路进行潮流计算。本项目采用两端供电网络前推回代法,由同期测量装置实时采集各负荷节点的有功和无功功率、平衡节点的电压和相角,以及支路的电阻和电抗,通过支路有功和无功功率损耗求取每个节点的功率注入、节点电压和支路电流。

前推运算是从每一个负荷节点开始,通过负荷连接的馈线段,利用节点功率和节点电压,逆着电流的方向,依次计算出各段馈线段的功率损耗,进而求出各节点的上一个节点(通过馈线段连接的节点)的累加功率,一直累加到10 kV母线的根节点。设节点i的电压为U_i,功率为P_i+jQ_i,节点j的电压为U_j,功率P_j+jQ_j,功率损耗计算公式为:

$$\Delta S_{ij} = (R + jX)\frac{P_j^2 + Q_j^2}{U_j^2}$$

节点j折算到节点i的功率值为:$P_j + jQ_j + \Delta S_{ij}$。

回代运算是从10 kV母线的根节点开始,顺着电流方向,利用上一步所得的馈线段首端功率和本馈线段节点的电压，逐条馈线段向下计算，求得各馈线段终节点的电压幅值和相角。和前推类似，回代是用节点的功率值求取一条支路的电压损耗，电压损耗一般忽略垂直分量 δU。节点 j 的电压和相角计算公式为：

$$U_j = \sqrt{\left(U_i - \frac{P_{ij}R + Q_{ij}X}{U_i}\right)^2 + \left(\frac{P_{ij}X + Q_{ij}R}{U_i}\right)^2}$$

$$\theta_j = \theta_i - \tan^{-1}\left(\frac{\dfrac{P_{ij}X + Q_{ij}R}{U_i}}{U_i - \dfrac{P_{ij}R + Q_{ij}X}{U_i}}\right)$$

通过以上 2 个步骤便完成一次迭代运算，判断前后 2 次迭代的电压偏差，如果达到收敛条件时，则计算结束，否则继续前推和回代的过程。

二、基于配电物联网的精准合环控制技术

（一）城市轨道交通供电智能态势感知和协调控制应用

基于配电物联网的精准合环控制技术是在现有 D5000 云平台上研发城市轨道交通供电智能态势感知和协调控制的应用，这个应用通过变电站（开闭所）的高速光纤网络实时采集布局在各个城市轨道交通供电线路的变电站（开闭站）的同步相量测量和终端装置的各类状态信息。态势感知和非侵入式监测作为应用的感知层，负责采集外界环境和供电回路的实时信息，全面感知终端和数据状态。同步相量测量装置作为边缘物联代理是配电物联网的感知层终端局部处理装置，具备边缘计算、通信协议适配、规范输入数据、虚拟交换、安全准入等功能，实现不同类型终端数据在感知层的处理与计算，大幅减少感知层向平台层的大量无效数据传递对网络层、平台层的冲击。城市轨道交通供电系统如图 5-23 所示。

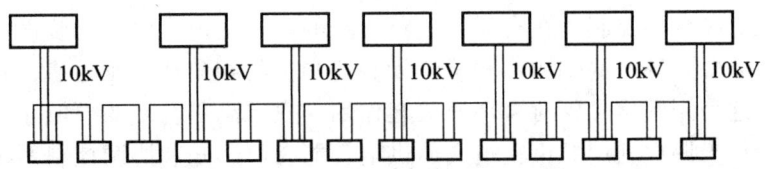

图 5-23 城市轨道交通供电系统

该系统针对轨道交通供电网谐波和噪声干扰大，容易造成相量计算精度不够的问题，采用基于谐波模型和暂态识别的频域动态自适应算法，研制了同步相量测量的轨道交通供电智能监测控制装置。该装置采用高精度的全球定位系统（GPS、北斗）作为标准的授时时间，实现在同一时标下对信号实施高精度的幅值和相角的测量。装置技术指标为：电压电流幅值误差≤0.2%、频率误差＜0.005 Hz、角度误差＜0.05°、阶跃响应时间≤10 ms。安装在各个轨道交通供电线路上的同步测量装置将监测到的信息进行边缘计算，通过边缘计算进行实时潮流计算、异常检测和态势感知，然后将处理后的数据通过高速光纤通信网传输到城市轨道交通供电智能态势感知和协调控制主站。

城市轨道交通供电智能态势感知和协调控制主站作为应用层,由 4 个应用组成:基于大数据的轨道交通供电态势感知应用、非侵入式负荷监测应用、电能质量溯源应用和精准协调控制应用。

(1)基于大数据的轨道交通供电态势感知应用,分别通过气象数据、地理数据、电网数据、设备数据、社会数据(交通流量),利用改进的层次分析法及反熵权法对轨道交通供电网应对能力进行评估。利用 D-S 融合方法计算综合权重,并根据模糊综合评判最终确定各个轨道交通供电线路的风险等级,实现空闲、正常、高峰以及穿越转供等多级态势的快速、准确感知,构建运行态势安全风险体系。风险等级分成 10 个等级、4 种风险告警颜色:风险 1~3 级为正常;4、5 级为蓝色预警,6、7 级为黄色预警,8、9 级为橙色预警,10 级为红色预警。

(2)非侵入式负荷监测应用,依据轨道交通牵引负荷的时域和频域特征,采用负荷分解与监测算法将高精度采集的信息负荷波形分别进行数据量测、数据处理、事件探测、特征提取、负荷识别。按照地铁列车运行的启动加速、恒速、惰行、制动减速、停车 5 个状态,分别以虚拟现实的方式显示出运行在各个供电区段内的列车状态。

(3)电能质量溯源应用,对各个供电线路电能质量进行分析,主要的稳态电能质量指标有电压偏差、谐波电压、谐波电流、三相不平衡度和负序电流;暂态电能质量指标有短时中断、电压暂降和电压暂升,并对各点电能质量进行统计分析,实现基于同步量测的谐波源定位和谐波通路追踪,为改善电能质量并降低电能质量造成的损失提供依据。

(4)精准协调控制应用,以同步相量测量数据、大数据态势感知和非侵入式负荷监测技术为基础,结合电网能量管理系统变电站运行数据进行实时潮流计算,基于多目标多时空尺度源-网-荷精准协调控制方法,实现精准协调控制合环。及时发现异常供电和潜在故障,并可根据预警的等级对当前电网运行态势给出控制决策建议以消除运行风险,使系统状态向有利方向发展,实现轨道交通供电的安全、可靠与经济运行。

(二)合环精准协调控制

城市轨道交通合环精准协调控制操作流程如图 5-24 所示。

为实现精准协调合环控制,在有需要进行合环的轨道交通供电线路装设一个合环闭锁装置,该装置比较需要合环的两侧同步相量测量装置测量的相角和电压幅值,并根据相关条件给出闭锁信号,这个闭锁信号仅对合环开关起作用。只有满足合环的差值才可以合环,否则合环操作被闭锁。当调度利用城市轨道交通供电智能态势感知和协调控制系统对某回城市轨道交通供电线路进行合环操作时,态势感知应用提示和这回线路相关的供电区域风险等级,只有风险等级低于 3 级才可进行合环操作;非侵入式负荷监测应用展示该供电区段列车的状态,只有供电区段没有列车通过(夜间停运)或列车处于惰行状态,才可进行合环操作;电能质量溯源应用提示进行合环操作的两侧电能质量的指标,如果电能质量超标则不能进行合环操作;状态感知层的边缘计算功能给出合环开关两侧的实时潮流值,当实时潮流值满足合闸条件时,才允许进行下一步操作。在上述条件满足后,合环的操作指令才能下发给变电站(开闭所)。在合环点联络开关被合环闭锁装置闭锁,当合环两侧的相角差和电压差小于设定值时解除闭锁,合环操作才可以完成。这样就可以确保合环操作冲击电流最小,产生谐振的概率最低,对供电负荷的影响最小,电网的风险最低。

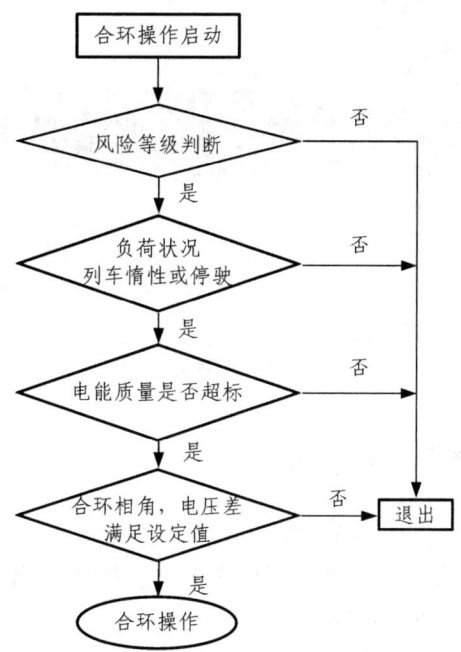

图 5-24 城市轨道交通合环精准协调控制操作流程

第六章　城市轨道交通通信信号新技术

第一节　概　述

一、城市轨道交通通信传统技术

城市轨道交通通信系统是指挥列车运行、公务联络和传递各种信号的重要手段，是直接为轨道交通运营管理服务的，是保证列车及乘客安全、快速、高效运行的一种不可缺少的信息化、自动化、智能化的综合通信系统。

典型的轨道交通通信系统一般由传输、公务电话、专用无线、专用电话、视频监控、广播、时钟等子系统组成，构成传送话音、数据和图像等各种信息的综合业务通信网。

各子系统承载的业务在不同情况下有着不同的应用：通信系统与信号系统共同完成行车调度指挥，并为城市轨道交通的其他子系统提供信息传输通道和时钟信号。此外，通信系统也是内部公务联络的主要通道以及内外联系的主要通道。

通信系统对公共安全也有重要作用，在灾害、事故或恐怖活动的情况下是进行应急处理、抢险救灾和反恐的重要手段。例如，通过视频和音频监控，可及时发现车站和车辆段的异常情况，及时处理可能影响通信系统的隐患。在存在恐怖袭击威胁时，CCTV 和广播系统有助于公安、消防等人员快速反应。战争情况下，地铁作为临时防空设施，可利用地铁内部的通信，例如广播系统组织人员在其中的活动。

二、城市轨道交通信号传统技术

轨道列车在运行过程中会发生各种各样的状况，轨道列车的运行现代化、行车指挥、运行安全都需要借助于城市轨道交通信号系统。该信号系统是城市轨道的重要组成部分，通过信号的分析与传送，保证了轨道列车的正常运行。在目前的技术条件下，城市轨道交通信号系统已经实现了自动化控制。轨道列车控制技术经济指标在系统中发挥着重要作用，为了进一步促进该指标的合理性，ATC 系统被广泛地应用。ATC 共分为三种类型：固定闭塞方式的 ATC 系统、准移动闭塞式的 ATC 系统、移动闭塞式的 ATC 系统。

（一）城市轨道列车控制的 ATC 系统

1. 固定闭塞方式的 ATC 系统

顾名思义，固定闭塞式的 ATC 系统，是采用固定的方式来确定闭塞分区长度。在这一过程中，必须综合考虑线路的情况、轨道列车的特性及速度。该系统按照闭塞分区来传输信息，

传输的信息量相对较少，一般情况下，轨道列车的速度监控是通过闭塞分区出口检查方式。通俗点说，就是当轨道列车的出口速度超出该区段出口速度时，将会自动实行对轨道列车的减速。在这一情况下，必须有一段合适的安全距离。该段安全距离就是通过一个闭塞分区来实现的。

2. 准移动闭塞方式的 ATC 系统

通常情况下，准移动闭塞式的 ATC 系统采用的是数字式音频无绝缘轨道电路，以此作为传输媒介和轨道列车占用检测。与固定闭塞方式的 ATC 系统相比，传输的信息量更多。在实际运作中，编码单元利用信息传输系统向轨道列车提供最高限速、目标距离、路线状态等信息。轨道列车收到该类信息后，对各类数据进行加工分析，并得出轨道列车运行的速度/距离曲线，使轨道列车安全运行。此处所说的信息传输系统主要包括电缆环线、查询应答器、裂缝波导管、轨道电路等设备。

3. 基于移动闭塞方式的 ATC 系统

基于移动闭塞方式的 ATC 系统主要是依靠漏缆、交叉感应电缆、扩频电台、裂缝波导管等方式传输数据。该种信息的传输是轨道列车到地面、地面到轨道列车的双向数据传输。通过这种传输，每一轨道列车的位置信息和其他相关信息都会马上传输到地面设备上。这样一来，可以得出轨道列车的运行限制速度，并根据实际情况的变化，随时调整这一速度。限制速度得出来以后，通过地面设备将信息再次传输给轨道列车。轨道列车据此得出轨道列车运行的速度/距离曲线，从而保证轨道列车在既定曲线下安全运行。目前，采用通信技术的移动闭塞系统在实践中已有应用，也积累了一定的经验，处于不断发展完善过程之中。车地之间信息的传输，极大地丰富了城市轨道交通信号系统的内容，是技术上的重大进步，并有很大的发展前景。

（二）城市轨道交通色灯信号控制系统

1. 作业模式

色灯信号控制系统作业模式区分为如下各种模式，依其模式执行优先顺序可分别进行如下分析：

一是开机模式。系统开机完成系统初始程序后立即进入开机模式，交通灯将维持三秒钟的全红灯态。如系统连线状态正常时则立即与控制中心进行连线交谈工作，开始要求中心传送系统执行参数。

二是全红模式。开机模式完成后，若控制面板全红开关被拨至"全红"位置时，则系统进入全红模式，轨道灯态立即转换为全红灯态直到全红开关往下拨或系统重开机方告结束。

三是闪光模式。控制面板上的"闪光"开关上拨至"闪光"位置时，则系统进入闪光模式，轨道灯态立即转换为闪光灯态，黄灯及红灯每秒交替闪烁一次。

四是手动模式。控制面板上的"手动"开关上拨至"手动"位置时，系统即进入手动模式，灯态立即停留在正在执行中的灯态。要使灯态变换，必须压按"手动控钮"，手动按钮每按一次，则灯态顺序转换一个。

五是锁定模式。控制器可经由轨道触控输入或中心连线控制，要求执行锁定模式作业。锁定作业分类为：铁路连锁、子机连锁、中心锁定、特勤锁定。

六是自动模式,"手动/闪光/自动"开关均下拨至"自动"位置时,系统作业即可进入自动模式,执行正常的灯态循环功能。

2. 系统备份

色灯信号控制系统正常运作状态下,可与中心建立连线并能够达成中心连线控制服务,控制器若处于异常运作状态运转时,则将提供多层式备份服务。各层次备份说明如下:一是中心连线失效,也即控制器立即进入独立运转模式并执行每日指定执行时制的运作;二是断电半秒内,控制器应不受断电的干扰继续正常运作;三是中央处理单元故障,也即由色灯驱动单元肩负起信号运作备份服务,提供故障前指定执行的基本时制;四是驱动单元故障,也即应用基本时制来对信号运作备份服务;五是基本时制异常,也即色灯控制单元经查核基本时制或现行时制不存在或不正确时,立即执行预设的电路时制。

3. 连线服务

色灯控制器与控制中心连线方式可配合有线或无线通信方式,并加装通信单元,遵循城市轨道交通控制通信协定,从而达成色灯信号监控连线需求。具体来看,控制系统应提供如下功能服务:一是控制信息(Request),经由控制中心传送控制指令至控制器上,主要信息内容包含:系统对时,也即由控制中心传送系统作业日期及时间信息,要求色灯控制器完成系统对时作业;时制计划,也即由控制中心传送轨道指定执行的静态或动态控制所需的时制计划信息,作为控制器执行参数的依据;特勤命令,也即由控制中心传送色灯指定执行的特勤命令,控制器接收此命令必须立即转换至特勤模式;车道调拨控制,也即控制器可按照控制中心指示,执行调拨车道功能。二是回报信息,色灯控制器依据回报信息内容的特性,又区分为要求性回报(Response)与周期性或立即性回报信息(Report)。

城市轨道交通信号系统的实施应用,需要用到力学、光学、声学、材料学等多方面知识,知识面广,对技术的要求高。近几年随着技术的不断发展,各种新技术不断被应用到这一系统中,促进了系统的不断完善。信号系统实时控制着轨道列车的运行速度等要素,是城市轨道交通系统的重要组成部分,发挥着重要作用。

第二节　城市轨道交通通信新技术

一、城市轨道交通通信系统

通信系统不是单一的子系统,而是多个独立的子系统的组合,以传输系统为核心,各子系统配合提供语音、数据和视频等业务。典型的城市轨道交通通信系统由以下几部分组成:

(1)传输系统;

(2)公务通信系统;

(3)专用电话系统;

(4)视频监控系统;

(5)广播系统;

(6)时钟系统;

（7）无线通信系统；
（8）乘客导乘信息系统；
（9）公安/消防无线通信系统。

（一）传输子系统

传输子系统是通信系统中最重要的系统。一个可靠的核心传输系统将为各通信子系统提供传输通道，承载话音、数据、图像等多种业务。同时为其他自动控制管理系统如信号（ATS）、自动售检票（AFC）、防灾报警（FAS）、设备监控（BAS）和电力监控（SCADA）等系统提供传输通道。采用网络保护、设备保护、冗余配置等多种手段，保证网络的稳定和可靠，彻底消除事故隐患。

目前城市轨道交通通信系统采用的主流方案主要有基于 SDH（同步数字体系）的 MSTP（多生成树协议）技术结合 PCM（脉冲编码调制）传输复用技术的方案、OTN（光传送网）技术方案和 ATM 技术方案等。

（二）公务电话子系统

公务电话子系统为轨道交通管理部门、运营部门、维修部门提供一般公务联络（电话业务和非话业务），相当于企业总机，采用通用的程控数字交换机组成网络，并通过运营商提供的中继线路接入当地的公话网，能与地铁用户提供国内、国际长途和传真、数据等多种电信业务。

（三）专用电话子系统

专用电话子系统是调度员和车站（车辆段）值班员指挥列车运行和指导设备操作的重要通信工具，是为列车运营、电力供应、日常维修、防灾救护提供指挥手段的专用通信系统。系统包括了调度、站间和区间（轨旁）电话，可为控制中心指挥人员，提供专用直达通信，并且具有单呼、组呼、全呼、紧急呼叫和录音等功能，同时可为站内各有关部门提供与车站值班员之间的直达通话，并且车站值班员可以呼叫相邻车站的车站值班员。

（四）视频监控子系统（CCTV）

视频监控系统是调度员和车站值班员监视列车运行、掌握客流大小和流向、提高行车指挥透明度的辅助通信工具，是列车司机在车站停车后监视旅客上下车、掌握开关车门时间的重要手段。当车站发生灾情时，视频监控子系统可作为防灾调度员指挥抢险的指挥工具。

（五）广播子系统

广播子系统为中心调度员、车站值班员提供对相应区域进行有线广播，并实现事故抢险、组织指挥和疏导乘客安全撤离时的中心防灾广播。车站广播系统供控制中心调度长、列调、环控（防灾）调及各车站值班员使用，为乘客播放列车到发信息、安全提示和向导以及向工作人员播发通知等；在紧急情况下控制中心广播系统人工切换至环控（防灾）调度员控制，车站广播系统人工切换为消防广播，引导站内人员疏散。

广播系统由控制中心广播子系统和车站广播子系统组成。采用控制中心广播为主、车站广播为从的主从两级控制方式。控制中心广播的优先级高于车站广播，车站广播在控制中心不广播时，具有独立广播的功能。平时以车站广播为主，控制中心可以插入，但在事故抢险、组织指挥、疏导乘客安全撤离时，则以控制中心广播为主。

（六）时钟子系统

时钟系统是城市轨道交通运行的重要组成部分之一，其主要作用是为城市轨道交通工作人员和乘客提供统一的标准时间，并为其他各相关系统提供统一的标准时间信号，使各系统的定时设备与本系统同步，从而实现全线统一的时间标准。

提供时间信息的时钟系统分为一级母钟系统与二级母钟系统：一级母钟系统安装在控制中心，二级母钟系统安装在各车站和车辆段，用以驱动分布在站（段）内的子钟显示正确的时间。

二级母钟独立于一级母钟，可单独控制各路子钟，一级母钟可对二级母钟进行管理监控。一级母钟接收 GPS 标准时间信号，产生精确时间码。采用 RS422 标准通信接口与二级母钟及其他各系统进行通信。确保专用通信系统的全系统时间与卫星时间严格同步。

城市轨道交通时钟系统所采用的标准时钟设备，在输出时间信号的同时，亦输出为通信设备提供的时钟同步信号，使各通信节点设备能同步运行。

如上所述，城市轨道时间同步系统分为两类：一类是基于协调世界时（UTC）组建的时间同步系统；另一类是用于数字通信设备的时钟同步系统（或数字同步系统）。时间同步系统定时（例如每隔 1s 或 1min）输出标准时间（年、月、日、时、分、秒、毫秒）信号；而时钟同步系统则输出高稳定度、连续的正弦波或脉冲信号。

二、城市轨道交通通信传输网络主流技术

城市轨道交通通信传输系统中所传输的信息大多是与行车调度、运营管理密切相关的信息。目前，城市轨道交通通信传输网络主流技术有 OTN（开放传输网络）、MSTP（多业务传送平台）和 IP 技术。

（一）OTN 技术

OTN 技术具有高速度、全透明、无阻塞、带宽利用率高等特点。OTN 是为专网而开发，具有灵活、丰富的业务接口卡，有较强的业务接入能力及强大的网管能力。它独特的帧结构及传输方式非常适用于独立的专用网络。但 OTN 存在技术标准的独有性和厂商的唯一性等问题，且 OTN 设备为进口设备。

（二）MSTP 技术

目前，城市轨道交通应用最广泛的 MSTP 作为基于 SDH（同步数字体系）的传输技术，其接入处理技术在发挥传送功能方面，继承了 SDH 稳定、可靠的特性，并融合了数据网灵活、多样的业务处理能力。MSTP 技术在城市轨道交通的应用主要有 Ethernet（以太网）over SDH 和 MSTP 内嵌 RPR（弹性分组环）技术。

1. Ethernet over SDH

Ethernet over SDH 是以 SDH 网络作为传送 IP 数据的物理传输网络。Ethernet over SDH 实现了对以太网业务的透明传输，并且可以进行二层处理，还可以实现真正的端到端的业务管理和充分利用 SDH 层面完善的保护机制。其对二层交换功能的支持，可以实现对以太网环网上带宽共享，即环上所有节点的以太网处理板卡通过 SDH 通道组成环形，共享以太网环网带宽。

2. MSTP 内嵌 RPR

MSTP 内嵌 RPR 技术是将以太网业务适配到 RPR MAC（媒体访问控制）层处理，然后映射到 SDH 的 VC（虚容器）通道中传送。RPR 是为基于在 2 个（或更多个）反方向的环上传输分组数据而优化的一种二层技术，RPR 中的双环都可以用于数据和控制信息的传输。

对于 Ethernet over SDH 的方式，其以太网业务在 SDH 层面只能采用复用段保护，倒换时间≤50 ms；但在节点失效的情况下，共线以太网业务无法得到 SDH 物理层的环网保护，必须利用生成树（STP）提供链路层的保护倒换，倒换时间≤50 s。而内嵌 RPR 方式，其以太网业务可以采用 SDH 层面的保护，也可以不需要物理层提供保护倒换，采用 RPR 协议实现链路层保护，倒换时间≤50 ms（含节点失效情况）。在节点失效情况下，内嵌 RPR 的环网倒换时间明显低于 Ethernet over SDH，提高了网络的可靠性。并且，内嵌 RPR 具有完善的服务质量功能，可承载突发性 IP 业务。但目前 MSTP 内嵌 RPR 方案最大支持单环 2.5 Gbit/s，对于大带宽趋势没有很好的解决方案。

（三）IP 技术

IP 技术是一种基于互联网协议的包交换技术，其具有应用广泛、实现简单等优点。纯 IP 体制的网络采用路由器、以太网交换机及光纤构建。IP 技术采用包转发技术、统计复用技术，非常适用于数据业务。但 IP 技术的业务接入能力单一，只能接入 IP 业务，无法实现 TDM 业务的接入。IP 技术在实现端到端的业务配置、电信级保护、多业务承载、OAM（操作维护管理）、网络管理等方面存在着一定的不足。

（四）MSTP + IP 技术

有些城市的轨道交通通信传输系统采用了 MSTP 和 IP 设备共同构建综合传输平台的方案，在各站点设置 MSTP 设备和 IP 设备（以太网交换机），分别组建 MSTP 两纤自愈环和 IP 以太环网。MSTP 网络主要承载语音及低速数据业务，IP 网络主要承载宽带以太网数据业务。MSTP、IP 技术作为目前比较成熟的通信传输技术，该方案集成了 MSTP 和 IP 技术的优势，完成对 TDM 和以太网等多种业务的传输。但该方案采用两种设备组建通信传输网，组网方式比较复杂，并且需要设置两套网管系统，工程投资较高，并且增加了运营管理及维护的工作量。

三、通信传输网络发展趋势及新技术

（一）通信传输网络发展趋势

城市轨道交通通信传输网络的主要业务逐渐由传统的 TDM 业务向宽带以太网数据业务

转变，特别是高清视频业务推动带宽快速持续增长，业务宽带化、IP化是城市轨道交通传输网络的发展方向。但目前城市轨道交通专用调度电话系统、专用无线系统的传输方式仍然以E1（欧洲的30路脉码调制）为主，TDM业务与IP业务在一定时间内依然共存。在满足TDM业务承载的同时，如何保证数据业务高质量、高可靠、高安全地传送是城市轨道交通通信传输网络面临的主要问题。

目前，我国城市轨道交通应用最为广泛的是MSTP技术，特别是MSTP内嵌RPR技术，但基于电路交换的MSTP网络是通过刚性的分配机制和单板级别的IP化来保障以TDM业务为主、以太网数据业务为辅的通信传输网。MSTP技术采用刚性管道承载分组业务，其效率、灵活性较低，设备仅具有以太网二层交换能力。随着城市轨道交通通信传输网络TDM业务的相对萎缩及IP业务需求的日益增加，通信传输网络需要由现有的"以TDM电路交换为内核"向"以IP分组交换为内核"演进。面向IP化的分组传送技术PTN（分组传送网）和融合了TDM与分组技术的软硬管道综合解决方案等新技术也应运而生。

（二）PTN技术

PTN作为新一代基于分组的、面向连接的多业务统一传送技术，不仅能较好地承载电信级以太网业务，而且兼顾了传统TDM业务。PTN以分组交换为核心并提供多业务支持，既具备数据通信网组网灵活和统计复用传送的特性，又继承了传统光传送网面向连接、快速保护、OAM能力强等优点。PTN技术为解决分组业务的高效传送和电信级质量提供了一个较好的解决方案。与MSTP技术相比，PTN技术是一种以分组作为传送单位，承载电信级以太网业务为主，兼容TDM等业务的综合传送技术，在数据业务的传送上具有一定优势。与IP技术相比，PTN技术在环网保护、组网能力和OAM能力等方面都具有一定优势。

PTN技术在运营商网络已经广泛应用，PTN技术有效地提升数据业务承载效率，但TDM业务的承载需要通过电路仿真来实现，存在时延、抖动等问题。对于目前城市轨道交通通信传输网络TDM业务和IP业务依然共存的现状，PTN技术目前在TDM业务的高质量传送方面依然存在一定的不足。

（三）软硬管道综合解决技术

目前，业内出现了如增强型MSTP技术等的软硬管道综合解决方案。增强型MSTP是指基于SDH、分组交换以及波分光层传输的多业务综合传送平台。增强型MSTP是从MSTP产品发展而来，在继承了传统业务承载（SDH、以太网、ATM（异步传输模式）、RPR）的基础上将分组核心技术MPLS-TP（多协议标签交换–传送协议）以及光纤波长复用等技术融于一体。它可通过多业务汇聚方式实现业务的综合传送，通过自身对多类型业务的适配性实现业务的接入和处理，非常适应多业务和多种技术相融合的应用场合。

该技术融合了TDM和分组技术的优势，在保证TDM业务质量的同时，实现大量数据业务的高效承载。该技术延续了MSTP的优势，TDM业务的接入采用传统的MSTP技术，在分组业务方面采用MPLS-TP技术实现承载和保护。MPLS-TP技术在MPLS的基础上增强了传送网络的特性，使以太网业务实现SDH级别的检测精度和倒换，倒换时间<50 ms。

如图6-1所示，软硬管道的综合解决方案可实现多业务的独立承载，TDM业务和分组业务实现了统一交换、统一传送。TDM业务采用硬管道传送，分组业务采用软管道传送，

TDM 管道和分组硬管道可灵活配置，以实现统一的物理隔离，保证业务的安全传送。该技术继承了原有 MSTP 的特性，并提供完善的分组功能，当数据业务突发时，分组弹性管道可通过"削峰填谷"实现带宽复用，以提高带宽承载率。同时，其 QoS 保证了分组业务共享带宽的高质量传送。

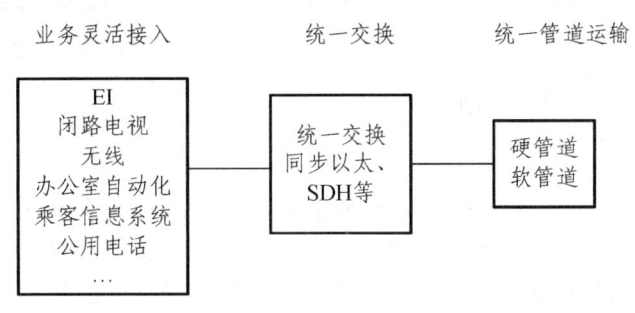

图 6-1 软硬管道传输示意图

四、城市轨道交通车地通信综合承载系统

城市轨道交通建设过程中，交通车地通信系统的建设非常关键。综合承载系统（LTE-M）具有抗干扰能力强和承载能力高的优点，可有效满足城市轨道交通建设对车地通信系统的通信需求。现阶段，基于 LTE 城市轨道交通车地通信综合承载系统的分析研究非常关键。

（一）城市轨道交通车地通信概述

城市轨道交通车地通信是轨道交通列车的重要组成部分。城市轨道列车运行中，内部需要控制信息传输，与交通控制中心要有良好的信息通信联系，列车组人员对列车的实时运行状态要有良好的掌握。城市轨道交通车地通信系统是对列车通信功能的实现和对轨道列车通信要求的满足。当前城市轨道交通车地系统主要承载了 4 项基本业务，包括列车运行控制系统（CBTC）的通信业务、列车运行状态监控系统（TOSM）的通信业务、车辆视频监控系统的通信业务以及轨道交通乘客信息系统（PIS）的通信业务。这 4 项基本通信业务的实现，对城市轨道列车通信功能的实现有着重要作用。

当前城市轨道交通车地通信系统中，通信功能的实现主要依靠无线局域网技术（WLAN）。WLAN 技术具有通信速度快、数据安全以及数据质量高等特点，在当前数据通信领域的应用非常广泛。但是，WLAN 无线局域网在实际通信功能实现的过程中具有一定的开放性，且现代社会使用人群和相关设备非常多，导致在城市轨道交通车地系统的实际应用过程中，非工作人群和系统产生的 WLAN 信号进行数据传输时，极有可能会对交通车信号造成干扰，从而影响整体的数据传输效率。

（二）TD-LTE 技术

TD-LTE 技术是我国自主研发的通信技术。它采用先进的移动通信技术，包括正交频分复用（OFDMA）、自适应调制与解调技术、智能多天线技术（MIMO）、波束赋形技术、分布式发射与分级式接收技术、自适应重传机制（HARQ）以及发射功率自动控制技术，可以很好地满足无线覆盖面积广、终端数量多、速率传输时延小、上行速率高以及安全性高等关键要求，非常适合构建智能无线网络。

当前，TD-LTE 技术已经开始在我国城市轨道交通通信工程建设中使用。例如，昆明轨道交通 4 号线为有效控制解决列车运行数据的高移动性，在通信综合承载系统的建设过程中应用 TD-LTE 技术构建了基于 TD-LTE 技术的城市轨道交通车地通信综合承载系统（LTE-M）。

（三）综合承载系统（LTE-M）

1. 系统结构设计

综合承载系统（LTE-M）主要包括 LTE-M 控制中心系统、设备集中站系统、轨道旁通信系统以及车辆 LTE-M 通信系统 4 部分。LTE-M 控制中心系统由线路数据处理核心网和网管等组成，城市轨道交通车地通信系统的数据传输网与车站连接，保证其正常通信指令的发出和通信功能的实现。设备集中系统中设置有无线射频基站（BBU），不同的无线射频单元（RRU）与不同的 BBU 基站连接，提高信号的覆盖面积，加大信号发射的功率。轨道旁通信系统是设置在列车轨道附近的通信信号接收系统，主要由无线射频单元（RRU）、全向天线以及定向天线组成。一般情况下，轨道旁通信系统主要设置在轨道交通的隧道、高架段以及车辆段，实现各个路段的通信功能。车辆 LTE-M 通信系统也被称为车辆基站通信系统。现代轨道列车中，车头和车尾均设有列车运行控制系统，所以列车车头和车尾也都设有无线终端系统。无线终端系统与轨道旁系统的天线和漏缆连接，实现无线网络的接入。

2. 专用频段选择

城市轨道交通车地通信系统实现通信功能需要专用的通信数据业务频段。当前的 GSM-R 铁路使用的通信数据传输频段大部分是 900MHz，但该频段不能有效承载 TD-LTE 宽带数据移动业务，所以在城市轨道交通车地综合承载系统的（LTE-M）建设中提出对综合承载系统（LTE-M）专用频段的申请。目前，相关部门审批的专用频段包括固定移动用户频段、行业专网频段以及 LTE-M 专用频段，频段的具体范围分别为 1 447～1 467 MHz、1 785～1 805 MHz 以及 850～5 920 MHz。其中，通信频段中的 1 447～1 467 MHz 和 1 785～1 805 MHz 频段均在轨道交通车地通信系统中有所应用。850～5 920 MHz 在具体应用过程中对相关硬件的传输损耗较大，其应用还未成熟。

3. 抗干扰能力设计

城市轨道交通车地通信综合承载系统中，信号数据的通信传输可能受到外界的干扰。对传输而言，降低干扰性，提升自身的抗干扰性，对整个系统通信运行的质量和效率都有重要影响。在当前对城市轨道交通车地通信综合承载系统的分析研究中，根据综合承载系统（LTE-M）的组成结构和网络通信的设计内容，对综合承载系统（LTE-M）的抗干扰能力进行设计。选择使用漏缆全覆盖的方式进行抗干扰性设计。在综合承载系统（LTE-M）中，漏缆属于轨道旁系统的组成部分。与车辆无线网络终端直接联系，提高漏缆的覆盖率，将会在很大程度上提高车辆基站系统中无线网络终端网络连接的效率。采用漏缆全覆盖后，综合承载系统（LTE-M）网络实现全面覆盖，消除了电磁场对综合承载系统（LTE-M）网络的干扰，实现了综合承载系统（LTE-M）电磁场盲区的有效建立。在具体设计中，选择使用双漏缆的布线方式，漏缆与车载天线间的距离为 1.7~1.8 m，有效提高通信系统的抗干扰性。

此外，可以选择将列车基站系统中的网络天线设置在车辆底部，利用车辆自身的网络覆盖系统有效阻隔外界的电磁波，从而屏蔽外界干扰，一定程度上提高综合承载系统（LTE-M）的抗干扰性。

（四）LTE-M 系统性能测试场景设计

1. 测试场地

LTE-M 系统的性能测试直接关系其日后的应用。以昆明轨道交通 4 号线的 LTE-M 系统为例，线路测试正线全长为 8 632.42 m，轨道列车最大运行时速设计为 120 km，路段内高架桥长度为 786 m，隧道整体长度为 930 m 左右。试验模拟城市轨道交通车辆的实际运行环境，已达到测试的科学要求。

2. 测试内容

本次 LTE-M 系统的性能测试内容主要包括自身的通信业务性能和系统的网络数据传输性能。针对自身通信业务性能的测试，主要测试 CBTC、TOSM、CCTV 以及 PIS 传输系统的业务。通过测试系统的网络数据传输性能，解决 LTE-M 系统数据传输中出现的问题。

3. 测试网络实施方案

本次 LTE-M 系统性能测试使用对比的方式进行，选择 A、B 两种组网方式。其中，A 组网方式使用 15MHz 的带宽，B 组网方式使用 5MHz 的带宽。A、B 两种组网方式均可以承载 CBTC 业务信息、列车实时状态信息、车载 CCTV 监控图像信息以及 PIS 图像信息（含紧急文本）等。在通信组网方式不同、网络实施方案不同、通信业务功能一致的情况下，测试 LTE-M 系统通信性能。

4. 测试结果与分析

在 LTE-M 系统性能测试中，传输性能主要针对系统传输的延时性、丢包率以及切换延时。在传输延时测试中发现，列车的传输延时一般在 10 ms 左右，比 CBTC 业务规定延时小得多。试验中，LTE-M 系统的切换延时平均在 30 ms，远低于 CBTC 业务规定的 150 ms 切换延时。此外，检测丢包率时发现，无论是 15 MHz 带宽还是 5 MHz 带宽，测试过程中均没有发现丢包现象，丢包率为 0。通过试验检测 LTE-M 系统的传输性能和承载信息性能，验证了 LTE-M 系统的通信效率。

五、基于 5G 的城市轨道交通车地无线通信系统

5G 通信技术的出现将给城市轨道交通的车地无线系统带来技术上的革命，基于 5G 移动通信技术的车地无线系统可实现高达 1 Gbit/s 的通信速率；多输入多输出（MIMO）大规模天线技术的应用，使无线接入层的频谱效率和接入终端数量都有 10 倍以上的提升；移动边缘计算（MEC）技术的引入，将应用业务"下沉"到车站接入网侧，使用户能感受到的时延缩小到 1 ms 以内，基本实现零时延。

（一）基于 WLAN 技术的车地无线通信系统构架和存在的问题

采用 WLAN 技术构建的 PIS 车地无线通信系统如图 6-2 所示。

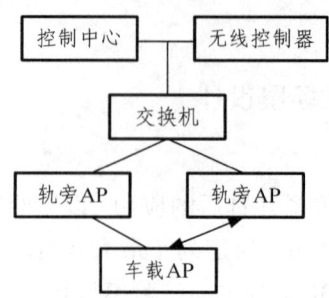

图 6-2　WLAN 制式的车地无线通信系统构架图

系统在控制中心设置 2 台互为主备的接入控制器（AC），作为整个车地无线通信系统的核心设备；在各个车站设置天线轨旁 AP，在行驶的车辆上设置车载 AP，以实现车站和列车上无线信号的覆盖。由于 AC 处理能力和频谱带宽的限制以及 AP、天线等无法大规模密集部署，基于 WLAN 技术的车地无线系统在运行中时常有卡顿、拥塞、丢包等现象，使其成为地铁运营管理中故障频发的系统，给运营人员带来不小的压力。

由于 WLAN 制式的信号车地无线系统采用 2.4 GHz 开放频段，系统不可避免地会受到民用通信产品（WiFi、蓝牙等）的干扰，可能导致信号车地无线系统无法使用，导致列车无法正常运行。深圳、重庆的城市轨道交通运营中均发生过类似故障，导致列车紧急刹车、严重晚点和大规模旅客滞留，造成了严重的社会影响。

PIS 车地无线系统是轨道交通中重要的无线通信系统，目前主要负责车载 PIS 与地面 PIS 之间的信息交互，以及车载 CCTV 实时图像的上传。由于 WLAN 技术在频宽、处理能力、无线覆盖方面的缺陷，系统容易出现信息重传、频繁丢包等现象，严重时会出现紧急文本无法实时下发到车载 PIS 系统、车载 CCTV 系统图像无法实时上传至控制中心等故障，给城市轨道交通运营人员的日常维护工作带来较大困扰和压力。

（二）5G 通信技术在车地无线通信系统中的应用研究

5G 是新一代移动通信技术，具有高可靠、低时延的技术特点，若将 5G 通信技术应用在城市轨道交通的车地无线通信系统中，将能较好解决目前城市轨道交通车地无线系统中普遍存在的易受干扰、时延长、故障频繁等问题。

5G 网络的数据流量将会是 4G 网络的 1000 倍，要实现这样的目标，离不开以下几个关键技术：新型网络构架技术，运用 NFV（网络功能虚拟化）和 SDN（软件定义网络）技术实现网络的扁平化，构建低成本、高效率、低时延的主干网络；MIMO 大规模天线技术，使 4G 时代至多 8 端口的天线从二维扩展到三维，实现高阶多输入多输出的大规模天线阵列，频谱利用率提高 10 倍以上；MEC 技术是 5G 的另一个关键技术，将网络应用业务下沉到无线接入侧，用户感受时延缩短至 ms 级，充分体现了 5G 网络的"快"。

表 6-1 所示是 5G 技术和目前 4G、WLAN 技术在一些关键指标上的对比。

表 6-1　5G 与 4G、WLAN 技术关键指标的对比

关键指标	5G	4G	WLAN（IEEE802.11b）
工作频段/GHz	3.0 及以上	1.8～2.6	2.4
信道带宽/MHz	100 以上	40 以上	22
理论速率/（bit/s）	1G 以上	最高 100 M	11 M
理论速率/（bit/s）	64 SISO	8 SISO	1 SISO

注：SISO 为单进单出。

现从 5G 通信技术中，选取 LTE-A（长期演进-增强型）、MIMO 增强技术、MEC 等关键技术，分别从核心层、接入层及应用层来探讨 5G 通信技术在城市轨道交通的车地无线通信系统上的应用解决方案。其网络架构图如图 6-3 所示。

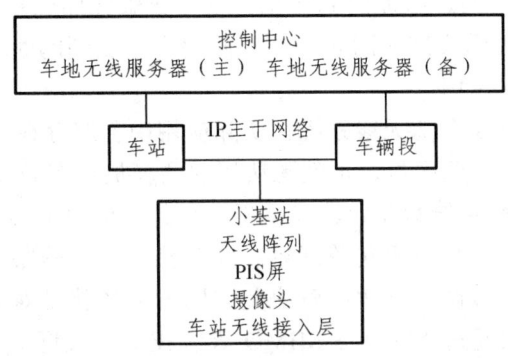

图 6-3　基于 5G 技术的车地无线通信系统图

如图 6-3 所示，在网络构架方面简化核心网络结构，采用通用硬件构建核心网络，提供灵活高效的控制转发功能；同时将原来核心网络的业务存储和计算能力从网络中心简化下沉至网络边缘；在无线接入运用 Massive MIMO（大规模多输入多输出）天线和 MEC 技术，满足接入层高流量、低时延的业务要求，实现整体性能的革命性飞跃。

1. LTE-A 技术构建车地无线通信系统核心网络

5G 通信技术中，基于后 4G LTE 演进的 LTE-A 技术具有初期投入小、融合性高的优点，可选用此技术作为城市轨道交通车地无线核心网的组网技术，构建高可靠、低时延的车地无线通信系统。

由于 NFV 和 SDN 等新技术的引入，核心层的网络设备将不再是专用的 AC，而是通用硬件设备构建的基础设施平台，解决 AC 设备成本高、资源配置效率低的问题。通用的核心网络硬件设备可以方便快捷地部署在网络中任意位置，实现资源的按需分配和动态延伸，以达到最优的效率。

基于 LTE-A 技术构建的车地无线系统的接入速率可高达 1Gbit/s，远高于基于 WLAN 技术的 11Mbit/s 的接入速率，系统延时也将被控制在 1ms 以内，基本感觉不到有延时现象。

2. MIMO 增强技术实现接入层的大规模高密度的无线网络覆盖

MIMO 技术，显著增加了频谱效率和数据传输速率，Massive MIMO 是 MIMO 的增强技术，基于 MIMO 增强技术的大规模无线天线阵列，将可应用于车地无线的车站接入层，可 10

倍地提高频谱效率和系统容量。

基于 WLAN 制式的车地无线系统主要是在车站及运行列车上通过部署轨旁 AP、小规模天线及车载 AP 实现车站层面车-地之间的无线覆盖与通信，为车站的车载 PIS、车载 CCTV 等终端设备提供无线接入。由于城市轨道交通的车地无线系统的高速移动性，容易出现 AP 连接中断、系统信息重传的现象，严重时会导致通信中断，造成故障。

基于 5G 技术的车地无线系统拟采用"小基站+大规模"天线技术，实现车站层面的无线接入，1 个车站内将不会出现 AP 切换、通信中断等现象。由于 1 个车站内可以部署成百上千个天线，极大提升了频谱效率，可对车站进行更为全面的覆盖，同时也大大降低了干扰，能显著提升车站接入层的通信体验。

3. MEC 技术的业务接入与存储下沉到车站层面

MEC 的定义是：在移动网边缘提供 IT（信息技术）服务环境和云计算能力，即将网络业务"下沉"到更接近用户的无线接入网侧，从而使用户感受到的时延减小、网络拥塞被显著控制，可以引进更多的业务应用。

目前，城市轨道交通 PIS 车地无线系统在实际应用中普遍存在的故障是：车载 CCTV 的图像无法实时上传至控制中心调度员，也就无法实现调度员对车载 CCTV 的监视和控制。这个故障的主要原因是 WLAN 系统数据传输速度慢，视频图像要上传至控制中心，在接入与上传过程中容易出现信息重传、信息丢包等现象，同时控制中心的服务器处理能力也有限，两者叠加将导致通信的中断、故障的产生。解决此问题的途径就是对症下药，一方面提高接入层的接入效率，在车站层面通过 Massive MIMO 天线技术，成百上千地部署天线，将有效解决此问题；同时在每个车站部署 1 台边缘计算服务器，将原在控制中心解决的视频传送与存储下沉到接入层，将可有效地解决此问题。

在城市轨道交通车地无线系统的每个车站接入层各设置 1 台移动边缘计算服务器，各车站的车载 CCTV 图像以及车载紧急文本下发等功能均可在车站边缘计算服务器上实现。这就提高了处理效率，能够有效解决此类故障。

另外，移动边缘计算服务器的加入也为未来 CCTV 系统车站摄像头的本地监控与存储提供了技术可能，并使车站的无线接入层面还可接入更多的业务应用终端，例如车站的环控设备、门禁设备、各类自动化监控设备等。甚至还可以为车站运维人员配置专用的移动运维终端，其能方便迅捷地完成车站各个监控设备的快速巡查和故障处理，使城市轨道交通的车站运维进入物联网技术时代，实现智慧轨道交通的运维管理。

（三）频段选择

不同于 IEEE WLAN 制式，性能更优越的基于 5G 通信技术的车地无线系统需要申请专用的频点。申请专用频点，可有效解决车地无线系统受到民用产品干扰的问题。为了推动城市轨道交通领域专用频点的申请，工信部无线电管理局设有专门的工作组推动此工作，也是为了便于今后在全国轨道交通行业中大规模的推广使用。

目前可用的低频段主要集中在：1 427～1 525 MHz、3 300～3 400 MHz、4 400～4 500 MHz 和 4 800～4 990 MHz 这 4 个主要频段。由于 1 427～1 525 MHz 频段目前已大量使用，若使用的话，将有大量的请频工作要做，故建议推荐使用后 3 个频段作为城市轨道交通的车地无线系统使用。其适合 5G 车地无线通信系统在地铁区域内提供高速数据传输业务，能满足城市轨道交通车地无线通信系统高可靠性、低时延的通信需求。

（四）需要注意的问题

5G 移动通信技术作为尚未展开大规模应用的前沿技术，还有一些问题需要在实际应用中做进一步的深化研究，主要有以下几点：

（1）系统性价比的问题。5G 系统由于频率的提高，无线信号的传输衰减也大大增加，5G 网络将是一个密集部署的无线通信网络，在小基站、大规模天线阵列的部署上将会产生大量的设备投资。这就需要优化结构设计，选取性价比高的设备，在有效投资的前提下实现性能最优。

（2）系统的安全问题。由于无线接入的接入终端数量大幅增加，将对系统的信息安全带来极大的压力，要做好防护措施，以免内部重要的运营系统和关键设备受到威胁和攻击，对此还需要做进一步的研究和探讨。

第三节　城市轨道交通信号新技术

一、全自动驾驶 FAO 技术

（一）日常运营场景描述

城市轨道交通列车全自动驾驶系统具有列车运行性能更佳、安全可靠性更高、运能增大、运输成本降低等优势，是轨道交通技术发展的方向。全自动驾驶的列车出库投入运营前，上电从休眠状态自动唤醒、进行综合自检、自动启动行驶到转换轨、进入正线升级至 CBTC 系统、按照时刻表载客运营、完成站间行驶、到站精准停车、自动开关车门、自动发车离站、自动折返、完成运营后入库自动对位停车、上传当天运行数据、自动断电休眠。全自动驾驶日常运营流程如图 6-4 所示。

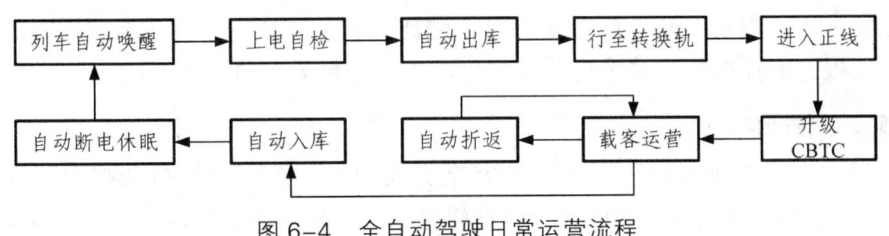

图 6-4　全自动驾驶日常运营流程

（二）自动化级别

全自动驾驶 FAO 包括 DTO 和 UTO。DTO 为无司机但有人值守的自动驾驶模式，正常情况系统控制列车自动运行，异常情况人工随时介入干预。UTO 为完全无人的自动驾驶模式，正常情况系统控制列车自动运行；大多异常情况下，信号、车辆、综合监控等多系统间可实现信息综合、联动控制功能，安全性和效率均达到最佳。

（三）关键技术点及应用

1. 联动功能

行车综合自动化系统 TIAS 高度集成列车自动监控 ATS 系统、变电所综合自动化系统、环境与设备监控系统、广播系统、闭路电视系统、乘客信息系统、互联门禁系统、时钟系统、站台门等系统，实现整个地铁运营系统的综合信息显示、集中控制、程序联动。例如，段场早间列车上电和自动唤醒联动流程如图 6-5 所示。

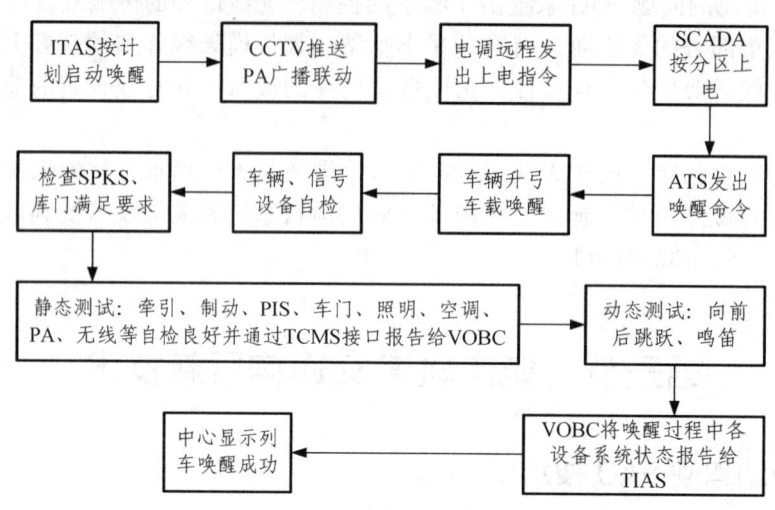

图 6-5　列车上电和自动唤醒联动流程

2. 自动化功能

信号 CBTC 系统架构上增加设备，新增自动化功能。全自动驾驶 CBTC 系统与传统 CBTC 系统相比，车载主要增加唤醒休眠模块，地面主要增加智能化车辆段 ATP/ATO 设备，新增如下功能：

（1）正线运行：站台自动对位调整、全自动发车、远程自动清客、无人自动折返和工作者防护。

（2）车辆段实现自动化：自动唤醒与休眠、自动出入车辆段、自动调车、自动洗车、自动库门防护、有人区与无人区隔离。

（3）应急处理：蠕动、站台门与车门对位隔离、紧急手柄与火灾等系统联动、车辆监测信息处置及上报、远程操控、乘客疏散及应急逃生、站台关车门与清客确认。

3. 实现全系统硬件冗余

全自动驾驶车载系统和地面系统均按冗余方式配置。车载系统包括列车数据管理系统 TDMS、速度传感器、天线等。地面系统包括轨旁 ATP、轨旁联锁、轨旁 ATS、继电器（用于道岔驱动）采集、计轴接口、洗车机、车库门等。

4. 系统软件升级并提高运行的稳定性

全自动驾驶 CBTC 系统和传统 CBTC 系统相比，更多的是功能性需求增加，这就需要信号系统与诸多外部系统进行接口，实现集中监视、综合联动。如此庞大、复杂的控制系统，需从软件架构层面重新设计。一般采用既有系统软件逐步升级的方式（模块化和层次化的软件设计使得系统可方便地进行升级和外部扩展），最终的软件系统要保障整个系统运行的稳定性。

二、基于车车通信的新型 CBTC 系统

（一）应用现状

目前国内尚未有真正的基于车车通信的 CBTC 系统的应用案例，法国里尔地铁的改造项目应用了该技术。法国里尔地铁 1 号线项目，2010 年开始研发基于车车通信的 CBTC 技术，2013 年开始进行信号系统改造，最初预计 2016 年初投入商业运营，但由于土建和技术原因已延误 3 年，预计列车运营间隔为 66 s。法国里尔地铁 1 号线全长 13.5 km，设有 18 座车站，运营列车 80 列，该线路是全球第一条由基于轨道电路的 UTO 改造为基于无线车车通信的 UTO 线路，改造后其运输能力将增加一倍。该线路的信号系统将道岔、轨道区段等都视为轨道资源，遵循以"资源管理"为核心和以列车为中心的管理原则，所有车辆的运行都被理解为对轨道资源的征用和释放，先进先出。

（二）基于车地通信与基于车车通信的 CBTC 系统差异分析

1. 基于车地通信的 CBTC 系统

该系统主要包括中心的 ATS（列车自动监视）设备、ZC（区域控制器）、车载设备、联锁和室外转辙机、信号机、信标等。目前国内基于车地通信的 CBTC 系统主要分为两类：一类是以联锁进路为核心的 CBTC 系统，由 ATS 下发进路请求至联锁，联锁控制室外设备，并将状态反馈给 ZC，同时 ATS 将列车运行信息下发给 ZC，最后 ZC 计算移动授权发送给车载设备，控制流程如图 6-6 所示；另一类则是以移动授权为核心的 CBTC 系统，ATS 首先将进路请求下发给 ZC，ZC 会将进路请求信息下发给联锁，并从联锁获取道岔和信号机等设备状态信息，同时接收所控区内的车辆发送的位置信息，根据各列车位置信息以及道岔、信号机的状态信息下发给车载设备移动授权，控制流程如图 6-7 所示。

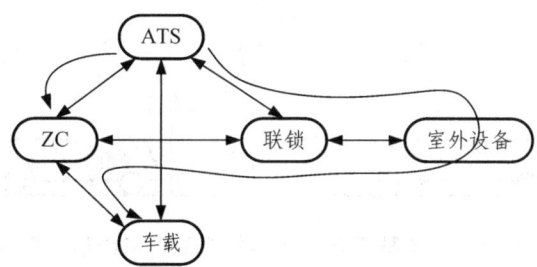

图 6-6 以联锁进路为核心的 CBTC 系统控制流程

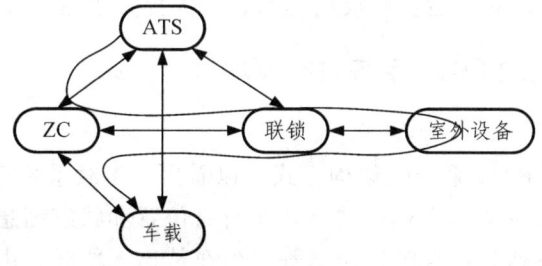

图 6-7 以移动授权为核心的 CBTC 系统控制流程

2. 基于车车通信的 CBTC 系统

该系统取消了 ZC 和联锁设备，所有的轨旁设备由 OC（对象控制器）进行控制；由 ATS 直接下发运行信息给车载设备，车载设备与相邻列车进行直接通信，各列车发送各自的位置信息，并获取前车的位置信息，计算自身的移动授权距离；当列车行驶到道岔附近时，申请对道岔所对应的 OC 进行控制，获取控制权。这种方法更好地体现了以列车为中心的原则，由列车直接对轨旁设备进行控制，控制流程如图 6-8 所示。

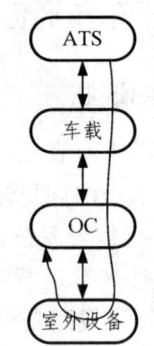

图 6-8 基于车车通信的 CBTC 系统控制流程

3. 移动授权和响应时间差异分析

由两种系统的架构不难看出：基于车地通信的 CBTC 系统，车载 ATC（列车自动控制）需要周期性地与轨旁 ATC 进行通信，由区域控制器进行移动授权；而基于车车通信的 CBTC 系统，则仅需要进行车与车之间的直接通信，响应时间更快，同时对于轨旁设备，也只需要在列车接近时与其进行通信。两种系统的移动授权和通信方式如图 6-9 所示。

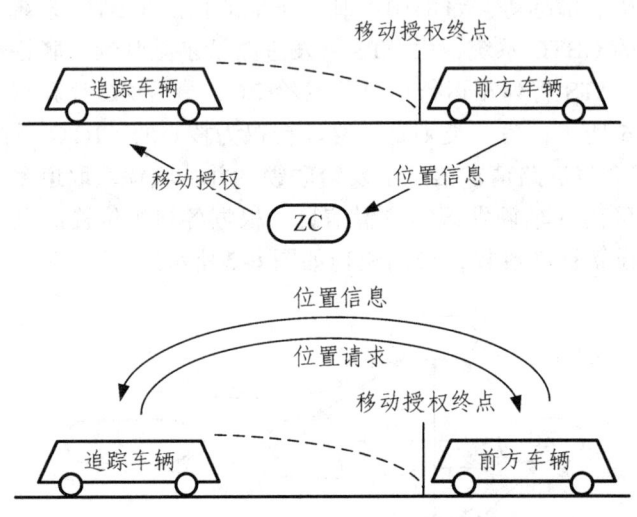

图 6-9 基于车地通信与基于车车通信的 CBTC 系统移动授权与通信方式

通信方式和架构理念的改变，使得基于车车通信的 CBTC 系统在缩短追踪间隔的同时具有更高的灵活性，可以实现对向运行和反向运行，大大提升了运行性能。

（三）基于车车通信的 CBTC 系统关键技术

1. 管理方式

由基于车车通信的 CBTC 系统的架构方式可以看出，车载系统将直接与 ATS 中心、OC 控制器直接通信。其通信主要内容有：共享列车自身位置和状态信息，获取运行信息，获取其余列车信息，以及共享列车自身维护信息等；列车从出入段线，由场段驶向正线时，将首先与 ATS 通信，获取当天的运行计划，并将自身信息在控制中心登记，同时获取全线其余列车的位置信息；之后车载系统根据所映射的线路地图，与前车进行周期性通信，若前车发生丢失或通信中断，将再次向控制中心发出查询全线信息申请并 EB（紧急制动），直到确认前方线路信息后，再次运行；当列车驶离正线时，通知控制中心注销车辆信息。

列车与前车建立通信的过程，存在着 3 种不同的管理方式：与由中心 ATS 指定的前车进行通信；ATS 只发送所有列车位置信息，由车载系统自行判断前车，并与其进行通信；车载系统通过独立的安全网络与全线所有列车进行通信，共享所有车辆的位置信息。第一种管理方式，实际上还是有 ATS 负责全线的信息，相当于将 ZC 的部分功能上移至 ATS 中，未能实现分布式的管理方式，一旦 ATS 故障将造成对全线的影响；第二种方式，增强了车载的自行判断能力，即使在单点 ATS 控制中心故障的情况下，仍能实现运营，对信号系统的风险也较小；第三种方式最为直接，但是增大了网络的承载，存在着网络风暴的可能性。

2. 道岔控制

对于道岔的控制是确保行车安全的根本。对于基于车车通信的 CBTC 系统来说，可分为车车通信广义与狭义两种。广义上的车车通信，只要是车与车进行直接通信即可。由 ATS 下发进路信息给车载设备和 OC，车载设备互相通信，计算各自的移动授权，OC 根据车辆的位置与预期进路信息对道岔设备等进行控制。实际上此种方法虽然字面上实现了车车通信，但对轨旁控制的核心逻辑仍然在 OC 控制器上，这无疑增加了 OC 设备的计算量与成本。

狭义上的车车通信则是更加扁平化的管理方式，对于轨旁设备直接由车载设备通过 OC 进行控制，列车接近道岔区段时，会申请对道岔所对应的 OC 控制器的控制权；取得控制权后，会根据所需运行信息对道岔进行定位操作或反位操作并进行锁闭；列车通过后释放控制权，OC 控制器在注册表中变成未分配状态。这种方式更加符合"以列车为中心"的思想。

由于不再具有联锁设备，因此容易出现道岔死锁的情景，这就需要在系统中提前设置，由 OC 来进行场景判断，避免死锁情景的发生。同时对于道岔的控制，将遵循"先进先出"原则，先于 OC 控制器建立通信列车，在注册表中获取控制权后，列车将优先使用道岔。

在此基础上，还需要考虑道岔所属 OC 控制器的通信建立时机。如果过早建立通信将影响运营效率；若是通信建立过晚，则可能存在道岔未锁闭时列车驶入的情况，这将造成车辆脱轨或者挤岔。

3. 降级下的运行风险

基于车地通信的 CBTC 系统配置有一套联锁设备，可用于当列车进入降级模式下或出现非通信列车时使用，通过联锁确定列车位置，为列车办理进路，控制道岔，通过信号机确保行车的安全。但是对于基于车车通信的 CBTC 系统而言，在取消了联锁设备的情况下如何避免降级运行下的风险将是车车通信的难点所在，目前的一些主要的解决思路如下：

（1）增加系统的冗余度，从而提高系统的可靠性。目前有一些信号系统供应商所提出的 CBTC2.0 系统具有一定的借鉴意义。该系统取消了联锁后备的模式，采用了以 CBTC 备份 CBTC 的理念，确保了故障情况下，在不影响 CBTC 系统正常使用的同时，可以对设备进行维护。对于基于车车通信的 CBTC 系统而言，DCS（数据通信系统）子系统可靠性对运行的稳定性的影响将增大，因此可以采用 LTE（长期演进）+WLAN（无线局域网）技术，做到双重网络的多重冗余；对于车载系统也可以采用 2×2oo3 的冗余架构；在控制中心除了主用控制中心的冗余外,还可以增加热备的备用控制中心,增强系统的可靠性。

(2)基于物联网 RFID(射频识别)技术的次级监测系统。为防止发生列车位置信息丢失的情况,可在车辆上预装 RFID 设备,在轨旁安装读卡器设备,当车辆通过读卡器后,读卡器将车辆的信息发送给控制中心,控制中心根据读卡器所提供的位置信息和车辆的 ID 信息,在系统中"伪造"一个列车位置信息,从而实现不同模式列车的混跑。目前 RFID 技术已经应用于德国慕尼黑火车进站的定位系统中,并在 ETCS(欧洲列车控制系统)中作为列车定位的辅助技术。

(3)自主化列车控制。传感器技术的不断发展,也为自主化列车控制带来了可能。列车的自主化控制是人工智能的一种特定应用,基于数据和模型驱动的人工智能技术能够为列车自主化控制提供可信的思考和决策。基于环境感知的列车主动控制将为降级模式下提供主动式的运行防护。除了传统的定位方式外,自主化列车控制将基于多元信息融合的列车自主定位技术,包括基于卫星导航的虚拟应答器技术、基于地基增强系统定位技术、惯性定位技术以及多传感器融合技术,实现多数据融合的主动定位,既增强了系统定位的冗余度,同时避免了被动定位对于轨旁的依赖。在智能感知方面,也将采用基于视觉的传感器。毫米波和激光雷达等,实现对前方障碍物的确认与检测。

三、城市轨道交通 CBTC 系统互联互通

城市轨道交通 CBTC 系统互联互通是指装备不同 CBTC 厂商提供车载设备的列车可以在不同厂商提供轨旁设备的线路上运营。互联互通的总体目标是支持轨道交通网络运营的联通联运,实现轨道交通线网建设、运营和管理的资源共享。

目前我国城市轨道交通 CBTC 系统主要依赖于进口,各供货商 CBTC 系统因接口标准不统一,无法实现互联互通。随着城市轨道交通建设规模的扩大,我国对轨道交通提出了"节约成本、避免重复投资、实现网络化建设、运营、管理"的新要求。随着中城协互联互通标准规范制定工作的稳步推进,CBTC 系统的互联互通势必成为今后发展的方向。

(一)CBTC 系统互联互通的技术条件

各互联互通的线路采用的信号系统应采用统一的标准和规范,主要包括:
(1)采用一致的系统功能定义。
(2)采用一致的系统架构和功能分配。
(3)采用一致的互联互通接口规范(接口协议从物理层、协议层和应用层必须保持统一)。
(4)采用一致的轨旁设计原则和设备安装原则(应答器、信号机、计轴等安装位置应统一或兼容;DCS 轨旁漏缆、天线安装位置应统一或兼容)。
(5)采用一致的人机界面和操作方式,为调度员和司机的共享提供条件。

(二)城轨 CBTC 系统互联互通的接口规范

城轨 CBTC 系统互联互通的接口规范如图 6-10 所示。

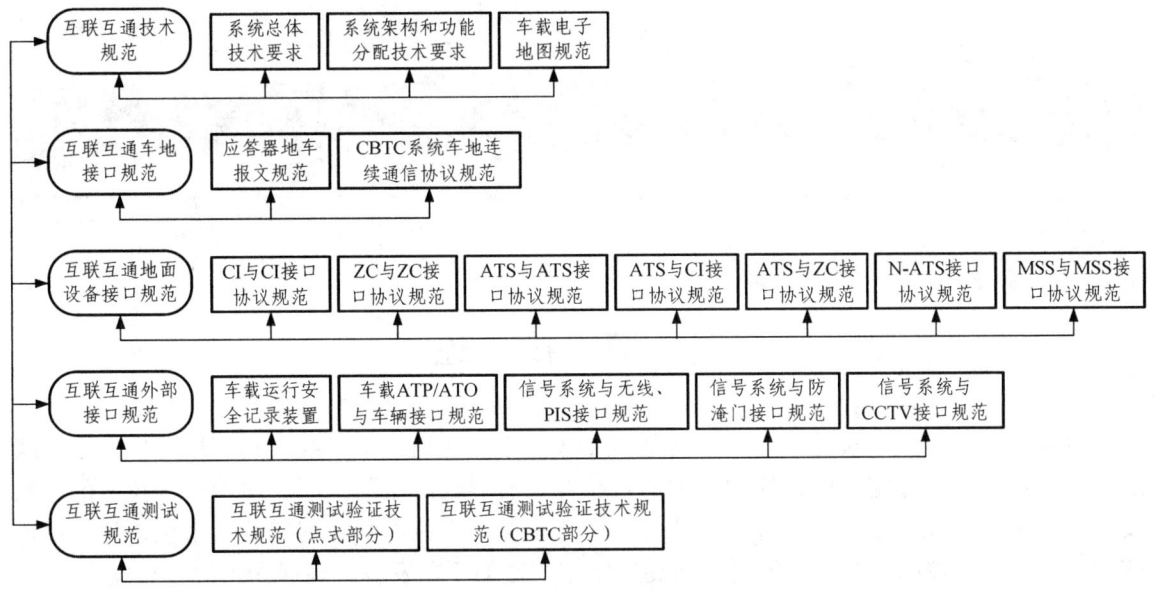

图 6-10 城市轨道交通 CBTC 系统互联互通接口规范

（三）城轨 CBTC 系统互联互通的其他条件

城市轨道交通互联互通是一项复杂的系统性工程，除涉及信号系统自身的系统总体架构、通信协议、通信接口、工程设计标准外，还涉及线路、限界、车辆、牵引供电、运营管理体制等外部条件。

第七章　城市轨道交通列车控制新技术

第一节　概　述

目前，在国内城市轨道交通领域内基于无线网络的通信技术已经得到应用，但由于无线通信网络不是特别稳定，所以这种新型的科技并没有得到广泛的应用。随着科学技术的不断发展，只有不断地改善这种新型的科技技术，才能保证无线网络在列车控制系统得到广泛的应用。不断完善控制系统，才能更好地促进城市交通的不断发展，确保人民的出行安全。

轨道交通运营中安全问题是至关重要的。列车在轨道交通线路上运行是一维空间的问题，确定列车在线路的确切位置是保证安全的关键，特别是早期没有鉴别手段的情况下。最简单的确定位置的方法是划分一定长度的"区段"，在某一时间段内，在此区间内只容许一列车占有（运行、停放），这就是"闭塞"的概念。为保证行车安全，将列车正在运行、停放的线路区段予以"封闭"，不允许其他列车进入此区段，以防止对向列车、后续列车的正面冲突或追尾事故的发生。

一、闭塞的概念与相关技术

长久以来，均以车站作为闭塞区段：
（1）车站值班员"眼见为实"作为判断标准；
（2）站间电报、电话多次确定作为允许列车通行的先决条件；
（3）各种形式的信号指挥列车运行。

随着轨道交通电路的发展、完善，逐渐改为以轨道电路作为闭塞区段。城市轨道交通的闭塞现在已开始取消固定"闭塞区段"的概念，从固定闭塞向移动闭塞方向发展。

人工闭塞：采用路签或路牌作为列车占用区段的凭证，由接车站值班员检查区间是否空闲。单路签闭塞是早期使用的一种人工闭塞方式，后来发展为电话、电报人工闭塞。

轨道电路：钢轨是导体，左右两根钢轨可以组成闭合电路，用来检查列车占用钢轨线路的状态，这就是轨道电路。轨道电路的出现，代表铁路自动信号的诞生。美国人鲁宾逊1870年发明了轨道电路，但真正实际应用于轨道交通中是20世纪30年代。

半自动闭塞：人工开启信号，列车经过时自动关闭信号的闭塞方式。在进站和出站处各安装一个轨道电路，就可实现半自动闭塞。

自动闭塞：如果全线分段铺设轨道电路，每段轨道电路都设置信号，在列车占用该轨道电路线路时，信号自动显示红灯；前一段线路信号自动显示黄灯；再前一段线路信号自动显示绿灯。闭塞区段突破了"站"的限制，若车站区间8km，一段轨道电路1.3km，理论上站间可以同时有三列车。

二、传统的列车控制系统中车地无线通信技术

虽然说随着科学技术的不断发展，在国内的列车控制系统中已经出现了新型科技的车地无线通信的技术，但是传统的车地无线通信技术依然得到广泛的应用。至今为止，列车控制系统中车地的无线通信依然是一个相对比较薄弱的技术环节，只有不断地改进这种技术方案，才能有效地促进车地无线通信的快速发展，确保人们的出行安全。

三、列车控制系统中传统的车地无线通信存在的缺陷

迄今为止，列车控制系统中的车地无线通信依然是城市轨道交通中相对比较薄弱的环节，现代化的城市居民中已经有很多人开始对传统的车地无线通信的安全性、可靠性产生了怀疑。目前来看，传统的车地无线通信系统存在的缺陷主要有以下几个方面：

（1）列车在大部分时间内都处于运行状态，但是传统的车地无线通信不能很好地配合列车的运行，无线通信和列车在大部分时间内都不会有很好的契合度。

（2）标准的无线通信中适用的传输带宽相对比较宽，但是在列车的运行过程中，信号很容易受到各种因素的干扰，比如无线信号在传播过程中特别容易衰落、多普勒效应以及隧道通信本身的传播特性等。

（3）民用无线通信系统的可靠性与工业应用差距相对比较大。

第二节　针对单轨交通的车载 ATP 系统

单轨是一种轻型、中等速度的城市轨道交通运输工具，相比于传统的地铁、轻轨、磁悬浮等交通方式，其具有建设周期短、造价成本低、不占用地面交通资源、低碳环保等优点，特别适宜于中小城市作为轨道交通发展，亦可在大城市中作为地铁的延伸，是一种极具潜力的城市轨道交通发展模式。

一、单轨信号系统设计

考虑到单轨轨道和车辆的特殊性，传统信号设备有些无法直接在单轨中应用，因此需先对信号系统相关设备进行选型。

（1）区间占用检测设备。目前，国内外在跨座式单轨信号系统中使用的区段占用检测设备大体有环线、光电管（光幕）、计轴 3 种，蒋先进等人结合重庆单轨交通三号线的应用对这三种方式进行了比较，验证了国产化计轴系统在单轨控制系统中的应用可行性，因此采用计轴作为单轨列车的检测设备。

（2）车地点式通信设备。点式通信作为 CBTC 的后备，即点式 ATP 模式下的主要车地通信方式，其设备的可靠性和稳定性直接关系到单轨列车的运行效率。在重庆单轨交通三号线

中，使用欧标应答器作为车地点式通信设备，并使用盖梁安装方式，可以避免在轨道梁上预埋设备。由于单轨车辆和轨道的特殊性，对应答器与 BTM 天线的参数进行相应调整，使之在更大的作用范围内工作。目前国产欧标应答器在国铁上已经大量应用，因此采用欧标应答器作为单轨车地点式通信设备，同时提供绝对定位信息供车载信号设备使用。

（3）列车测速定位装置。测速和定位是车载列车控制系统功能的基础，一般需使用两种或以上冗余测速方式。考虑到单轨一般运行在室外露天场所，全球导航卫星系统 GNSS 是一个不错的选择，结合轨道交通传统的速度传感器或测速电机，可实现单轨列车的连续测速和定位，再辅以欧标应答器的固定位置校正，即可保证单轨列车定位精度满足 CBTC 系统的要求。因此，本系统测速定位采用"速度传感器（或测速电机）+GNSS+应答器"的综合测速定位技术。

（4）道岔控制系统。单轨系统中的道岔结构和操作控制方式与常规的轮轨交通系统完全不同，它采用电动液压控制系统及行程开关等设备，带动整体钢箱梁或预应力钢筋混凝土梁 PC 梁动作。信号系统负责向道岔系统发布道岔控制命令，由道岔系统利用液压电机在预铺设导轨上带动 PC 梁或钢箱梁同步动作，通过行程开关确定走行距离，到位后给出具体表示，由信号系统进行采集。信号系统与道岔系统接口分界点在现场道岔控制箱。信号系统可使用传统计算机联锁系统对道岔进行控制。

（5）无线通信系统。目前，国内城市轨道交通 CBTC 系统常用的车-地通信传输方式主要有交叉感应环线、无线天线、漏缆、裂缝波导管等。考虑到单轨只有一根轨道梁，环线、漏缆、波导管等安装方式均需在轨道梁上做预制，且维修维护复杂。随着 LTE 技术在城市轨道交通的逐步推广，基于 LTE 技术的、间隔距离更远的无线天线是比较理想的安装方式，只需在每相隔 1 km 距离范围内的站台区布置 RRU 和无线天线，即可实现全线的无线网络覆盖。

根据上述选型，单轨信号系统结构如图 7-1 所示，由车载和轨旁两大子系统组成。车载核心控制设备为车载控制器，包括 ATP 和 ATO 部分。外围配套设备包括应答器传输模块（BTM）、车载数据终端（TAU）、速度传感器、卫星定位模块 GNSS、列车操作界面（TOD）等。轨旁设备主要包括 ATS、计算机联锁系统（CBI）、区域控制器（ZC）、无线通信模块、计轴系统（ACS）、地面电子单元（LEU）和应答器等。

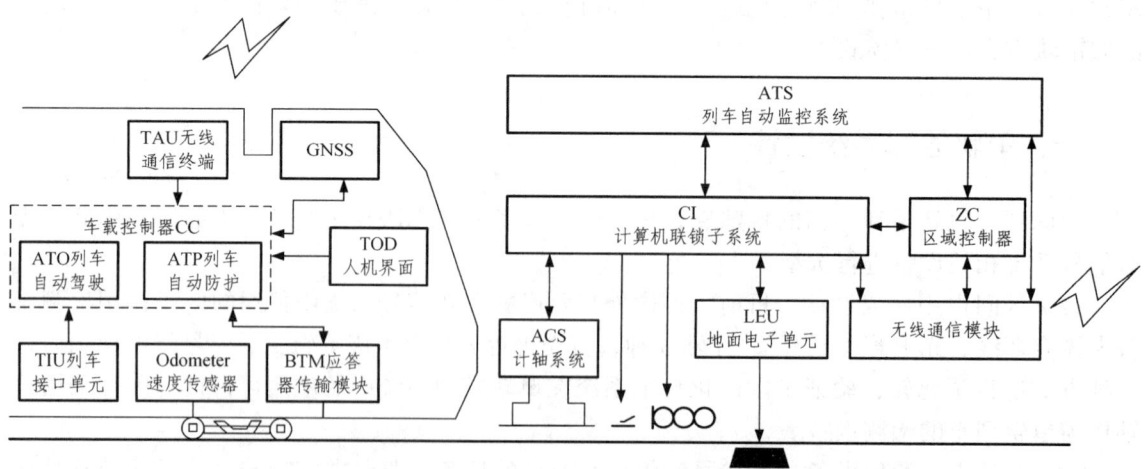

图 7-1　单轨信号系统结构图

二、车载 ATP 系统设计

ATP 负责列车运行间隔保护及超速防护，满足故障—安全原则，是保证列车运行安全的重要系统，是单轨信号系统的核心。

（一）ATP 系统需求

根据 IEEE1474.1 标准及行业规范，车载 ATP 系统的基本功能包括：列车速度检测；列车定位；速度–距离安全制动模型；超速防护；移动授权管理；退行/溜车防护；零速检测和停稳监督；列车完整性监督；车门及屏蔽门/安全门的监控；发车监督；驾驶模式切换等。

车载 ATP 系统的安全完整性等级应达到 SIL4，危险侧失效概率 THR 应小于 $10^{-8}/h$。

（二）ATP 系统设计

由于单轨列车的长度较短，因此一列车设置 1 套二乘二取二结构的 ATP 系统。该系统由两系完全一致的安全计算机组成，每系由两个 CPU 模块执行二取二安全表决，同时每一系均可采集两端车头（A 端、B 端）所有外围配套设备的状态，如图 7-2 所示。两安全计算机之间通过 100M/1000M 以太网进行数据同步，通过直连线缆 DCA 进行状态互检和主备切换。

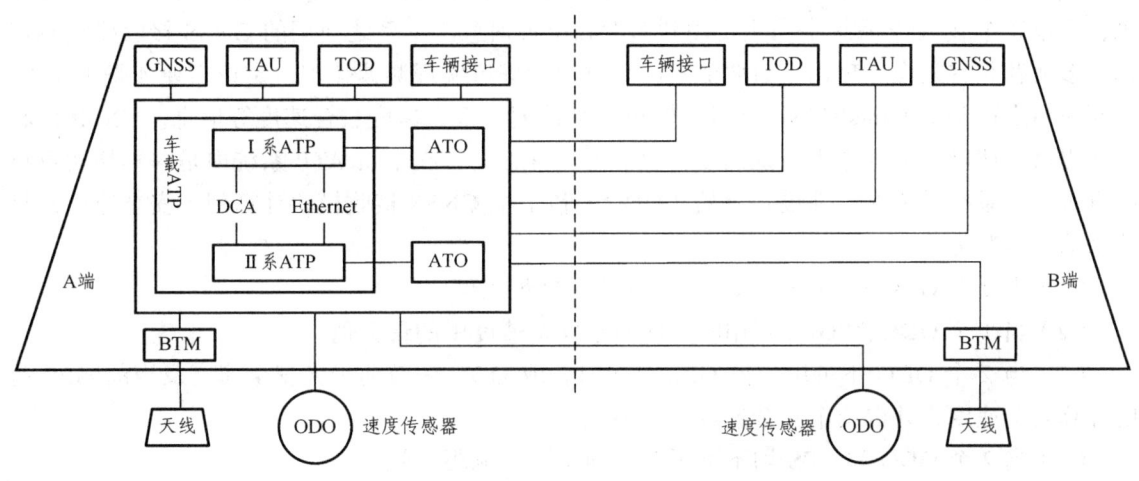

图 7-2 单轨 ATP 系统结构图

每一系安全计算机内包括以下功能模块：
（1）核心处理单元（VCU）：包含 2 块 CPU 控制器，构成二取二表决结构。
（2）交换单元（SWM）：负责 VCU 与 IO 板卡及 ATP 与外部设备间的以太网数据交互。
（3）安全型数字量输入单元（VIU）：外部安全数字量输入采集单元，具备 24 路安全数字量输入采集能力，内部采用两块 FPGA 作为主控器，两块 FPGA 的数据通过表决通道实现二取二表决。
（4）安全型数字量输出单元（VOU）：外部安全数字量输出单元，具备 8 路安全数字量输出驱动能力，内部采用两块 FPGA 作为主控器，两块 FPGA 的数据通过表决通道实现二取二表决。

（5）测速测距单元（SMU）：通过采集 ODO 和 GNSS 的信息，实现速度测量与走行距离计算，内部采用两块 FPGA 作为主控器，两块 FPGA 的数据通过表决通道实现二取二表决。

（6）CAN 通信单元：与 BTM 和列车控制管理系统（TCMS）的通信接口单元，负责读取地面应答器信息，并与 TCMS 进行通信。

（7）电源供电单元（PSU）：负责将车载的外部电源转换为 DC 12 V，为所有板卡供电。

三、ATP 系统专题研究

除 ATP 系统的通用功能外，还可以进行以下技术探讨。

（一）GNSS 系统在车载 ATP 中的作用

GNSS 是 Global Navigation Satellite System 的缩写，中文名称为全球卫星导航系统，泛指所有的卫星导航系统，包括全球的、区域的和增强的，如美国的 GPS、俄罗斯的 Glonass、欧洲的 Galileo、中国的北斗卫星导航系统 BD 等。应用在轨道交通领域，一般要求支持中国的北斗导航系统，再加上美国 GPS 系统的广泛普及性，所以同时支持"GPS+BD"双模制式的导航接收模块是轨道交通领域的首选。

GNSS 接收模块可以提供经纬度、时间、速度、日期、海拔高度、偏转角度、信噪比等信息，在单轨车载 ATP 系统中，主要用到速度和位置信息。本系统使用的 GNSS 接收模块测速基于多普勒频移效应，理论上只要能接收 3 颗卫星即可实现测速（卫星定位需要 4 颗卫星），其测速精度达到 0.03m/sRMS，并可以输出水平速度、垂直速度、合速度等信息。GNSS 接收模块提供的速度信息，作为传统速度传感器的一种补充，在单轨 ATP 系统内是一种切实可行的方式。本系统采用 2 个速度传感器（ODO）和 1 个 GNSS 接收模块计算列车安全速度，具体采取的策略为：

（1）当 2 个 ODO 可用时，取两者中安全速度最大值；

（2）当 1 个 ODO 和 GPS 可用时，取两个安全速度中的最大值；

（3）当 2 个 ODO 不可用，但 GPS 可用时，取 ODO 失效前最大安全速度及当前 GPS 速度计算安全速度，并取两个安全速度中的最大值；

（4）当 2 个 ODO 和 GPS 均不可用时，列车测速测距失效。

除此之外，GNSS 的速度信息在空转和轮滑检测模块中亦发挥了作用。

（二）通用线路数据库格式

线路数据库是车载 ATP 系统运行的基础，提供区段、信号机、道岔、应答器、坡度等各类设备的位置、限速等信息。考虑到城市轨道交通互联互通需求，使用一种公用的数据格式是大势所趋。本系统经过比选后，确定以 RailML 数据格式为基础，根据业务需求，增加若干自定义数据内容的方案。RailML 是以 XML Schema 为基础，对铁路上基础设施、车辆、时刻表 3 方面的数字轨道地图进行定义的数据描述格式。由于铁路上各业务系统主要的运营任务是围绕这 3 个方面进行，因此，RailML 也被视为铁路中通用的数字轨道地图格式。

第三节　全自动无人驾驶系统的 ATS 联动技术

一、全自动运行系统 ATS 联动功能概述

（一）ATS 联动功能概述

ATS 联动功能区别于 TIAS 系统中综合监控的联动功能，综合监控专业的联动是对通信系统各专业的联动，而 ATS 联动主要针对信号系统内部各专业进行联动，根据运营计划，对车、联锁、区域控制器（ZC）等专业进行联动操作，来满足 FAO 系统各场景的自动运行，并能够在故障或紧急情况下自动进行操作处理。

（二）ATS 联动场景分析

全自动无人驾驶系统就是使用自动化的、集成化高的控制系统替代驾驶员的工作，从运营状况分，可分为正常运营和故障处理两类场景，共提炼出 41 个运营场景。

正常运营的场景有：早间上电、唤醒、出库、轧道车运行、正线运行、进站停车、站台发车、折返换端、终点清客、停止正线服务、回库、清扫、清洗、休眠、车辆段内自动转线、日检与维修、列车远程广播、扣车、跳停、行李系统场景。

故障处理的场景有：故障复位控制、再关车门/站台门控制、远程紧急制动、紧急制动缓解、区间疏散、紧急手柄、紧急呼叫、车辆火灾、FAM/CAM 相关模式转换、蠕动模式、车上设备工作状态远程监测、车门/站台门故障隔离、车门状态丢失、雨雪模式、车辆制动系统故障、救援、车站火灾、障碍物/脱轨检测、其他远程控制功能、运营中信号或车辆发生故障后的处理、站台门状态丢失场景。

这 41 个场景中 ATS 参与的方式有自动执行、半自动执行以及状态监视 3 种，其中自动执行和半自动自行的场景就需要 ATS 进行联动处理，来满足各场景的正常高效运行。

二、ATS 联动功能的设计

（一）设计原则

ATS 系统联动功能主要是为了满足 FAO 系统各场景的自动运营，根据 ATS 内部的运行计划，对 VOBC、AOM、TCMS、CI、ZC 等信号系统内部各子系统以及综合监控系统专业进行深度互联，提升 FAO 系统的整体自动化水平的技术要求，对 FAO 各日常运营场景及故障场景进行设计。因此，ATS 系统的联动功能设计和实施应遵循以下原则。

（1）为增强联动功能的灵活性，联动功能应不仅仅适用于目前的 41 个场景，还可以处理临时增加的其他场景，基于此，对 FAO 各场景进行抽象，概括出基本的联动步骤，所有场景均可套用，联动动作、触发条件、执行顺序等信息可人工配置。

（2）由于 FAO 系统场景繁多，且后期会有不可预期的场景，因此联动功能的配置难免工作量大，因此，联动配置的设计应简洁、易于理解。

（3）在 FAO 系统中，ATS 系统是一个非安全系统（部分功能为安全功能），对于某些操作必须进行人工干预，因此，联动类型需设计为自动执行、半自动执行和人工执行 3 类。

（4）不管是人工执行的联动还是自动或半自动执行的联动，均需提供清晰的输入条件，并有明确的输出结果。

（5）触发联动的逻辑条件之间通过逻辑表达式的形式完整地进行逻辑判断。

（6）ATS 系统为分布式系统结构，因此，联动的执行位置应明确，可分为中心执行和车站执行两类。

（7）考虑到 ATS 的联动为信号系统内部的联动，因此，各联动操作均通过既有 ATS 与各系统的接口来完成，必要时需新加接口。

（8）ATS 联动功能主要是完成全自动无人自动驾驶系统各运营场景，以及用户提供的功能需求，因此，联动功能主要通过系统配置实现。

（二）ATS 联动分类

根据联动执行地方的不同，可以将联动分为中心联动和车站联动。中心联动功能主要用于需要中心进行控制，多个车站配合协调完成的动作。车站联动功能主要用于车站管辖范围内的各系统和设备间的配合协调动作。

全自动联动是在没有人工干预的情况下，自动完成所有动作。即系统自动监测联动的触发条件，当满足触发条件时，在没有人工干预的情况下，ATS 系统自动完成联动步骤中的所有动作，并将相关控制命令发送给相关被控系统。

半自动联动是指在联动执行过程中，部分操作需要人工干预后才能进行后续的联动动作，一般跟安全相关的操作需要人工干预。当联动被触发后，部分操作由系统自动完成，部分操作会提示操作员进行操作，当操作员执行完成后，联动继续执行，直至联动所有动作完成。例如，唤醒场景中，当每条库线里所有列车都出库后，系统自动在行调工作站上弹出关闭库门提示，待行调确认关闭库门后，ATS 联动执行自动关闭库门操作，在这个联动过程中，前半部分操作由系统自动完成，后半部分由人工干预完成，这类就属于半自动联动。

手动联动是完全由人工参与的联动步骤，操作员可自行编辑联动执行的步骤，并选择执行某一联动动作。

根据联动功能的不同，可以将联动分为预定义联动和自定义联动两类。预定义联动是根据联动场景预先定义好的联动功能，操作员不允许在线修改这些联动定义和设置；自定义联动是由操作员在线自定义的联动，并允许操作员修改或删除自定义的联动。

（三）预定义联动设计

经过分析全自动无人自动驾驶系统的 41 个正常及故障运营场景，将对这 41 个场景进行预定义联动设计，其中自动执行的场景有唤醒、轧道车运营场景、列车进站、区间疏散、障碍物/脱轨检测、跳停场景，需要调度及其他工作人员配合执行的半自动执行场景有早间上电、出库、清客、回库、清扫、洗车场景，完全人工执行的场景有站台门故障隔离车门、车站火灾场景，其他场景 ATS 系统只进行状态监视。

ATS 系统预先将各场景的执行顺序定义好，并定义好各场景的触发时机，当触发时机满足时，ATS 系统自动触发各场景的联动，将相关操作按执行顺序发送给相关专业，并在执行过程中不断检查各专业反馈的执行结果，并根据执行结果判断联动是否执行完成，最终将联动执行的结果反馈给行车调度、电力调度、车辆调度、维修调度等工作人员。

当联动被触发或自动联动被执行时，ATS 系统在 HMI 上提供显著的响应方式被操作员观察到，针对不同的场景，响应方式包括：弹出提醒对话框、工具栏联动按钮闪烁。其中，根据场景危害的严重级别，工具栏联动按钮闪烁可以分为 3 个等级：灾害、警告、一般事件。不同场景对应的危害级别，其中属于灾害等级的有车辆火灾、车站火灾、障碍物/脱轨检测场景，属于警告等级的有区间疏散场景，属于一般事件等级的有早间上电、唤醒、出库、轧道车运营场景、列车进站、清客、回库、清扫、洗车、跳停场景。

（四）自定义联动设计

1. 联动动作

如果把联动看作一个自动控制系统的话，ATS 系统内部的信息属于控制器，信号系统其他系统是被控对象，ATS 联动模块为执行器，各系统反馈给 ATS 系统的结果为测量仪表，也就是当 ATS 系统提供的信息满足联动触发条件时，联动模块触发响应的联动动作，并发送与该动作相关的命令到信号系统的其他子系统，这些系统处理完收到的这些命令后，将结果反馈给 ATS 系统，完成一个闭环控制。联动执行的过程也就是一系列联动动作的执行过程，因此，可以把联动动作定义为联动功能的最小执行单元。

经过对 FAO 各运营场的分析，总结出每个场景需参与的专业，并结合 ATS 系统本身的特点，归纳出 ATS 系统联动功能的联动基本动作有：发送时刻表、唤醒、休眠、出库、正线运行、扣车、跳停、清客、停止正线服务、回库、清扫、洗车、折返等。系统可支持部分固定的联动动作，也可自定义其他的联动动作，并可对这些动作的属性进行编辑和修改。

2. 联动设置

联动功能设置基本操作包括新建、查询、编辑、删除。对于一条联动可选择该联动的触发条件，可设置联动的类型、联动执行方式、联动的危害以及联动动作等级等内容。

触发条件又分为条件触发、定时触发、周期触发 3 类。条件触发中多个判断条件必须用逻辑运算符连接起来，系统提供了"与""或""非"等逻辑运算符。

定时触发，只需要设置好触发的日期和时间即可。周期触发，设置联动触发的周期，例如，每年、每月、每周、每天、每秒等。联动的类型，根据全自动无人驾驶系统的运营场景进行划分，可设置为早间上电、唤醒、正线运行、洗车、休眠等类型。联动执行方式，即全自动、半自动、手工 3 种执行方式设置。联动的危害，即联动的危害等级，分为灾害、告警、一般事件等。联动动作，根据不同的联动场景选择对应的联动动作，设置联动动作的执行顺序。

（五）联动触发设计

联动是由触发源来触发执行的，即当满足触发条件时系统才执行联动动作。归纳总结全自动无人自动驾驶系统的场景，可抽象出 ATS 联动的触发源可以是列车运行计划，也可以是列车所处的位置，以及列车的状态，ATS 联动模块将这些信息组合，作为各个场景的出发条件，例如，唤醒场景，当收到的列车运行计划中，该列车在某时刻上线运行，ATS 联动会提前一定的时间检查列车是否处于可唤醒的轨道（列检库、存车线、折返线），并检查列车的状态是否满足唤醒的条件，当这几方面均满足时，即可给列车下发唤醒命令，并处理后续列车正常运营的其他场景联动。

（六）联动执行设计

联动执行可根据联动执行的状态将所有联动分为待执行联动和正在执行的联动，且所有联动都有一个联动执行操作区，联动执行操作区包含联动的危害等级、联动名称以及联动的触发时间等。对于"待执行的联动"，操作员可以对这些联动进行"执行"和"终止执行"的操作，也可临时修改联动各步骤的联动动作。对于"正在执行的联动"，操作员可以进行"终止执行"操作，但不可修改联动各步骤。

（七）联动执行结果设计

联动的执行结果，根据各专业反馈的执行结果进行更新，并作为后续联动执行的判定条件。联动功能通过有向无环图实现，因此联动执行失败后，通过触发条件重新触发联动，不可重复执行失败后的联动。

第四节 列车自动运行 ATO 仿真系统设计

一、ATO 系统结构设计

（一）框架设计

所设计的 ATO 仿真系统是在 CBTC 系统的背景下进行设计的，首先设计了 ATO 仿真系统的组成结构，如图 7-3 所示，其中 TWC 为车地通信。

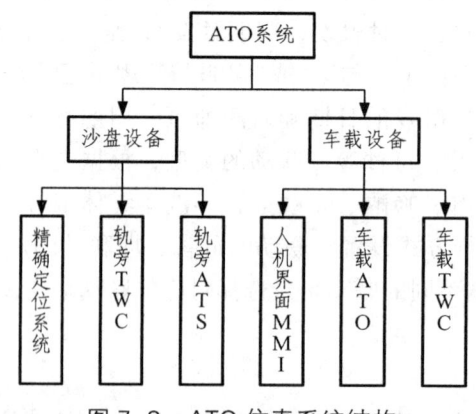

图 7-3 ATO 仿真系统结构

1. ATO 系统沙盘设备

精确的定位系统利用城轨控制实验室已有设备，即线路上的射频 IC 卡，每张卡都有对应的卡号,由于卡号是在线路上连续铺排的,所以可以对列车进行实时的定位。轨旁的车地通信(TWC)系统,则是由硬件电路、收发模块和天线组成的,通过 USB 串口连接在人机界面 PC 机上。地面的 ATS 系统,通过 ZC 与 ATO 系统间接相连。

2. ATO 系统车载设备

人机界面采用 C#语言在 Visual Studio2008(简称 VS 2008)平台上开发,利用 VS 2008 的窗体对人机界面(MMI)进行设计。车载 ATO,利用程序模块去计算列车运行的命令速度。车载 TWC 则是将无线收发模块安装在车上,能周期性地接收和发送数据,TWC 同时还包括读卡模块,能周期性地读取列车所在的当前卡号,并将读取的卡号实时地传送给列车模型上的无线发送模块。

(二)界面设计

为了能更好地体现 ATO 仿真系统的功能,模拟列车驾驶的速度控制,将列车驾驶室的人机界面设计到 PC 机上面,并对其功能进行设计。

(1)司机操纵列车驾驶操纵面板(如牵引、惰行和制动功能按钮等),通过对它们的操作,转化为列车的控制命令,从而控制列车的驱动、制动及惰行等。

(2)模拟参数输入,包括移动授权的模拟、串口号的选择以及串口工作的波特率选择。

(3)列车运行的速度表盘,模拟列车速度的变化情况,显示出列车运行的实时速度。

(4)列车运行的进度条,仿真列车到目标点的距离的变化,实时地显示列车距离目标点距离的长度。

(5)数据采集模块,主要实现对列车返回的数据进行采集和显示。

(6)模拟曲线,模拟列车运行时 ATO 计算的命令速度曲线以及列车自动防护(ATP)程序模块计算出的列车常用制动触发曲线和紧急制动触发曲线。通过设计这些曲线,可以很好地对列车的运行速度进行防护,尤其是在 ATP 监护下的人工驾驶模式(即 SM 模式)时,它的仿真操作效果体现得更加明显。

(7)其他功能按钮,主要是通过按压这些按钮,实现对列车的不同控制以及实现对显示界面的不同处理,如操作模式选择按钮可以对列车的运行模式进行选择。

二、ATO 仿真系统功能设计

ATO 仿真系统的功能包括两大部分:列车的基本控制功能以及列车的服务功能。其中,基本控制功能由自动驾驶功能、车门开闭控制和自动折返组成;服务功能主要是对列车位置的确定、列车速度允许等。

(一)控车功能设计

1. 列车自动驾驶

列车在自动驾驶(即 ATO 模式)的情况下,能对列车的运行速度做出自动调整。主要是对设计的列车控制程序模块,根据输入的移动授权距离,自动计算出加速段、减速段和匀速段的 ATO 命令速度曲线。按下列车的 ATO 模式按钮时,列车能按照命令速度曲线自动运行。设计的 ATO 模式仿真方式为：简化列车运行过程，只绘制出列车的限速曲线，由程序模块自动地指示列车的仿真运行，而不绘制列车的命令速度曲线，示意图如图 7-4 所示。图中，$V_{限速}$ 表示列车运行时的 ATP 限速曲线，在 AB 段列车自动加速，当速度达到 B 点速度时，停止加速，保持匀速运行；在列车运行过程中，经过 ATO 程序模块计算到目标点的距离，当速度保持到 C 点时，列车开始自动减速，直到到达目标点 D 时速度降为零，停止列车运行。

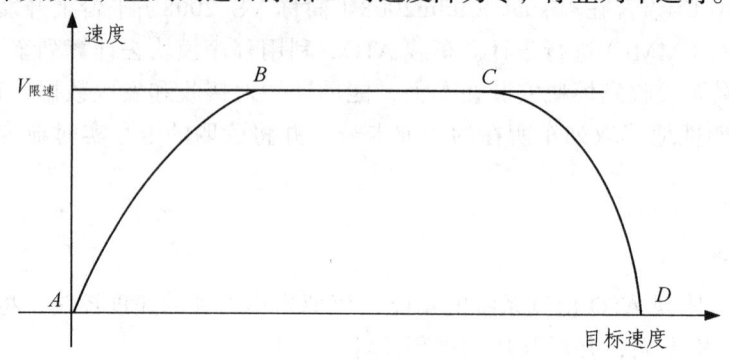

图 7-4　ATO 运行模式过程示意图

2. ATP 防护下的人工驾驶

当列车处于 ATO 运行模式故障的情况下，需要利用其他的驾驶模式对列车进行驾驶操作。以设计 ATP 系统速度监护下的人工驾驶模式为例，阐述驾驶模式的设计过程。具体的操作示意图如图 7-5 所示。图中 A 点表示列车的启动点，B、C、D、E 和 F 点均为工况转换点，G 点为停车点。具体转换过程：列车从 A 点开始以最大牵引力实现对列车的起动，当列车速度到达 B 点时，触到常用制动曲线，则列车开始制动，速度降到 C 点时，对列车施加牵引力，使列车速度加至 D 点时让列车惰行行驶，当速度将到 E 点时，再对列车进行牵引，当速度加至 F 点时，由于目标距离长度的限制，开始对列车制动，直到目标点停车。

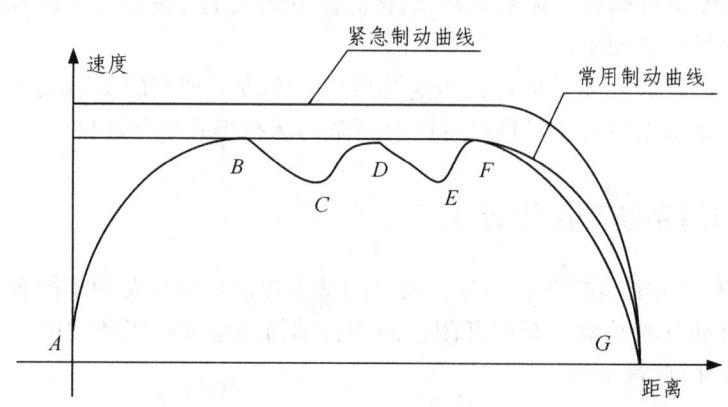

图 7-5　SM 运行模式过程示意图

（二）ATO 系统的服务功能设计

利用实验室的射频 IC 卡对列车进行定位，当列车上的读卡模块周期性地读取列车所在位置的当前卡号，并通过无线发送模块发送到无线网络中，然后通信机的无线接收模块将列车发送的位置和速度信息接收至 ATO 仿真系统的 MMI 主机，再利用软件的数据显示功能，将接收到的列车信息显示出来，并且通过 Socket 实现数据的传递功能。利用串口调试助手软件模拟列车数据的周期性发送，然后通过对 MMI 的操作，实现数据的收发控制，最后通过网络将数据传送到接收终端，并实时地显示，完成列车的服务功能。

三、ATO 系统功能实现

（一）界面功能

界面功能主要是实现对列车的操纵以及列车运行情况的显示。本节中设计的人机界面是在阿尔卡特（Alcatel）公司的 MMI 的基础上，结合实际需求而设计出来的。利用 Visual Studio2008 的窗体程序，对界面进行设计。界面布局设计如图 7-6 所示，包括列车运行的显示界面、列车的操作界面、模拟列车运行时所需要输入的仿真参数。

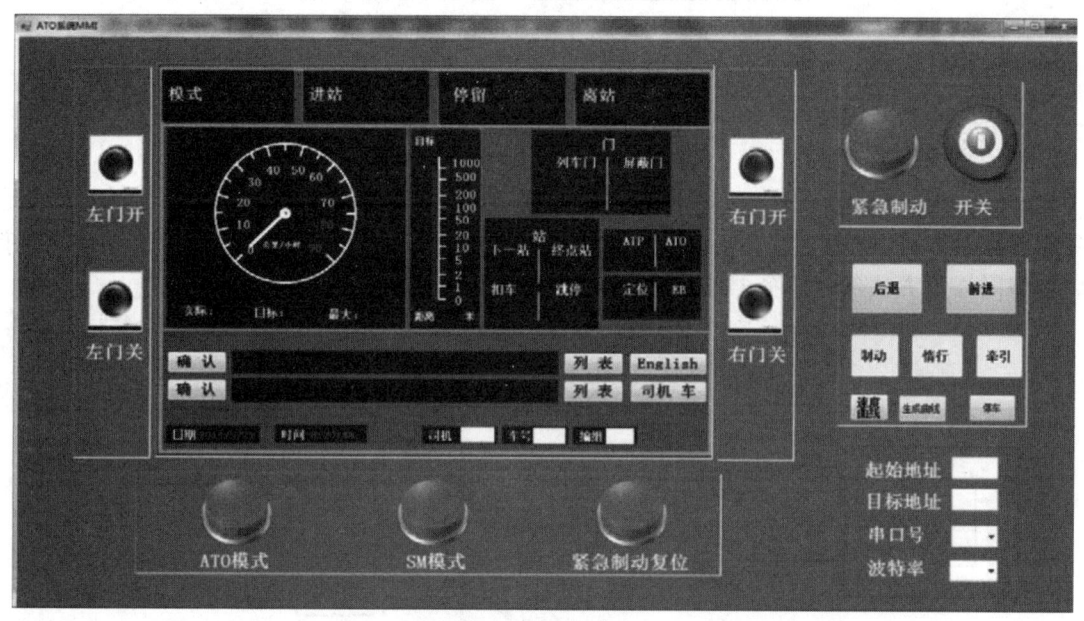

图 7-6　MMI 界面

（二）控车功能实现

控车过程是基于城轨控制实验室已有的模型列车而设计程序模块的，通过软件、硬件和网络相结合，利用串口通信和无线网络通信的方式实现 MMI 对列车的控制操作。其控车实现过程如图 7-7 所示。通过对司机各操纵按钮设置相应的发送命令，当点击按钮时，发送相应的控车指令到通信机，即 VOBC 的一部分，通信机接收到此数据后，便自动地把该信息中转到无线网络中。然后，车上的无线接收模块周期性地从网络中读取数据，并将这些信息最终转为控制列车电动机的控制电平。由于不同的命令信息转换后的电平不同，电动机会处于不同的工作状态，进而表现出列车不同的运行状态。其中值得注意的是，为了提高仿真效果，应该根据上节中设计的列车速度，设计出各个速度段对列车的发送指令，从而使列车的运行状态在逻辑上与列车的运行速度相关联起来。

185

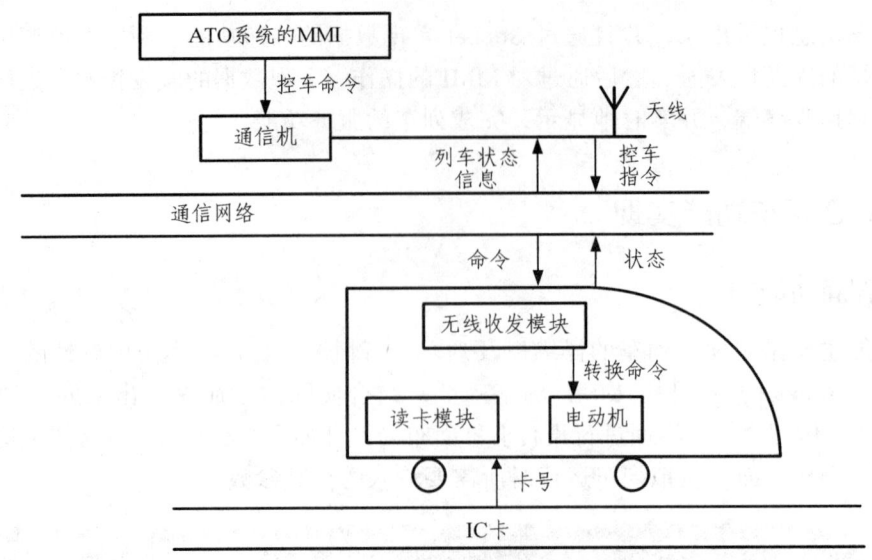

图 7-7 控车实现示意图

(三)服务功能实现

用 C#语言编写 Socket 通信程序。先在客户端(MMI)编写用户端程序,主要实现方式是,编写用于存放各种方法的类,然后通过调用类的方法来实现与服务器端(接收终端)的连接。然后按照同样的方法编写服务器端的程序。程序实现过程如图 7-8 所示。

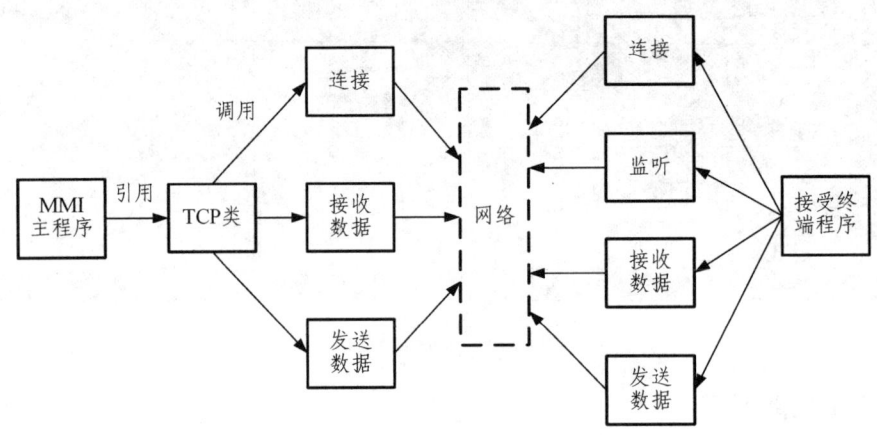

图 7-8 服务功能实现程序结构

第五节 UTO 城市轨道交通的列车控制管理系统

UTO(无人值守的全自动运行)是指列车上无须司机,而是由系统自动实现自动化等级为 GoA4(无人干预列车运行)的列车全自动驾驶模式。UTO 的实现主要依靠列车的信号、通信和车辆等核心系统的综合协调控制。列车控制管理系统(TC-MS)是 UTO 车辆运行的大脑,也是车辆与信号 ATC(列车自动控制)数据通信的唯一接口,用于收集和控制车辆运行的牵引辅助、制动、车门、空调等信息，因此TCMS在UTO的功能实现中起到关键作用。

一、TCMS的结构与功能

TCMS负责整合和处理所有车辆的控制设备数据，并实现故障诊断、数据监测和网络控制功能。对于车辆系统内部，TCMS通过多功能车辆总线协议与牵引辅助、制动、车门、空调、乘客信息系统等其他车辆子系统相连接；对于车辆系统外部，TCMS通过串口RS485/CAN协议与信号系统、无线电及地面WLAN系统进行通信。由此可知，TCMS对于车辆整体运行的安全可靠至关重要。

以3节编组为例，TCMS主要由中央控制单元（CCU）、人机交互界面（HMI）、输入输出模块（RIOM）以及中继器（REP）等设备组成，其拓扑结构如图7-9所示。其中，CCU作为TCMS的核心，主要负责MVB管理和列车控制逻辑设计，两端司机室的CCU互为热备份冗余；HMI设置在司机室，用于显示列车网络所采集的牵引高压、制动、车门和空调等实时工作状态，并显示故障诊断信息及报警；RIOM用于采集列车运行控制电气设备的输入硬线信号，并能通过输出硬线信号实现对子系统的控制，其电气设备包括开关、按钮、断路器、继电器和接触器等；REP主要起中继和放大信号的作用，可增加MVB连挂节点的数量以及提高MVB信号的传输质量。

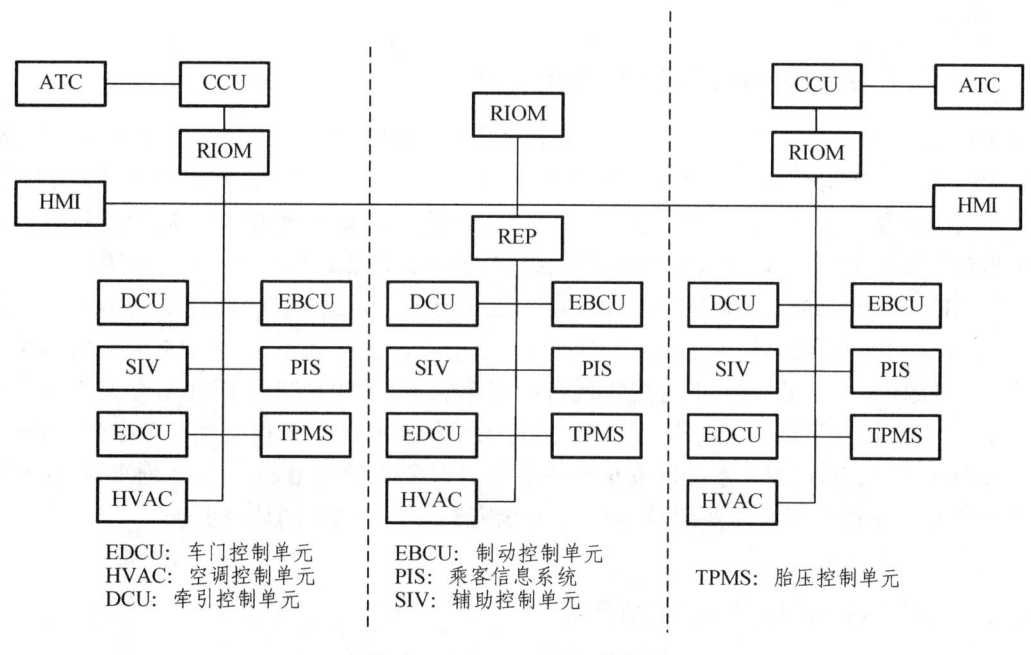

图7-9 TCMS的拓扑结构

二、TCMS在有人驾驶和UTO下的区别

（一）列车驾驶模式种类

列车的驾驶模式根据IEC 62290-1—2014的定义可以划分为5个自动化等级，如表7-1所示。

表 7-1　列车自动化等级分类

自动化等级	运行模式	安全速度控制	牵引制动	车门控制	列车上下线	应急事件处理方
GoA0	人工目视	司机	司机	司机	司机	司机
GoA1	ATP	自动	司机	司机	司机	司机
GoA2	ATO	自动	自动	司机	司机	司机
GoA3	DTO	自动	自动	自动	乘务员	乘务员
GoA4	UTO	自动	自动	自动	自动	自动

由表 7-1 可知，GoA0 是完全人工驾驶模式，GoA1 和 GoA2 是有信号系统 ATP 保护的运行。GoA1 和 GoA2 的区别是 GoA2 的牵引和制动指令是由信号系统 ATC 发送给 TCMS，然后由 TCMS 发送给牵引和制动系统，无须司机操作司控器；而 GoA1 的牵引和制动参考指令则需司机通过操作司控器输出牵引制动命令。目前国内大多数城市轨道交通线路上运行的列车多为 GoA2 模式。GoA3 和 GoA4 均属于较高的自动化等级，均可以实现全自动运行的功能，二者的区别在于 GoA3 下还需要乘务员在列车上进行值守看护，而 GoA4 下列车上无乘务员，是真正意义上的完全自动运行。

由于 GoA3 和 GoA4 的功能需求差异不大，近期不少城市新建的城市轨道交通项目均采用 GoA4 予以推进。

（二）TCMS 在不同驾驶模式下的应用区别

TCMS 在 GoA0、GoA1 和 GoA2 这三种模式下均可通过收集列车各系统数据及司机操作列车行为信息，实现对车辆各子系统的控制和管理，如可以通过 HMI 界面实现对列车空调温度的集中调节控制。但在 UTO 模式下，司机大部分的驾驶操作被 OCC（运营控制中心）和 ATC 所取代，由此作为车辆与 ATC 唯一通信接口的 TCMS 就起到至关重要的作用。

比如，UTO 列车的唤醒/休眠需要由 OCC 发出指令，通过 ATC 将指令发给列车，此时 OCC 需要校验列车的状态是否与 OCC 发出的指令相一致，这就要求 TCMS 采集列车信息并反馈给 ATC 做校验。由于 ATC 不可能实现对所有车辆子系统的控制，因此与有人驾驶车辆相比，需要 TCMS 增加控制功能，并与 ATC 进行大量的实时通信数据交互。考虑到 TCMS 在 UTO 中的重要性，对 TCMS 系统的安全和可靠性等级要求随之增加，UTO 列车对 TCMS 软硬件系统的安全完整性等级需要满足 SIL2（安全完整性等级 2）的认证要求。

三、TCMS 在 UTO 下的控制方案

（一）TCMS 内部控制方案

UTO 功能的实现需要增加较多 RIOM 硬线数字输入信号的采集以及数字输出信号的控制，与 GoA2 车辆相比，其数量增加 2~3 倍，因而硬件 RIOM 模块的数量也随之需要增加。

UTO 车辆的故障数据和环境数据除了在 CCU 中记录之外，还需要增加司法记录仪硬件进行单独存储。该司法记录仪具有较高的抗冲击和抗高温性能，可作为第三方设备对列车故障

进行具有法律效应的裁决。TCMS 的 MVB 连接器采用两个单通道形式,以保证连接器的松动或脱落不影响整体 MVB 网络的运行,并提高整体网络运行的可靠性。RIOM 模块对关键信号的输入采集采用双路输入方式,根据该信号引起不同故障等级的大小进行分类处理,确保列车的可靠性和可用性。

(二) TCMS 参与控制列车远程自动唤醒和休眠

车辆车载信号系统的远程自动唤醒模块通过列车提供不间断供电,以保证列车在休眠状态下能够实时接收到地面 ATC 发送的唤醒请求。车辆通过信号系统输出的硬线控制指令使唤醒继电器得电,TCMS 在采集到唤醒继电器得电后会通过 MVB 向各个车载控制模块发出自检指令。比如,牵引和制动系统在收到自检指令后需要对系统内部的电气元件进行检测,若发现有继电器通断故障,则会将故障信息告知 TCMS。只有当 TCMS 收到各系统自检结果均正常,并将自检正常的信息反馈给 ATC 后,列车才得以正常唤醒。

列车休眠指令由地面 OCC 发出,经由地面 ATC 发送给车载 ATC 设备。车载 ATC 将休眠指令通过自身硬线信号数字输出 i(DO_i) 发送给 TCMS。TC-MS 通过软件分析有效性后通过 RIOM 硬线信号数字输出 j(DO_j),在 DO_i 和 DO_j 硬线信号都为 1 时,车辆的休眠继电器得电,列车进入休眠状态,具体电路如图 7-10 所示。

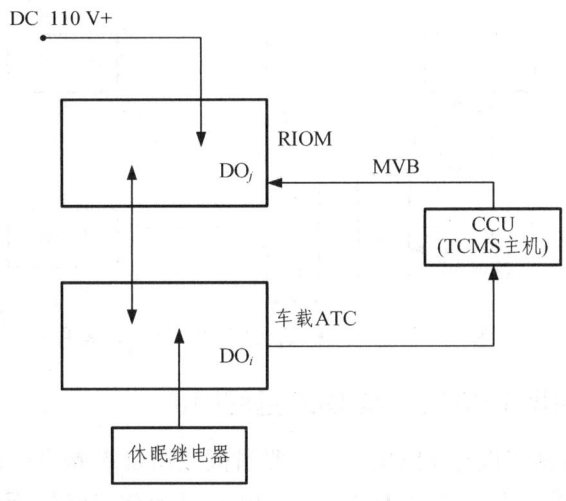

图 7-10　UTO 列车休眠电路设计图

(三) TCMS 实现关键断路器远程复位

列车在运行过程中可能出现部分重要断路器跳脱,这会直接引起部件功能丧失,甚至导致列车停止运行。为增加 UTO 车辆运行的可用性,可通过增加复位电磁继电器动作来使断路器复位。由 TCMS 监测相关断路器的状态,当发生断路器跳脱时 TCMS 会通过控制 RIOM 的数字输出模块得电,驱动复位电磁继电器动作,以此来完成断路器的复位功能。

TCMS 的 RIOM 在输出控制信号时列车应处于零速且没有火灾报警的情况下。由 TCMS 驱动自动复位一次,若断路器复位不成功需再次复位,此时需要由 OCC 通过 ATC 发送复位信号给 TCMS 驱动。断路器远程复位示意图如图 7-11 所示。

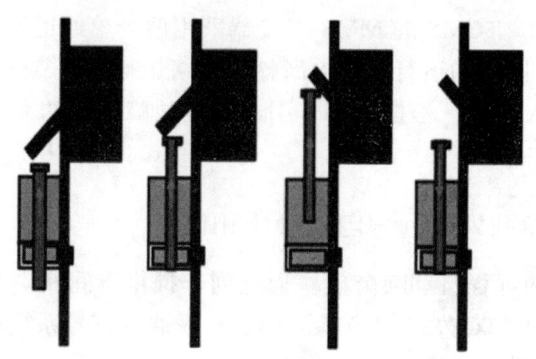

图 7-11　断路器远程复位示意图

（四）列车车门和站台门联动互锁

当列车车门出现故障或隔离的情况下，站台门也需要被设定为禁止打开的模式，反之亦然。其目的是禁止乘客进入车门与站台门之间的夹缝区域中。这就需要 TCMS 与 ATC 之间的数据协议定义好车门和站台门的对应位置，在站台门出现故障或隔离的情况下，由地面 ATC 收集站台门信息并告知车载 ATC 设备，再由车载 ATC 设备将故障信息转发给 TCMS，最终由 TCMS 发出车辆门禁止打开命令发给相对应的车门控制器。其具体流程图如图 7-12 所示。

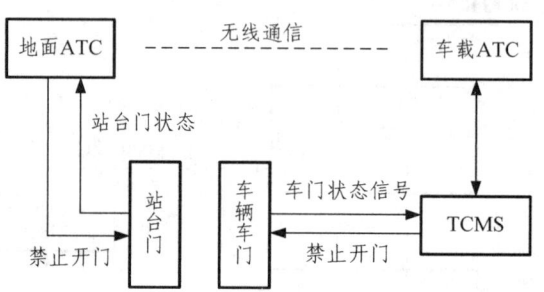

图 7-12　车门和站台门同步互锁流程图

（五）乘客紧急报警（PECU）与 OCC 远程同步

有人驾驶模式下乘客若操作 PECU，只需要司机在司机室操作广播控制盒，接通或拒绝其通话即可。但在 UTO 模式下，需要 TCMS 将 PECU 请求先发送给无线电系统（RADIO），再由 RADIO 传送到 OCC。待 OCC 确认并反馈给列车 PIS 系统后，PIS 再发送通信数据给 TCMS，再通过 RADIO 传递给 OCC。在 PECU 和 OCC 的远程同步过程中，TCMS 是车辆与地面通信的桥梁，其具体流程如图 7-13 所示。

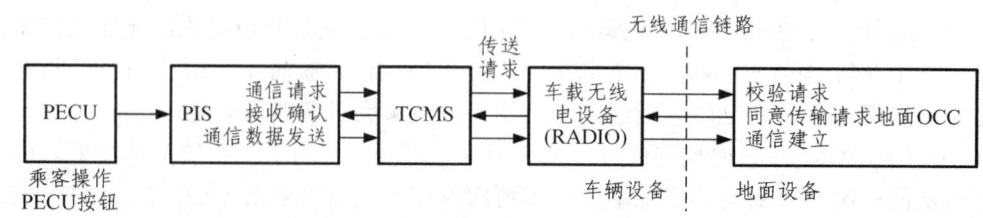

图 7-13　PECU 与 OCC 间的通信逻辑图

四、TCMS 在 UTO 中的应用难点及研究方向

由于 UTO 列车具有完全无人驾驶的特性，可靠性和安全性是 UTO 最重要的指标，对于 TCMS 来说更是如此。UTO 运行模式下对 TCMS 的要求包括：在故障发生前要有预警机制，故障发生过程中要有自愈及指示性操作建议；在故障发生后要有数据库的积累和分析，用来指导故障再次发生的预警和判定。

由于 TCMS 作为车辆的运行大脑，也是对外接口（ATC 和 RADIO）的桥头堡，今后 TCMS 的研究方向如下几点：

（1）提高 TCMS 的内部故障自愈能力。可以通过增加硬件的冗余性和提升软件的裁决机制的稳定性，如在目前列车单端的 CCU 内部增加 CPU 数量，经由单端 CCU 内部实现冗余机制算法；也可增加 RIOM 配置数量以及内部硬线双通道采集来提高 TCMS 的可靠性。

（2）实时以太控制网（TRDP）和 MVB 的结合应用。通过列车总线使用实时以太网提高传输带宽和容量，车辆总线使用 MVB 协议来保证对高时延数据的可靠性要求，可降低列车总线的数据负载率，将故障节点数据限制在车辆级，防止影响整列车的网络性能。

（3）实现车载故障诊断和处理决策机制。拥有众多车载控制系统运行/状态数据以及对外接口数据的 TCMS，如何安全、可靠地实时处理故障，产生合理的决策显得至关重要。这就需要 TCMS 系统具有海量数据分析和特征提取的能力，以实现故障前、故障时和故障后的三级预警处理机制。

第六节　多制式冗余列车运行控制系统

一、系统概述

多制式冗余列车运行控制系统是指车载/轨旁具备多种制式的列车运行控制能力，可自动或手动进行切换的列车运行控制系统的统称，包括车载多制式冗余列车运行控制系统、轨旁多制式冗余列车运行控制系统及完整的多制式冗余列车运行控制系统等。车载/轨旁多制式列车运行控制系统是为了实现列车的互通运行或同时满足不同车载装备列车运行的需求，而可靠性提升并不是这类系统的目标。本书讨论的多制式冗余列车运行控制系统特指以提升可靠性为目标、包含了轨旁/车载完整的多制式冗余列车运行控制系统。该系统可在同一线路/线网内自动或手动切换实现不同制式间的运行。以下所有提及的多制式冗余列车运行控制系统系特指这类系统，简称为"多制式列控系统"。

多制式列控系统与单制式列控系统相比，相当于多个单制式列控系统的有机融合，以实现系统级冗余，提高可靠性。目前，多制式列控系统典型应用有以点式 ATP（列车自动防护）作为后备的 CBTC（基于通信的列车控制）系统。该系统将基于移动闭塞的 CBTC 制式与基于固定闭塞的 BM（后备模式，即点式 ATP 系统）制式进行融合形成"BM+CBTC"系统，已广泛应用于国内的城市轨道交通线路，保证了在 CBTC 系统故障的情况下可及时切换到 BM 继续运行。但由于 BM 为点式 ATP 系统，这就意味着列车在大多数情况下并不能立即在列控系统的点式 ATP 防护模式下运行，仍然存在设备故障对运营造成的影响问题。为此，部分线路开始考虑采用连续的准移动闭塞制式作为 CBTC 的备用模式来进一步提高可靠性。该系统

以音频/数字轨道电路作为车地通信载体，融合准移动闭塞的 TBTC（基于轨道电路的列车控制）制式和移动闭塞的 CBTC 制式形成"TBTC+CBTC"系统。以下将以多制式列控的这两个典型应用为例进行分析研究。

二、BM+CBTC 列控系统

BM+CBTC 列控系统（见图 7-14）在实现了双制式冗余的基础上实现了最大化的设备复用，如轨旁联锁机和车载控制器等的复用，而双制式的控制逻辑大部分体现在应用层上。车载控制器根据模式选择开关来确定采用 CBTC 制式或 BM 制式来选择相应的轨旁信息和处理逻辑进行列车防护；同时，制式选择的命令也会发送到轨旁联锁机，联锁机据此来确定所选定的联锁逻辑及间隔防护方式。

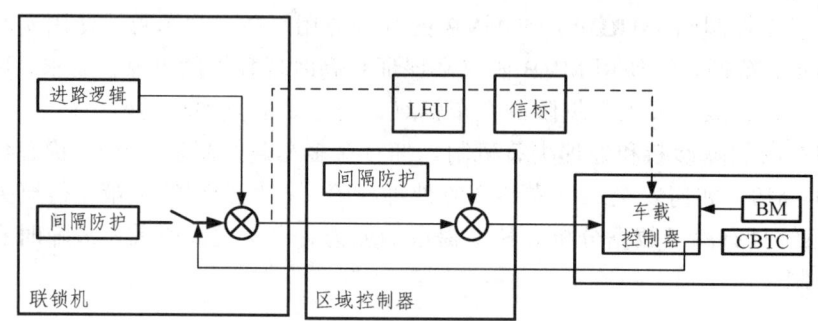

注：LEU 为线路编码单元

图 7-14　BM+CBTC 列控系统结构原理图

BM+CBTC 列控系统中配置了两种制式，但两种制式间的硬件主要差异仅包括 ZC（区域控制器）、车地无线设备、LEU（线路编码单元）、信标等。当用于移动闭塞计算的 ZC 故障或车地无线传输故障时可切换至 BM 制式，列车经 BM 信标获取信息后可恢复 ATP 模式运行。BM+CBTC 列控系统的结构如图 7-15 所示，CBTC 部分的信息路径为 CI（计算机联锁）、ZC、DCS_w（数据通信子系统有线部分）、DCS_r（数据通信子系统无线部分）、CC（车载控制器），BM 部分的信息路径为 STDE（轨旁列车检测设备）、CI、LEU、VB（有源信标）、CC。两种制式的选用可通

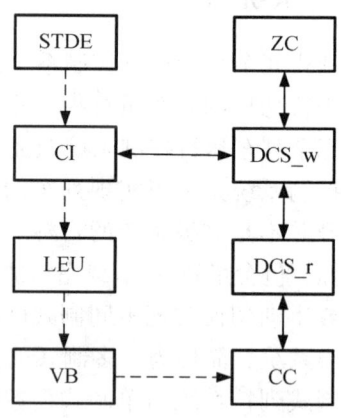

图 7-15　BM+CBTC 列控系统结构原理图

过车载设备或轨旁设备来进行，目前应用较多的方式是由司机来选择降级至 BM 模式或升级至 CBTC 模式，同时系统也具备条件满足后自动升级至 CBTC 模式的能力。

从图 7-15 可以看出，BM+CBTC 系统能在较少增加设备情况下来提高系统可靠性，可避免因 ZC 或车地无线设备故障导致运行受到影响。而车地无线通道及其相关设备恰恰是系统中较

为薄弱的环境，这种方式在平衡经济性和可靠性的同时补强了薄弱环节。但这一系统也有着致命的缺点：当 CBTC 系统故障后 BM 模式不能立即投用。

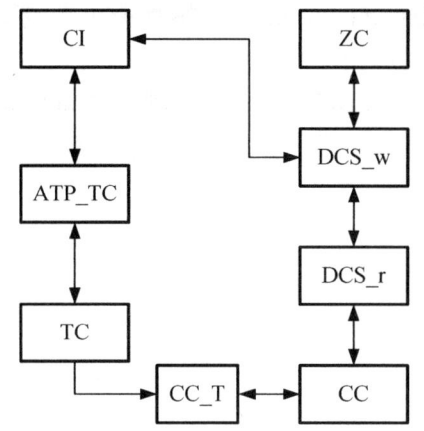

图 7-16　TBTC+CBTC 列控系统结构原理图

三、TBTC+CBTC 列控系统

TBTC+CBTC 系统与 BM+CBTC 系统区别在于采用连续式的音频/数字轨道电路作为列车检测和信息传输的设备，并以准移动闭塞制式替代了 BM 中的固定闭塞制式。TBTC+CBTC 系统架构如图 7-16 所示。CBTC 部分的信息路径与 BM+CBTC 系统相同；TBTC 部分的信息路径为 CI、ATP_TC（基于轨道电路的列车自动防护）、TC（轨道电路）、CC_T（车载 TBTC 制式预处理模块）、CC。该系统相对于 BM+CBTC 列控系统增加了专门用于 TBTC 制式的 ATP 轨旁设备 ATP_TC、TC 以及 CC_T，设备数量和成本均较 BM+CBTC 列控系统有所增加。

TBTC+CBTC 列控系统除了在车地交互信息的通道实现了异构冗余（基于自由无线的 WLAN 或 LTE 与基于音频/数字轨道电路）外，还在列车间隔防护功能上进行了独立运算，这和 BM+CBTC 系统中的 BM 需要利用与 CBTC 共用的 CI 设备进行间隔防护有所不同。更为重要的是，TBTC 连续式传输的方式，有效地解决了 BM 只能在固定点转换制式的问题，减少了因 CBTC 故障导致的运行受阻。

四、系统可靠性分析

多制式列控系统可以在主系统的基础上提升整个系统的可靠性，而当主系统足够可靠时，提升的值是非常有限的。因此，列控系统的可靠性关键还在于如何有效提升主系统的可靠性，不加分析地盲目增加备用系统，除了增加成本以外还会带来设计和维护复杂度的增加。不同的多制式列控系统在提升可靠性时受限于不同的组成部分，如选择的列车占用辅助检测、新增的轨旁 ATP 和车载预处理等设备。这就需要对这些设备的可靠性进行认真分析，以防止出现负贡献。

仅通过系统可靠性框图的方式而不是基于各个子系统/设备可靠性进行计算的方式并不能

实际体现出该系统完成规定功能的情况。如在对 TBTC+CBTC 与 BM+CBTC 的系统可靠性对比中，两者可靠性相差不大，但在实际应用过程中，BM+CBTC 系统在 CBTC 故障切换至 BM 时需要更长的时间去获取点式的 ATP 信息，而 TBTC+CBTC 系统则立即可以切换至 TBTC 模式。这种功能实现上的差别并没有在这种可靠性的计算中体现出来。事实上这涉及了服务可靠性的计算问题，在设计系统时应该基于场景纳入服务可靠性情况进行综合考虑。

第八章　城市轨道交通运营维护新技术

第一节　客运服务系统新技术

一、城市轨道交通票务清分系统

（一）技术内容

清分中心系统是一套建立在轨道交通各线路 AFC 中央计算机系统基础之上的适用于本城市轨道交通线网特点的、高效可靠灵活的、体现公平性原则的收益清分模型。清分中心系统对该城市的轨道交通线网 AFC 密钥系统进行集中统一管理，并运用统计学、运筹学、会计学、系统工程学和软件工程学等多种学科提供的理论和方法，结合线网规划、建设、运营以及票务制度、票价体系的特点，分析客流量及乘客出行的消费心理和规律，确定参与清分的各投资或运营实体在轨道交通线网运营价值链中的经济贡献和相互关系。

清分中心系统建成后作为整个城市轨道交通线网的发卡中心、清分中心、数据中心和 AFC 运营管理中心，统一管理和下发城市轨道交通各线共同的票务及系统参数；统一管理城市轨道交通 AFC 系统密钥和各线编码分拣设备，发行轨道交通各类票卡；统一完成各线交易数据的采集、分析和处理，进行运营收益清分，生成报表；统一完成和外部系统（如城市联卡、银联、移动运营商）的数据交换和管理，进行相应的收益清分。图 8-1～8-6 分别为广州地铁清分中心、清分中心密钥室、主机房一隅、电源室、监控大屏以及客流统计显示画面。

图 8-1　广州地铁清分中心

图 8-2　广州地铁清分中心密钥室

图 8-3　广州地铁清分中心主机房一隅

图 8-4　广州地铁清分中心电源室

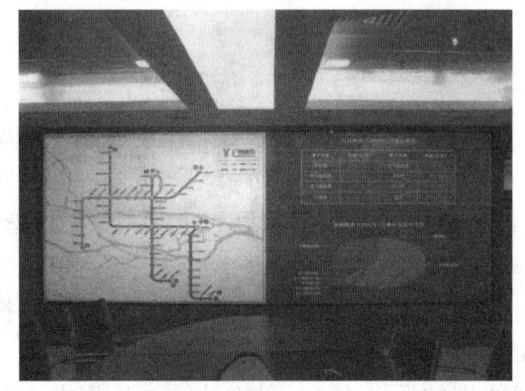

图 8-5　广州地铁清分中心监控大屏

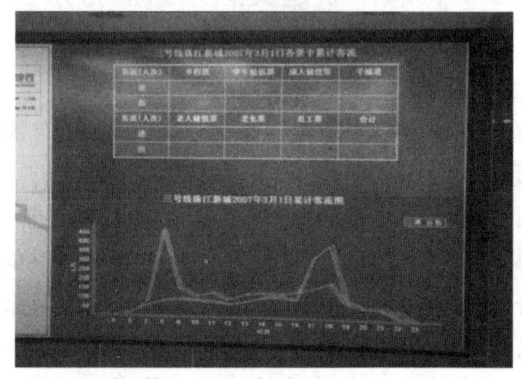

图 8-6　广州地铁清分中心监控大屏票务及客流统计显示画面

（二）主要技术性能

清分中心系统的设计满足高可靠性、高安全性、高可用性和连续不间断工作的要求，采用开放式、分布式计算机系统设计。硬件采用符合国家标准的通用产品，模块化设计，尽量使用热插拔板件，方便系统的维护和扩展；各层次的软件应按实现功能划分子模块，可以方便地扩展功能和容量，对软件升级只需更新相应的子模块，而不需更新整个应用软件。

清分中心系统的可靠性和可维护性分别用平均无故障时间（MTBF）和平均维修时间（MTTR）来度量，可用性可由 MTBF/（MTBF+MTTR）×100% 来定义，即系统保持正常运行时间的百分比。CCHS 的可靠性和可维护性要求为：平均无故障时间 MTBF≥30000h；平均故障恢复维修时间 MTTR≤30min。

清分中心系统以事务性数据的处理传输为主，系统主要解决的是数据的准确采集处理、大量数据的可靠传输和数据的统计处理及管理等问题，对数据的实时性无特别苛刻的要求，因此，清分中心系统的可用性指标应达到 99.9%。

清分中心系统的设计处理能力往往根据城市轨道交通线网的规划、建设和工程特点决定，如广州市轨道交通综合中央计算机系统（即清分中心系统）作为广州市轨道交通线网的 AFC 清分中心和运营管理中心，按照 9 条线、160 个车站、日客流 302 万人次、日交易量 800 万的规模设计，并预留了远期扩展为容纳 15 条线、300 个车站运营规模的条件；而武汉市轨道交通 AFC 票务清分中心系统，交易数据处理能力按武汉市轨道交通开通 3 条线、61 个车站，2 h 内完成 120 万客流、300 万笔交易数据清分的要求进行设计，预留后续 4 条线路接入的接口条件与系统扩展能力。

（三）技术特点

（1）采用三层管理构架的新体系。改变了之前国内城市轨道交通 AFC 系统普遍采取的"二级管理、三级控制"的传统设计和运营模式，提出了"清分中心—线路中心—车站"三级管理构架。

（2）建成轨道交通 AFC 清分中心系统，通过实践检验，系统具备全线网运营管理、线路清分以及对外清分的功能，能够完成轨道交通各条线路之间，与城市通卡、银联、移动运营商及其他相关系统之间的收益清算、交易数据的整体处理及统计分析，并具备对轨道交通各线路 AFC 系统整体运营管理的功能。

（3）提出制定轨道交通 AFC 系统建设标准规范的新思路并成功实践。AFC 系统建设标准和规范的制定，在很大程度上解决了不同集成商开发的 AFC 系统之间互通、兼容问题，同时为引入竞争，节省投资，实现单项设备、单站设备的招标模式奠定了基础。

（4）研究探索有中国特色的城市轨道交通清分模型和算法。已提出结合路径最短（时间最短）等规则，采用"鉴别乘客换乘路径理论"进行建模，解决制定清分模型和算法问题。并在满足清分业务在城市公共交通范围内的应用需求同时，还能适应多种小额消费类应用的接入需要。不但能完成正常情况下票卡消费收益的清分，还可在非正常情况下（如降级模式、紧急放行模式、超时、超乘等），对票务收益或行政处理收益进行合理公正地清分。

（四）效益分析

（1）建立票务清分中心，将大力推动城市轨道交通 AFC 系统建设标准和规范的制定，不但能解决不同集成商开发的系统之间互通、兼容的问题，避免旧线改造和重复建设，还可以引入竞争，有效地降低招标报价，节省投资，并为 AFC 系统实现单项设备、单站设备的招标模式奠定基础。

（2）清分中心系统的建设，将传统上的每条线路建设的 AFC 中央计算机的许多功能加以集中，大大简化新线 AFC 中央计算机系统的设计，极大降低了新线建设的工程造价和运营成本，综合经济效益明显提高。

（3）清分系统的建设，将极大地促进轨道交通网络化运行条件下的"一卡通"和对多条线路轨道交通 AFC 系统的统一运营管理，实现轨道交通各线联乘及与公交联乘，提高城市公共交通服务水平。

二、城市轨道交通乘客信息技术（PIS）

（一）技术内容

乘客信息系统（Passenger Information System，简称 PIS）是电力载波通信技术在地铁中的应用，主要由传输网络、媒体播放软硬件系统及信息显示终端几部分组成，有一个中央控制系统及若干车站中继控制系统，信息发布范围包括下设的车站和正线行驶的所有载客列车两大部分。

1. 关键技术研究

（1）地铁环境中的无线局域网应用技术：无线局域网（Wireless LAN，简称 WLAN）技术是以无线信道作为传输媒介的计算机局域网络，是计算机网络与无线通信技术相结合的产物，它能使用户真正实现随时随地的宽带网络接入。WLAN 技术实现了无线工作站的可移动性，从而创造了乘客信息系统（PIS）向着视频高速数据业务发展的条件。在现代 PIS 系统建设中，WLAN 成为关键技术之一，它决定了车载系统与地面之间在列车高速运行的情况下，信息安全、顺畅、迅速、实时地传输。

（2）地铁列车中的电力载波通信应用技术：电力载波通信（Power Line Communication，简称 PLC）技术是指利用电力线传输数据和话音信号的一种通信方式。电力载波通信技术已经广泛地应用于工业自动控制系统、电能管理系统、家用电器系统、防火报警系统以及计算机终端接口等场合。由于它利用现成的电力线路来传送数据，无须另外架设通信线路，也不占用现有的通信频率资源，目前已在车辆局域网中广泛得到应用，列车和隧道是强电磁干扰的环境，而电力载波通信在工作环境恶劣、线路阻抗小、信号衰减强、干扰大等情况中较有突出的表现。

2. 关键设备研制

对显示终端控制器、外部接口卡及相关专业软件的研制。乘客信息系统大多数的设备都是通用设备，如服务器、计算机、交换机和终端显示设备，在市场上均可以采购到这些通用设备。而显示终端控制器、外部接口卡及相关专用软件等都是定制产品，也是乘客信息系统成败的关键。研制和开发出显示终端控制器等关键设备，对乘客信息系统的多元化、网络化、标准化的全面发展奠定了技术基础。

3. 技术标准的制定

结合工作实践，充分考虑到现有技术水平和今后的发展方向，在全国轨道交通行业进行了深入的调查研究，适当地吸取和借鉴了相关标准，并广泛征求了有关单位和专家的意见，编制出了《城市轨道交通乘客信息系统工程的质量验收标准》。

（二）主要技术性能

1. PIS 系统的基本应用要求

（1）下载视频信息分辨率不低于 PAL 标准，上传视频监控信息分辨率不低于 CIF 标准。

（2）列车运行速度不大于 80 km/h 时，车载显示屏显示的实时视频信息清晰、稳定，无明显失真或断点，同时从车内反馈到车站的监视信息清晰、稳定。

（3）无线传输平均宽带满足大于 15 Mbps。

（4）无线传输网络延时满足小于 200 Mbps。

（5）无线传输丢包率满足小于 10 ‰。

2. 关键设备研制

（1）显示终端控制器功能齐备，达到国内领先水平。

（2）显示终端控制器控制应用软件功能强大，达到国内领先水平。

（3）重要外部接口卡功能齐备，达到国内领先水平。

（三）技术特点

1. 实时视频上传/下载

在国内，上海地铁1、2、3号线已经开通了PIS系统，但车载移动视频技术是采用准实时方式，即利用列车进站或回库的时间将事先录制好的视频信息通过无线的方式发送给列车，待列车在隧道内行驶时向旅客播放。该方式技术含量低、实施简单，但信息实时性和灵活性较差，可以说这种方式的自动化和信息化程度不够，且不能实现列车车厢视频信息的上传。深圳地铁开通初期已经完成了隧道内漏缆的铺设，并在一组车上试装了LCD显示屏，但总体效果不甚理想，目前正进行WLAN的测试。其他如广州、天津、南京、武汉等国内城市的地铁，都不同程度引入了PIS，除了在城市轨道交通方面，中国的铁路也逐步开始引入了PIS。

2. 车站显示器

随着乘务信息系统在城市轨道交通中的广泛应用，显示终端控制器是乘客信息系统的关键技术组成部分，具有广阔的应用前景和发展潜力。现在国内轨道交通发展迅速，各大城市都在兴建地铁或轻轨，乘客信息系统已经成为轨道交通建设中一个重要组成系统，且在国铁较大车站正被逐步采用。图8-7所示为研制的显示终端控制器、外部接口卡。

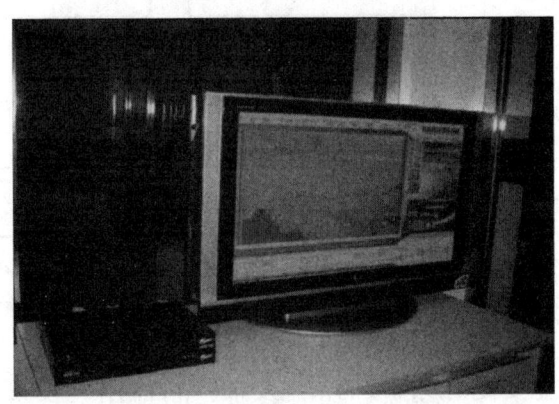

图8-7 研制的显示终端控制器、外部接口卡

3. 城市轨道交通乘客信息系统工程质量验收标准

《城市轨道交通乘客信息系统工程质量验收标准》的形成和出台促进了全国各城市轨道交通领域乘客信息系统建设的科学化和标准化发展，为乘客信息系统在城市轨道交通的全面应用提供技术储备和奠定技术基础。

（四）青岛地铁PIS系统的互联互通技术

1. 基础条件

青岛地铁的互联互通作为轨道交通路网规划方案的一部分，要求在充分了解青岛本地的基本情况下，通过编制互联互通技术规范，各线预留与后续互联互通线路的接口，进而达到青岛轨道交通的互联互通网络化，最终实现地铁互联互通的顺利运行。青岛市互联互通网络建设的各线采用分期建设，将中国城市轨道交通协会和青岛的互联互通技术规范作为对互联互通线路招标时的明确要求。为实现乘客信息系统的互联互通，要解决不同厂家设备兼容问题，达到信息的高效传送，其中涉及的关键技术包含：

（1）轨道交通互联互通乘客信息系统需求和系统架构；

（2）采用车地通信方式与接口通信协议；

（3）实现满足互联互通需求的信息传输接口协议；

（4）实现满足互联互通需求的信号系统；

（5）实现满足互联互通需要的车辆。

2. PIS 系统互联互通实现

（1）PIS 系统的主要构成。

PIS 系统包括线网编播中心子系统，线路控制中心子系统，车站子系统和车载子系统，如图 8-8 所示。

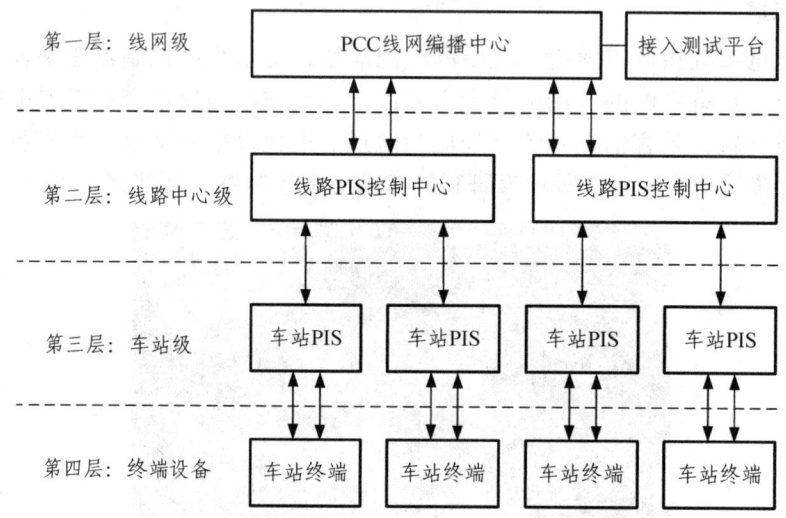

图 8-8　PIS 系统架构图

线网编播中心子系统主要提供线网级的信息发布、节目制作与发布、直播视频服务等功能。线网编播中心 PIS 系统视频服务器提供主、备 2 路高清直播视频信号给各线路车站 PIS 系统，提供主、备 2 路标清直播视频给各线路车载 PIS 系统。中心子系统提供线路级的信息发布，直播视频服务等功能。车站子系统在车站为乘客提供直播视频播放，首末班车服务，列车时刻表及运营信息发布等功能。车载子系统在列车提供视频播放，到离站及开关门等信息显示功能。

乘客信息系统互联互通范围包括乘客信息系统、车地无线系统、车载乘客信息系统。地铁车地无线网络选用统一制式，确保在链路层实现两线车辆网络互联互通；全局考虑、统一网络 IP 地址规划，确保两线车辆混跑时与中心的通信。PIS 互联互通的主要功能包括车载 PIS 视频直播功能、车载 PIS 补包功能、车载 PIS 直播/录播切换、下发紧急信息到车辆以及撤销紧急信息。

（2）PIS 系统跨线运行业务流程。

不同厂商车载设备跨线运营，在控制中心设置 PCC 线网编播中心，中心服务器采用双机热备，通过线网编播中心集中管理互联互通各线路车载 PIS 业务，实现不同线路视频直播服务组播地址管理、视频直播补包等服务功能。视频直播信息传输采用组播方式，视频补包服务信息传输采用单播方式。

当列车跨线路运行至新线路时，车载 PIS 系统实现跨线报站，视频直播等业务。PIS 系统跨线路运行业务流程如图 8-9 所示。

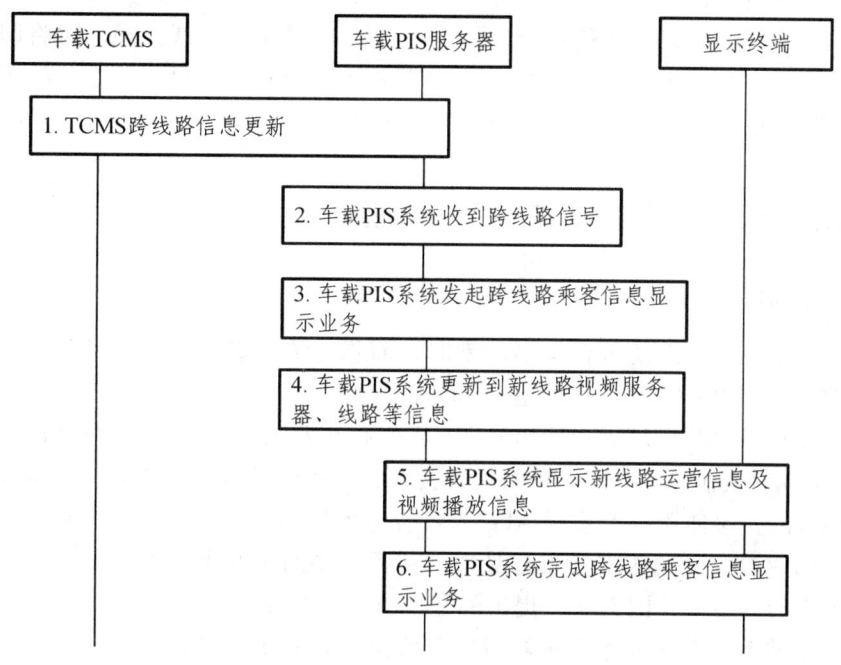

图 8-9　车载 PIS 系统跨线路运行业务流程

列车 PIDS 在全自动模式下，根据信号系统更新线路信息，通过列车 TCMS 发送给列车 PIDS 系统；手动或者半自动情况下，列车跨线路信息来自 PIDS 系统，司机在 PIDS 操作台手动选择线路信息并触发跨线路报站信息。车载 PIS 系统收到来自列车 TCMS 的跨线信号，通过当前线路信息判断车辆是否换线。车载 PIS 系统发起跨线乘客信息显示业务流程。车载 PIS 系统更新到新线路的配置信息，包括视频直播服务器组播组地址等信息更新，实现跨线路视频直播服务。车载 PIS 系统显示新线路运营信息及视频播放信息。车载 PIS 系统完成跨线乘客信息显示业务流程。

（3）PIS 互联互通视频直播补包服务。

由于受车地无线网络的特点影响，无线网络的数据传输质量受环境影响较大，车载视频直播经常出现马赛克现象，为保证 PIS 视频直播质量，需要通过补包服务保证数据传输质量。根据青岛地铁的建设情况，车载 PIS 系统跨线直播视频业务补包服务部署线网编播中心（PCC），满足车载 PIS 系统视频流畅直播需求。视频补包服务部署在线网编播中心（PCC）补包流程如下：

车载 PIS 系统从线网编播中心 PIS 系统视频服务器主、备 2 路标清直播视频流。正常情况下通过本线路视频补包服务器实现直播视频补包服务；车载 PIS 系统跨线运行时通过 PCC 线网编播中心实现视频直播补包服务，不同 PIS 厂家的补包服务安装到 PCC 线网编播中心；车载 PIS 系统收到来自列车 TCMS 系统的跨线路运行信号，通过当前线路信息判断车辆是否换线；车载PIS系统跨线运行到新线路，完成新线路视频直播服务器组播组地址等信息更新，实现跨线路视频直播服务，车载PIS系统视频直播补包服务客户端在新线路通过PCC线网编播中心实现视频直播补包功能。

3. 后续线路接入

在青岛地铁规划下，胶南—黄岛—胶东机场区域已经通过规划8号、12号、13号、14号和16号线组成了互联互通交通网络。12号、13号、16号及8号线互通，可将即墨区域与胶东国际机场、胶南火车站区域实现联versal；而14号及8号线互通，可将平度与胶东国际机场联通。在实现互联互通后，各线路的区域乘客均可不换乘直达胶东国际机场和火车站。

三、城市轨道交通无触点IC单程车票技术

（一）技术内容

自动售检票（AFC）系统单程车票选型时，面临传统的磁卡或者条形码车票，与新兴的采用无触点IC芯片的电子车票之间选择，而且无触点IC单程车票也有各种芯片、组件、制造工艺以及配套的售检票机具等方面的差异，同时存在着无触点IC单程车票成本与票价倒挂的共性难题。研究无触点IC单程车票的关键技术，寻找低成本单程票的有效解决方案，不仅关系到千万乘客的直接使用，关系到AFC系统充分发挥作用，而且将贯穿整个城市轨道交通联网收费系统的建设、运营成本和服务品质，单程车票的选型决策支持至关重要。对城市轨道选型决策分析的一些重要因素研究提出的解决方案的主要技术原理为：

（1）提出了城市轨道交通车票媒介载体和解决方案的比选研究方法、三阶段研究过程和框架，为城市轨道交通电子收费系统的车票媒介载体解决方案应用方向提供决策依据。

（2）着眼于城市轨道交通联网收费AFC系统的可持续发展，提出了无触点IC单程车票的技术分析要点及需求设计，解决了项目规划、工程设计等阶段无触点IC单程车票的技术标准问题，为单程车票在区域线网内的无缝换乘建立基础。

（3）面向技术需求，并针对无触点IC单程票的成本和单程票价倒挂这一阻碍推广应用的瓶颈问题，检验其经济合理性。研究了国内外各主要厂商各类无触点IC产品的半导体芯片、天线、镶嵌物等关键部件技术功能、性能指标及成本分析，研究了各种制造成卡工序环节中的关键工艺技术及成本分析，提出了包括票卡媒介载体的技术兼容性、数据结构、存储能力、交易速度、读写距离、使用方法、应用安全性、使用寿命、可靠性、耐用性、配套售检票机具、成卡组件、制造技术及工艺成本分析等评价指标和要素。

（4）提出了城市轨道交通单程车票选型的有效解决方案建议，以确保在资金有限的情况下，最大限度地满足市场需求。

（5）对于城市轨道交通AFC系统工程建设具有较好的技术指导意义。

（二）主要技术性能

（1）交易平均故障率低于0.1%，在公交轨道交通使用环境中，可进行500次交易，使用寿命至少达半年。

（2）最大限度地满足公共交通环境里乘客正常的使用习惯。最大读写距离应在0.06~0.1 m

之间，单笔交易时间应小于 0.2 s。

（3）单程票用芯片符合 ISO 14443 规范，也可考虑使用符合 ISO 15693 标准、使用其他频段（除 13.56 MHz 外）的电子标签。读写器应考虑储值票、单程票的兼容性，以及预留向其他非接触标准的开放性和可接入性。

（4）芯片内部数据结构、卡与读写器相互认证、交易数据安全认证等方面应具有较完善的安全机制，并在相关领域有较成熟的应用业绩。

（5）每张车票具有不可改写的全球唯一序列号、制造商、发卡商信息。具备一定容量的可改写数据存储区，至少应具有一次性可写的存储区域，可存储基本数据信息、计程/计时/计次信息、有效期、限额等信息。

（6）封装好的车票（筹码或卡）应具有良好的物理、化学特性，符合 ISO 7810、7813、14443-1 标准。

（7）车票表面应可附加图文信息。

（8）地铁开通初期最低单程票价为人民币 2.00 元，需防范单程车票成品价格与票价倒挂风险。

（三）技术特点

结合轨道交通对单程车票的技术需求特点，就各种可应用于无触点 IC 卡的芯片、天线和镶嵌物等关键部件的技术功能、性能指标及制造成本进行综合分析，并形成包含诸评价要素的评价优选体系，以及就轨道交通低成本可回收式单程车票的选型提供解决方案。图 8-10 所示为南京地铁单程票。

图 8-10 地铁单程票

（四）效益分析

（1）乘客通过使用统一的单程车票实现无缝交通出行，便于采取灵活的收费策略及票务政策，极大地方便了乘客出行，同时也吸引和提高了客流，为提高城市轨道交通的服务水准和经济效益创造了条件，扩大了城市轨道交通用户市场，缓解了日益增长的交通拥挤的压力。

（2）AFC 系统无触点 IC 单程票的综合选型，以其高性价比、高可靠性和较长的使用寿命、便于回收和清洁带动了国内一批票卡专业制造商和相关的售检票机具厂商围绕此项产品进行研发和试制，一定程度上形成了 AFC 领域此类产品的技术和产业升级，有力地推动了技术进步。

（3）研究提出的建议方案"无触点 IC 芯片筹码代币式封装的单程车票"，是国内外目前性价比最高、全寿命周期综合成本最低的一种解决方案。

（4）AFC 系统无触点 IC 单程票的综合选型，不仅具有高性价比、高可靠性、较合理的安全解决方案、较长的使用寿命、便于回收和清洁等特点，而且打破了筹码式车票表面不能做广告载体的禁区，通过表面彩色丝网印刷工艺，印制了独特的地铁纪念单程票和广告单程票，既丰富了单程票外观和票种，又创造了较好的经济效益和商业机会，一定程度上弥补了单程票票价和成本稍有倒挂的风险。

第二节　安全保障设备新技术

一、城市轨道交通环境监控系统

（一）技术内容

地铁站的环境监控系统（Building Automation System，简称 BAS），利用分布式微机监控系统，对地铁车站及区间隧道内的空调通风、给排水、照明、电梯、自动扶梯、导向标志等机电设备进行全面运行管理与控制。在发生火灾或列车阻塞等非正常情况时，能够及时迅速地进入防灾运行模式，根据火灾报警系统发送的着火点信息或列车自动控制系统发送的阻塞点信息，自动调度送风或排风状态，进行通风排烟，提高城市轨道交通运营的智能化和安全性。环控系统组织包括风系统、车站空调水系统和集中供冷系统。图 8-11、8-12 所示分别为车站控制器和控制中心系统框图。

图 8-11　车站控制器

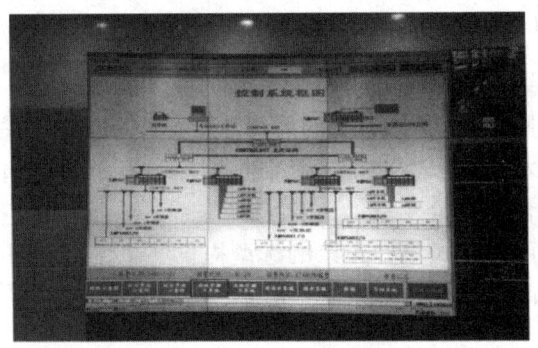

图 8-12　控制中心系统框图

（二）主要技术性能

1. 合理确定车站温度控制标准

空调系统的控制温度是 BAS 控制的基础。采用相对热舒适指数 RWI（Relative Warmth Index）和热损失率 HDR（Heat Deficit Rate）指标，根据室外气象情况来确定满足舒适要求的地铁车站控制温度。RWI 和 HDR 指标是人体在过渡空间热反应的热舒适指标，综合考虑了温度、湿度、风速、衣着量、运动强度等因素。

2. 全面采用变频变风量控制。

地铁空调大系统是提供站台、站厅大空间空调的全空气系统。系统能耗中风机能耗所占比例很大，风机节能是节能运行的重点。变频变风量控制调节快速、准确，节能效果好，采用"只送不排，只排不送"的通风运行模式。

3. 采用定流量、变水温的水系统调节。

取消大系统空调机组水路上的电动二通阀，通过对冷机的负载率控制及对冷冻水温度的控制来实现水系统的调节。

4. 充分利用 BAS 系统的监控能力和数据处理能力。

通过软件实现上述控制工艺及计算，并实现对地铁各类机电设备的智能化管理和故障诊断。

在工艺设计的基础上，开发并应用了地铁通风空调优化控制软件（Environment Control System，简称 EnCs）。EnCs 软件的目的是实现系统的全年自动控制运行，在满足系统环控要求的前提下，尽可能地降低风机、水泵和机组的能耗，节省运行费用。为提高设备管理水平，应用了地铁设备运行管理软件（Equipment Manage System，简称 EuMs）、设备故障诊断软件（Fault Diagnose System，简称 FaDs）。

EuMs 软件运行于车站工作站，用于增强 BAS 的系统管理功能，提高控制决策水平和事故应变能力。EuMs 有设备管理数据库，能自动记录和统计各台设备（主要包括风机、水泵、自动扶梯和电梯等）的运行状况、累计运行时间、故障情况，自动编排维修计划（避免互为备用的设备同时检修）、记录维修信息等功能。EuMs 产生的设备维修计划及设备故障报警信息均可以组态画面的形式在屏幕上显示。在出现紧急故障时，系统将强行将监视屏上的画面转至报警画面。维修计划表需由操作者通过鼠标器选择调出。

FaDs 软件用于监测和诊断控制系统、被控制设备和传感器的故障，显示和打印故障通知，发出报警信号。FaDs 主要是按照三个层次和级别建立的：第一级是设备级故障检测诊断，主要针对大型机电设备与管路系统的故障检测；第二级是控制级故障检测诊断，主要针对控制器、现场仪表和执行机构等控制设备的故障诊断；第三级是管理级故障检测诊断，主要是针对整个系统的故障诊断和必须通过系统方能发现的潜在故障。

（三）技术特点

（1）提出了地铁公共区全年设定温度的确定方法，并在此基础上，实现 BAS 系统的全年自动控制，实现了地铁空调大系统定水量、变风量的运行方式。

（2）提出了地铁空调大系统全年节能运行模式及地铁 BAS 系统的智能化设备管理和故障诊断方法。

地铁站的环境监控系统使环控能耗显著下降，节能显著，减少了地铁对于自然环境的影响；系统全年自动运行，极大地减少了机电设备维护人员的工作量，可减少维护人数，改善劳动环境，提高维护水平；提高了设备管理水平，减少了设备维护的费用和时间，延长了设备使用寿命，提高了设备的完好率和正常率，提升了地铁的服务水平；给乘客提供合理的舒适度，满足乘客的舒适性要求，有利于地铁吸引客流，提高地铁的效益。

二、地铁车辆高压细水雾灭火技术

（一）高压细水雾灭火系统介绍

"细水雾"的概念是相对于"水喷雾"的概念演变发展而来的。所谓的细水雾，是利用高压和使用细水雾灭火系统特制的喷嘴，将瓶组或泵组内的水转换为细小的水雾滴。瓶组或泵组内的水在最小设计工作压力下，经喷头喷出并在喷头轴线向下 1 m 处的平面上形成雾滴直径 $Dv_{0.50}$ 小于 200 μm 和 $Dv_{0.99}$ 小于 400 μm 水雾滴。

目前，细水雾第一种分类可以按照使用压力的不同进行分类，可分为高压细水雾灭火系统、中压细水雾灭火系统和低压细水雾灭火系统。其中，高压细水雾灭火系统指细水雾灭火系统在工作时的压力不小于 3.5 MPa 的细水雾灭火系统。第二种分类可以按照细水雾灭火系统的供水方式来进行分类，可分为瓶组式细水雾灭火系统和泵组式细水雾灭火系统。

1. 细水雾灭火原理

燃烧的三要素是指可燃物质、助燃物质和着火源。一切灭火措施都应解决三要素的相互影响和作用；所有的灭火手段，都是为了破坏燃烧的充分条件，或者通过抑制燃烧过程中自由基等因素，尽量切断燃烧过程中的连锁反应，使燃烧反应中的游离基消失。传统的喷淋方式灭火系统主要是依靠直接降温冷却来达到灭火效果。细水雾灭火系统也同样具有传统喷淋方式灭火系统的对物体表面进行冷却的功能，同时细水雾灭火系统还有以下优于传统灭火方式的灭火原理，以达到快速、高效、环保的灭火目的。

（1）降温及冷却作用。

由于细水雾灭火系统将水雾化成微小的雾滴粒子，使单位质量水的表面积得到了扩大。表面积越大，导致雾滴吸热迅速与汽化加快，同时可以吸收空气中的热量，迅速降低着火点的温度，达到冷却效果。

（2）窒息作用。

在细水雾灭火系统被触发后，由于细水雾灭火系统将水雾化为直径较小的雾滴粒子，可以迅速吸热，高温下汽化为水蒸气，相较于未汽化的状态体积急剧膨胀约1700倍。在吸热汽化的过程中，水蒸气可以围绕在着火点周围形成水蒸气屏障，可以逐渐降低火焰周围的氧气浓度，着火点会因低氧而中断或受到抑制。

（3）衰减热辐射作用。

在细水雾灭火系统启动后，水会以密集的雾滴粒子的状态悬浮在着火点周围，火焰的热量需要穿透雾滴粒子才可以辐射到周围，雾滴粒子极大地阻断了火焰对附近物质的热传递效应。在灭火过程中，保护人员尽量不受到火灾影响极为重要，在灭火的同时，细水雾衰减热辐射的作用有助于保护车内人员和物品免受火焰烘烤。

细水雾灭火系统的灭火原理是降温及窒息。灭火原理并不是单一作用而存在，它们是相辅相成的，不同的火场其作用大小不同。

2. 瓶组高压细水雾灭火系统特点

在环保越来越受到重视的今天，卤代烷灭火剂正逐步被淘汰，细水雾灭火技术由于它的环保特点越来越受到各界的关注。由于细水雾灭火系统采用的主要灭火介质为水，可以保证该系统的环保性，同时还具有安全、经济、高效等特点。

（二）高压细水雾灭火系统在地铁车辆上的应用

目前，细水雾灭火技术在地铁车站应用已经成熟，但大部分仍主要应用在动力机房、航空、图书馆、电子设备、商用厨房、燃气涡轮封闭式设备舱、居住船舱和公共场所，高压细水雾灭火系统在国内地铁车辆上暂时还未有应用，而西班牙的马德里地铁采用 Hi-fog 公司的高压细水雾灭火系统装备了 76 辆地铁车辆。本书根据对高压细水雾灭火系统和国外成熟应用经验的研究，研究其在国内地铁车厢的应用方案。

高压细水雾灭火系统设计只对车厢乘客区域发生火灾进行灭火，对于保护乘客具有高安全性。在高压细水雾灭火系统的动力源上主要有 2 种方式：瓶组式和泵组式。瓶组式以高压氮气瓶作为动力源，将灭火介质运送到着火点并通过喷头雾化，此种方式基本不依赖外部条件，只需将阀门打开；泵组式是以通过水泵用升压和稳压的方式为高压细水雾灭火系统提供动力。在列车发生紧急情况外部高压电源中断的时候，列车由蓄电池组供电，由于需要维持列车的基本运行，因此蓄电池可能无法正常启动细水雾灭火系统，如加大蓄电池组的容量会对地铁列车的设计产生很大影响，因此泵组式高压细水雾灭火系统并不适用于地铁车辆。

1. 细水雾灭火系统设计所需基础参数

高压细水雾灭火系统在设计时主要需要考虑如下几个方面：
（1）细水雾灭火系统内的喷头的安装间距及安装高度；
（2）细水雾灭火系统内的工作压力及细水雾的流量系数；
（3）细水雾灭火系统在工作时的喷发时间；
（4）储水量。

高压细水雾灭火系统的喷雾强度、喷头布置间距、安装高度和工作压力，应经过实体火灾模拟试验确定，而地铁车辆的喷头确定会安装在地铁车辆的顶板上，这样可以根据顶板高度来确定系统的喷头布置间距。一般地铁车辆顶板高度在 2.1~2.2 m，高压细水雾灭火系统在工作时的压力需大于 3.5 MPa，且喷头的有效保护面积为直径 3m 区域，可以确定喷头的最大布置间距为 3 m。

高压细水雾灭火系统的喷头流量系数是系统的核心数据之一，理论上喷头的流量系数越大其产生的雾场密度越大，细水雾越能有效衰减火灾辐射热量，但是当雾场密度超过一定值时，由于流量太大，细水雾逐渐转变为传统的水喷淋系统，反而由于过大的水流量造成地铁车厢内水浸渍灾害。同时，过大的流量系数在相同时间内必然会增大用水量，这对于地铁车辆也是不经济的，因此喷头流量系数的选取必然要经过试验和计算来确定。

高压细水雾灭火系统的设计喷雾时间是决定系统灭火能力和体积重量的重要数据，建筑上的瓶组式细水雾灭火系统喷雾时间要求不小于 10 min，地铁车辆的喷雾时间可考虑地铁车辆的运行站间时间（一般为 2~3 min），在地铁运行期间高压细水雾灭火系统需要对火灾持续进行灭火，以保证乘客和车辆安全。

由于细水雾灭火原理主要是隔绝氧气、窒息火焰和降低着火点的温度，因此燃烧物发热值对细水雾灭火系统参数设计影响很小。

2. 高压细水雾灭火系统在地铁车辆应用方案

整列地铁车辆布置一套瓶组式高压细水雾灭火系统，系统由灭火控制器、2 个高压氮气瓶、3 个水瓶、管路及区域控制阀若干组成。灭火控制器安装在司机室电气柜内，负责与车辆通信，并控制高压细水雾灭火系统；高压氮气瓶提供动力；水瓶存储灭火介质；区域控制阀负责确保灭火介质准确输送到火灾发生区域。

（1）设计方案。

每节车厢以车厢中线为界分为 2 个区，每个区布置 4 个喷头，喷头布置具体间距需考虑车内空间和顶板分缝，系统采用全淹没灭火方式设计，可以同时扑灭一处或多处火灾。具体的设计参数：开式喷头流量系数 K 为 1.0；设计总流量为 40 L/min；喷放时间为 3 min；用水总量为 120 L；主管道直径尺寸为 22 mm；支路管道直径为 16 mm。

（2）灭火原理。

细水雾灭火系统是利用压力让水通过专用细水雾喷头雾化成为细小的雾滴粒子进行灭火。细化后的雾滴粒子平均直径小于200 μm，遇高温后迅速汽化为水蒸气，体积可膨胀1 700倍以上，使着火区域的氧气浓度迅速降低。在雾滴粒子汽化的过程中会吸收大量热量起到降温冷却和隔氧窒息作用，起到隔绝氧气和降温的双重作用，达到迅速灭火的目的。如图8-13所示，高压氮气通过减压阀恒定汇集在集气管，通过高压将水通过喷头雾化成细水雾。在正常状态下，管道内无压力。

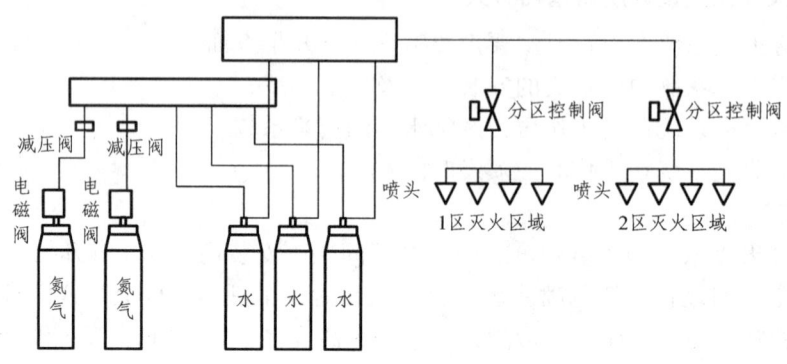

图8-13 细水雾灭火系统原理示意图

（3）参数计算。

①高压喷头数量选择。

根据高压细水雾灭火的压力要求，在正常工作压力下，高压细水雾喷头喷出水雾$Dv_{0.50}$应小于200 μm，选择工作压力为10.0 MPa，流量系数K为1，q为10 L/min。根据每个高压喷头保护区域直径为3 m，考虑到冗余和车厢的不封闭性，为能更好地保护动力间设备，将客室分为2个区域，每个区域放置4个高压细水雾喷头，这样安装既能达到最佳灭火效果，又不浪费资源，灭火快速高效。

②用水量计算。

针对以上要求，根据细水雾灭火经验，选用流量系数K为1，q为10 L/min的高压细水雾喷头，喷头工作压力为10 MPa。根据1个区域最大用水量之和的1.1倍进行计算，喷放时间持续不少于2.5 min，则每一个区域用水量为40 L（4×10 L），喷一次用水量为100 L（2.5×40 L），考虑1.1的系数时得出喷一次最大用水量为110 L（100 L×1.1）。

③氮气瓶和储水瓶的选择

喷头工作压力为10 MPa，氮气瓶充满压力为15 MPa的高压氮气，因此集气管经减压阀减压后应保持10 MPa的压力。为了安装方便和更好地固定气瓶和水瓶，根据国家高压细水雾标准，均采用40 L的铝合金储水瓶和高压氮气瓶。充压氮气符合GB/T 8979标准，储水瓶中水应满足饮用水标准。

④管道选择。

考虑到选用高压细水雾标准管材、管件和地铁车辆的安装空间，主管道采用外径为22mm的高压不锈钢管道。

（4）系统安装。

瓶组安装时，瓶组箱体外形尺寸为2 200 mm（长）×1 596 mm（宽）×260 mm（高），质量约为 300 kg,安装支架外形尺寸为 2 500 mm(长)×1 790 mm(宽),系统总质量约 350 kg。管道安装时,主管道采用外径为 22 mm 不锈钢管,管道从车顶进入到车厢顶部,将管道固定在车厢顶部隔板内,支管选用外径为 16 mm 的不锈钢管。

(5)系统启动工作流程。

高压细水雾灭火系统具备远端手动控制启动、自动启动和近端机械应急启动 3 种启动方式。

自动启动工作流程:该系统具有与火灾报警联动灭火功能,当感烟探测器发出报警和没有人员确认火情的情况下,灭火控制盘就会自动启动灭火装置,如需灭火装置紧急停止工作,可直接操作控制盘停止键。远端手动控制启动工作流程:当火情发生时,探测器发现火情后,将信号发送给控制器,同时声光报警器发出报警声音。人员通过对现场情况的观察,可根据火情状态确定是否启动灭火系统。机械应急启动工作流程:当远端手动启动和自动启动都失效时,可以直接打开机械应急手柄来启动灭火系统。

当火情发生时,火警系统发现火情后,发出火警信息给车辆控制系统,同时将火情发生的区域位置信息发送给细水雾灭火系统控制器。对应火情区域的区域控制阀门打开,司乘人员通过对现场情况的观察判断,决定是否启动司机室的灭火系统控制按钮。如不启动,区域控制阀门自动复位;当司乘人员确认需要灭火时,司乘人员触发控制按钮启动,细水雾灭火系统启动工作。高压细水雾灭火系统工作流程为首先打开高压气瓶的瓶头阀,高压氮气迅速释放进入水瓶,挤压水从瓶内的水管流出,通过管路和区域控制阀到达火情区域的喷头,经过喷头雾化形成高压细水雾进行灭火,流程如图 8-14 所示。

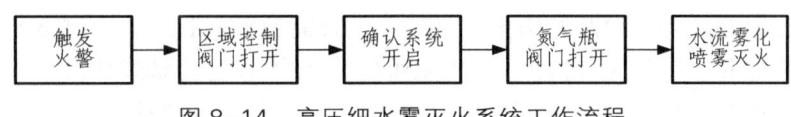

图 8-14 高压细水雾灭火系统工作流程

(6)试验验证。

为了充分验证瓶组高压细水雾灭火系统在地铁车辆上的实用性,针对地铁车辆进行试验验证,在车厢中布置一个 1 m² 的油槽,放入 2 L 汽油,将油槽布置在车厢中间的喷头最不利的灭火位置,汽油点燃 5 s 后,油槽全部燃烧,火焰旺盛,启动瓶组高压细水雾灭火系统,水雾瞬间将火焰笼罩,水雾喷出 45 s 左右后油火扑灭,待水雾喷射完成,进入试验车厢发现燃烧产生的烟雾基本被水雾吸附,火灾没有对车厢设施造成不良影响。

三、地铁七氟丙烷气体全自动灭火系统

(一)技术内容

国外高压惰性气体灭火产品和中压七氟丙烷气体灭火产品的价格昂贵,且气体灭火的控制系统普遍采用传统多线制模拟量型火灾探测报警控制设备,其技术相对落后,抗干扰性、可靠性及信息化程度较低,误报警与误喷气概率较大,难以适应地铁的安全可靠、现代化、信息化、国产化等方面需求。地铁七氟丙烷气体全自动灭火系统针对地铁工程特点和功能需求,通过深入、全面、系统地研究地铁的火灾机理和特性以及气体全自动灭火系统的选型和搭配,经过技术经济比较,主要应用于地铁工程的重要设备房间(信号和通信机房、变配电

室、OCC大楼控制设备间、贵重仪表库等）的灭火防护。

（二）主要技术性能

由于常规气体灭火报警控制系统及其产品的设计制造等方面原因，常规气体灭火控制盘不能接入智能探测器，不能提供数字信息输入接口，加上普通型（开关量式非编码式）探测器没有自我诊断能力，即使发生污染、受潮或其他损坏，气体灭火控制器也不能够得到反馈。随着使用年限增加，造成整个灭火系统的防护能力下降和可靠性降低，其工作性能（安全性、可靠性、有效性、抗干扰性等）要远低于智能型报警控制设备水平。

智能型气体灭火控制系统不但能够连接智能探测器、专机专用互不干扰，具有完全兼容的总线通信协议和网络通信协议，实现数字信息共享，对灭火系统的安全、可靠、有效性方面及使用、管理、维护工作方面都带来了极大提高。

智能气体灭火报警控制系统设备具有以下优点和功能。

1. 智能型火灾探测器的优点

（1）智能型火灾探测器具有独立的地址码、故障自诊断、污染自判断、环境自适应、误报率低、工作可靠、抗干扰能力强等优点，提高了火灾报警系统的安全可靠性和整体性能。

（2）智能型感烟和感温探测器带有微处理器（CPU），内置的微处理器独立运行，当智能型感烟和感温探测器探测到环境模拟量的数值发生变化时，向主机发出查询请求。而对于状态正常的探测器，主机无须查询，这就大大减少了系统数据传输，提高了系统抗干扰能力。

（3）智能探测器具有自诊断及历史记录功能，智能型感烟和感温探测器能持续不断地进行自诊断，提供重要的维护保养数据，自诊断的结果显示在智能型气体灭火控制盘上。智能探测器还具备灵敏度可调节功能（探测灵敏度分为9级，包括自动昼/夜灵敏度调整功能），既可进行手动调整，也可以在软件中进行预设定，实现了昼/夜灵敏度自动调整。

（4）智能探测器具有对环境自动的漂移补偿和平滑处理能力，可使探测器即使在积尘的情况下，仍维持原有探测真正烟雾的能力，避免误报警。可自动执行周期性的灵敏度测量，从而减少维修费用。软件还能提供平滑过滤器，以消除由电气干扰引起的瞬间干扰信号。智能探测器还具有除尘报警功能，当探测器的漂移补偿达到一定程度，其性能受到影响时，将给出特殊的警告。警告有三个级别：低室值（Low Chamber Value）警告，说明检测器有硬件问题；提醒维修，说明积尘已经接近但未达到允许极限；亟须维修，说明积尘已经超过允许极限。维修提醒可使设备在性能受到影响以前便得到维护。

（5）智能探测器具有设置早期警告的预报警值功能（具有9级预报警功能），预报可以锁定也可自恢复，并可用来启动报警控制程序中指定的具有控制功能的子程序。智能探测器可设置预报极限比正常峰值稍高，以取得极高的预报灵敏度，又能够避免非火灾信号。

（6）智能探测器的快速反应Flash Scan技术，加快了智能装置之间的通信速度。智能装置之间的通信方式为成组（每10个地址码设备）方式，如果一组中的一个探测器有新的信号，控制器CPU停止巡检而改为对单个点巡检。该功能使系统的反应速度比先前设计的高5倍。智能型探测器可通过智能型气体灭火控制器（AFP-400）主机控制面板上的键盘，或专用软件Ve-ri.FireTM远程调整探测器的有关参数。

（7）智能探测器采用专用金属片，使探测器电路与CPU具有抗强电磁干扰的能力，同时与主机通信采用电流环形式。智能型探测器的微处理器（CPU）设在火灾探测器探头内，电路板表面和CPU上有防水、防潮、防腐蚀的专用材料覆盖；同时底座仅作为探测器安装板和接线端子（可加防水垫圈），不带任何电子元件和电路板；同时探测器的外壳为防腐蚀、防老化聚合体，因而探测器具有高度的防水、防潮、防腐蚀性能。

（8）总线监控模版的外壳均采用密闭式结构，可用于潮湿、有粉尘的工作环境中。模块的稳定性高，防灰尘、抗电磁干扰、抗温度影响、抗射频干扰，产品具有很好的防水、防潮、抗腐蚀等性能。模块智能化程度高，触点动作准确。采用十进制的编址方式，易于安装工人准确地进行址码的设定。

（9）智能探测器上述特性和优势从本质上提高了系统的可靠性和预防性维修的可操作性，同时数字化的智能火灾报警探测器又是气体灭火报警控制系统信息化智能化的基础单元。

2. 智能气体灭火控制器的功能

（1）智能气体灭火控制器具有火灾探测、火灾事故报警、联动控制输出、灭火剂释放自动控制等多种功能，提供了先进可靠的火灾报警和灭火控制系统设备整体解决方案。

（2）智能气体灭火控制器采用了先进的模块化设计思想，系统的组合非常灵活，可以根据用户的要求，自由选择系统监控回路的数量以及易于将紧急广播、公共广播、紧急电话等子系统接入，能对防灾区域提供全面保护，为火灾的早期发现和突发火灾后的紧急处理，提供有效可靠的手段。智能气体灭火控制器可拥有两个监控回路，每个回路可带99个智能探测器和99智能编址设备，可以管理和控制10个气体灭火防护区。

（3）智能气体灭火控制器的人机界面友好，符合人体工程学设计原则，并有先进的微处理器（CPU）、LCD显示器、满足24 h监视和30 min报警的后备直流电源装置等。控制器除了具有先进的主微处理器（CPU）外，每个回路卡上都带有微处理器（CPU），当主微处理器（CPU）发生故障时，各回路卡上的微处理器（CPU）按"本地模式"进行运行，在发生火灾时，同一回路设备仍按联动程序进行联动输出，真正实现了分布式智能控制功能。

（4）智能气体灭火控制器遵循先进的模块化设计原则，其内部部件均为标准插接件，可任意安装在专用支架的不同位置。各部件具通用性，可用于不同组合的智能气体灭火控制器上。控制器的微处理器（CPU）有强大的事件存储功能，共可存储800条历史记录，便于分析事件发生的原因。320×240像素的大屏幕LCD的显示为中文全显示，至少可显示40个汉字，设置合理，最大限度地提供了火灾信息（例如报警类型、报警设备、时间、地点等）。可通过启动设在操作面板上的各个防护区远程手动转换按钮，直接将该防护区变换为手动状态，为工作人员安全进入防护区、系统维护以及防止气体误释放等提供了可靠便捷手段。

（5）智能气体灭火控制器采用数据，还可传输到网络上，根据网络或/和站内程序做出反应。由于每一台控制器都有独立的微处理器（CPU）和存储单元，所有的数据库是保管储存在个别的控制器，每个控制器100%运作独立于其他控制器。通过报警控制器回路总线上的监控模块，实现相关防灾设备的状态监视和运行控制，通过预先编制的报警联动程序，执行各类型设备的控制并监视其动作状态。

（6）采用智能型气体灭火控制系统符合发展方向。地铁工程日益向综合自动化方向发展，只有信息化和智能化的子系统，才能通过数字接口支持高度集成自动化的综合监控系统。智能型气体灭火控制系统正是这样一个信息化、智能化的子系统。在深圳地铁一期工程中，充分考虑了系统运行受故障最小原则,通过确定应用最新技术及智能化火灾报警和灭火控制设备,以保障气体灭火系统在各种环境恶化或意外事故时仍能有完整的工作能力。

3. 智能气体灭火报警控制系统的技术参数

(1)设计灭火浓度:8%~10%。
(2)气体喷放时间:≤10s。
(3)气体浸渍时间:≥3min。
(4)设计额定温度:20℃。
(5)海拔高度:≤1000 m。
(6)海拔高度修正系数:K=1。
(7)储瓶储存压力:(4.2±0.125)MPa。
(8)储瓶容积:100 L。

(三)技术特点

(1)七氟丙烷气体全自动灭火系统地灭火效率高、清洁环保、可靠性强、占地面积小、性价比优、安全储存性好。还通过改变容器阀结构和优化喷头设计,使得灭火喷放时间大约缩短20%,提高了喷射过程的三维均化效果,有效地减少了灭火剂热分解腐蚀性产物的生成量。

(2)应用分布式智能灭火报警控制新技术(智能感烟/感温探测器和总线制数字化智能型气体灭火控制盘等),做到灭火探测报警控制设备能够自适应环境,自诊断故障、自优化报警,抗强磁干扰能力强,误报率低,使火灾报警控制智能化和一体化,实现了动态在线实时监控和防御性维修,大幅提升了气体灭火控制的技术水平和安全可靠性,降低了运营成本,更符合地铁的应用环境和运营要求。

(3)通过技术设计研究,采用优化组合构建方式,解决了一系列工程应用难题(例如同一系统不同防护区体积相差悬殊、气瓶间与防护区距离过远、管网布置多变等),技术措施实用有效,工程效果显著。

四、地铁隧道光纤感温火灾预警检测系统

(一)技术内容

国家标准《火灾自动报警系统设计规范》(GB 50116—2013)将地铁隧道定位一级保护对象,显示了对地铁火灾安全的高度重视。目前的防灾报警系统设备存在总线长度有限、回路容量不够、其他线性感温元件保护范围小、不能定位报警点等技术困难。

光纤感温火灾预警检测系统采用了21世纪前沿学科的光电子技术和多学科高新科技技术——利用拉曼散射和光时域反射 OTDR 理论,解决了大面积、连续性、动态实时在线的火灾和温度检测和定位问题。

(1)利用卫星地面拍照数据滤波、压缩和传输技术,解决了海量数据的滤波、检测精度提高和缩短检测时间问题。

(2)利用专业算法,解决光纤接续和应用中的耗损、测温空间分辨率、温度分辨率及快速响应和预警的职能分析、判断等问题。

（3）利用高速数据处理器技术、多功能多串口的高速单片机技术、最新的 CPLD、计算机控制技术、接触屏等技术，解决系统开放性、网络化、单元化及组态方便、自适应能力强、易实现信息化管理的问题。

（4）利用光电通信技术，解决了网络吞吐量、响应时间、可靠性问题。

（5）采用微电子综合技术，独创报警接口编码方案，解决了与周边设备的大容量、高可靠性报警联动问题。

（6）通过对地铁火灾模式分析技术、地铁隧道火灾温度场分析理论、FAS 联动分析、通信网络分析等，确定了系统的功能、性能、技术指标和系统硬件方案、软件系统方案。

（7）通过深入细致地研究各种技术和需求以及地铁隧道的特点，形成了一套完整的、运行稳定、可靠的地铁隧道感温光纤火灾预警监测系统，实现了连续空间温度监测、分区报警和火情分析、火势蔓延分析、烟雾漂流分析等功能，实现了多级多形式预告报警设置及温度变化率报警，从而可以实现火灾趋势预报。

（8）利用软件编程技术和软件开发平台技术，创造性、人性化、高可靠、多功能、高速度、高优化和美观实用地实现了系统的功能支持和各种需求的响应，并根据地铁项目的特殊要求，把软件系统分成系统管理、参数控制、报警设置、数据管理、网络服务、温度监测 n 个单元，每个单元完成特定的功能，完成了软件组态及模块化处理。

（二）主要技术性能

（1）测量周期：≤4 s/km。

（2）温度精度：1.5℃。

（3）定位精度：2 m。

（4）温度测量范围：−20~+120℃。

（5）报警分区：≥100 个/km。

（6）检测范围：单端多路检测，每路至少可检测 2 000 m。

（三）技术特点

深圳地铁首次在全国隧道内设置大规模光纤感温火灾监测设备，实现了对隧道火灾进行连续实时在线监测，彻底消灭了地铁火灾监测空白盲区和安全死角，实现了地铁隧道火灾的自动报警→防排烟模式指令的下达→相关防排烟设备的动作→执行结果的反馈全过程的自动化，实现了地铁隧道连续空间温度场的监测、报警及火灾趋势预报，实现了地铁隧道光纤感温火灾预警监测系统全线计算机联网、信息综合监控和信息化管理，实现了地铁隧道光纤感温火灾监测系统设备国产化。

五、城市轨道交通防水技术

（一）地下工程防水技术

1. 防水原则

按照《地下工程防水技术规范》（GB50108—2008）的规定，地下工程防水的设计和施工应遵循"防、排、截、堵相结合,刚柔相济,因地制宜,综合治理"的原则,而城市轨道交通地下工程为满足运营要求和工程耐久性要求,按照《地铁设计规范》(GB50157—2013)的规定,其设计和施工均应遵循"以防为主,刚柔结合,多道设防,因地制宜,综合治理"的原则。因此,城市轨道交通地下工程的防水更加注重"防"的原则。

2. 结构自防水

城市轨道交通地下工程迎水面(迎土面)结构均要求采用防水混凝土,其防水性能主要体现在两个方面,一是混凝土的抗渗等级要求,结构抗渗等级根据结构埋置深度确定,并不得小于P8;二是裂缝宽度控制要求,裂缝宽度包括结构计算裂缝宽度控制以及根据《地下工程防水技术规范》的规定,裂缝宽度不得大于0.2mm并不得出现贯通裂缝。目前,国内对于结构自防水措施主要通过对混凝土配合比进行试验研究,并结合其他城市经验,提出适合本地区地下工程防水混凝土的具体配方,按照工法的不同配制相适应的防水混凝土,一般包括添加粉煤灰、磨细矿渣粉、聚羧酸减水剂、抗裂防水剂、密实剂、抗裂纤维等一种或多种措施提高混凝土的自防水性能。

3. 柔性外包防水

(1)明挖结构防水技术。

目前国内绝大多数城市轨道交通均采用了"结构自防水+柔性全包防水"的防水方案(见图 8-15)进行设计和施工,仅个别城市或个别地下车站与区间,由于处于软土地层,侧墙采用叠合墙等原因,取消了侧墙或(和)底板柔性防水层,采用了"结构自防水+局部柔性防水层"的方案,即半包防水方案(见图8-16)。但无论采用哪种防水方案,结构顶板设置柔性防水层是所有城市的通用做法。

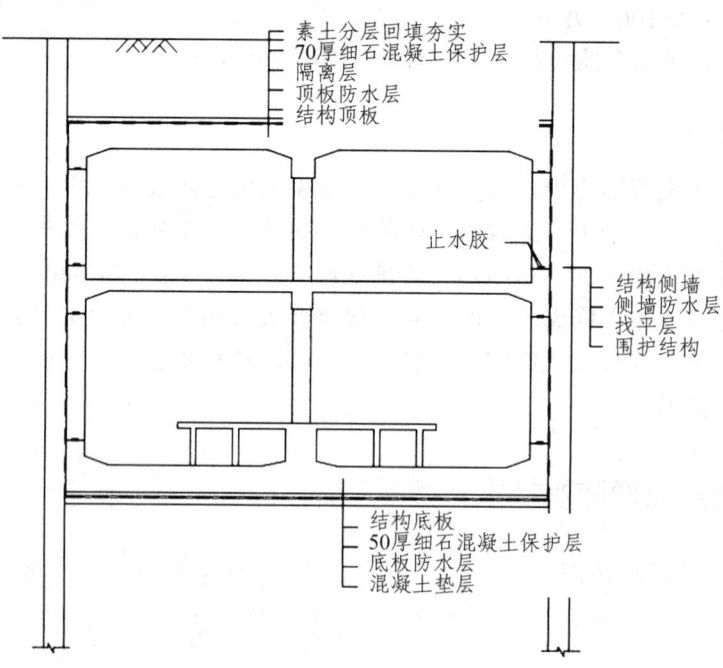

图 8-15 结构自防水+全包防水方案

采用"外防外贴"法铺设防水层的侧墙和顶板，一般多选用单组分聚氨酯防水涂料（图8-17），平面防水层均采用"隔离层+细石混凝土"进行保护，有种植要求的顶板防水层表面还要求设置耐根穿刺层代替隔离层；立面防水层一般采用聚乙烯泡沫塑料、聚苯板柔性保护层或砌筑砖墙等进行保护。

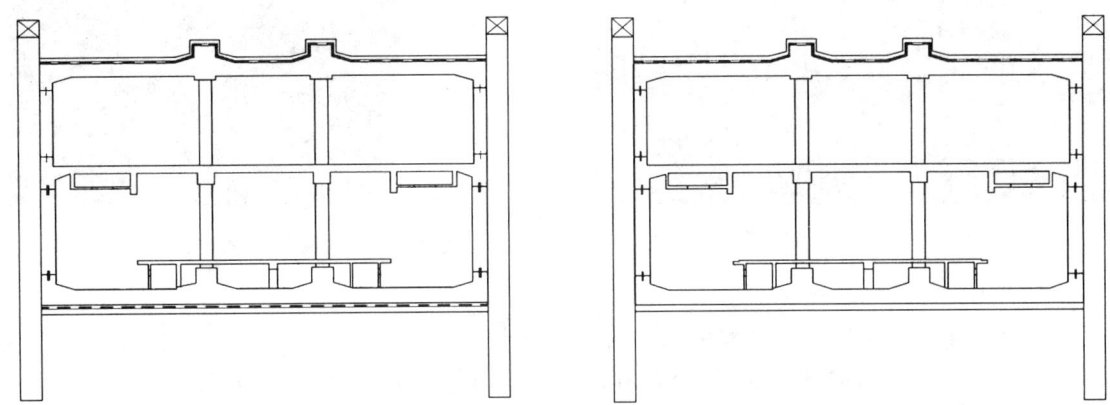

图8-16 结构自防水+半包防水方案

图8-17 车站顶板单组分聚氨酯涂刷施工

采用"外防内贴"法铺设防水层的明挖结构底板和侧墙，目前绝大多数城市均选用预铺防水卷材作为柔性防水层加强防水，包括高分子预铺防水卷材（或高分子自粘胶膜防水卷材，以下同）和沥青基聚酯胎预铺防水卷材（见图8-18、图8-19）。两种材质的预铺防水卷材各城市选用原则不同，大多数城市两种材料均选用，个别城市只选用其中的一种。埋置深度较小（地下两层车站），车站周边水系不发达的地下车站和区间一般选用4mm厚沥青基聚酯胎预铺防水卷材；埋置深度较大（地下三层及以上车站），车站周边临近江、河、湖等水系发达的地下车站采用1.5~1.7mm厚高分子预铺防水卷材。而且个别城市防水施工图中还强调选用的高分子预铺防水卷材要求为"非黑色"，主要为避免采用在合成高分子防水卷材（HDPE、PVC、EVA、LDPE等）表面涂刮沥青类自黏层生产的预铺防水卷材进入施工现场代替高分子预铺防水卷材。

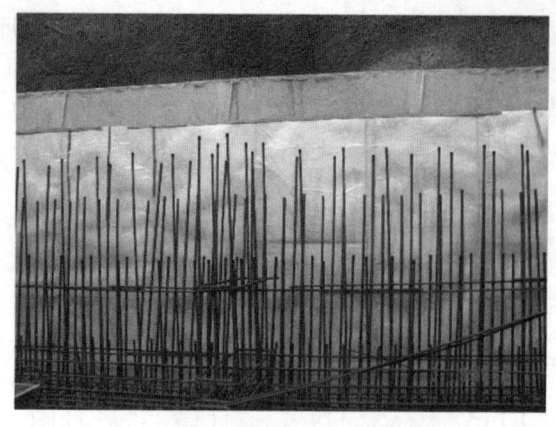
图 8-18 高分子预铺卷材

图 8-19 沥青基聚酯胎预铺卷材

（2）矿山法结构防水技术。

城市轨道交通矿山法结构基本采用"结构自防水+复合式衬砌全包防水"的防水方案，仅局部山岭隧道采用"结构自防水+复合式衬砌全包或半包防水+排水"的防水方案。矿山法隧道采用的防水层材料在近20年的城市轨道交通防水工程中基本未出现变化，大多采用了PVC、EVA或ECB塑料防水板，并将塑料防水板作为喷射混凝土初期支护与二衬模筑混凝土之间的隔离层，避免两层结构之间互相制约导致二衬防水混凝土结构开裂（见图8-20）。但由于塑料防水板容易出现"窜水"现象，对后期渗漏水治理带来困难，因此在2002年以后的城市轨道交通矿山法隧道中，开始逐步在防水层表面增设分区系统与注浆系统，利用分区来减少"窜水"现象以及利用注浆系统在防水层与二衬结构之间进行填充注浆治理渗漏水（见图8-21）。

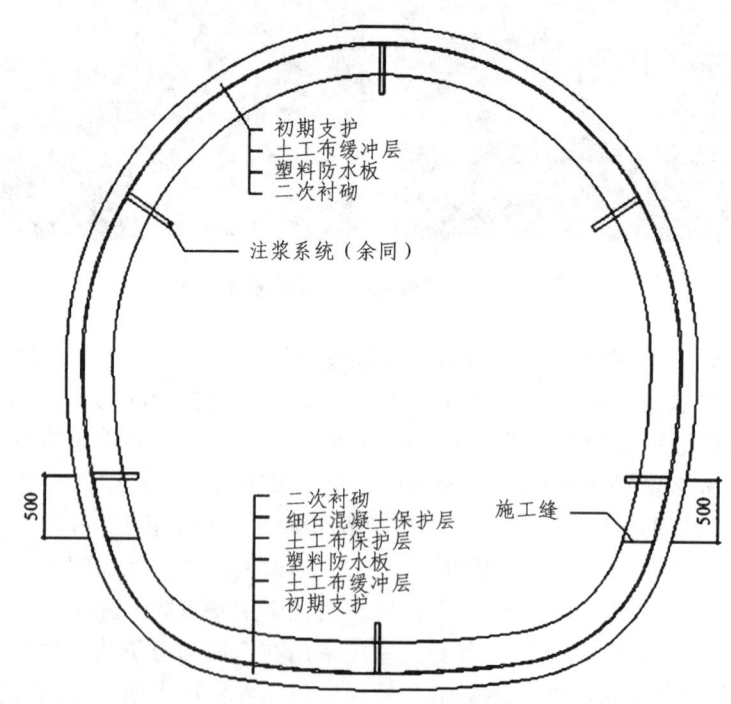

图 8-20 矿山法区间防水横剖面图

个别城市矿山法区间和车站中,也有为了避免出现窜水现象采用高分子预铺防水卷材代替塑料防水板的做法(见图8-22)。但由于其顶部混凝土难以填充密实,施工步骤过多导致防水层甩槎接槎质量较差等原因,防水效果虽然较塑料防水板有所提高,但仍难以完全避免出现渗漏水问题。

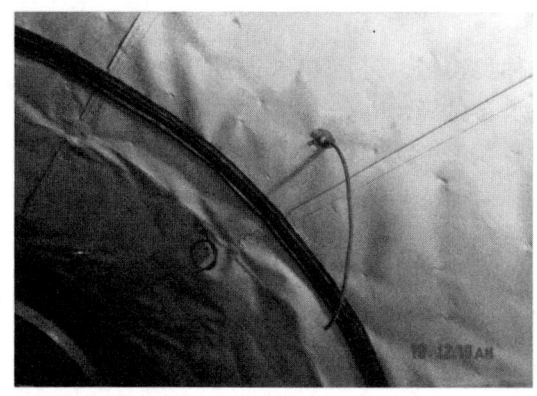

图8-21　塑料防水板分区系统及注浆系统安装

图8-22　矿山法隧道高分子预铺防水卷材安装

(3)盾构隧道防水技术。

国内采用盾构法施工城市轨道交通地下区间和车站(个别车站采用)以来,其防水技术主要借鉴了国外盾构隧道防水经验,采用了"管片结构自防水+管片接缝密封防水"的方案(见图8-23),实践证明其防水做法可靠,可以满足运营需求。盾构隧道中的管片接缝防水材料主要采用了三元乙丙弹性密封垫或三元乙丙弹性密封垫与遇水膨胀橡胶复合型密封垫,依靠盾构机的推力将密封垫材料压缩进行密封止水(见图8-24)。

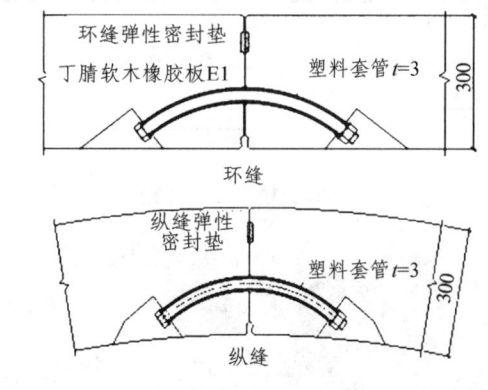

图8-23　管片接缝防水示意图

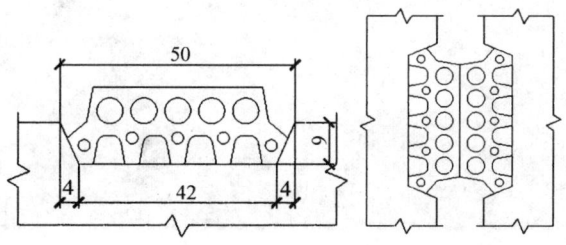

图8-24　管片密封垫设置示意图

（二）屋面防水技术

城市轨道交通屋面防水工程主要包括停车场、车辆段、控制中心、办公楼、高架车站、出入口地面厅屋面等，含预制板屋面、现浇混凝土屋面及金属屋面。其中防水材料用量最多的是车辆段屋面和停车场屋面，屋面板大多采用天基板预制屋面，屋面还需要设置采光天窗，容易出现渗漏水问题，因此对防水要求较高。

各城市轨道交通工程中屋面防水层材料选用的种类较多，包括 SBS 改性沥青防水卷材、自粘防水卷材、PVC 防水卷材、聚乙烯丙纶复合防水卷材等，也有选用"防水卷材+单组分聚氨酯防水涂料""防水卷材+橡化沥青非固化防水涂料"复合防水层的做法等。

（三）桥梁防水技术

城市轨道交通高架桥面防水遵循"防排结合"的原则进行设计和施工，主要包括轨道梁以外的桥面部分防水以及在桥梁伸缩缝部位设置桥梁伸缩缝装置进行加强防水（图 8-25 为桥面防水构造设计示意图）。单组分聚氨酯防水涂料是桥面防水层常用的防水材料（见图 8-26）。

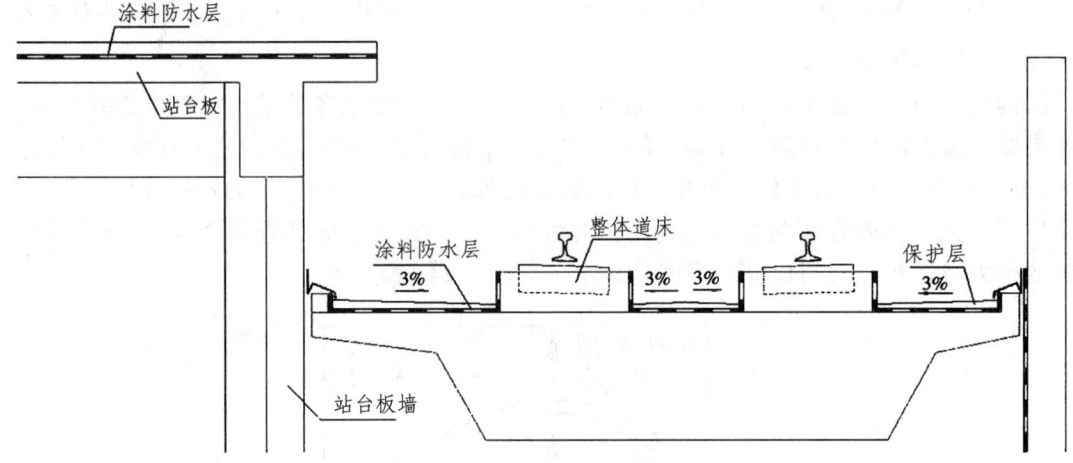

图 8-25 桥面防水构造

图 8-26 桥面单组分聚氨酯防水涂料施工

(四)细部构造防水

1. 变形缝(诱导缝)防水

变形缝(诱导缝)防水各城市做法基本一致,主要采用"外贴式止水带+中埋式止水带"方法加强防水(见图 8-27),变形缝部位还要在迎水面(或背水面)增设密封胶嵌缝密封的方法加强防水。其中,外贴式止水带在明挖结构中一般采用橡胶止水带,矿山法隧道中多采用与塑料防水板同材质的塑料止水带;中埋式止水带多采用钢边橡胶止水带,也有个别城市采用注浆止水带。

图 8-27 变形缝外贴式止水带和中埋式钢边橡胶止水带的设置

2. 施工缝防水

施工缝防水按照防水等级的不同设置一道或两道防水措施。经实践检验和对比,中埋式止水带在施工缝(包括后浇带)的防水效果最好,包括中埋式钢边橡胶止水带、镀锌钢板止水带。在无法设置止水带的特殊部位施工缝采用预埋注浆管或(和)遇水膨胀止水条(胶)的方式加强防水。

(五)防水技术发展趋势

(1)在混凝土中添加水泥基渗透结晶型防水材料等添加剂提高混凝土自防水性能,取消外防水层的做法在个别城市中有小范围试验性应用,但大规模采用仍有困难。

(2)预铺防水卷材由于其施工简单,防水效果较好,会长期在城市轨道交通明挖法车站和区间防水工程中得到广泛应用。

(3)单组分聚氨酯防水涂料目前应用较为广泛,但其对环境温度、湿度、基面要求较高,特别是冬施适应性较差,因此已经有个别城市采用"橡化沥青非固化防水涂料+防水卷材"或喷涂速凝防水涂料代替单组分聚氨酯防水材料进行防水。但这两种材料质量参差不齐,个别工程防水效果不理想,对材料的推广和应用带来不利影响。

(4)钢边橡胶止水带安装困难,现场接头操作工艺较为复杂,价格较高。镀锌钢板止水带安装方便，质量有保证，但其耐久性和防水性能受到质疑，因此在施工缝部位采用钢板腻子止水带代替钢边橡胶止水带具有一定的优势。

六、城市轨道交通列车智能检修技术

近年来，城市轨道交通检修基地的检修业务量显著增大。有效的运维工作是城市轨道交通列车安全运行、高效运营的重要保障。检修基地需采用现代化的运维管理理念、信息化的运维管理工具及智能化的运维支持手段来充分发挥列车硬件设备的效用。城市轨道交通列车智能检修技术应运而生。

城市轨道交通列车的智能检修技术可运用于日常检修、架大修生产及全寿命周期内的检修。智能检修技术基于车辆运用可靠性数据分析，能有效提高车辆的检修效率，并能有效支撑车辆全寿命周期的检修作业，提高检修效率和效益。该智能检修技术包括常规智能检修车载系统、常规智能检修轨旁系统、架大修智能厂房和基于可靠性的全寿命周期检修系统。这4个系统互为补充，相辅相成，涵盖了城市轨道交通列车检修的全部内容。

（一）常规智能检修车载系统

常规智能检修车载系统应用于列车的常规检修，其性能取决于列车的先天设计。故需要在项目设计之初，提前确定并设置车辆的智能检修支撑设备。目前，主要的车载系统厂家均在研制车门、制动、PIS（乘客信息系统）等方面的智能系统，在这些智能系统设备内部设置了电压、电流、位置及压力等传感器，可以更多接收设备在车辆运行过程中的状态信息，形成原始数据流和综合判断的结果信息，并可直接传递出去。头车设置了信号搜集转换传输的硬件 AP（无线访问接入点）。这样，检修相关数据可通过子系统设备传送到车载数据交换中心，再发送到地面管理系统。

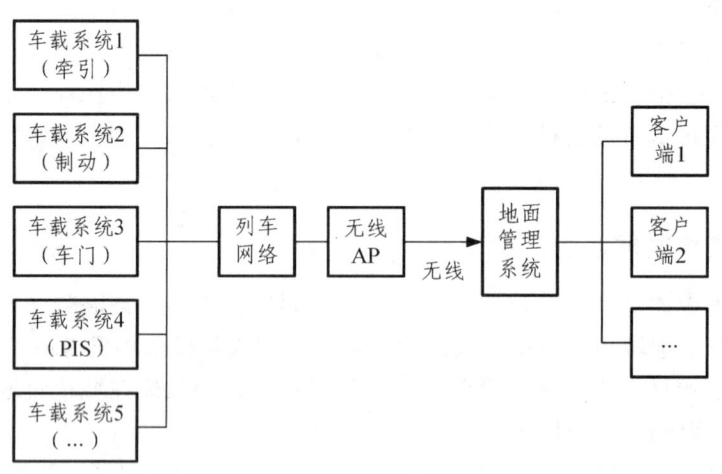

图 8-28　车载智能检修系统框图

智能检修车载系统为检修工作提供了信息支撑，能大大提高检修效率，有效支持车辆日检作业。但该系统对车辆硬件配置要求高。智能检修车载子系统目前在发展和完善过程中，需要和其他子系统配合使用，以实现智能检修。

（二）常规智能检修轨旁系统

智能检修轨旁系统也是用于车辆的常规检修，其设备通常布置在车辆段出入线轨旁，于项目初期设置，可有效弥补车载系统的不足。智能检修轨旁系统通过列车外部检测技术，替代车载设备及人工的检测。常规智能检修轨旁系统由识别功能模块、现场服务器、防火墙、云平台及客户端组成。识别功能模块主要包括图像识别模块、温度识别模块和声音识别模块。其中，图像识别模块包括轮对外形尺寸单元踏面擦伤图像识别单元，车顶、车侧、车下走行部检测单元，车体轮廓限界检测单元，走行部温度红外检测单元，闸瓦在线检测单元，闸片在线检测单元，受电弓在线检测单元及车号识别单元。

智能检修轨旁系统的各检测单元负责各检测对象的数据采集、分析与计算。现场服务器主要负责将各检测单元的采集的数据汇总、分析、计算和存储，并将检测数据和报警信息传输至云平台上。防火墙主要是为了保护各部分之间数据通信的可靠性和安全性。客户端主要包括本地计算机客户端、笔记本计算机客户端、平板电脑客户端和手机客户端，供使用人员访问和接受实时数据、历史数据和报警信息。

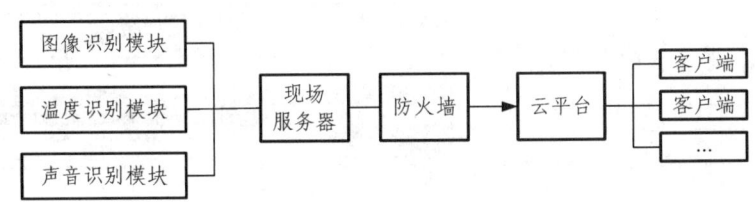

图 8-29 常规智能检修轨旁子系统结构图

沿着列车入库方向布置的智能检修轨旁系统设备依次是：车号识别单元，车顶、车侧、车下走行部检测单元，轮对外形尺寸单元，踏面图像擦伤检测单元，走行部温度红外检测单元，闸瓦在线检测单元，闸片在线检测单元，受电弓在线检测单元，以及温度监测模块和声音监测模块。

相应的可检测内容包括：轮对，受电弓，车顶、车侧及车底的异物，车顶、车侧及车底走行部的关键部件，牵引电机、齿轮箱温度，闸瓦与闸片尺寸，车辆部件的温度、异响及异音。智能检修轨旁系统将所有检测结果及相关的图片、数据等上传到现场服务器并进行状态实时显示。智能检修轨旁系统还可有效管理运行数据信息，并可将重要信息立即反馈给检修员工、OCC 及专家组，使相关人员能及时应对、及时处理。

智能检修轨旁系统通过在列车外部设置的传感器，将检测到的列车状态数据传输到地面基站，并监测车辆外部图像、温度及声音是否存在异常，从而实现远程通知、远程诊断，避免了人为因素造成的干扰，提升了对列车故障的快速响应能力，提高了检修效率。

（三）架大修智能厂房

架大修智能厂房方案主要用于车辆架大修。根据运行时间和运行里程，需要定期进行车辆的深度检修即架大修。架大修的工作效率同生产组织、扣车时间及检修水平息息相关。为了提高检修效率，应采用信息化的手段对车辆进行构型分析，抛弃传统以列为单位的资产管理模式，围绕车辆系统部件实施管理工作。架大修智能厂房的平面布置如图 8-30 所示。架大修智能厂房可实现信息化管理，并设置了智能工位，能实现信息化、智能化的架大修。

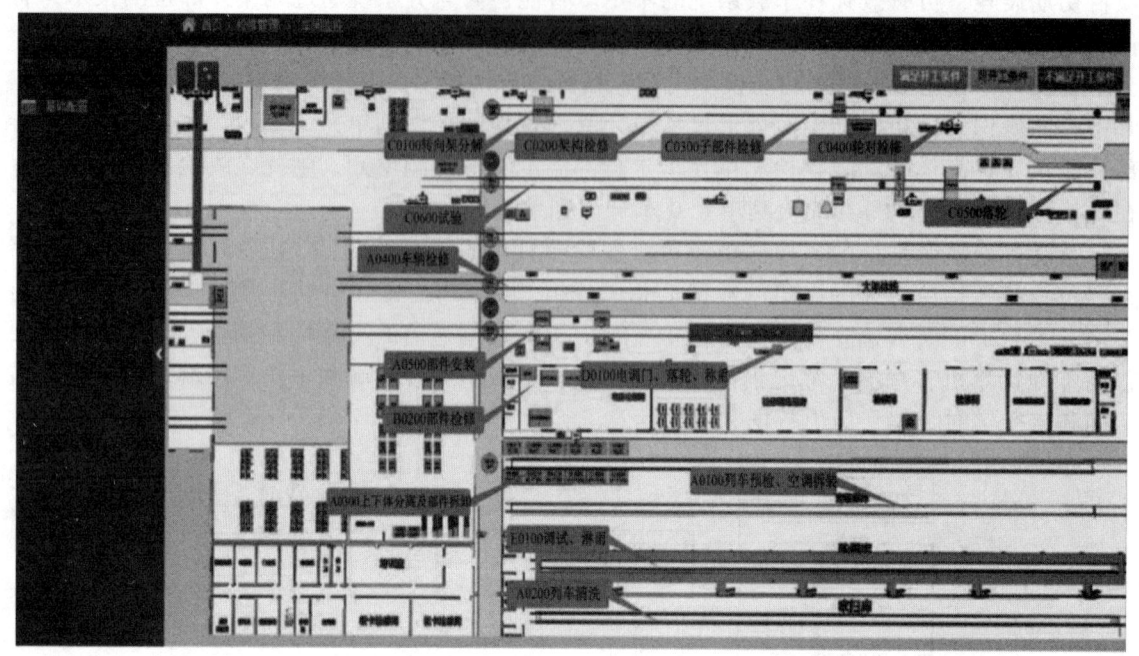

图 8-30　架大修智能厂房系统界面截屏图

架大修智能厂房包括工序智能化系统，能提供及时服务，其管理内容覆盖工位管理、物料管理、趋势管理及责任管理，涵盖自检问题数据趋势的判断、隐患与风险源的控制，与单点登录设备集成，且管理内容能随组织架构变动而变化。与一般的静态管理不同，架大修智能厂房是一个以现有生产工位为主轴的动态信息管理系统，包括基础数据管理、现场管理及统计分析等模块。

架大修智能厂房系统具体能实现如下功能：

（1）能实现对车辆架大修 14 个工位的精细化管理，管理内容包括车辆维修计划、维修作业计划、维修人员安排计划、资源调度、作业监控等。

（2）能实现对车辆架大修工艺的标准化，即通过标准化流程的制定和管理，确定维修作业范围。

（3）能实现对车辆架大修资源的共享。通过架大修智能厂房系统，用户不仅可实时了解车辆架大修作业的状态、资源使用情况，还可在线浏览检修规程及动态作业任务安排等。

（4）能自动生成车辆多层级全方位履历信息，包含车型组成结构，设备信息，车辆状态历史、故障数据、车辆作业工单、部件更换及车辆走行公里数等。

（5）能生成架修设备与物料信息。根据架大修规程、生产计划、作业流程及架修现场工位等信息，生成作业工单及其所需物资清单等。

（6）能实现委外及供应商管理，包括交接验收，功能验收和供应商考评等。

（7）能实现对整个架修作业过程的质量控制，能有效提高车间工作完成质量。

（8）能实现多角度的报表统计和智能分析，为管理层提供成本、进度及质量等方面的决策支持。

另外，厂房内还配置有智能工具柜和智能 AGV，能节约运输和管理成本，减少架修人员，实现生产效率最大化。

（四）全寿命周期内基于可靠性的智能检修系统

目前，城市轨道交通运营维保单位均采用计划修的模式进行车辆维修，部分维保单位在进行状态修的尝试。车辆的状态修取决于车载设备的先天条件，终极目标为实现基于列车设备状态的适时检修。全寿命周期内基于可靠性的智能检修系统（以下简为"全寿命可靠性智能检修系统"）基于车辆运营可靠性数据进行分析，制定科学合理的架修策略和调整修程，可应用到现有车辆寿命周期内的检修过程中。

根据车辆设计结构对车辆进行建模，对车辆运行故障数据进行分析，根据 FMECA（故障模式、影响及危害性分析），最终开发了基于可靠性理念实施列车智能维修的数据分析软件。目前该软件已经成功应用到多个项目中，为修程调整提供了有效的依据。

全寿命可靠性智能检修系统对车辆运营数据实时监控，能在车辆运营状态出现异常前提前发出预警。其触发预警条件为：各项目的车辆可靠性指标不满足合同要求，车辆故障率数据变化呈向上的趋势，对同一项目超过 3 次发生相同的正线故障，各供应商的产品超过合同规定的更换率等。全寿命可靠性智能检修系统能自动计算运营危害度、判断严酷度等级，并根据修程调整智能分析矩阵（见表 8-1）判断列车状态等级，以验证之前制定的维修周期是否合理，进而进行运营数据预警，对车辆运营状态有效把控。

表 8-1 修程调整智能分析矩阵表

危害度	严酷度 4（轻度）	严酷度 3（中等）	严酷度 2（重大）	严酷度 1（严重）
危害 1（严重）	M_1	M_1	M_1	M_1
危害 2（较重）	M_2	M_1	M_1	M_1
危害 3（中等）	M_3	M_2	M_2	M_1
危害 4（较轻）	M_4	M_3	M_2	M_2
危害 5（轻度）	M_4	M_4	M_3	M_2

注：M_1、M_2、M_3 及 M_4 为列车状态等级；其中，M_1 表示列车亟须维修，M_2 表示列车应加强检修，M_3 表示维持现有检修，M_4 表示列车可采用故障后维修

在危害度和严酷度矩阵中，对列车状态等级为 M_1、M_2、M_3 的列车均需调整修程预警。

全寿命可靠性智能检修系统能自动生成检修结果，以供用户调阅，能智能识别部件的"过修"和"欠修"状态，每半年或一年根据提出更科学的修程调整建议，实现部件维修周期的科学化；能科学地延长部分部件的修程，避免欠修和过修；能有效提高检修效率和效益。

第三节　客流信息检测新技术

一、系统需求分析

（一）技术深度融合需求

现有检测技术包括 AFC、视频监控、微基站、Wi-Fi、激光、红外等，不同检测技术适用范围不同，如 AFC 较适用于进出站客流统计，智能视频监控适用于区域信息检测和异常行为识别，微基站和 Wi-Fi 探针较适用于轨迹追踪与宏观层面 OD 客流分析。为满足大客流安全保障需求，需引入复合式客流信息检测技术，深度融合、联动且设计合理的集成方法，使 AFC、视频监控和移动终端探测等技术优势互补、相互协调联动，对采集到的数据进行相互印证，提高数据的准确度和采集范围，以满足多样化客流监测需求。

（二）数据精准采集需求

运营管理者需掌握客流基础数据，精准提取各个监控区域不同维度的客流时空信息，精准标记出整个微观、宏观运动轨迹和演变态势，根据这些数据形成标准规范的数据模型，为日常客流管理提供全面、精准的数据支持。

（三）数据资产汇集需求

需分层次、分类别将汇集的客流数据进行组织；需对汇集数据进行深层挖掘、分析，发现客流运行规律、隐藏的异常行为等，辅助对复杂应用的事件根源、事件关联性进行分析；需实现数据的多维度展示，从专业角度对结构化和非结构化数据进行管理，并支持相应检索、查询功能。

（四）客流安全管控需求

需与相关应急管理、运行调度等系统联动，对外提供不同维度和不同粒度的客流信息，以便制定有效的客流疏导和应急救援方案，提高车站客流运营管理效率和安全性；交通参与者乘客需尽早、准确知道站内已存在和即将发生的客流交通拥挤状态、站内各个区域和每节车厢的满载率，为乘客的不均衡分布提供疏导，全面改善乘车过程的信息透明度和用户服务体验。

二、系统技术方案

（一）总体架构

按照统一规划、分步实施的原则进行开发建设，在先进检测技术深度研究和复合式融合的基础上，集成构建面向不同场景的客流信息智能检测系统。本系统将选取智能视频监控和移动终端探测等主流检测技术，采用复合式客流信息检测技术深度融合方法，实现相关客流信息的精准全面采集，主要由 3 部分组成：现场前端采集、数据处理和后端管理中心。前端采集点配备组网通信模块、图像监控设备、Wi-Fi探针等；后端管理中心配备监控大屏、组网设备、数据处理服务器、智能视频分析系统等。系统的规模可根据未来监控场景内的规模和管理扩展而扩展，需提供多种组网接口，升级需平滑进行。同时，需配备与数据处理平台的联动接口，采集的源数据需传输到数据处理平台进行梳理和ETL清洗，再回传到后端应用管理中心。系统架构如图8-31所示。

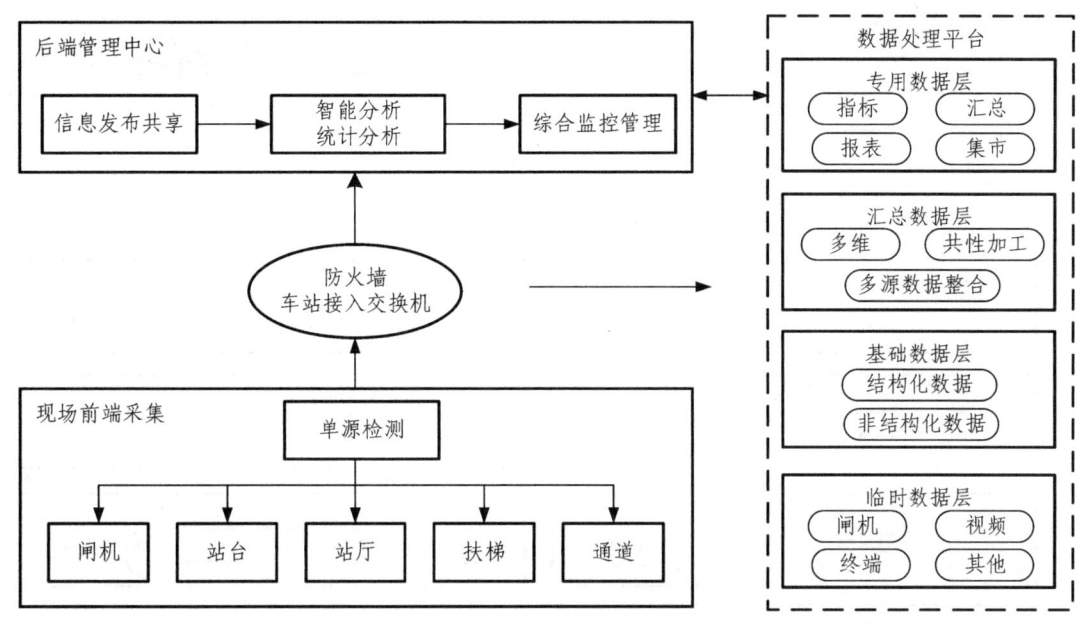

图8-31　系统架构图

（二）逻辑架构

系统逻辑架构包括基础层、采集层、传输层、解算层、应用层和展示层，如图8-32所示。

（1）基础层：主要为系统运行配备相关基础设施设备，包括应用服务器、数据库服务器、存储设备、网络安全设备、视频监控设备、Wi-Fi探针设备等，为系统的建设和研究提供基础硬件环境支撑。

（2）采集层：选取适用的检测技术，提出前端采集设备部署方法和策略，配备相应的检测设备，搭建检测环境，通过多方位检测和多源异构数据融合处理，实现客流源数据的实时采集。

（3）传输层：所有采集到的数据将统一通过有线或无线的方式发送到后台服务器和数据处理平台进行深度解析和处理。

（4）解算层：采用数据挖掘、机器学习、图像识别等技术，对客流视频图像进行深度解析和处理，解算出图像背景和前景的特征属性，对乘客的身份、特征、运动轨迹、异常行为等进行深度解析；对手持终端用户的定位信息进行深度解析，通过对相关数量的设备数据进行分析，多点串连成线，刻画用户活动轨迹，为行为轨迹精细化定位管理提供依据。

（5）应用层：根据业务需求，实现客流量、密度、速度等基础信息的统计和检索，实现个体乘客人脸、身份、异常行为和轨迹的识别，实现客流时空分布、拥挤度、均衡性等相关信息的统计分析和检索。

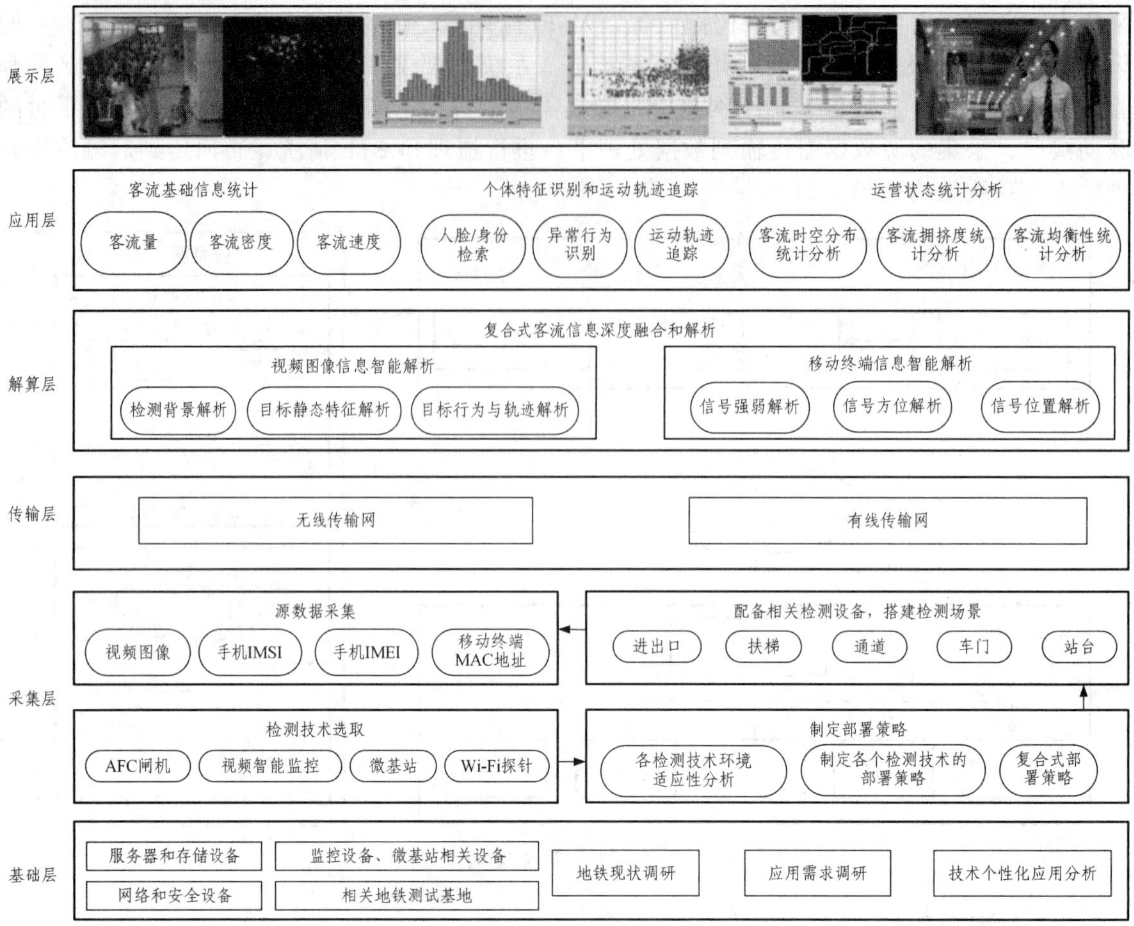

图 8-32 系统逻辑架构图

（6）展示层：根据不同场景，采用热力图、统计图、二维/三维动态图等方式对客流信息进行多维展示，为运营决策、资源管理、综合协同和信息共享等提供基础支撑。

（三）技术架构

系统采用分层技术设计，采用 B/S 和 C/S 混合架构，信息展示和交互采用 B/S 架构，信息解算采用 C/S 架构，支持跨平台部署，系统组件间内置各类开放、安全的接口，具备良好的开放性。系统技术架构如图 8-33 所示。

数据采集层通过摄像机、Wi-Fi 探针等方式，对现场环境的客流视频图像和移动终端信息进行采集，采集的信息都将以有线或无线的方式传输到后端解析分析层；后端解析分析层将配备视频图像处理、视频智能分析引擎、移动终端分析引擎等，对采集的源数据进行深度挖掘和解析；应用平台层将结合 Servlet、WebService 等基于 B/S 架构的开发技术，构建一套开放、扩展能力很强的应用功能组件，实现应用管理平台的各项功能；数据处理、数据管理和统计分析主要通过集成较成熟的软件产品实现，其他功能以定制化开发来实现；前端信息将基于浏览器访问，构建一套友好、高效、交互性更强的 Web 前端展示界面。

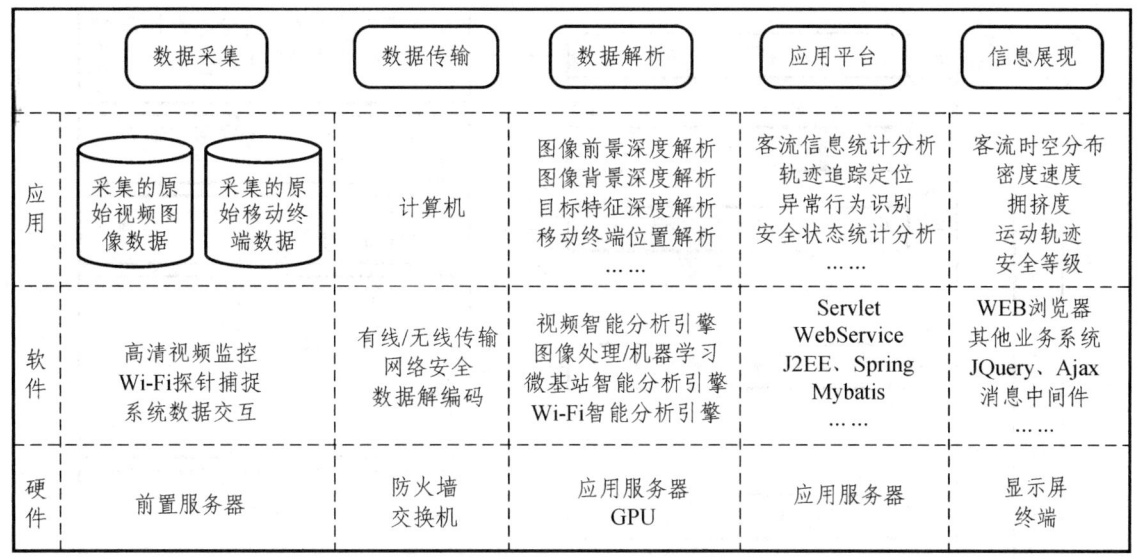

图 8-33 系统技术架构图

（四）应用功能

系统功能架构如图 8-34 所示。

（1）客流运营信息检测：基于视频监控、移动终端探测、AFC 等方式解析出多种客流信息，实现出入口、站厅、站台、换乘通道、AFC、扶梯、屏蔽门、车厢内部等重要区域和设备处的客流密度、速度、聚集人数、流量等基础信息的采集，实现特殊个体自身静态属性特征精准采集和标定，如人脸特征、性别、身高、行李、进出站时间等信息。

（2）客流运动轨迹追踪定位：实现特殊个体和群体客流运动轨迹的精确定位和提取，支持在站内地图上标记出整个微观和宏观运动轨迹分布。

（3）乘客行为特征和异常行为识别：支持精准识别和分析固定"常态"人群的行为习惯，支持对站内乘客拥挤、踩踏、摔倒、越界等异常行为的智能识别。

（4）客流信息统计分析：实现整个车站和不同区域的客流时空分布、拥挤状态、均衡性、演变态势等统计分析和评估，支持深度挖掘和统计分析客流宏观运行规律、隐藏的异常事件和行为、事件根源和关联性。

（5）客流信息多维度展示：支持全站不同区域多摄像头展示界面的拼接，形成"上帝视角"下的实时监测效果，支持通过各类直观、友好的展示视图，协助运营人员一目了然地掌握车站的客流分布情况和运行规律。

（6）业务系统联动和信息发布共享：与运营管理、应急管理、数据处理等系统做好接口配置，与其他业务系统相互联动；支持与 App、广播系统等发布方式联动，根据用户权限，对用户和管理人员提供不同维度和粒度的客流信息，具有信息对内、外发布和共享的功能，改善客流相关信息的透明度。

（7）系统运行管理：支持系统运行相关管理功能，包括用户权限、系统配置、界面人机交互、数据质量、告警故障、维护报表、远程维护等。

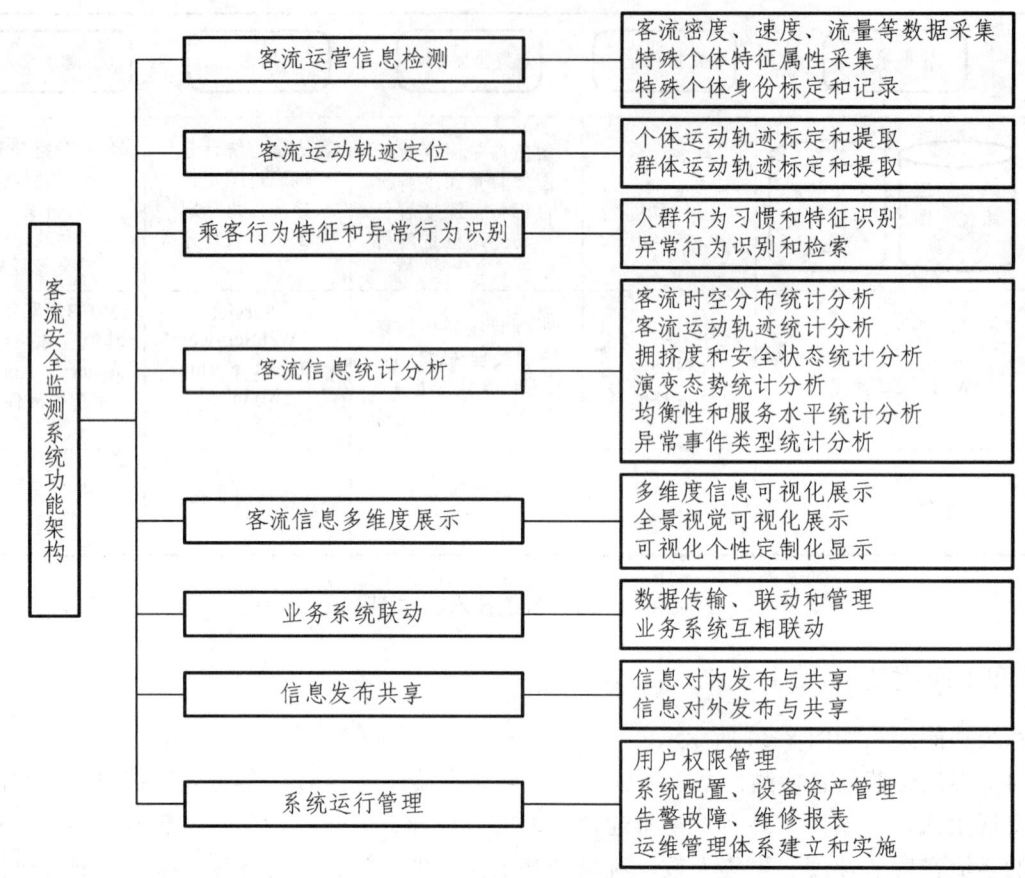

图 8-34 系统功能组织架构图

三、关键技术

(一)智能视频监控

智能视频监控是利用计算机视觉、数据挖掘等技术对视频图像进行精准智能解析和描述,挖掘大规模图像中隐含的知识,在不需要人为干预的情况下,对监控场景中的变化进行检测、定位、识别和跟踪,并在此基础上分析和判断目标的行为,能在异常情况发生时及时发出警报或提供有用信息,有效地协助运营人员处理危机,最大限度地降低误报和漏报现象。

(二)移动终端探测

系统将现代人离不开移动终端的特点与工程结合起来,在智能视频监控技术的基础上引入移动终端探测技术,部署 Wi-Fi 探针和微基站等采集设备,当用户进入采集器覆盖区,对处于待机状态的 GSM、LTE 等制式终端位置信息进行探测,自动完成移动终端的 MAC 地址、信号方位等信息采集,并将相关信息通过网线、光纤/3G/4G 模块实时传回到后端,在后端完成数据存储、比对、路径分析、碰撞分析及行为模式分析等功能,刻画用户活动轨迹,实现精确定位及客流运动轨迹追踪。

(三)复合式客流信息检测

为满足大客流安全保障需求,系统将引入复合式客流信息检测技术深度融合和联动方法,建立综合实时客流检测体系,设计合理的集成方法。结合实际场景和监测需求,在视频监控设备部署基础上,深度融合 Wi-Fi 探针、微基站、智能闸机等设备,优化和完善部署策略,使 AFC、视频监控和移动终端定位等技术优势互补、相互协调联动,对采集到的数据进行相互印证,提高数据的准确度、提升数据的采集范围、优化数据的分析结果,以满足多样化客流监测需求,进一步提取更精准、更完整、更可靠的客流信息检测结果。

(四)多源异构数据融合

系统将引入多源异构数据融合技术,对视频监控、移动终端等不同来源的数据进行质量分析和权重计算,采用基于分类的多种权重加权组合模型对多源数据进行分析、矫正和融合;在数据不断积累和增加的过程中,采用多元非线性回归等统计分析技术建立相应的计算模型,以计算模型和大数据的深度学习来不断提升数据的准确度。

第四节 城市轨道交通网络化运营技术

一、网络化运营的基本类型

城市轨道交通运营模式主要分为单线运营和网络化运营。单线运营是运营者根据线路自身特点,为各线路制订独立的运营计划,这种运营方式通常出现在城市轨道交通发展的初期,操作较为简单方便,而且能够满足乘客的服务要求。而网络化运营是在轨道交通线网具有一定规模的条件下产生,较单线运营具有更高的效率和效益。

网络化运营是指通过运营管理的技术手段等将多条原本独立运营的城市轨道交通线路,甚至是城市轨道交通网络内的所有线路整合成一个整体,在时间、空间范围内进行协调调度和运营管理等,更好地满足客运需求,促进社会效益的提升。单线运营与网络化运营的区别如表 8-2 所示。

表 8-2 单线运营与网络化运营的区别

	范围	运营效率	技术难度	社会总成本
单线运营	单线	低	简单	高
网络化运营	多线,甚至是整个网络	高	复杂,更注重协调	低

根据网络化运营的目的和实施手段不同,现有的网络化运营模式主要分为 2 种:

(1)换乘协调,该模式是从乘客的角度出发,为提高乘客出行的方便性,使其出行成本最小,从而通过优化换乘站设计、列车衔接时间等方面,实现多线乃至网络的运营协调。

(2)资源共用,该模式是从运营者的角度出发,在满足客运需求和资源共享条件下,为促进资源充分利用,减小运营者运营成本,使各种运力资源(电力资源、车辆资源、检修资源、人力资源等）实现多线乃至网络的协调共用。

在网络化运营的初期，多以第（1）种形式为主。迄今为止，国内外已经呈现出较多的研究成果，如换乘站最大协同、首末班车协调、网络化布局等，这些研究成果较好地推动了城市轨道交通网络化运营的初步形成。但是，基于"换乘协调"的网络化运营仅是从列车衔接时间、客流组织等角度进行研究，而"资源共用"型模式则注重轨道交通网络内各种资源的共享，通过优化各种资源配置，实现社会效益的提升。因此，形成"换乘协调"与"资源共用"共存模式可以有效促进网络化运营，是我国城市轨道交通发展的途径之一。

二、网络化运营组织工作的目标

成网后运营环境的显著特征是客流时空差异程度的不断增加。作为一种大容量公共交通，轨道交通系统很难做到根据各区段的个性化需求特征来分配运力。因此，如何在可能的范围内，综合运用网络化运营组织技术来平衡轨道交通成网后引发的供需不均衡性，是城市轨道交通网络化运营组织理论与应用研究的重要课题。

作为城市公共交通系统的组成部分，城市轨道交通要为居民出行提供公益性服务；其组织与管理涉及政府、企业、旅客等三个方面。政府是城市轨道交通系统投资建设的主体。城市轨道交通系统作为城市重要的基础设施与公益事业，其运营绩效是体现政府形象与治理能力的载体。因此，城市轨道交通的发展水平与运营效率一定程度上反映了政府在公众心目中的形象及对城市运行与发展的治理能力。随着网络规模的扩大，城市轨道交通在城市运行中的作用不断增大，地位不断提高，社会影响也越来越深远。

乘客是城市轨道交通直接服务的群体。乘客的目标主要是出行过程的安全、高效与出行服务的舒适性，具体涵盖出行速度、换乘便捷性、在车舒适度等。与其他公共交通方式相比，城市轨道交通由于具有专用路权，能提供更加准时、可靠的出行服务，是大城市通勤、通学出行的主要公交方式。在一些国际化的大都市，如东京与伦敦，轨道交通通勤出行在中心城区机动化通勤出行方式总量中的占比超过70%。城市轨道交通网络的扩大，加速城市空间的扩张，乘客的平均出行距离也不断增加。在列车旅行速度难以迅速提高前提下，研究提高出行过程中换乘的便捷性、提高在车服务水平成为乘客最关注的重要问题。

城市轨道交通运营企业是为乘客提供运输服务的主体，也是搞好城市轨道交通系统运输组织与管理工作的核心。作为公益性国有企业，城市轨道交通运营部门需要在确保运输安全、做好运输服务工作的同时，兼顾企业经营效率提高与员工能力激励。总的来看，运营企业的目标主要涉及三方面：一是运营安全，城市轨道交通设施多数位于对城市有重要影响的区域，客流密集度高，安全是不可回避的组织与管理目标；二是满足国家与行业对城市轨道交通客运服务的要求，包括引导城市规划目标的实现、扩大对城市居民的覆盖度、获得乘客的好评等；三是要适当控制运输组织与管理工作难度与实施过程的不确定性，使运营管理风险处于可控范围。由于我国多数城市中城市轨道交通发展速度快，开通运营时间短，运营企业的经验增长往往跟不上网络发展速度。

上述三方面的目标是研究城市轨道交通网络各种运营技术及其实施方案、提高当前我国城市轨道交通成网条件下运输组织工作质量的重要出发点。

三、网络化运营组织的主要方法

城市轨道交通成网后的难点源于客流时间、空间分布的不均衡性，这种不均衡性既影响着区间断面（列车），也影响着车站的运行管理。针对不均衡性的分类，下面重点分析不同网络化运营组织方法及其适用性。

（一）断面负荷均衡技术

断面流量是制定城市轨道交通网络运营方案的基础。远景年高峰期最大断面客流量是线路设计时确定系统规模的依据，分年度断面需求规模是制定不同年度设备购置策略的基本依据。目前我国开通的城市轨道交通线路的平均长度在逐年增加，由于这些线路跨越不同区域，其断面客流差异较大。常规的从线路首站到末站的单一列车开行方案对全线提供相同的能力，由于需求的空间差异，这种方法难以避免会导致断面负荷的较大差异。

1. 多交路技术

多交路技术是平衡线路客流空间差异的一种技术，它是指根据某一线路不同时间段断面客流的差异，在该线路上实施 2 个及其以上的不同起讫点对的列车开行方案，这里每一对起讫点的组合称为一个交路。实施多交路方案的前提是起讫点车站具备列车折返条件。

多交路技术通过调整不同断面开行的列车数量为客流量不同断面提供不同的运输能力，适用于断面客流变化连续且在某断面出现突降的情形。多交路的基本形式有嵌套交路、衔接交路（包括同站衔接和交错衔接）及线路有分叉的 Y 型线交路（包括独立运行和贯通运行）3 大类型。实际工作中，根据线路客流的情况可以同时采用上述类型的交路，如图 8-35 所示。

应用多交路技术可以在大致相同的列车公里水平下提高断面能力利用率的均值，包括降低最大断面负荷、提升利用率低断面负荷两方面；加快列车周转，从而实现运用列车数的节省，降低列车（车辆）公里。不过，多交路因折返列车需要清客会增加折返站管理工作量，同时会导致部分旅客从短交路列车换乘大交路列车。断面客流差异变化幅度是决定多交路列车开行方案取舍的关键。

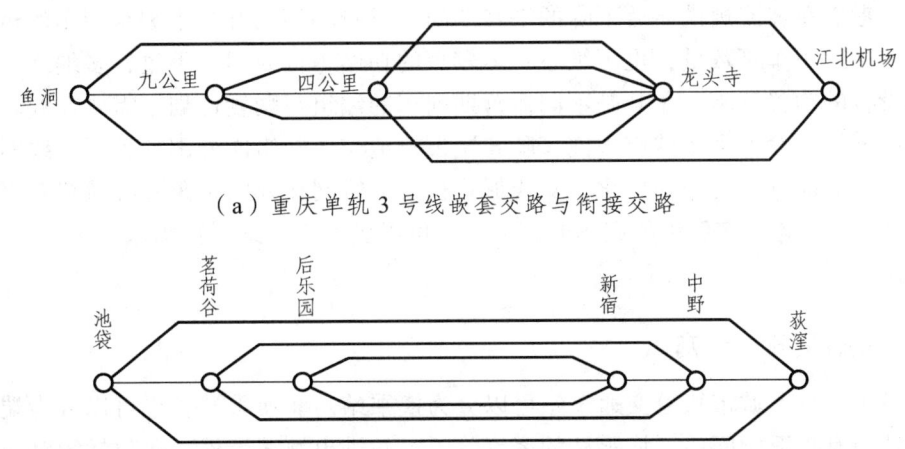

（a）重庆单轨 3 号线嵌套交路与衔接交路

（b）东京丸之内线多重嵌套交路

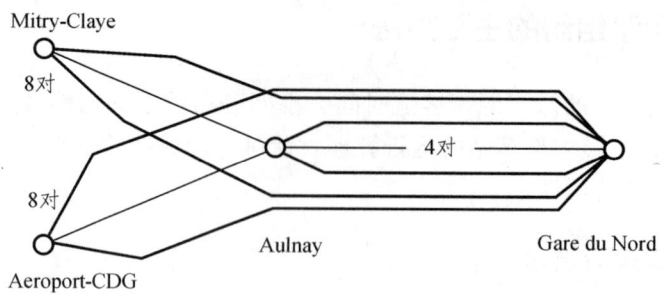

（c）巴黎 RER-B 线北段高峰期多交路

图 8-35　多交路技术的应用案例

多交路技术是目前我国应用最广泛的技术之一，上海、广州、南京、深圳等城市普遍采用这项技术。分析表明，我国大小交路运营线路中长度超过 35 km 的线路数占线路总数的 91.3%，断面客流不均衡系数介于 1.80 和 2.99 之间。

2. 多编组技术

多编组技术是解决客流时间不均衡性的最具代表性的运输组织方法，它根据线路在不同时间段客流的波动情况，在维持行车间隔服务水平条件下，开行不同编组列车。根据我国《城市轨道交通技术规范》（GB 50490—2009），正式运营线路正常运营期间的最大运行间隔不应大于 10min。不同城市、不同时段客流量差异很大，经验表明：“超低峰、低峰、平峰、次高峰、高峰”各时段小时平均客流量量比一般可达 1:3:5:10:14；其中，高峰小时占全天客流量约 14%~16%，甚至更高。平峰期间，当全线客流量较少时，开行大编组列车容易形成能力浪费。

对某一断面，可定义其高峰小时客流与全天平均小时客流之比为断面客流时间不均衡系数。据统计，北京昌平线断面客流时间不均衡系数高达 4.72；上海 2、16 号线分别达 3.6 与 4.6。

多编组技术在国内外已有较多应用。如法兰克福地铁同一线路在不同运营时段采用了 9 节、6 节、3 节等不同编组的列车；东京京成线开行了不同停站方案和不同编组数的列车；上海 2 号线采用了大交路 8 编组，小交路 4 编组的多编组方式，16 号线采用高峰期 3、6 编组混跑，平峰期 3 编组的多编组方法以适应大编组列车数量不足和潮汐客流需求。

因此，考虑在客流规模显著下降的平峰期间，以较小间隔开行小编组列车的运输组织方法既可以减少运用车辆数量，也可维系乘客较短的在站等待时间。不过，多编组技术的应用涉及车辆设备的购置策略，尤其是不同运营期列车的编组与购置计划，需要在线路设计与建设阶段做好规划。对大多数城市来说，随着城市轨道交通网络向外围的扩展，线网所经区域的人口密度与活动分布更加差异化，支线形式也成为线网在郊区扩张并维持覆盖率的重要选择。同时采用多交路、多编组的列车开行方案，可以更加有效地平衡需求与运力的时空差异，提高网络运营效率。

（二）车站负荷均衡方法

从网络角度看，城市轨道交通车站可以分为换乘站与非换乘站，也可以分为端点站、无折返中间站与有折返中间站。换乘站的客流除了本站进出站客流外，还包括线路间的换乘客流。有折返中间站除了本站进出站客流外，一般还包括列车间的换乘客流。

换乘站管理在城市轨道交通网络中具有重要地位,这不仅因为换乘站数量在整个网络中的占比大(伦敦地铁网络换乘站占24.9%,东京占27.3%,纽约占44.0%),也因为换乘站客流占整个网络车站客流的大部分。车站出现负荷过载的地点一般有站台、通道及楼梯。近年由于我国城市轨道交通安全管理工作的需要,安检设施附近也成为高峰期旅客进站的能力瓶颈。

1. 车站限流

车站限流是解决车站能力过载的管理方法,即通过短期限制进入车站的人流速度来控制车站各部分的客流堆积规模与负荷,降低车站运行压力与安全风险。限流的主要手段包括关闭售票机、闸机,设置栏杆控制出入流量,以及关闭出入口、换乘通道甚至关闭车站等。资料表明,2017年8月,北京地铁公司所辖15条线路常态化限流车站76座,超过全部车站的20%。

2. 快慢车技术

快慢车技术一般被认为是通过开行在部分(客流量少的)中间站不停车的列车来更好满足长距离线路上长出行距离旅客对出行速度需求的一种方法。由于城市轨道交通列车行车间隔短,开行快慢车的运输组织方法一般涉及越行条件及越行组织方案。典型的越行方案有区间越行和车站越行2种,前者需要有区间越行线,即复线之外的第三线;后者需要前行车在车站待避越行车,从而导致前行车旅行速度的显著降低。

运用快慢车技术解决车站能力过载的基本原理是通过选择停站方案来控制列车的剩余能力,从而为能力紧张车站提供更大的服务能力,降低这些车站上设备设施负荷过载程度。一种极端的情况是从端点站(车辆段)开行直达能力过载站的空车,专门疏解这些大客流车站的压力。如北京地铁13号线早高峰从霍营开出空列车,不停回龙观和龙泽,到西二旗站为该站提供更大的进城运输能力。

(三)网络换乘衔接效率提高方法

城市轨道交通网络规模扩大增加了跨线换乘客流规模,给换乘站带来较大压力,影响网络运行效率。由于城市空间有限,居住与就业空间的分离导致了高峰期通勤出行的潮汐现象。据统计,北京市郊区与中心城区间几个主要通道早高峰双方向的客流比达到了1:3甚至1:5。另一方面,人口增加导致的城市范围扩大使轨道交通的类型也越来越多样化。城际铁路、市郊铁路的建设直接产生了与城市轨道交通网络的接驳需求,提高整个网络运行效率的重要方法就是改善接驳服务质量,提升全出行过程效率。

过轨运行是不同制式轨道交通系统间一种常见的接驳改善方法,即为增加部分旅客的直达性、降低接轨站的换乘设施压力,组织本系统列车运行到接轨的对方线路上的运输组织方式。东京是过轨技术运用最好的城市,其线网包括三部分,即地铁、国铁(JR)和私铁。地铁基本上位于山手线包围的市区内,私铁(电车)多位于郊区。第二次世界大战后,东京轨道交通的建设运营由东京政府统一管理,这期间实施了地铁与郊区铁路的过轨运营。目前,东京13条地铁线,除了使用第三轨供电的银座线、丸之内线,以及使用新规格建设的都营大江户线外,其余线路均实现了与郊区铁路的相互直通运营。东京的列车过轨实践形成了租车、租线与互换3种典型的过轨模式。

由于列车属性差异,组织过轨一般对线路能力有一定影响。一般的做法是利用过轨区段富余能力组织插入式过轨，这种方式组织简单，两类列车间相互干扰小。繁忙线路上，过轨组织需要考虑过轨区段能力限制及不同区段的客流规模，研究确定不同的交路方案，如图8-36所示。

在网络运行效率提升技术中，换乘站时刻表的协调直接影响服务水平，而末班车时刻表的协调又直接决定着城市轨道交通网络在收车时段的可达性。

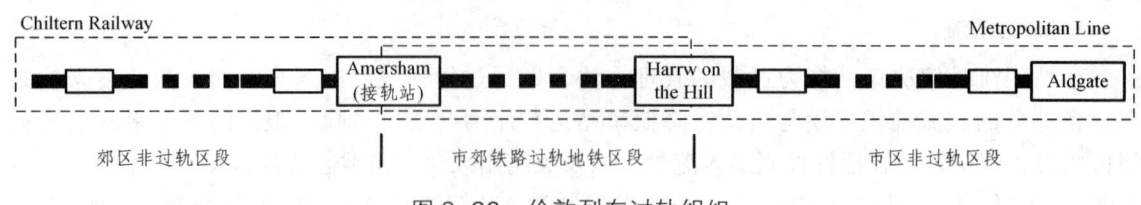

图8-36 伦敦列车过轨组织

四、城市轨道交通网络服务质量评价方法

随着城市轨道交通线网规模的扩大，城市轨道交通在城市综合交通体系中的地位不断提高，城市轨道交通线路已成为城市公交系统名副其实的骨干方式。如何评价城市轨道交通的服务水平，是一个重要的课题。

我国城市公共交通乘客满意度评价主要依靠调查测评的方法。在供给方设定的调查问卷中，设置了便捷、舒适、可靠、经济与安全等5方面指标。这些指标中，与运输组织方案关系最密切的是分别关联于拥挤的舒适度及关联于换乘衔接的便捷性2个指标。传统的拥挤度统计指标更多考虑了站、车的平均负荷，虽然区分了高峰期与平峰期，但仍难以刻画乘客在不同列车、不同断面上的感受。由于城市轨道交通网络运行的动态性，列车负荷实际上随着其在不同线路与区段的运行而时刻发生变化的，掩盖在负荷平均水平下的负荷时空不均衡性使得静态的平均负荷难以刻画整个网络的服务水平。

另一方面，我国城市轨道交通的列车能力仍采用6人/m^2的站立标准，这种方法高估了输送能力，同时导致对服务水平的高估，降低了城市公共交通的吸引力和乘客满意度。在部分其他城市，新加坡采用5.3人/m^2，莫斯科4.5人/m^2，美国F级水平大致相当于3.33~4.17人/m^2（设计常用的E2级，相当于2.78~3.23人），伦敦3.3人/m^2，维也纳4~6人/m^2，东京3.5人/m^2，欧洲多数国家与地区则采用4人/m^2的标准。随着我国城市经济发展水平的提高，对体现公共交通服务水平的核心指标即拥挤度的界定值得研究。

第五节 基于"互联网+"的城市轨道交通票务管理技术

一、票务管理系统

票务管理系统采用B/S架构，所有权限内工作人员都能通过浏览器方式访问和使用票务管理系统，可满足对既有线路的票卡、收益、现金、发票、报表等的管理。业务上采用线网级票务管理、线路级票务管理和车站级票务管理三级管理，通过角色划分安全操作权限，对线网级、线路级、车站级操作员进行岗位权限划分。线网票务管理系统的建立，解决了各线路数据格式不一致，大量数据需要人工比对分析的不足，从线网层级定义标准接口，满足多线路接入，保证了票务数据统一和安全可靠。

（一）票卡管理

打破传统票卡管理业务理念，对原属于清分系统票卡管理的功能进行部分切割，将票卡的配送、站间调拨与库存统计纳入票务管理系统，清分系统保留原有票卡生产、监控、使用等功能。

1. 票卡调配与上交

系统管理员根据车站客流量在系统中给每个车站设定每种票卡类型的安全库存值，当车站票卡库存不足或超出安全库存值时（参数设定，如超出或低于安全库存值的 20%）系统会提示车站安全库存预警，此时可通过票务管理系统线上申请票卡的调配，线路级管理员收到车站票卡调配请求会根据线路其他车站票卡库存进行站间票卡调配，相关车站会收到票卡调配通知，车站间线下进行票卡调配工作。如本线路车站间库存无法满足票卡调配工作，线路级管理员会将票卡调配申请提交至线网级管理员，线网级管理员可根据实际情况选择线路间票卡调拨或直接从票库配发。通过站间调拨、跨线路调拨，实现全线网票卡的动态流通。

与传统票卡调配上交相比，实现了票卡调配与上交的申请、审核统一在线上完成，很大程度上简化了票卡申请调配流程，减少了大量纸质报表，提高了票卡动态流通响应速度。

2. 票卡库存盘点

工作人员可通过系统不同权限实时查看车站、线路、线网及票库库存，根据安全库存值对站间票卡进行动态调整，跟踪各站点票卡库存。定期对车站、线路等站点进行票卡盘点，确认票卡实际库存及票卡流失，根据盘点结果及时调整票卡生产配送计划。

3. 票卡报表

传统票卡报表（如票卡调配单、票卡盘点记录表）需人工填计纸质报表，由线网工作人员每日至站点取回，逐站核算票卡调配和票卡盘点数据，工作繁杂且浪费劳动力。票务管理系统可自动统计生成票卡调配、上交、库存盘点等报表，各级权限工作人员可直接后台查看各站点调配及盘点等报表，必要时可导出报表并打印存档，减少了线下纸质报表交接工作。

（二）收益管理

收益管理主要针对车站现金收入进行数据审核、结算工作，出现差异及时追缴。车站根据运营日实际补币与清点数据、站务员领用与结算数据录入系统，系统统计并上传车站收益报表，自动进行车站报表与 AFC 数据对账业务，线网工作人员根据对账结果，只需对差异数据进行处理。

1. 现金差异分析

系统自动核对 AFC 后台和车站上报的数据，标记差异数据并下发长短款通知书，站务人员查看差异数据，根据核算结果选择补缴短款或请求申诉核查。如车站人员对车站报表录入无异议且无数据差异的，线网级工作人员可对车站报表进行批量无差异审核。

现金差异分析模块的优势在于可实现数据自动核对，并标记差异数据，对无差异的数据可进行批量审核，减少了人工逐条核对数据的烦琐和人为可能存在的失误。

2. 报表管理

车站工作人员录入车站基础数据，系统自动统计并生成各类收益类报表，线路级和线网级工作人员可查看本线路车站、线网收益汇总数据，无须填写纸质报表。

二、"互联网+"城市轨道交通票务平台运行原则

（一）安全性原则

以互联网为依托的城市轨道交通管理平台首先要具备良好的安全性。这就需要票务系统的设计人员在方案可行性研究、程序开发等环节中要将保密管理理念应用其中。由于互联网技术模式下的购票、资金流转等过程都需要依赖管理平台实现，其中必然涉及大量的个人信息和轨道交通管理机构的机密信息等，如果没有高度安全保障，将会给社会和群众带来极大的风险。所以，在轨道交通票务平台设计中，要建立交通数据的风险抵御措施，保障票务系统的安全运行。

（二）开放性原则

城市轨道交通票务系统是连接用户和交通管理机构的纽带，在群众使用过程中必然要求票务系统具有较好的开放性，能够保证群众在不同的轨道交通站点都能够顺利购票。这就需要票务系统设计人员在功能设计中要加强不同票务终端的端口开放性能设计，使票务系统能够快速准确地提取各个终端的购票信息，并形成数据反馈，保证群众能够顺利乘坐轨道交通。

（三）扩展性原则

随着科学技术的不断进步，未来的城市轨道交通必然从规模上、服务上、技术上等多个层面进行创新发展，这就需要现阶段的城市轨道交通票务系统具备良好的扩展性，能够为后续的软件设施、硬件设施等应用提供有效的信息扩充服务，从而提高轨道交通票务系统的可持续发展能力。设计人员可以采用多端口兼容扩充构件来提高票务系统的扩展性能，在更新换代发展中，新功能的使用不会影响正常的票务服务质量。

（四）交易性原则

轨道交通票务系统的设计中还要注重交易性能的稳定，在互联网票务管理发展趋势中，实名制交易和信用交易成为未来城市轨道交通发展的方向，广大群众可以通过实名制记录使用身份证获得交通服务，从而提高了票务管理效率。轨道交通系统设计人员要在互联网与手机等移动终端之间建立信息流传渠道，从而使群众通过手机终端进行的交通交易行为能够被票务系统所识别，从而提高城市轨道交通的票务管理水平。

三、"互联网+"城市轨道交通票务平台架构

（一）软件系统架构

"互联网+"的城市轨道交通票务平台运行需要架构起完善的软件环境，利用数据库技术、

信息队列技术、智能判断技术等对城市轨道交通票务信息进行综合管理。目前的软件系统架构重要依托于信息技术的先进性，通过支付和结算信息的采集、传递和分析反馈等环节，形成及时准确的信息处理结果，从而使群众能够利用轨道交通票、卡等方式通过站台。随着互联网支付方式的创新发展，出现了微信、支付宝、云闪付等支付形式，这就需要轨道交通票务系统设计人员要将新型的支付方式与软件系统进行兼容，从而使票务平台软件系统能够提高自身的服务便利水平。

（二）硬件系统架构

城市轨道交通票务平台的硬件系统架构主要包括站台过闸设备、计算机监控设备等，其中的过闸设备是主要的硬件构成。轨道交通站点的过闸设备使用要结合信息识别技术共同发挥作用。目前的城市轨道交通闸口上安置了识别设施，能够对轨道交通零票、月票进行快速识别。随着手机支付的普及，通过将手机终端生成的二维码进行扫描识别，也能够实现乘客顺利过闸。二维码过闸的流程是利用闸口设备的识别功能进行信息扫描，并将轨道交通票务收费信息数据传递给对方所使用的第三方支付平台，从而实现购票付款流程。

（三）云系统架构

云系统是对互联网整体架构组成部分的一种联合控制措施。在云系统架构中能够更好地协调软件和硬件系统之间的协调统一。城市轨道交通票务系统是由不同的功能模块共同作用，从而完成信息化票务管理的全过程，因此在云系统架构中要将互联网模块、服务器模块、信息识别和接入模块以及系统安全运行保障模块等进行结构兼容，通过云系统统一采集数据信息、发布数据流转指令，从而增强轨道交通票务管理的稳定有序水平。

四、"互联网+"城市轨道交通票务管理途径

（一）互联网现实票务管理

在互联网模式下开展城市轨道交通票务管理，首先要使乘客通过网络途径能够快速便捷地购票。互联网票务管理系统平台能够以 App 的形式在乘客和轨道交通站之间建立购票通道，乘客通过客户端选择自己所要乘坐的轨道交通线路和起始站等，客户端会将信息传递到票务管理平台，平台系统根据采集到的信息进行分析并形成价格数据再反馈给乘客，使乘客按照票价进行网络支付。票务系统平台在收到客户支付信息后会反馈给乘客相应的取票码，乘客可以凭借取票码到实际的轨道交通站点进行取票。这样的票务管理流程简化了传统的排队购票环节，极大地节约了乘客的出行时间；这种网络购票形式还能够有效规避现金支付找零的麻烦，能够显著提高城市轨道交通票务管理的效率。

（二）互联网虚拟票务管理

除了利用互联网购票——线下取票这种方式外，现在的轨道交通票务管理平台还能够在乘客手机等移动设备上自动生成电子票，乘客在过闸时不再需要取票，而是可以凭借电子票乘坐轨道交通。乘客在上车过闸使相闸口的识别设备出示自己手机上的电子票，闸口会将采集

到的数据信息传递给票务管理系统平台，平台会自动判定电子票的起始站是否与实际的轨道交通站相吻合，在信息正确的情况下会向闸口发送过闸指令，乘客可以顺利通过闸口。

出站时的票务信息流转模式与进站相同，如果在乘客出站时，闸口扫描到的电子票终点信息与站台不一致，则不会开放闸口，这就需要乘客与站台工作人员进行沟通，对未付款的轨道交通距离进行补款。这种票务管理服务是在虚拟购票环境中，利用虚拟车票方式提供交通服务。虚拟购票不仅具备网络购票的所有优点，还大大节约了制作实体车票的成本，从而能够提高城市轨道交通的经济效益水平。

（三）互联网票务运维管理

1. 票务系统的维护管理

票务系统的维护管理是保证整体互联网票务平台正常运行服务的关键保障，在票务系统的维护管理中要制定严格的维护流程，并保证运行时间段有专门的技术人员值班检查和监控票务系统运行情况。票务系统的维护管理中要对各个设备的接入情况、网络传输情况、软件更新情况等进行全面的检测记录，发现故障问题要进行及时排查并维修，并要生成维护报告并提交给相关管理人员。

2. 票务系统的数据分析管理

随着城市轨道交通网络布局的扩展，票务数据信息量有了大幅提高。这就要求轨道交通工作人员能够利用票务系统的数据信息进行深层次的挖掘和分析，找到乘客的乘车规律、轨道交通市场发展方向、轨道交通收益变化等内在信息，从而为城市轨道交通战略发展方针政策的制定提供准确全面的依据。如对乘客的旅程长短和乘车高峰数据信息的分析，能够为轨道交通科学合理安排车次、发车间隔等提供帮助，从而使轨道交通运行效率和服务质量得以提升。

3. 票务系统的权限管理

互联网票务管理系统是一个较为复杂的架构组织，每一个运行环节都应进行严格的授权管理。利用互联网票务平台进行票务管理权的设置，能够有效避免权限混乱造成的票务数据失真问题，如在轨道交通站点的票务工作人员只能进行乘客购票信息的采集，不允许对平台内的信息进行修改。如果需要获得新的票务管理权限，必须进行申请，待审批获准后才能够进行相关操作。票务管理权限使用人员要及时设置密码并保密，从而提高票务平台的管理严谨性。

（四）互联网票务清算管理

在互联网的账务结算过程中，要实现不同线路轨道交通的收益数据对接，就需要票务平台能够统一进行收益数据的采集和处理。在当前的票务平台管理框架下，系统已经实现了通过互联网数据传输途径将票务现金收付、闸口扫描支付等账务结算功能，与支付宝、银联等第三方支付服务商建立了合作机制，从而使账务结算实现统一管理。目前的互联网票务清算管理主要流程是，轨道交通站台进行购票金额的审核和录入，并由票务系统对交易产生的一系列数据进行计算和核对，发现金额差异后要追溯相关的数据，从而准确找到原因并进行纠正。互联网票务清算管理功能能够实现网络对账，通过采集数据和发送反馈代码，形成自动清算过程，并将最后的清算和结算结果输入票务系统的后台管理中心并形成财务账目日志。

第六节　城市轨道交通全自动运行线路上的列车灵活编组技术

一、全自动运行项目对列车灵活编组的需求

当前我国大城市如上海、北京等地的城市轨道交通具有不同时段客流量断面差异较大，客流呈潮汐性分布的特点。同时，新建线路通常较长，也存在城市中心部分线路与郊区部分线路客流量不均匀的显著特性。

常规的城市轨道交通线路采用 GoA2（半自动化列车运行），列车大多为固定编组列车，无法通过灵活调配列车的车辆数量来满足不同运力的需求。运营管理上无法在高峰时段实现"大编组、高密度"运行方式，做到"多拉快跑"，满足运力需求；无法在非高峰时段实现"小编组、高密度"运行方式，在保证行车密度的基础上减少单列车的编组数，以减少牵引供电消耗，达到节能减排的目的。

此外，常规的有人驾驶轨道交通项目中，当线路上出现单列车故障且无法通过自身旁路降级操作下线回库时，通常通过 2 列车在正线采用人工联挂的方式，由后车推动前车缓慢运行至就近站台完成清客后，再通过尾车推进，司机操控列车以低于 15 km/h 的速度缓慢运行回库。上述操作通常会对线路的正常载客运营产生较为严重的影响。

随着城市轨道交通全自动运行技术的推广普及，基于全自动化列车运行控制系统的 GoA4（无人干预列车运行）正在逐步取代既有的 GoA2，成为轨道交通新建项目的首选。在全自动运行的基础上实现列车在线灵活编组，从而实现高峰大编组到非高峰小编组的灵活转换，以及实现列车的在线自动联挂救援，也已经成为当前国内外轨道交通全自动运行的研究热点。

二、列车灵活编组技术的实施经验

城市轨道交通领域最早实现列车灵活编组的项目为荷兰阿姆斯特丹地铁路网改造项目（2012 年竣工开通的首段工程）。该项目基于 CBTC（基于通信的列车控制）技术，采用法国 ALSTOM 公司生产的 URBALISTM 列车自动运行控制系统解决方案，实现了阿姆斯特丹地铁路网 1 号、2 号、3 号和 4 号线基本编组类型的灵活编组。基于这 4 种列车基本编组（TU）组合而成的上线列车种类共有 13 种之多，如表 8-3 所示。

在沙特阿拉伯王国的首都利雅得市地铁 4 号、5 号、6 号线的全自动运行项目实施过程中，根据用户需求，基于同一产品，ALSTOM 公司进一步实现了全自动运行列车在线的自动联挂救援功能。在 1 列载客列车在车辆故障且无法移动的情况下，该功能允许后续 1 列载客列车在线完成联挂救援，将故障车推动至就近站台实施清客，并在联挂状态下由救援列车自动推送回停车场。

表 8-3　荷兰阿姆斯特丹地铁上线列车的灵活编组

序号	上线列车编组形式
1	$TU_1 - TU_2$
2	$TU_3 - TU_1 - TU_1$
3	$TU_2 - TU_2 - TU_3 - TU_3$
4	$TU_1 - TU_1 - TU_1$
5	$TU_2 - TU_2 - TU_2$
6	$TU_3 - TU_3 - TU_3$
7	$TU_1 - TU_1 - TU_1 - TU_1$
8	$TU_2 - TU_2 - TU_2 - TU_2$
9	$TU_3 - TU_3 - TU_3 - TU_3$
10	TU_4

注：列车基本编组：TU_1 长度 37.34 m，2 节车厢；TU_2 长度 30.9 m，2 节车厢；
　　TU_3 长度 30.6 m，2 节车厢；TU_4 长度 116.2 m，6 节车厢。

在我国，从目前列车灵活编组技术实施情况看，于 2013 年 12 月底开通的上海轨道交通 16 号线走在了最前列。16 号线全长约 59 km，设有 13 座车站，其中包括 3 座地下车站和 10 座高架车站。该线采用 3 节编组列车和 6 节编组列车混合编组的运行方式，任 2 列 3 节编组列车经联挂后可组成 1 列 6 节编组列车。联挂/解编的作业地点位于该线的川杨河车辆段或治北停车场内，正线不具备解编/联挂的作业条件。

上海轨道交通 16 号线首次在国内实现了在非全自动化线路上基于 CBTC 信号系统列车的人工联挂，联挂后列车的运行与控制管理系统（TCMS）实现了列车联挂所需满足的自动配置、自动控制、自动防护等需求。同时，运营管理方制定了与之相配套的一系列运营管理规章。16 号线列车的灵活编组，距离实现列车的全自动化灵活编组仅一步之遥。

三、列车灵活编组实施方案分析

在全自动运行项目中实现列车全自动联挂功能，主要依赖于基于 CBTC 技术下的 GOA4 下列车运行控制系统与车辆系统的协同配合。因此，全自动运行列车的灵活编组方案主要围绕信号系统的实施方案予以展开。

（一）信号—车辆接口设计

为了实施列车灵活编组，需要定义编组最小的列车基本编组（TU），即上线列车最小的、不可再拆分的单元。该单元可以独立上线运行，也可以与其他相同或不同的单元联挂上线运行。以上海轨道交通 16 号线为例，其最小实施单元为 3 节编组列车（定义为 TU_1），一共有 2

种配置可以上线运营，即 3 节三编组的 TU1 以及联挂的 6 节编组 TU$_1$-TU$_1$。而前文所述的阿姆斯特丹地铁路网改造项目，共有 4 种最小实施单元（TU$_1$、TU$_2$、TU$_3$、TU$_4$），因此列车上线的编组方案多达 13 种，如 TU$_1$-TU$_1$，TU$_2$-TU$_2$，TU$_3$-TU$_3$-TU$_3$-TU$_3$ 等。

由于每个 TU 均能够被列车运行控制系统识别，并可独立上线运营，因此单个 TU 即为系统配置的最小单元，需要为其配置完整的信号系统车载设备。这包括首尾冗余的车载 ATP（列车自动防护）/ATO（列车自动运行）设备，列车首尾两端的测速和定位设备，内网及车地通信设备等，并需支持灵活编组的连挂/解编功能。

为实现列车的安全联挂/解编作业，以及联挂状态下列车完整性检查，需要增加相应信号—车辆安全信息交换硬线采集接口。其中，比较重要的信息为 ACS（列车单侧处于未联挂状态）/ANCS（列车单侧处于联挂状态）信号。以 2 列车的联挂作业为例，具体功能定义如下：

（1）ACS 信号来源于本车车钩内部接点，被本车车载 ATP 系统所采集。ACS 在正常未联挂状态下应励磁，在联挂时失磁落下。

（2）ANCS 信号来源于联挂后与本车联挂的另一列车的状态反馈输入，其励磁条件为：① 本车与另一列联挂车在本侧正确联挂；② 另一列联挂车的另一侧车钩未联挂；③ 另一列联挂车完整性检查良好。

通过上述安全输入检查可以保证本车正确识别列车的联挂状态及其联挂配置。如果发生配置外的非预期联挂作业，TCMS 能够正确检测并识别出，如图 8-37 所示。

除了联挂状态反馈安全接口外，列车的电路联通与配置还需要在联挂状态下完成，并通过全自动车钩内部端子的连接进行贯通，主要包括：（1）车载信号以太网络在联挂状态下的贯通与自动配置；（2）列车 TCMS 网络（多功能车辆总线或以太网络）在联挂状态下的贯通与自动配置；（3）信号车地通信无线网络模块的自动唤醒与休眠；（4）列车控制命令硬线信号的贯通与重连（列车车端选择、牵引制动系统控制、门控制、牵引切除/保持制动施加控制、蠕动模式控制、跳跃模式控制、列车防撞系统状态采集、车端逃生门控制等）。

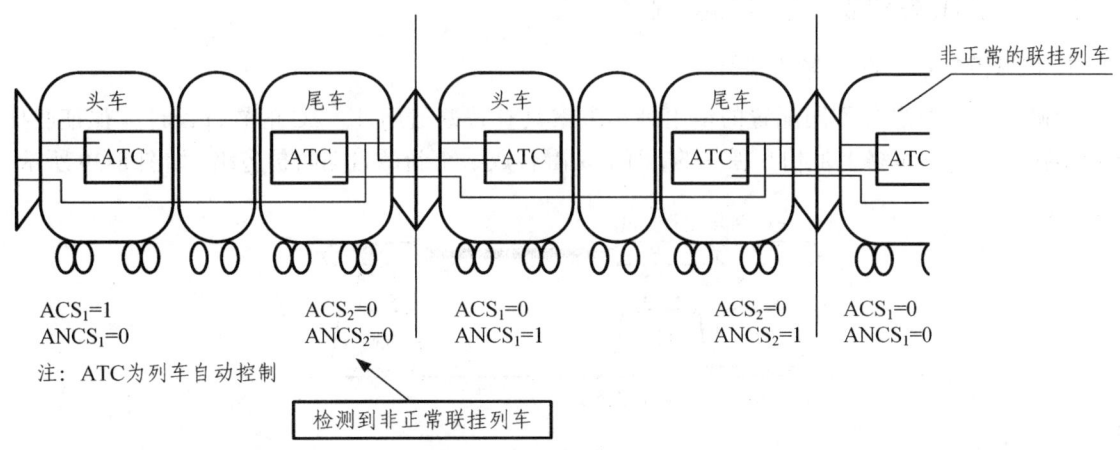

图 8-37 非正常联挂作业的检测反馈

连挂后的列车必须由列车运行方向的头车进行控制，不可以使用尾车推送运行。也就是说，所有列车控制命令及列车状态反馈均由激活端方向的列车车端进行发送与接收。尾端在未激活状态下不参与列车的控制，只对列车控制系统命令进行响应与状态回馈。

（二）轨旁信号系统设计及接口设计

1. 应答器布置

在正线和车辆段需要停车的地方（如站台、存车线、停车列检库等处），应答器的布置需要兼容不同编组情况下列车的定位停车要求，因而需要增加相应的应答器。

对于不同编组的列车，为实现在正线车站以有效站台中心线为停车基准点这一共同的停车要求，站台上应答器需与此需求相匹配，以中线对齐其布置，如图8-38所示。

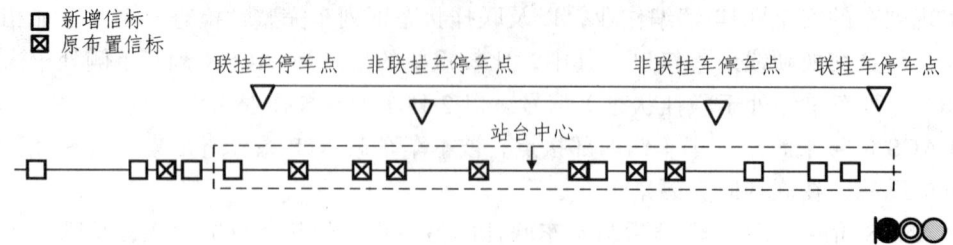

图8-38　车站站台停车区域应答器的布置

此外，灵活编组列车也可以采用有效站台端对齐的方式，即以有效站台端部为停车基准点，不同编组类型的列车使用同一站台停车标停车。这种对齐方式与中部对齐方式相比，不利于站台的运营管理组织及客流疏导。

2. 安全门接口设计

需要增加列车编组信息的安全门接口继电器，用于针对不同编组的到达列车，告知安全门系统所需应打开的安全门。安全门列车编组信息接口可采用继电器安全编码方式，如：双继电器01状态表示按3节编组配置打开安全门、10状态表示按6节编组配置打开安全门。

（三）CBTC系统软件设计与实现

1. 区域控制器（ZC）软件设计

为确保软件对多种不同配置的编组列车方案具有普遍适用性，ZC的软件设计应保证联挂后列车在自动防护包络上是相互独立的，而不是融合成一个新的自动防护包络，如图8-39所示。

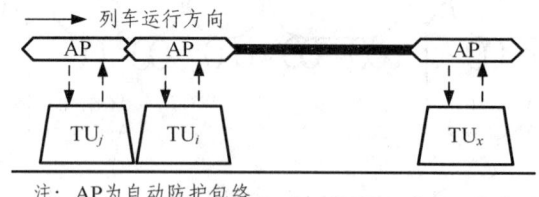

图8-39　灵活编组列车的自动防护包络设计

对于联挂后列车（TU_j，TU_i），在ZC层面仍然是两个独立的防护包络，但处于联挂的配置。ZC将限制TU_j的移动授权发放，从而使其跟随TU_i移动。TU_i作为运行方向上的激活列车，ZC为其发送正常移动授权，跟随前车TU_x。

2. ATS 软件设计

ATS 需对连挂、解编的列车信息进行识别,包括车次号、运行图、与通信等专业的接口方面。当列车在物理连挂过程中,ATS 界面显示 2 列列车,每列车均显示为单挂状态;当列车物理连挂完成后,ATS 界面将会移除这 2 列列车车次,显示为合并后的单列列车,并自动合并生成相应的新车组号。此时的 ATS 界面会隐藏单挂状态,在车次号后显示连挂信息。

四、全自动运行列车自动联挂解编过程

(一)联挂解编区域的选择

为了实现在线灵活编组,需要在正线上选择合适的区域用以实现列车的联挂/解编作业。考虑到列车联挂/解编作业通常应在空载状态下进行,且不能影响线路的正常运营,因此,比较合适的区域包括站后折返轨、列车出入段转换轨、正线临时停车线等。

联挂/解编区域长度需至少大于 2 列正线最长单种配置列车长度及其保护区段长度之和。例如,某轨道交通线路的正线共有 2 种列车 TU_1(60 m)、TU_2(80 m),其列车编组方式包括 TU_1-TU_1、TU_2-TU_2、TU_1-TU_2 共 3 种。列车在不同编组配置下的保护区段长度均相同(50 m),则联挂/解编区域的长度为 80 m×2+50 m=210 m。

(二)联挂作业实施步骤

全自动运行列车联挂作业的步骤为:

(1)前车在联挂区域停稳后,为后车办理进入联挂区域的进路。

(2)处于联挂模式的后车经系统自动或运营控制中心车辆调度人工确认后,以低于 5 km/h(此速度应依据项目定义)的速度开向前车,直到与前车联挂上。

(3)连挂成功后,信号及车辆设备自动进行初始化。离开联挂区域的进路办理好后,新的联挂列车根据进路方向自动激活驾驶室,离开联挂区域,驶入正线运营。

(三)解编作业实施步骤

如图 8-40 所示,全自动运行列车的解编作业步骤为:

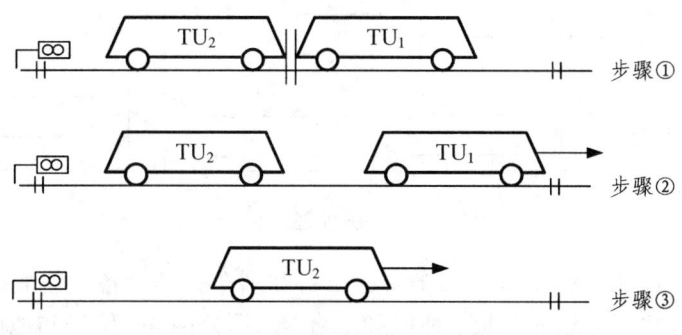

图 8-40 全自动运行列车的自动解编作业示意图

(1)列车 TU_1-TU_2 混合编组停在解编区域后,由运营控制中心自动或人工给列车下发解

编指令，列车自动解开车钩。

（2）在信号系统自动确认 2 列车的车钩处于断开状态后，根据运营计划，给 TU_1 下发确认发车指令，TU_1 离开驶入正线运营或返回停车场。

（3）信号系统根据运营计划为 TU_2 办理离开解编区域的指令，TU_2 离开驶入正线运营或返回停车场。

第七节　城市轨道交通列车预警新技术

一、系统架构

系统设计原则：
（1）新增设备的采集数据信息分类传回地面，以减少实时传输的数据量，降低成本。
（2）新增设备功能对列车只监不控，与原有列车控制网络尽量少交集。
（3）新增各设备不影响列车内部的整体装饰效果。
（4）新增各设备满足车辆技术要求（可靠、稳定、舒适度和耐电磁干扰等）。

地铁列车预警智能化系统是具备自愈能力的车载传感网络，以获取在途列车的实时数据信息，主要由车载数据采集系统、车地数据传输系统和地面数据分析预警系统 3 部分构成，各子系统对应的整体架构如图 8-41 所示。

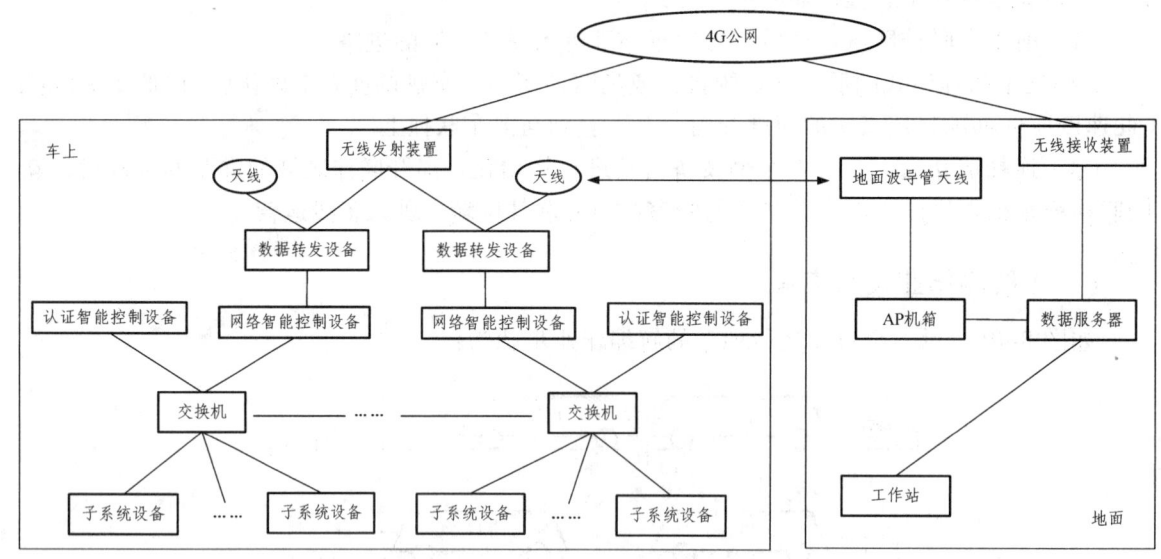

图 8-41　系统整体框架

地铁列车预警智能化系统是基于列车安检设备和列车关键设备在途故障诊断系统，能将子系统和设备参数及状态信息的采集、抽取和融合，采用公网 4G 信号和地面波导管形式通过车地数据传输系统的通道将数据存储在地面服务器，数据经隐患挖掘分析和评估预警整理后通过地面分析软件展现出来，实现对地铁列车状态监视和故障预警。

二、系统功能

（一）车载数据采集系统

车载数据采集系统主要由分布在各个车厢的车载以太网交换机、网络智能控制单元、认证智能控制单元、子系统模块及安装在车体不同部位的传感器等设备组成，通过每节车的以太网交换机相互连接。根据传输介质的不同分两级：千兆网线的列车级和百兆网线的车辆级。车载设备的功能负责将地铁列车及各子系统状态参数的采集、处理、记录、传输与转发，信息打包后发送至网络智能控制单元再到数据转发模块。其主要设备具体功能如下：

（1）认证智能控制单元：负责维护网络管理，网络设备终端接入认证，接入终端以太网地址配置等，是列车智能维护网的网管设备，其根据约定的网络协议维护和管理网络。网络协议规定了各个终端的交换机连接接口、IP 地址和 MAC 地址等配置信息，认证智能控制单元支持并保持网络服务地址唯一功能，并实时监测交换机接口状态和整个网络的状态，所有的终端设备在车载以太网络上进行通信都要经过认证智能控制单元同意，在网络安全方面有着重要作用。

（2）车载以太网交换机：本系统所用的交换机为二层网管型交换机，提供 3 个千兆以太网接口和 9 个百兆以太网接口，响应执行认证智能控制单元的管理控制要求。用于组建智能的列车和车辆级各个电子控制单元终端，是组建车载数据采集系统网络的关键设备之一。

（3）网络智能控制单元：支持动态非对称密钥加解密功能，主要负责将列车各子系统采集数据信息进行接收、整合并发送出给数据转发模块。

（4）子系统模块：接受认证智能控制单元的管理，将本系统采集到的数据信息及时地发送给网络智能控制单元。

车载数据采集系统的功能是数据采集并发送出去。车辆在运行时实时采集运行状态和当前发生故障信息，在入库时采集各子系统实现其预警功能所需要分析的基础性数据信息，可区别为实时数据和非实时数据。实时数据包括列车状态信息、关键子系统状态和设备信息，如列车网压、网流、速度、站点和时间，各车门状态、各子系统通信状态、牵引制动力值和列车操作模式，受电弓或受流器状态，以及各客室温度和当前故障信息等，使地面实时了解列车当前所处的模式和状态情况。非实时数据主要包括走行部、车门、蓄电池和受电弓的采集数据，走行部采集数据包括轴箱、齿轮箱和电机轴承的温度、冲击和振动参数；车门系统主要采集各车门驱动电机的电流，旋转角度和位置等参数；蓄电池主要采集温度和电压参数等；受电弓主要采集关键受力、弓网接触压力、弓网接触区温升和弓网燃弧信息等。

列车各子系统是分属于不同厂家的产品，在数据采集后需要将不同子系统的数据通过同一个车载设备转发出去，各子系统考虑到其数据的保密性，均有自己独有的数据传输方式和分析软件，不同厂家对自己在发送数据包的定义存在不统一性，以下设计出适用于各子系统进行数据传输的以太网数据包报文帧格式定义如图 8-42、图 8-43 所示。

以上两种报文帧格式都可在以太网数据包发送中包含状态数据、故障数据或基础数据 3 种数据类型中的一个或若干个数据包的组合，只需通过业务编码来区分，其中 m 和 n 的值要受数据传输通道带宽的制约。该协议格式对于各子系统均适用，只需按照协议格式将数据填上，实际的数据内容不受该协议之约，也不用担心被窥视到数据内容，具有很好的保密性，在各子系统之间推广和做数据融合处理方面也比较简便。

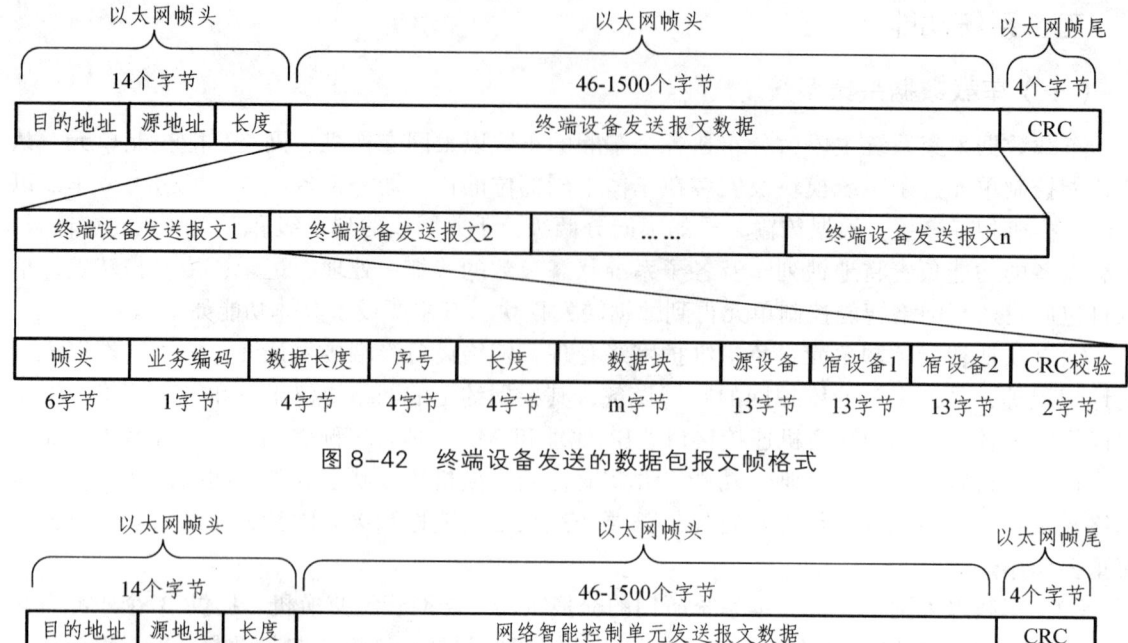

图 8-42 终端设备发送的数据包报文帧格式

图 8-43 网络智能控制单元发送的数据包报文帧格式

（二）车地数据传输系统

车地数据传输系统主要由车载数据转发模块及天线和地面接收装置及天线，以及 AP 机箱组成。车地之间的实时数据传输介质为电信移动通信 4G 信号网络，库内数据传输使用波导管天线接收，主要功能是负责将车载信息实时传输到地面系统，为状态检测、智能预警诊断和维护提供数据来源的通道服务。在列车入库后采用数据传输方式为有线波导管天线接收装置（安装在轨旁），保证其数据通信的质量、速度和可靠性，将列车上各系统采集的基础数据传到地面服务器并存储，供数据深度挖掘分析使用。整个车地数据传输系统在数据发送方面采用存储再转发方式，确保数据传输报文包完整性且具有断点续传功能，保证各种数据能够正确完整地传输到地面，为列车状态修提供数据基础。

（三）地面数据分析预警系统

地面数据分析预警系统主要由数据服务器，工作站电脑以及与其相连接终端设备组成，是地面人员及时了解列车运营情况的窗口，与地面数据分析预警系统的地面设备有接口的系统框架如图 8-44 所示。

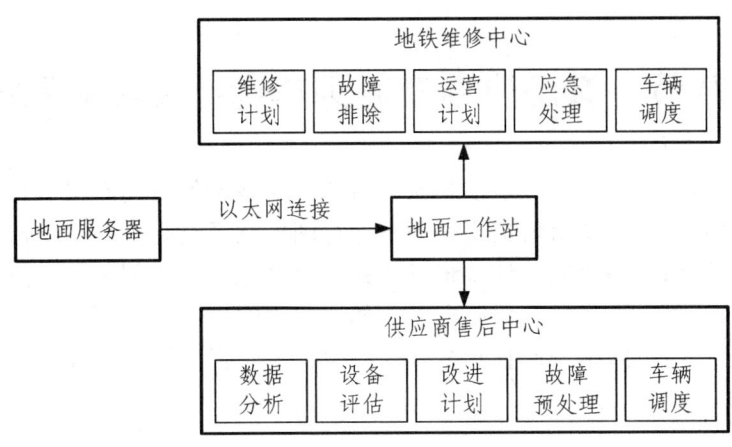

图 8-44 地面设备接口的系统框架图

（1）地面服务器主要功能是储存车载数据采集系统发来的数据，将数据按列车状态数据、故障数据和各子系统基础数据分别储存在相应的路径下，服务器安装有网络防火墙和数据加密系统等措施保证数据安全性。

（2）工作站上安装服务器的数据解析软件和具有数据挖掘能力的子系统智能专家系统软件，可将列车状态和当前故障数据解析后发给地铁维修中心在界面上呈现出来，便于实时监控列车运行状态和故障；专家系统软件对子系统基础数据进行数据挖掘和深度挖掘，通过大数据融合算法、预警算法、隐患识别、隐患学习与训练、隐患报警等技术实现列车和子系统的故障预警和报警，并将信息及时传递给地铁维修中心和列车供应商售后中心的终端设备上。

（3）各个终端设备主要显示工作站发来的信息，以界面形式呈现给地面人员。对于影响行车安全的故障进行报警，并给出可能原因和远程指导意见；对列车和子系统的预警故障以列表形式供地铁检修人员和供应商技术人员参考，制定相应的维护计划。

对各子系统供应商厂家，安装在工作站的子系统智能专家系统软件在数据挖掘时所用的模型及算法要满足子系统设备状态修的要求。子系统从单个专业角度完成数据挖掘，找出潜在隐患项点进行数理统计分析，剔除虚假的预警故障信息。一方面不断完善本系统逻辑分析模型和算法，使对预警信息的判断不断趋于精确，评估设备健康状态，另一方面把得到的预警信息反馈供应商本部，根据隐患项点有针对地分析故障潜在原因并改进产品设计和制作工艺，不断提高产品可靠性。

通过地面数据分析预警系统的数据反馈的列车运行状态与司机室 HMI 界面信息相同，地面人员可以实时了解列车行驶状况和当前故障情况。对关键子系统的监视与预警功能会根据对列车运营安全和子系统正常运行状态的影响程度，对预警信息进行具体分析和筛选分为列车级和子系统级预警，提供给车辆运营部门紧急故障处理建议，并及时反馈给列车车辆检修部门和相关子系统供应商，有针对性地提前安排去处理列车可能要发生的预警故障，为列车运营调度及车辆段各专业车辆检修提供基于数据支撑的辅助决策内容，配合车辆检修方面的生产管理与业务流转（以方便车辆状态修实现）。也可通过手机终端 APP 发送列车故障和预警信息，及时提供给司机和车辆检修人员使用，降低在运列车故障率，提高运营质量。

第八节　城市轨道交通列车运行图编制系统

城市轨道交通列车运行图是一项涉及城市轨道交通技术设备的布局运用、行车组织的繁重、复杂而又细致的工作。城市轨道交通列车运行图编制系统是由西南交通大学全国铁路列车运行图编制研发培训中心研发，该系统已经在哈尔滨地铁、苏州地铁、南京地铁等得到应用。该系统在技术上可以满足地铁后续发展，如开行不同车型的快慢车、城市轨道线网条件下不同线路列车运行图协同编制调整和管理的需要，对于提升线网条件下城市轨道交通运营管理质量和水平具有重要意义。

一、列车运行图的概念

列车运行图，表示列车在铁路各区间运行时刻及在各车站停车和通过时刻的线条图。列车运行图规定了列车占用区间的次序，列车在每一车站出发、到达或通过的时刻，在区间的运行时分，在车站的停站时分以及列车的重量和长度等。运行图还规定了线路、站场、机车、车辆等设备的运用，以及与行车有关各部门的工作。因此，列车运行图是铁路运输工作的综合计划和行车组织的基础，是协调铁路各部门和单位按一定程序进行活动的工具。

列车运行图是运用坐标原理对列车运行时间和空间关系的一种图解表示，因而，它实际上是对列车运行时空过程的图解。在列车运行图上，对列车运行时空过程的图解可以有两种不同的形式：（1）以横坐标表示时间，纵坐标表示距离，这时列车运行图上水平线表示车站的中心线，水平线的线间距表示车站间的距离，垂直线则表示时间。（2）以横坐标表示距离，纵坐标表示时间。这时，列车上的水平线表示时间，垂直线表示分界点中心线，垂直线间的间距表示分界点间的距离。我国铁路列车运行图就是采用第一种图形表示方式，德国铁路列车运行图采用的就是第二种表示形式。列车运行图如图 8-45 所示。

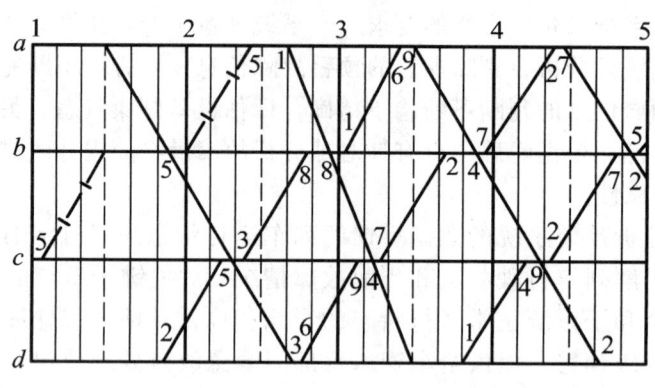

图 8-45　列车运行图

二、系统技术路线总体方案

该系统是集列车运行计划和车底交路计划编制于一体的城市轨道交通列车运行图计算机

编制系统，满足城市轨道交通各条线路不同时段列车开行间隔、车辆运用数量、折返能力、高低峰时段列车运用、列车出入库、折返模式及多交路等技术条件的需要，实现列车运行计划、车底交路计划的一体化编制，并提供列车运行图及车底交路图的绘制、时刻表及指标的输出等功能，实现基于整个城市地铁所有线路的列车运行图网络化协同编制和管理，并充分考虑列车运行图与 ATS 系统数据的无缝衔接。具体技术路线方案如下：

（1）实现整个城市地铁所有线路的列车运行图网络化协同编制和管理，有利于实现整个城市地铁运行图的综合优化和集中管理，有利于不同线路的列车运行图协同优化自动调整，有利于更进一步满足用户对于城市轨道交通列车运行图从全局出发不断发展变化和提升的需求。西南交通大学开发了基于 C/S 模式的全国铁路列车运行图编制系统，实现了基于协同工作的全国铁路列车运行图联网编制，不仅实现了不同线路列车运行图编制的通用化处理，而且实现了全国铁路列车运行图的一体化编制和管理。基于该项技术，完全可以构建一个网络化城市地铁列车运行图编制系统。

（2）实现基于全日列车开行计划的城市轨道交通列车运行图和车底交路图一体化自动铺画，解决了平峰时段与高峰时段不同行车密度的均衡快速过渡，满足全线各站基于时段的列车服务频率要求，系统自动化程度超过我国现行采用的国内外其他同类软件水平。

（3）满足复杂线路类型、不同列车运行交路和列车开行比例和多车场等条件下的列车运行图自动铺画，满足城市轨道交通线路客流需求复杂的列车运行图铺画要求。

（4）实现大小交路列车运行图与车底交路图的一次铺画完成，自动化、集成化程度高，适应大小交路各种比例开行方案的铺画。

（5）实现列车出入库的自动收发车，出入库运行线支持按越站和站站停两种模式实现自动铺画。

（6）将编图技术资料和条件全部纳入数据管理，系统具有广泛的通用性和适应性。实现数据一致性自动维护，数据录入重复性少。

（7）系统界面友好，参考 Windows 10 界面风格作为原型，子系统切换通过选取选项卡完成，主界面涵盖了数据管理和运行图编制及运行仿真等全部子系统，取代了传统的窗口切换模式，简洁美观，使用方便。

（8）系统与铁路列车运行图系统操作基本类似，操作简单、方便。

（9）系统提供正向、反向推线及各种整体平移和批量平移运行线的功能，人机交互方便、快捷、灵活。

（10）系统高度重视与其他系统的衔接，确保数据交换与接口的可靠性。

三、系统功能设计

（一）系统概述

根据用户目前 ATS 接口多类型、多条运营线路管理要求通用性、编图灵活性的现实需求，系统设计为离线编图系统和在线编图系统。

离线编图系统作为非实时计划系统，与 ATS 系统安全隔离，可独立工作，实现各种类型计划列车运行图的编制。

在线编图系统为实时系统,有两个主要功能:

(1)与 ATS 系统接口,实时获取上线列车启停数据,生成实绩运行图,可以显示和保存,用于监控和记录列车实际运营情况。

(2)作为工具,查看 ATS 服务器上保存的历史计划运行图和实绩运行图。

1. 离线系统功能模块结构

城市轨道交通列车运行图离线编制系统的业务流程如图 8-46 所示。

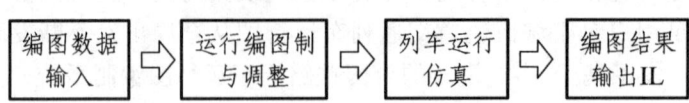

图 8-46　离线编图系统的总业务流程

编图数据的输入主要由数据管理子系统来实现,包括如下功能模块:线路数据管理、车站数据管理、区间数据管理、车底数据管理、列车径路数据管理、间隔数据管理、开行方案、列车信息、区间运行标尺、站停时间。

运行图编制与调整由编图模块来实现,包括如下功能模块:运行图自动编制模块、人工调整模块、车底交路编制、编图检查。

列车运行仿真模块是对列车运行图编制的结果进行运行仿真检验,包括车站电子地图构建、仿真控制、仿真场景设置、仿真参数设置、仿真工具、图形操作、列车运行仿真及结果输出等功能。

列车运行图编制结果的输出包括实现运行图图形方式输出的绘图功能模块、打印功能模块、针对不同部门的时刻表输出模块、车底交路输出模块、指标统计计算及输出模块。离线编图系统的总功能模块结构如图 8-47 所示。

图 8-47　离线编图系统的总功能模块结构图

离线编图系统的详细功能模块划分如图 8-48 所示。

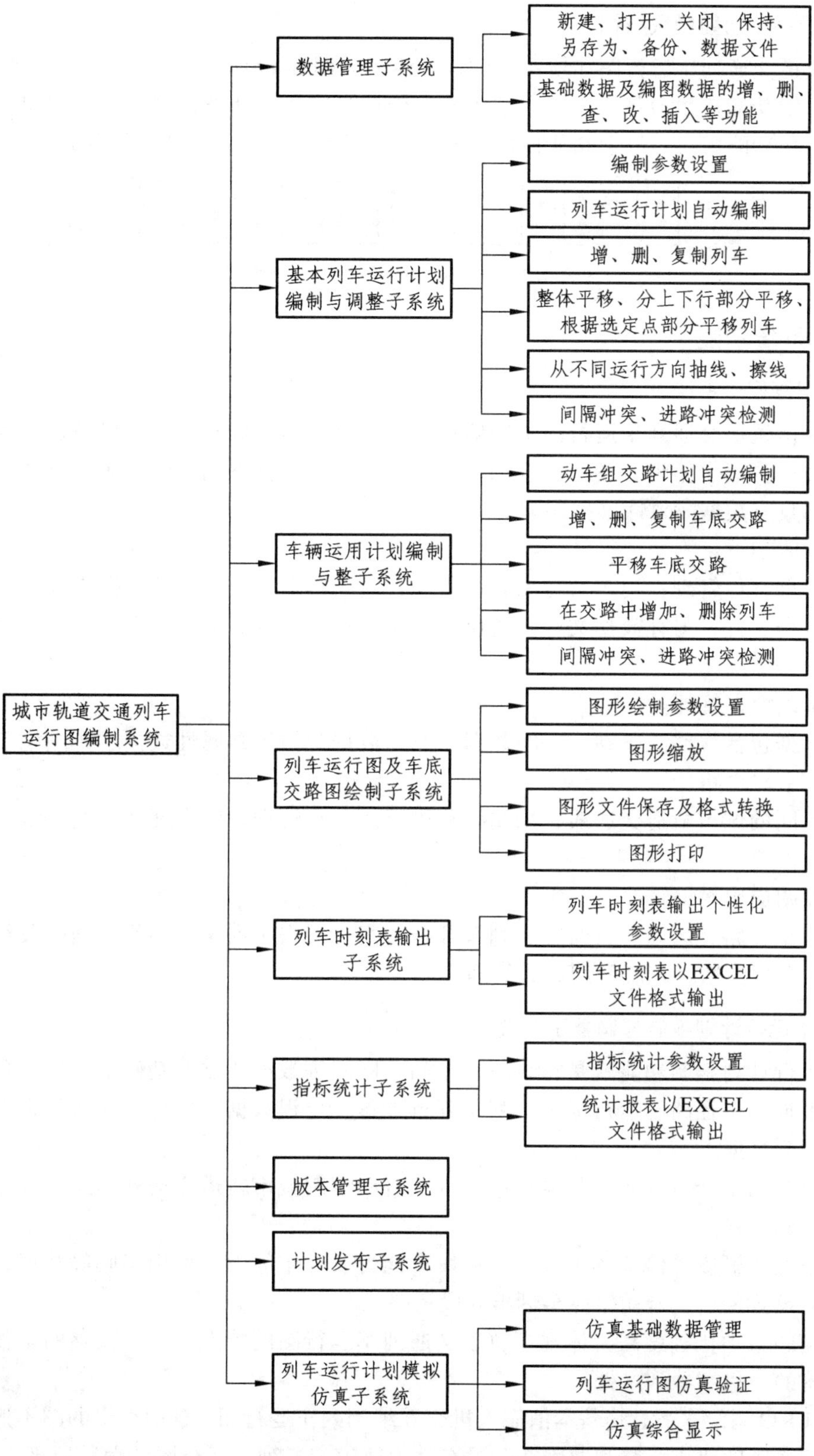

图 8-48 离线编图系统的详细功能模块划分

2. 在线系统功能模块结构

城市轨道交通列车运行图在线系统的业务流程如图 8-49 所示。

在线系统功能模块包括：实时获取列车启停信息的主要功能模块是通信模块；生成实际运行图是独立功能模块；显示功能模块、ATS 服务器存取运行图文件功能模块。

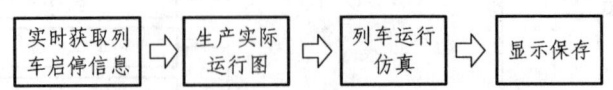

图 8-49　在线编图系统的总业务流程

（二）系统功能

1. 数据管理子系统

实现城市轨道交通列车运行图基础信息与技术资料的数据管理，提供数据录入、增加、删除、修改、更新、整理、备份、查询、统计等功能，提供不同线路列车运行图数据合并与分解功能，具有数据一致性维护功能。

主要功能如下：

（1）数据文件管理：列车运行图版本管理；新建数据文件；打开数据文件；关闭数据文件；保存数据文件；另存数据文件；备份数据文件；历史数据文件管理；数据接口；数据合并；数据分解。

（2）基础数据管理。

基础数据包括线路、车站、区间数据。车站数据包括车站属性数据、车站电子示意图及车站进路和敌对进路。

对于不同的城市轨道交通线，采用线路进行区分和管理，以保证系统适应线网运行图编制和管理的需要。

（3）编图应用数据管理。

包括列车径路、区间运行时分、列车开行方案、行程（列车）参数、间隔及约束、运行图显示站名分段参数、车底套用参数管理。

2. 列车运行计划编制与调整子系统

列车运行计划编制功能就是在线路、车站、区间等数据建立的基础上，以图形方式或数据方式，根据列车径路、运行标尺、列车开行方案、行程数据及各种约束条件自动或手动修改列车的时刻数据。

系统根据列车开行方案及其他约束条件，自动编制城市轨道交通列车运行计划，并自动生成列车车底交路。

系统根据车辆段（停车场）位置、接发车能力、存车能力、可用车底等数据，结合其他的业务参数设置要求，自动生成车辆出入段策略。

系统编图自动化程度高，体现了轨道交通列车运行图的特点，人工调整的工作量很小，这是本系统的特色和独到之处。

从 FALKO 系统来看，其基本依靠人机交互编制列车运行图，自动编出的图不满足轨道交通"服务频率"的要求，究其原因在于没有理解轨道交通列车运行图的编制原理。

3. 运行图仿真

该功能模块对列车运行计划编制的结果进行运行仿真检验，包括车站电子地图构建、仿真控制、仿真场景设置、仿真参数设置、仿真工具、图形操作、列车运行仿真及结果输出等功能模块。

4. 运行图输出

运行图输出实现满足多种需求的多形式、多格式输出样式。

（1）列车运行图的输出，提供 PDF、JPG 格式生成。

（2）列车时刻表的输出，包括按车底、按车站、需求方提供的格式等排序的 Excel 文件格式输出。

（3）车底交路图的输出，提供 Excel 文件格式。

（4）换乘时刻表的输出，提供满足需求方要求的 Excel 文件格式。

5. 运行图指标

该功能自动计算用户需要的各种指标参数，包括自动计算选定线路的分时段开行列次、总列次、载客列次、空驶列次、车底运用数量、走行公里、旅行速度、技术速度、首末班车时刻等运行图指标，并实现 Excel 文件格式输出。系统对于查询统计功能，提供 Web Server 标准接口对外提供服务，并提供接口说明。

6. 时刻表版本管理与发布平台

该平台为用户提供运行图系统数据文件、时刻表文件集中管理和发布功能。将列车运行计划编制的结果按照 ATS 接口协议规定的格式转换输出，完成安全性的验证后上传。该功能实现多 ATS 系统定义及相应的运行图数据输出，以供上传对接。

第九章　城市轨道交通规划设计新技术

为了适应全国城市轨道交通建设迅速发展的形势，贯彻国家中长期科学和技术发展规划纲要中"重点研究开发轨道交通"，"重点研究开发高速轨道交通控制和调速系统、车辆制造、线路建设和系统集成等关键技术"的精神，在城市轨道交通规划设计基本理论和理念的基础上，一批最新理念、理论及方法被提出。

中国城市轨道交通新技术内容涉及轨道交通安全、环保、节能、创新、国产化等各个方面，集中体现了节能、环保、安全、增效和创新的理念。为推动我国轨道交通的可持续发展，实现"资源节约、环境友好、技术创新和安全便捷"的总目标做出不懈努力。

城市轨道交通规划与设计最新理论、理念及方法可归纳为：城市轨道交通地下空间一体化、综合交通一体化；探索城市轨道交通可持续发展模式；推广资源节约型、环境友好型、技术创新型、安全便捷型城市轨道交通新方法、新设备和新技术。

第一节　规划与设计的基本理论与理念

一、基本理论

城市轨道交通基本理论包括影响因素分析、规划范围、轨道交通系统的区域性、规划研究方法、设计方法。

（一）影响因素分析

城市轨道交通规划设计的影响因素分为城市和轨道交通系统特性两部分。其中城市的影响包括：城市自然地理条件，城市规模、性质。城市人口，城市发展潜力和发展趋势，城市经济，城市土地利用规模，城市交通状况；轨道交通特性包括：城市轨道交通系统的形式，运行方式，技术水平。

（二）规划范围

城市轨道交通制式多样，可以根据客流特点选择相适应的轨道交通系统。根据运输能力，城市轨道交通系统可分为大运量轨道交通系统、中运量轨道交通系统、低运量轨道交通系统。城市轨道交通发展历史表明，城市发展不同阶段对应着不同的轨道交通类型，不同类型的轨道适合于不同城市不同区域的发展。

我国在进行轨道交通线网规划时，特别是一些大城市，轨道交通规划线网的规划范围应该是全市域，甚至覆盖整个城市群。轨道交通覆盖范围的扩大必然需要相应的市域内的或者城市群内的长距离快速轨道交通线路，在法国巴黎都市圈，大容量放射状的区域快线（ERE）把城市中心区域距离 50~60 km 的远郊卫星城镇紧密联系起来，而日本东京都市圈半径已经达到 65 km。

研究范围内，还应进一步明确重点研究范围，即轨道交通线路最为集中、规划难点也最为集中的区域。重点研究范围应根据具体城市特点确定，但一般选择城市中心区域。

（三）轨道交通系统的区域性

城市轨道交通发展历史表明，城市发展不同阶段对应着不同的轨道交通类型，不同类型的轨道交通适合于不同城市不同区域的发展。

有轨电车服务于城市中心区；中运量轨道交通在市区范围内方便居民出行，扩大城市范围；地铁等快速大运量轨道交通联系外围郊区和市中心；市郊铁路为周围卫星城镇发展提供直达城市中心区的交通联系；城际轨道交通主要服务城市群内城市间交通，并兼顾沿线中小城镇。

在轨道交通线网规划中，要以城市发展的具体阶段和发展需求为依据，合理选择适合城市要求的轨道交通系统，根据城市不同的发展区域，如中心区、建成区、郊区等，结合不同区域范围的多样化需求，确定轨道交通的服务标准，选择相应的轨道交通系统技术参数。

（四）规划研究方法

规划研究方法包括城市交通发展前景判断、客运主流向分析、确定评价指标三方面。其中城市交通发展前景判断首先要把握城市总体规划的基本思想，确定远景城市人口用地布局；其次要把握城市交通发展战略，预计远景年公交出行比重与总量。

（五）设计方法

设计方法要做到以下三点：（1）做好客流预测；（2）做好沿线周边环境调查；（3）确定合理的车站形式和埋深。首先，与各管线业主单位的配合和协调；其次，建设与运营应密切结合起来；最后，充分研究施工方法也十分重要。

二、规划的理念

城市轨道交通规划的理念包括概念规划、轨道交通对城市格局的引导作用（TOD）、城市轨道交通的可持续性、兼顾交通疏堵的发展引导、规划的滚动性、线路功能分级和服务一体化。

（一）概念规划

概念性规划以城市的性质、基本职能、发展方向和城市体系等重大问题为研究内容。它对未来一定时段内可能进行的开发建设进行宏观的原则性指导，是城市未来空间发展的战略规划。

概念规划是把以时间期限为主导的规划模式转为以规模为主导，淡化规划期限。即在区域规划的指导下，在可预见的将来，对城市远景发展进行战略性的分析研究，提出城市发展战略的方针政策并作为城市发展的目标和总体规划的支撑和依据。

概念规划的主要内容包括：
（1）社会经济环境发展战略和目标对策。
（2）市域城镇体系规划，基础设施和重大项目的布局。
（3）主城区在内的市域重点城镇的规模和布局形态、城市化促进区域和城市化控制区范围以及远景发展框架。
（4）研究城市能源、交通、供水、供气等城市基础设施和生态绿地、水域系统开发的重大原则问题。

概念规划的战略特点是在充分满足社会经济发展需要的前提下，结合实际，创造性地找准每个城市发展的定位。

（二）轨道交通对城市格局的引导作用（TOD）

轨道交通引导城市结构发展（The Rail Transit Oriented Development，简称 TOD）就是通过大幅度提高交通供给，引导周边土地高强度利用。一般整个过程分四个阶段：团状开发，波浪状开发、带状开发，面状开发。

轨道交通对沿线土地发展影响范围一般规律如图 9-1 所示。

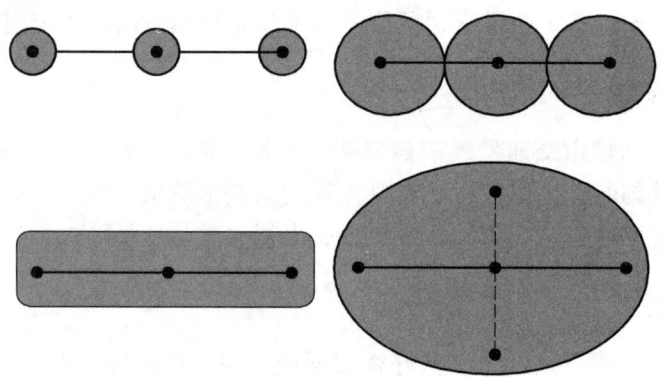

图 9-1　轨道交通对沿线土地发展影响范围一般规律图

轨道交通线网中的线路按照功能可分为两个类型：SOD（客流追随型）——为解决目前交通紧迫问题而发挥轨道交通的大客流量功能；TOD（公共交通导向型）——通过修建轨道交通吸引客流，引导新城区的发展。

轨道交通采用 TOD 还是 SOD 模式，差异只是获得客流效益的时机有远近之分，而最终效益的体现都表现在客流效益。因此，从线网规划角度看，可采用两种模式并重，通过运营调节，力求使各线路同时具备客流追随和规划引导功能。

（三）城市轨道交通的可持续性

可持续发展的城市轨道交通是建立在可持续发展的理念基础之上，以可持续发展的观念分析、解决城市轨道交通中的各种问题，建立既有利于城市的交通发展需要，又同时保证环境、资源和子孙后代的轨道交通发展模式。

可持续发展包括交通与环境协和、交通与未来的协和、交通与社会的协和、交通与资源的协和。从可持续发展的角度出发，城市交通各种运输方式都应当向高效节能型转变。纵观国内外城市交通发展史，最好的解决途径是优先发展以轨道交通为代表的中、大容量公共交通，限制私人机动交通发展。

（四）兼顾交通疏堵的发展引导

轨道交通作为一种面向大众的捷运工具，既能进一步促进多组团的网络式城市发展，又能有效制衡小汽车交通的过度膨胀。在密集区修建地铁、疏导交通仍是发展轨道交通的重要任务之一，而发展成熟地区拥有较好的客流基础，既能有效地缓解道路交通阻塞又能为日后营运提供财务保障。

（五）规划的滚动性

鉴于经济的迅速发展、城市空间布局规划的调整优化、城市建设重点和时序的调整以及对轨道交通认识和技术水平的不断提高，轨道交通线网规划工作不可能毕其功于一役，有必要每隔四五年进行一次修正。事实上，新的规划或多或少地会吸纳上一轮规划的内容和成果，并根据新的发展情况加以充实和提高。

（六）线路功能分级和服务一体化

随着轨道交通线路的增多，服务的一体化，包括票制的协同，换乘的衔接将变得越来越重要。尤其是客运枢纽站的设计需要从以人为本和方便转乘的角度给予更多的考虑。

地铁等快速轨道交通系统主要是联系外围郊区和市中心，这种联系的强弱与城市规模大小有很大的关系。

轻轨服务主城区中等发展密度和客流量的走廊，或主要服务新城区。

市郊铁路为周边卫星城镇的发展提供直达城市中心区的交通联系，促进都市圈的形成。是主城区和主要发展组团的联络线，服务市区及其市郊地区之间的交通。

城际铁路系统以其快速、安全、大容量、公交化的特点主要服务城市群城市间交通，兼顾沿线中小城镇，是服务较大规模城市间的直通交通。

三、设计的理念

城市轨道交通设计理念是在项目前期策划阶段确定，指导工作人员从项目全生命周期角度进行设计，对项目在施工和运营维护等阶段所面临的问题给予考虑，并提出相应解决方案的一种设计理念。它主要包括 6 个方面：节能化设计，人性化设计，可施工性设计，可扩展性设计，可靠性设计以及经济性设计。

（一）节能化设计

城市轨道交通运营时消耗大量电能。我国目前大多采用火力发电，在发电过程中会对环境产生污染。因此，节能化设计既符合可持续发展的理念，也减轻了城市轨道交通项目对环境的负面影响。城市轨道交通的节能化设计体现在以下方面：

（1）线路节能。设计时将车站设在纵断面的凸形坡段上，这样可以利用动能和势能转化减少能量消耗。此外，由于列车的牵引耗电在起动和制动时较大，因此不宜频繁起、制动，为此必须确定合适的站间距，一般情况下车站间距为 1 km 较适宜。

（2）供电系统节能。城市轨道交通可采用 110/33 kV 两级电压制式，与采用 10 kV 单级电压供电相比，线路和变压器损耗均可以减少。直流牵引网继续采用 1500 V 供电制式，与 750 V 制式相比，牵引变电所数量减少，牵引网的电流也较小，可大量降低变压器和接触网的电能损耗。

（3）机电设备节能。地下车站的通风空调系统和自动扶梯通常设计为变频调节，这样可减少系统耗电量，具有明显的节能效果。对通风空调系统可实施设备监控，自动检测与车站环境相关的环境参数及空调系统的设备参数，使地下环境空间的空气参数保持理想状态，达到节能的目的。

（二）人性化设计

城市轨道交通的设计应该以人为本，体现出人性化的理念，这种理念主要体现在车站细节设计、保证乘车舒适度等方面。

（1）车站细节设计。车站出入口要有标志牌，显示其附近建筑物和道路的名称及列车服务时间等。站内指示牌的位置应在乘客正常的视线范围内，还需设置外文指示牌以满足外国乘客要求。应设置地铁屏蔽门以防止乘客拥挤跌落或跳下轨道而发生危险。应设置自动售票机、自动售货机、自动取款机等设施，站内配备城市地图和公交换乘线路图。在一些大型车站的站台设置卫生间、少量的休息座椅以及残疾人专用的无障碍通道和升降梯。出入口台阶高度应适宜，并注意防滑。

（2）保证乘车舒适度。车站内部空间的协调、装修材料的选用和色调的调配，应给乘客舒适的感觉。应保证空气质量满足要求，通过通风系统和空调系统控制温度和湿度。应采用吸声材料降低噪声，改善声环境。设计时考虑充足合理的光照度，保证适宜的光环境。

（三）可施工性设计

将施工知识和经验最佳地应用到城市轨道交通项目的各阶段中，是可施工性设计的一部分。在实施可施工性设计的情况下，项目的投资额虽然在规划设计阶段略高于通常情况下的投资额，但是在项目竣工时却比通常情况下节约了大量投资和进度。同时，由于可施工性设计使施工方案便于实施，项目的质量、生态以及安全目标更加易于实现。

在实施可施工性设计的过程中，可施工性研究小组应参与制定项目总体进度计划并拟订主要的施工方法，以保证设计方案与进度计划相匹配；分析设计项目所需物资的可供性，提高设计对自然环境的适应性；组织对施工图的全方位审查，确保设计具有较高的可施工性。

（四）可扩展性设计

城市轨道交通项目的设计应考虑未来城市发展的规模、可持续发展、与环境的协调及社会需求等变化带来工程扩建的要求。

（1）城市轨道交通的设计要为城市发展留有余地。前阶段的设计要为后阶段预留设计接口，要注重城市轨道交通与环境的协调性，如高架桥所处的区域因城市发展成为商业区，那么高架桥就显得与周围环境不协调。

（2）预测客流量应充分考虑未来城市发展规模及社会需求。修建城市轨道交通需要预测未来年度的客流量，它是进行城市轨道交通线网规划、项目设计的基础资料和重要依据。目前客流量主要通过数学手段预测得到，由于城市轨道交通的运营期很长，车站的改建又十分困难，所以在设计时要充分考虑运输能力预留及可持续发展的要求，而不是一味地降低当前的工程造价。

（3）设备能力应留有余地。通风和空调系统应按照预测的远期客流量和最大通过能力设计，但设备安装应按照不同时期的实际需要配置、分期实施。

（五）可靠性设计

城市轨道交通项目的可靠性主要指运营阶段结构的可靠性和系统的可靠性。可靠性设计就是在设计阶段保证项目的可靠性。

结构的可靠性主要指地下结构、高架结构以及控制中心、变电站等结构的可靠性。结构的可靠性除了由施工质量决定外，也由设计工作的质量决定。系统的可靠性主要是指供电系统、自动售检票系统、空调通风系统、通信系统、信号系统以及防灾和报警系统等的可靠性，这些系统的可靠工作是正常运营的保证。

（六）经济性设计

城市轨道交通项目的经济性要求设计人员在设计过程中对设计方案进行价值工程评估，以保证全生命周期成本最优化，使功能和成本相匹配。

城市轨道交通项目大多是政府投资的公共项目，因此节约项目的投资符合"建设节约型社会"的理念，具有一定的社会效益。运用价值工程原理进行经济性设计，虽然由于聘请专家组成价值工程小组等工作可能会增加设计阶段的投资，但是从全生命周期角度看还是节约了成本，既达到了全生命周期成本最优化，同时也保证了经济效益和社会效益，因此，对城市轨道交通项目进行经济性设计是必要的。

第二节　规划与设计的新理论与理念

一、城市轨道交通一体化理念

（一）一体化的必要性

当前正是我国城市轨道交通大发展时期，城市空间和功能的集约趋势越来越明显。商业是城市最基本的功能之一，交通是实现城市物流的动脉，在城市发展的历史中，二者从来都是密切关联的，它们的发达程度和整合水平反映了一座城市的活力与效率。

现代轨道交通带来的客流可以为聚集的商业增添更多活力，而商业发展到一定程度又可以反哺轨道交通相关的物业建设。所以，将轨道交通与商业空间的关系作为研究对象，进行二者的综合开发与设计，是未来我国城市空间集约化发展的重要方向之一。

结合轨道交通的建设，同步规划并实施周边地下空间，做好与其他交通方式的衔接换乘，形成以轨道交通为核心的各种交通换乘方便的一体化综合交通枢纽和一体化地下空间，是目前轨道交通建设新的发展趋势。

（二）一体化涉及的概念

1. 轨道交通综合枢纽

轨道交通综合枢纽往往与其周围城市空间的关联较为密切，轨道交通依靠沿线枢纽站点及枢纽建筑与城市联系起来，客流的汇聚及疏散都是通过这类建筑空间加以实现，它是城市与公共交通之间联系的纽带。由于其带来的大量客流潜藏着巨大商业价值，商业对客流的聚集与交通建筑对客流的疏散这对基本功能又存在尖锐的矛盾，所以城市轨道交通综合枢纽区域是城市建设最重要节点空间之一。

2. 轨道交通商业

轨道交通综合枢纽中的商业空间的商业概念属于广义的商业，即空间中的商业信息传递、实体商品的买卖都属于轨道交通商业。轨道交通综合枢纽商业空间概念是：发生在轨道交通综合枢纽空间（包括集散广场、车站出入口空间、候车室、换乘大厅等）以及客站区域地块当中的商品买卖、服务交易、信息传媒发布等商业活动的空间。

3. 综合开发与一体化设计

"城市轨道交通枢纽站点的综合开发"是指在满足枢纽站点基本交通功能的要求下，通过车站周边上盖建筑物业的整体建设、统一规划，把不同类型的城市空间有机地融合于一个大的空间系统，以期互补互利以及实现对城市土地的集约化使用。城市轨道交通枢纽站点综合开发的重要意义，首先是引导土地开发，实现资本的良好循环；二是协调城市交通出行方式，减缓交通方式分配的结构性不合理带来的交通压力，提升城市生活环境质量。它是我国高速城镇化进程中，建筑快速更新和轨道交通快速发展的背景中诞生的新研究领域，具备极大的现实意义和研究价值。

（三）一体化设计的基本原则

1. 整体性与交互性

轨道交通综合枢纽与商业的整合空间系统是城市功能体的构成元素之一。故一体化设计要统筹建筑与城市的关系，从自身的空间形态、内外交通路线的组织、界面的围合程度等方面与所相关空间做到有机统一，共同构成一个动态的体系。轨道交通综合枢纽与商业空间一体化设计的交互性主要体现在交通功能与商业功能的相互融合和促进。商业功能和轨道交通功能在同一个空间中被整合，要首先保证两种功能具有共存的可能性，并且各个功能之间不会产生不良干扰。空间的非干扰性是实现交互性的基础，因为空间之间只有在不互相干扰的前提下，才能实现积极的交互。非干扰性具体指在原来的功能体中加入商业时，不会影响原来各自的运行效率，即所谓的兼容。

在一体化设计中，不仅要使商业与交通功能单元之间相互渗透和兼容，同时要创造积极的环境秩序，促使各种功能在复合的过程中产生"集聚效应"，互相激发功能效率的提高。

2. 多样性与不定性

在建筑设计中，人是使用的主体，而人们在轨道交通综合枢纽的需求和行为又是多样性的，因此设计应以多样性的空间和人的心理需求相协调，为人们生活的多样性需求满足提供可能。

一体化设计的不定性原则是与城市生活的多样性和个体行为的不定性相联系的。城市功能的运行充满了不可知因素，它的存在为开放的一体化设计带来了相当的复杂性和随机性。多种因素的交叉结合，导致了整合空间应具有模糊、不定、灵活的特性。不定性原则并不是无法给出精确的答案，而是用一种富于弹性的、可变化的方式来解决问题，给城市的发展留有更多空间。

3. 有机性与可持续性

为了突出一体化设计策略下的综合性优势，扭转活动方式单一化的不利局面，就必须从人的行为和环境的关系角度出发，将轨道交通综合枢纽看成容纳各种社会活动的公共场所，它能够满足人们对社会活动空间的各种需求。这属于场所精神的再创造，这种精神要求公共建筑可以为城市生活提供多种空间可能性创造条件。其中，最为重要的就是城市环境的可读性和辨识性，让人在活动中能把空间形式与普通生活紧密联系起来以满足使用者的心理诉求。

城市是一个生命体，它的发展依赖于周边的环境，消耗资源以不断生长。在城市高速发展的进程里，以土地资源为代表的各种资源越来越紧缺，从威胁发展到威胁到人类的生存。在轨道交通综合枢纽与商业空间设计中，可持续理念的应用范围非常广泛，宏观到区域生态环境，微观到各种主动式和被动式绿色建筑技术。

4. 安全性与人性化

对于轨道交通综合枢纽与商业空间一体化设计的安全性主要是指有目的、计划的设计过程以及运行过程中的稳定性和畅通性。在相关条例、规范、法规的制约下，在设计中增加安全设计的比重，在设计的初期，将安全的隐患降到最低。

在一体化设计中，必须从人性化的角度出发，使建筑为广大市民服务，使之符合大多数使用者的切实需求。人性化原则最根本就是追求在可能条件下的最高品质的城市物化环境，在我国当今急速形成和转型的城市问题中是一个非常值得重视的话题。

二、城市轨道交通可持续发展理念

（一）可持续发展的必要性

人类社会发展正面临着人口膨胀、资源超前消耗、环境急剧恶化的空前挑战，可持续发展理念指导下的现代城市规划，决定了我国的大部分地区只能追求以公共交通为基础的高质量的可达性。具有多项显著优点的轨道交通（尤其是地铁运输模式），是解决大城市中心区域交通拥堵问题的最佳途径，但必须在依托改善既有公交系统、并通过优化网络便捷换乘而达到相互协调配合的前提下，注意降低它的建造运营成本。

自 1863 年世界第一条地铁在伦敦诞生以来，城市轨道交通的发展已经走过了 150 余年的历程。我国虽然在 20 世纪 60 年代就开始规划建设地铁，但真正开始规模化建设城市轨道交通还只有十几年的时间。当前，我国已进入了城市轨道交通快速发展时期，因此有必要从可持续发展角度来审视我国的城市轨道交通规划和设计。

可持续发展是20世纪80年代提出的一个新概念。1987年世界环境与发展委员会在《我们共同的未来》报告中第一次阐述了可持续发展的概念。可持续发展是指既满足现代人的需求也不损害后代人满足需求的能力，就是指经济、社会、资源和环境保护协调发展。这一概念已得到国际社会的共识。对城市轨道交通而言，其可持续发展可理解为"轨道交通当前的规划和建设要充分考虑后人的需求"。即：当前大规模建设的城市轨道交通是解决城市交通拥挤的重要手段，是城市发展的百年大计，在规划和设计阶段一定要充分考虑城市未来发展对交通的需求以及今后乘客使用时的舒适度要求。这就要求其在规划和设计阶段，既要遵循国家相关的设计标准和规范要求，也要考虑未来城市发展的影响因素。

（二）可持续发展的切入点

当前城市化加速背景下城市交通规划面临的重大选择是城市轨道交通可持续发展的切入点，可持续发展对如何解决轨道交通与现存城市公交系统的协调发展，特别是如何经济、优化地建造与运营城市轨道交通至关重要。

1. 轨道交通是我国城市交通规划的重大选择

城市交通规划面临的一切问题起源于三个基本因素：人口剧增、城市化加速与出行方式机动化。为此，规划者们必须在各种可能的决策方向之间慎重取舍。

一般而言，城市交通方式大致可分为步行、自行车、摩托助动车、小汽车与公共交通。国内外的城市交通基本上都经历过从步行、自行车到摩托、小汽车大体相同的发展过程。随着社会经济持续、快速增长与人民物质文化水平不断提高，建立多层次、立体型多元化的交通体系，是我国数量迅速增长的大城市的唯一发展方向。在此目标之下，科学规划的轨道交通理论上提供了最大限度满足可持续发展要求的可能性。

城市交通拥挤现状，决定了各级政府部门在宏观决策过程中，理当重点考虑规划在环境系统、资源系统、社会系统等多方面具有可持续发展优势的城市轨道交通公共交通系统。

2. 轨道交通需重视与城市公交系统的和谐

一般而言，轨道交通规划工作的核心内容是要充分实现路线选址与转乘配套两者的最优化，与现有的公交系统在各个环节上达到最大限度地互相补充协调运作。

首先，城市轨道交通是一项涉及面广泛复杂、需要许多专业协调配合的大型系统工程，必须与城市建设发展中长期规划密切结合起来进行。作为城市规划的有机构成部分，轨道交通的规划与整个城市交通的线网规划实为一体。为了避免客流稀少，线路走向应尽可能合理，否则，小客流低运量必然导致轨道交通无法发挥预期的骨干作用。

其次，在以轨道交通为主导编制城市公交综合规划时，要十分注意加强交通换乘枢纽的建设，将轨道交通与现有的常规公交体系一安排、有序调整，保证轻轨、地铁等轨道交通与城市公共汽车、出租车、轮渡等多种交通工具的方便转接，以及与机场、火车站、港口等其他运输场所的顺利衔接。

最后，应充分注意轨道交通与整合改善城市常规公交之间的互动关系。世界上绝大多数国家的轨道交通都是在既有城市公交体系形成后逐渐发展起来的，在未来相当长一段时间内，公共汽车/电车仍将是人们出行使用较广泛的交通工具之一。根据我国许多城市目前的经济发展水平与人口规模及交通总量需求，常规公交的整体地位短期内变化不大。但是，常规公交系统效率低下的现状应该在逐步发展轨道交通的过程中加以综合整治与改善。

（三）基于可持续发展的轨道交通规划和设计

1. 关于线网规模的判断

城市轨道交通线网规划是根据城市经济和社会发展规划，在规划城市人口规模及总体分布的基础上，以城市居民总出行量为依据提出城市轨道交通总承担量，并以此作为确定城市轨道交通线网规模的尺度。

从可持续发展角度看，如果当前的线网没有在规划层面得到控制，由于城市建设的快速发展，将来很难再找到轨道交通加密线路的通道。而通道资源在城市中是非常有限的，也是特别宝贵的资源。因此，在城市轨道交通线网规划时要留有充分的余量并在规划上加以控制，才能确保城市交通的可持续发展。

2. 关于线路总体设计

与城市轨道交通规划线网规模相对应，对于线网中各条线路的总体设计规模也应该充分考虑城市发展的因素。与线路总体规模相关的主要涉及车辆制式的选择和车辆编组数量。在相同的线路通过能力前提下，这两个标准的确定直接决定了整条线路的运输能力。

为了规范车辆制式选择，建设部专门制定了《城市公共交通分类标准》（CJJ/T 114—2007）。该标准中将城市轨道交通分为地铁系统、轻轨系统、单轨系统、磁浮系统、自动导向轨道系统和区域快速轨道系统等 6 种。如果从城市发展的长远来看，很多城市在车辆制式选择方面的余量考虑远远不足。我国的特大城市中心城区的轨道交通线路应首先考虑采用宽体 A 型车的地铁系统比较恰当。与其他制式相比，宽体 A 型车在初期投资上并不会增加很多，但符合城市以及轨道交通的可持续发展要求。

关于列车编组问题，由于直接影响车站的土建规模和工程造价，设计中根据规范要求是以远期客流预测量来确定的。但从近年来几个城市的轨道交通运营客流实际情况来看，很多线路的系统规模都偏小。从可持续发展角度看，我国特大城市以及大城市主要客运走廊上的骨干线路在车辆编组方面应留有适当的余地，以应对远期城市发展带来的客流增长的需求，初、近期可按照预测客流确定列车编组和系统配置。随着生活水平的提高，乘客对轨道交通舒适度的要求也会逐步提高，因此在土建工程上应预留足够的扩展空间，为今后列车扩大编组创造条件。

3. 关于换乘方式选择

随着各城市轨道交通建设步伐的加快，很多城市已经从单线建设步入网络化建设阶段，而网络化建设阶段必然面临线路之间的换乘问题。

目前轨道交通之间的换乘方式主要有同站台换乘、十字换乘、T 型换乘以及通道换乘等形式。在轨道交通建设初期，由于整个网络规划不够稳定，很多换乘车站只能采用通道换乘方式，且换乘距离太长，给乘客换乘带来不便。关于换乘方式的选择总体上应遵循"基于客流疏散能力"原则来具体确定。由于十字换乘和 T 型换乘的换乘楼梯宽度受车站站台宽度限制，在换乘客流大的车站要满足客流疏散需求，必须加宽车站站台宽度并增加车站换乘楼梯数量，客观上加大了车站规模。

基于此，根据我国国情和城市发展的预期，建议在大客流的换乘车站应考虑采用近距离的通道换乘设计，可通过有效延长换乘客流的疏散距离方式来缓解大客流对运营管理带来的问题，并在设计上考虑单向客流运营组织的条件，从而保障轨道交通运营期间的乘客安全。当然，在远期预测换乘客流不大的车站，换乘距离较近的十字换乘和T型换乘是比较好的选择，在我国轨道交通换乘车站规划设计中，不应有一个固化的换乘方式，更不能简单地以国外的换乘理念来指导我国的具体车站换乘设计，只能根据城市特点、换乘车站客流具体情况来确定。

4. 关于车站建筑设计

针对我国城市轨道交通客流量大这一特点，轨道交通车站的建筑设计，必须采取必要的措施加以应对。为此就车站设计中的站台宽度、楼扶梯宽度及数量、乘客疏散通道宽度以及售检票机布置方式等应符合可持续发展要求。对于换乘通道宽度，在有条件的换乘车站应尽量设计足够的宽度，以确保乘客换乘及客流疏散的要求。

三、资源节约型、环境友好型城市轨道理念

我国国民经济和社会发展"第十四个五年"规划纲要明确指出，要把节约资源作为基本国策，加快建设资源节约型、环境友好型社会，促进经济发展与人口、资源、环境相协调。如何建设资源节约型、环境友好型城市轨道交通应做到以下几点：

（1）城市轨道交通是资源节约型、环境友好型的城市交通，应该作为城市交通优先发展领域。城市轨道交通与其他城市交通模式相比，具有节约土地、运量大、耗能少、快速、准时、环保等特点，是资源节约型、环境友好型的城市交通。

（2）"超前规划"是提高运营效率、降低城市轨道交通工程造价的首要措施。提高运营效率是建设资源节约型城市轨道交通的核心。要实现城市轨道交通快速、高密度运送旅客，提高服务水平，充分发挥固定设施和移动设施的使用效率，必须超前做好前期规划、设计工作。"超前规划"包括"线网规划"和"网络系统规划"等重要内容。

（3）"适时建设"是城市轨道交通线路发挥最大效益的重要举措。城市轨道交通线路中哪些区段先建、哪些区段后建，都有建设时序问题，应结合客流预测结果、城市土地开发利用等条件来确定。一条线路可以根据客流预测结果确定建设时序，初始建设客流量大的区段，在城市发展规模扩大的过程中，适当超前延长线路，以满足交通的需求和提高运营效率。

（4）提高创新能力，加快轨道交通车辆、机电设备和施工机械的标准化、国产化和产业化。只有提高自主创新能力，拥有自主知识产权，才能真正降低城市轨道交通工程造价，降低运营设备更换和养护维修费用，实现城市轨道交通的可持续发展。而国产化进程中很重要的一个问题是标准化，完成技术创新，进入工程实践，经过实践检验之后就要进行标准化工作，才能形成产业化。

第三节 规划设计常用软件工具

一、ALCAD 线路平纵断面辅助设计软件

城市轨道交通线路设计是轨道交通工程的一个组成部分，线路设计的快慢直接影响整个工程项目的设计进度。但线路设计除受相关专业的影响外，其本身的因素，如设计方案的多少和大量烦琐的计算及绘图工作，均影响设计进度。以往这些烦琐的工作，均由人工来完成，使设计人员耗费大量的宝贵时间来从事相对较为简单的计算和绘图工作，工作效率较低。目前，许多设计部门都开始采用相关的计算机软件进行线路平纵断面辅助设计，大大提高了计算的效率，加快了设计进度。

线路平纵面辅助设计 ALCAD 是我国较早和较为成熟的城市轨道交通线路辅助设计软件之一，它从实用角度出发，结合了大量工程设计的实践经验进行研制开发，在国内许多城市轨道交通线路设计上得到了广泛的应用，取得了很好的效果。

ALCAD 提供了一系列功能模块，包括平面计算、线间距计算、纵断面计算及绘图等设计功能。此外还提供了多个辅助功能模块，用以增强系统的性能。这些功能模块共享 ALCAD 的专用数据库，配合 ALCAD 的友好用户界面，协同构成线路平纵断面专用设计环境。

ALCAD 系统功能和结构模块如图 9-2 所示。

二、CARD/1 国际化线路设计专业软件

CARD/1 国际化线路设计专业软件是 1995 年德国 IB&T 有限公司研制，是世界上最早的线路勘测设计一体化软件。

CARD/1 涉足公路设计、铁路设计（含高速铁路、磁悬浮、地铁、轻轨）、测绘和市政管网设计，亦可用于垃圾处理场、机场、港口、码头的路线设计。CARD/1 可以完成从野外数据的勘测、精细的设计到设计图纸输出的全部工作，数据内部高度集成共享。

CARD/1 功能强大，包括线路平纵横设计、互通立交设计、土石方调配、安全性评价等功能，新版本还增加了排水、挡墙、防护、边沟/排水沟工程量统计、加宽/超高段统计、路面加宽工程量统计、分离式路基处理和全面的断链解决方案。

世界第一条商业化磁悬浮线（上海到浦东机场）以及 F1 赛车道都是采用 CARD/1 做的设计。

CARD/1 可接受所有来源的数据（已有纵断面地面线、设计线；全站仪数据；航测数据；GPS 数据；既有图扫描数据；激光测量仪数据；其他软件数据），专注于设计，适时检查，设计参数可自由输入，不受国别及地区差异等任何限制，能够完成任意横断面、整体式、分离式、台阶式路基及截排水沟和挡墙等各种复杂特殊设计，且设计精准，绘图没有比例限制，可满足用户的个性化需求，并轻而易举地编制国际招标文件。

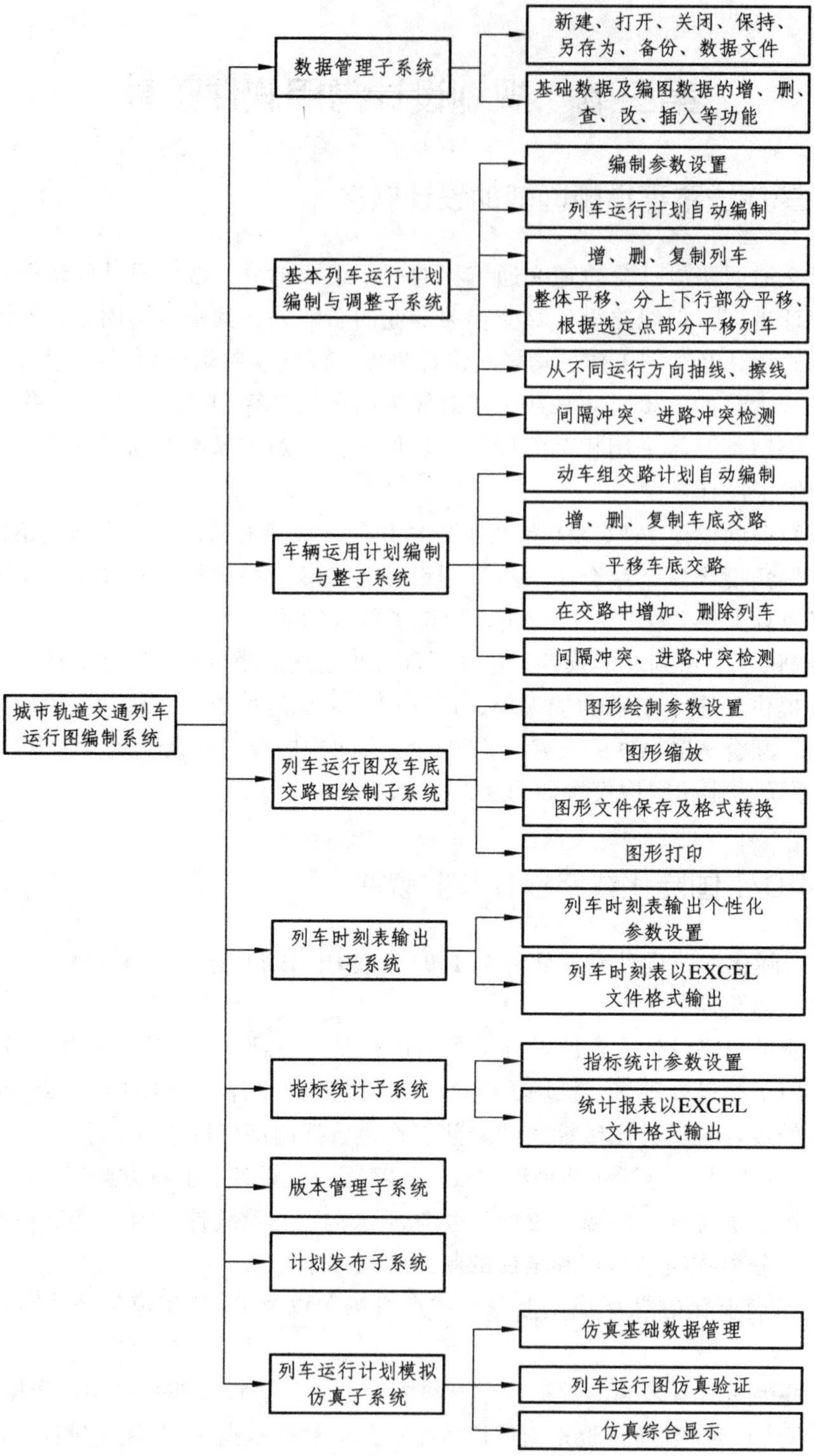

图 9-2 ALCAD 系统功能和结构模块图

三、轨道交通工程造价软件

《全国城市轨道交通工程造价软件》是一套用于交通行业的造价整体解决方案。是以《城市轨道交通工程预算定额》（GCG 103—2008）为编制依据，集预算计价、清单计价功能为一体的造价管理软件。

适用于各级铁路部门、地铁单位、造价咨询单位、建设单位、设计单位、施工单位、监理单位等的工程预算和资金管理。

软件包括以下 10 项工程定额：路基、桩基础及围护结构工程、桥梁工程、隧道工程、地下结构工程、轨道工程、通信工程、信号工程、供电工程、智能与控制系统安装工程、机电设备安装工程。定额是指完成规定计量单位分部分项工程所需的人工、材料、施工机械台班的消耗量标准，是制定城市轨道交通工程地区单位估价表、工程量清单综合单价、招标标底和投标报价的基础。它广泛适应于城市轨道交通建设、地铁建设、隧道工程、地下结构工程，机电设备安装工程等。

四、城市列车运行计算系统

1997—1999 年，北方交通大学与香港理工大学合作，在北京城建设计院、全路通信信号公司、铁三院和铁四院等部门的配合下，采用面向对象的程序设计方法，开发了城市列车运行计算系统。

系统在传统铁路列车牵引计算规范的基础上，考虑了城市轨道交通及高速铁路牵引计算的特点，设计了可供用户选择的多种（节时、节能、定时）运行计算模式，包括移动闭塞方式在内的多种信号控制环境、有级与无级牵引多种机车（动车组）操纵方式。

系统提供的关于速度、时间、能耗等计算指标以及屏幕图形、电子文本与 AutoCAD 等多种结果输出方式，可以为轨道交通系统设计和运营优化提供手段。

五、Legion Studio 行人运动仿真软件

Legion 人流模拟软件的目前版本为 Legion Studio 2006，被业内认为是最有效的行人仿真与分析工具。由 Model Builder，Simulator 和 Analyser 三个应用模块组成，可以实现行人在指定空间内运动过程的模拟。

Legion Studio 以行人运动步频为基本模拟机制，从定量分析的角度计算运动环境中行人间以及行人与障碍物之间的相互作用。因此，Legion Studio 可以帮助研究人员建立空间设计或空间使用基础上的模拟试验，并分析评价不同空间条件或行人交通需求水平的影响程度。此外，还可应用 Legion Studio 分析变化事件的影响，例如出口关闭或列车晚点到达，以及测试不同疏散情景中的速度与安全指标。而后者恰恰与目前不断发展、日益严格的公共场所公众活动安全规则相适应。

显然，Legion Studio 是一种基于仿真、地图、图形和视频再现的具有很强吸引力的决策工具。

Legion Studio 主要包括模型构建模块、仿真模块、分析模块三个应用模块，三个模块相结合可以实现行人在指定空间内运动过程的模拟。例如铁路车站、体育场馆、运动公园、机场、高层建筑、交通枢纽、城市中心等行人聚集与经过的场所。悉尼奥运会与香港地铁系统中的应用是两个较为成功案例。

Legion 公司在多地采集了大量的步行人流数据。2008 年公司研究报告称北京的行人步行速度为 5.3 km/h，香港为 4.8 km/h。

第四节　城市轨道交通一体化衔接规划设计新技术

一、一体化衔接内涵

城市轨道交通一体化衔接内涵是指在城市交通体系内通过网络布局、衔接设施、运营管理、服务信息等方面的一体化衔接规划，促进轨道线网之间以及与其他交通方式之间的高效配合和有机衔接，为乘客提供良好换乘空间，减少换乘距离，缩短换乘时间，降低换乘成本等，如图 9-3 所示。

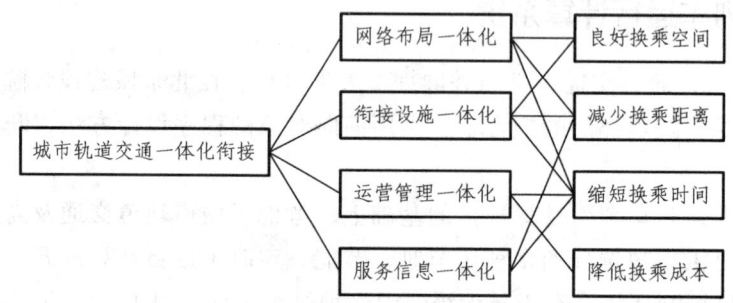

图 9-3　城市轨道交通一体化衔接的内涵

（一）网络布局一体化

网络布局一体化是指城市轨道交通与其他交通方式在线网层面的一体化衔接，包括对外交通网络一体化衔接和市内交通网络一体化衔接两个方面。对外交通网络一体化主要体现在城市轨道交通与公路、铁路、航空等对外交通场站的衔接。市内交通网络一体化则体现在城市轨道交通与道路网系统、常规公交线网等方面的衔接，如图 9-4 所示。

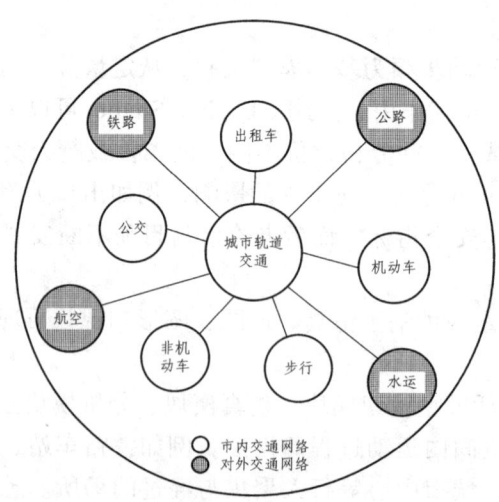

图 9-4　网络布局一体化衔接示意图

（二）衔接设施一体化

衔接设施一体化是指轨道交通站点与周边人行道、公交站台、出租车停靠站、停车场等设施的衔接。通过换乘设施之间的一体化规划设计，实现与其他交通方式的无缝换乘，如图9-5所示。

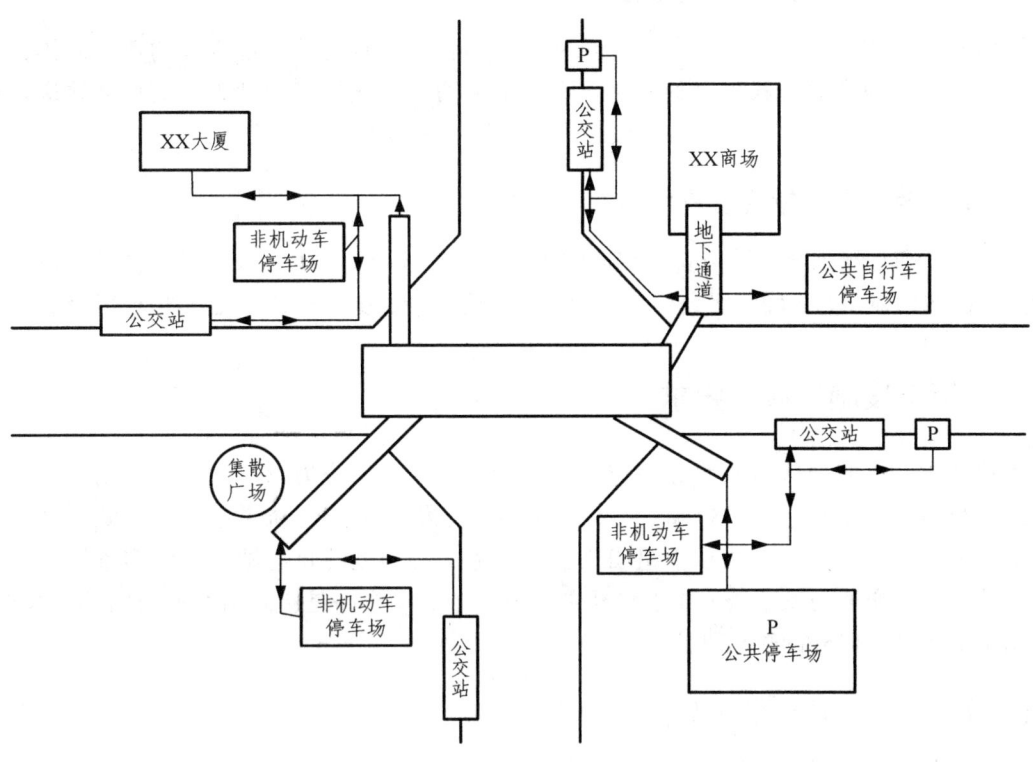

图 9-5　衔接设施一体化示意图

（三）运营管理一体化

运营管理一体化是不同交通方式在运营管理上相互协调，为乘客在换乘时间和空间上提供方便。例如，轨道交通运营时间应与航班、火车班次、长途客运班、常规公交等的运营时间相协调，保证乘客出行的到发性服务。

（四）服务信息一体化

服务信息一体化是指不同交通方式出行服务信息及相互之间换乘信息发布渠道畅通、准确，乘客能够方便查询并选择出行方式。

二、网络布局一体化要求

（一）轨道线网与对外交通网络衔接要求

对外交通网络主要包括公路、铁路、航空等。首先要求轨道线网规划合理，应该覆盖城市重要客流通道，与对外交通网络协调布设。其次要求轨道站点布局合理，应以城市交通枢纽为控制点，尽可能与机场、火车站、长途客运站、城市对外进出口等衔接，形成一体化的综合交通枢纽。轨道交通承担串联交通枢纽的功能，使整体城市形成枢纽网络，发挥交通整体效益。

（二）轨道线网与道路网络衔接要求

道路基础设施是机动车、公交、非机动车、出租车、步行等交通方式的重要载体，是实现轨道交通与其他交通方式衔接的基础。在轨道交通一体化衔接规划中，应重视轨道站点周边配套城市道路网的建设，保证轨道交通投入运营后具备必要的服务道路。

（三）轨道线网与常规公交网络衔接要求

轨道交通和常规公交是城市公共交通的重要组成。要求完善由公交快线、干线、支线等组成的多层次线网体系，明确各级公交线网层次，优化网络层次结构，实现公共交通网络一体化。

三、衔接设施一体化要求

根据轨道站点所处区位及服务功能，通常将轨道站点划分为枢纽站、组团站、端头站和一般站。枢纽站是指与航空、铁路、公路等对外客运枢纽衔接的轨道站点，是城市内外交通转换的重要节点；组团站是指承担组团级公共服务中心功能的轨道站点，为多条轨道交通线路交汇站或轨道交通与城市公交枢纽的重要换乘节点；端头站是指轨道交通线路的起终点站；一般站是上述站点以外的轨道站点。

（一）枢纽站一体化衔接要求

（1）强化轨道交通对客运枢纽的重要服务功能，协调各种交通方式供给，保证客运枢纽合理的城市交通设施配置。

（2）要求客运枢纽中不同交通方式尽可能在统一的立体空间内实现换乘，尤其是铁路和航空客运枢纽。受条件限制的公路客运枢纽可采用站外换乘布局形式。

（3）轨道交通车站首选设置于枢纽站地下层，与客运枢纽之间直接通过站台或通道实现换乘，发挥轨道交通快速集散客流的功能。

（4）采用站外换乘布局形式的对外客运枢纽，轨道交通站、常规公交站、出租车站、社会停车场采用"总体集中+局部分离"的布局模型，合理控制各类换乘设施之间的距离。

（5）正确处理不同交通方式的衔接关系，优化交通换乘流线组织，完善站内换乘导视设施，营造安全、连续、便捷、舒适的换乘环境。

（二）组团站一体化衔接要求

（1）组团站主要为 2 条及以上轨道交通线换乘站，在站体设计中应充分考虑 2 条轨道线路换乘的便捷性，预留足够宽度的换乘通道，尽量缩短换乘距离。

（2）组团站为城市组团交通枢纽，要求与组团站衔接的市内交通方式相对齐全，强调常规公交、出租车、非机动车等中短距离的接驳方式。

（3）组团站的出入口都应设置衔接的公交站，原则上要求公交站台形式为港湾式，形成轨道交通与常规公交之间强大的互补关系。

（4）组团站周边设置中型非机动车停车场，为非机动车换乘提供便捷的停车设施，吸引高比例的慢行交通出行群体换乘轨道交通。

（5）组团站出入口周边应设置出租车停靠点，包括出租车临时停靠点和停靠泊位，为轨道交通提供灵活的出租车换乘。

（6）组团站与周边物业开发深度融合，应优先考虑设置地下便捷的客流换乘通道，地面则设置宽敞、舒适、连续的步行衔接系统。

（三）端头站一体化衔接要求

（1）端头站通常位于城市外围区域，对郊区或乡镇进入市区的客流具有较强的吸引功能，同时对外来机动车具有一定截流作用。

（2）端头站宜设置公交首末站、城乡公交枢纽与之衔接，将起点站位于市区内的城乡公交线路退至外围区域，调整通往郊区和外围乡镇的公交线路运能和运营时间，保证轨道交通与公交运行的协调性。

（3）端头站宜设置换乘停车场与之衔接，为郊区或乡镇进入市区的机动车换乘提供停车设施，引导"P+R"模式发展。

（四）一般站一体化衔接要求

（1）一般站主要服务周边范围相对较小的用地，应重视站点与周边商业、居住等用地的慢行交通衔接。

（2）一般站与周边物业开发适当融合，考虑与重要客流生成点之间的换乘衔接。

（3）一般站出入口周边应设置公交站，保证与常规公交基本的换乘功能。

（4）一般站周边应设置小型非机动车停车场，满足非机动车换乘需求。

（5）一般站出入口周边道路应设置出租车临时停靠点，满足出租车换乘需求。

四、运营管理一体化要求

（一）票制票价一体化

票制票价一体化体现在针对不同的人群、交通方式、出行时间、换乘次数等制定相应合理的价格。通过推行公交票价改革，整合轨道交通、常规公交、公共自行车、出租车、停车场等公共交通方式票价，降低乘客组合出行成本，增加公共交通客流吸引力，提供公共交通整体服务水平。票制票价一体化具体措施包括多样化票制、里程差异票制、平峰优惠票制、换乘优惠票制。

（二）运营时间一体化

加强与公路长途、铁路、航空等部门的对接，积极推进管理协调机制，发挥轨道交通对客运枢纽的强大服务功能。例如，轨道交通运营首末班车时间应与对外客运枢纽旅客到站时间协调，保证2个客运体系服务的互补性。在客运枢纽遇到客流突发情况下，可采取启动轨道交通运输服务等配套措施，及时疏散集中到达的大客流。协调轨道交通运营时间与接驳公交运营时间，保证与接驳公交在时间上服务的连续性。例如，延长接驳公交运营时间，方便乘客进行公交与地铁换乘。同步提高高峰时段接驳公交的发车频率，保证轨道站点客流能够及时疏散。

五、服务信息一体化要求

（一）换乘导视系统

轨道交通换乘导视包括内部信息系统和外部信息系统。内部信息系统要求在轨道站点设计过程中完善内部导视标识。外部信息系统是指在站点出入口设置换乘导视标识，建立轨道交通与步行、公交车、非机动车、出租车、小汽车等交通方式之间的指引系统，为乘客换乘提供明确的导向信息，如图9-6所示。

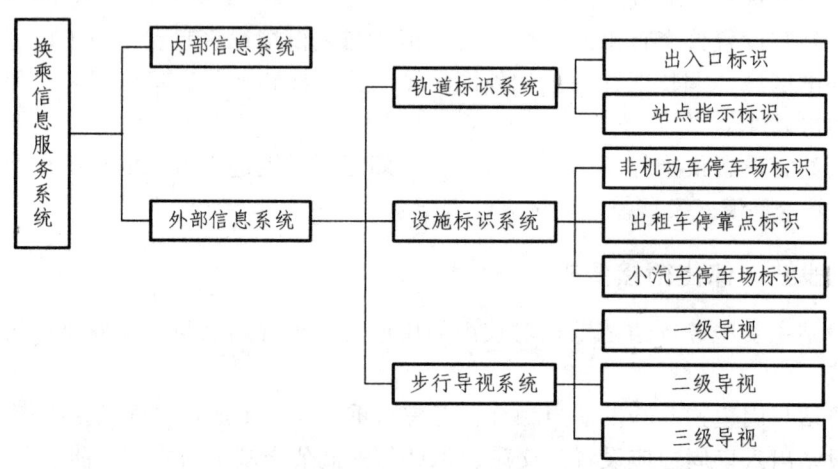

图9-6　换乘信息服务系统结构

（二）公共交通信息平台

建立公共交通信息平台，利用视频监测、车辆定位等先进技术收集轨道交通、常规公交、出租车等公共交通基础设施及运营服务信息数据，经过平台系统的综合分析与处理，获取公众关注的出行信息，再通过互联网、手机客户端、交通广播、电子公交站牌等信息发布媒介为公众提供预告、查询等信息服务功能。

第五节　城市轨道交通线路规划设计新技术

一、基于InfraWorks的城轨线路规划与设计

目前国内的城市轨道交通从规划到设计，再到最终的实施，基本还是采用传统的计算机辅助二维设计为主。这种设计方式不易直观地发现各种潜在的冲突，不仅设计效率低下，且容易造成设计缺陷，难以满足城市轨道交通规划设计工作的需求。以三维数字技术为基础的

BIM（建筑信息模型）技术，通过参数模型整合各种项目的相关信息，在项目规划、运行和维护的全生命周期过程中进行共享和传递，提供了一个可以供不同参与方进行协同使用的平台，为城市轨道交通设计提供了巨大的推力。

InfraWorks作为BIM的一款主流软件，提供了极其方便和快捷的基础设施要素绘制和编辑功能，能够快速创建逼真的三维数字模型和三维环境。利用InfraWorks提供的多种与可视化相关的功能，使设计师能够在真实场景中进行规划设计，使用可视化成果展示其设计方案。完成方案设计之后，还可以对设计成果进行各种分析，以验证该设计的可行性。同时，InfraWorks可以在一个模型下创建多个不同的方案，设计人员和其他利益相关方可以在同一个真实的场景下直观地对比不同的方案选项，从而快速做出决策。InfraWorks BIM与Revit软件和Civil 3D软件之间具有良好的数据交换能力，使得不同类型的模型和数据得以有效的整合，从而让综合规划设计更为精确。

（一）BIM应用技术路线分析

InfraWorks作为BIM技术的其中一环，从它的特点分析，主要适用于建设工程前期方案研究和后期设计成果的整合与展示。它的核心功能主要体现在三个方面：一是基础模型的创建；二是初步方案的直观拟定与宏观判断，为中期的详细工程设计提供指引；三是漫游浏览和效果展示。InfraWorks突破性的可视化三维建模技术，能够更加方便、高效地管理大型基础设施模型以及加速设计流程。在InfraWorks平台中可以草绘铁路、公路、水域、管道、建筑等基础设施，并且可以评估初步的工程数量、区域属性分析、高程分析。通过直接在InfraWorks的模型生成器中获取地形信息或者从地形数据的网站上下载数字高程数据再导入到InfraWorks中，可规划线路的多种方案。然后将其设计成果导入Civil3D中进行施工详图设计。桥梁、隧道等线路结构物可在Revit软件中进行精细设计，最后以FBX格式导入到InfraWorks中进行设计成果三维展示。通过InfraWorks对设计成果的整体把控，分析其不合理以及需要调整的地方，再导出到Civil3D软件中进行调整，以此类推反复循环，直到设计成果为最优。设计流程如图9-7所示。

（二）轨道交通三维场景建模

1. 城市轨道交通地形规划设计

InfraWorks支持大范围的三维地形，可在其中进行三维地形规划的主要有以下两种方式。

（1）在InfraWorks中的模型生成器中有免费低精度的地形图数据（可下载200 km²的范围），其精度取决于微软"必应地图"的精度。下载的地形数据包含三维地形、坐标（经纬度）、高程（单位：m）、卫星航片、水域、路网（包含属性信息，该属性信息取决于公开地图系统的数据精度及内容）、建筑等。

（2）如果城市轨道交通项目范围大，可在免费提供高程数据的网站如"地理空间数据云"和"SRTM"下载数据。在地理空间数据云网站上可下载数字高程数据，并根据城市轨道交通项目所在区域的经纬度选择合适的地形图下载（数据的后缀格式为.img格式）。再从GoogleEarth（谷歌地球）上下载航拍映像（包括航拍图片、路网标签），以生成.jgw坐标信息文件，在InfraWorks中以Raster类型数据导入。

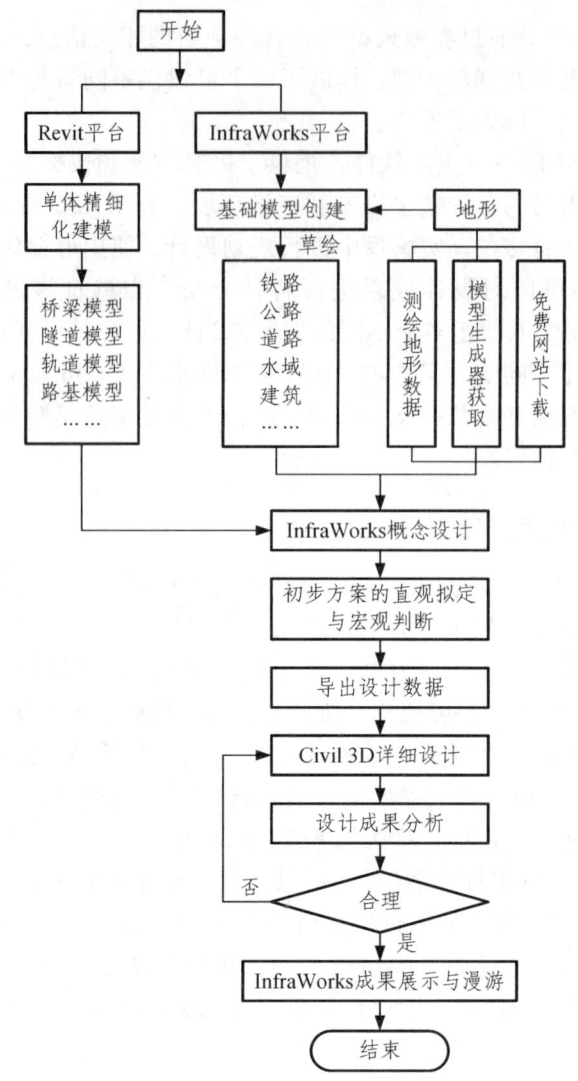

图 9-7 InfraWorks 与 Civil 3D、Revit 之间的设计流程

InfraWorks 中生成的三维地形如图 9-8~9-10 所示。

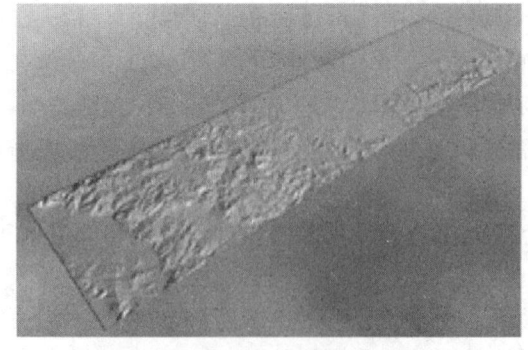

图 9-8 InfraWorks 中展现的地形图

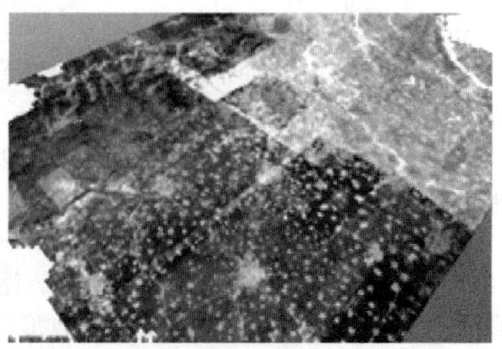

图 9-9 加上正射影像后展现的地形图

图 9-10　修整后展现的地形图

2. 城市轨道交通三维场景创建方法

三维真实场景是进行线路规划设计的基础环境,如何快速创建真实度高的三维场景就显得尤为重要。Autodesk Raster Design 软件可以使 CAD 矢量图与光栅图进行匹配,因此使用 Autodesk Raster Design 将已有的城市建筑及道路矢量图与城市卫星影像图进行匹配。匹配之后通过生成的.jgw 坐标文件,为建筑物及道路指定坐标。再将这些建筑物及道路导出为 sdf 文件,然后导入 InfraWorks 中。这种方法可以快速地创建建筑物及道路,效果图如图 9-11 所示。

图 9-11　InfraWorks 中的效果图

InfraWorks 可生成建筑模型,为了使建筑物更加逼真,可使用 Revit 平台进行细化建筑物。再添加上道路、绿化、树木、路灯等其他附属设施,最后完成的三维场景如图 9-12 所示。

图 9-12　InfraWorks 三维场景效果图

(三)基于InfraWorks的城轨线路规划设计方法

城市轨道交通线路规划设计是在已经确定的城市轨道交通线网条件下,研究某一条或某一段线路的具体位置,确定相关细节,包括线路的路由方案、敷设方式以及站点选择等。在InfraWorks中三维环境建立之后,就可以开展线路规划设计。根据InfraWorks平台特点,基于InfraWorks的轨道交通线路规划设计主要围绕基于三维场景模型所明确的线路控制点及周边条件进行粗线条、高效率的宏观线路方案展开。

1. 线路平面设计(建立路由方案)

InfraWorks的一大优势是基于设计规范建模,以保证所设计的线路符合设计规范。在三维环境中,通过线路创建工具,根据确定线路控制点及直观的周边条件,可以直接在三维环境中基于角点进行平面线形设计,确定线路空间走向,从而建立路由方案。轨道交通的区间线路平面由直线、圆曲线和缓和曲线组成,可在InfraWorks中设置曲线半径、缓和曲线半径及缓和曲线长度;也可以直接在三维环境中拖动线路中心线,实时调整线路空间走向,实现在直观的三维环境中快速建立线路路由方案,如图9-13所示。

图9-13 线路空间走向动态调整

2. 线路纵断面初步设计(确定线路敷设方式)

根据建立的线路路由方案,可自动提取线路中心线对应的数字高程模型作为地面线,利用InfraWorks的纵断面视图,可进行方案初步的纵断面设计(见图9-14)。在纵断面视图中直接拖动控制点标高三角形,拖至相应的高度处即可;也支持手动输入参数,根据线路中线高程与地面线高程关系,即可快速确定线路敷设方式(地下隧道、地面线和高架桥梁)。在InfraWorks进行的初步设计并不能出线路纵断面图,将InfraWorks设计数据导入到Civil 3D软件中,可在Civil 3D软件平台中进行施工详图设计。

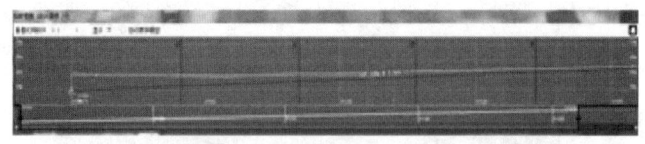

图9-14 线路纵断面图

3. 线路Revit精细化设计

城市轨道交通线路的横断面设计内容包括确定路基、桥梁、隧道等。在InfraWorks中根据地形地物及设计规范确定路基、桥梁、隧道的里程位置。InfraWorks中有线路设计及其相应横断面设计的功能,编辑高架桥梁、地下隧道的大致样式表示。在Revit平台中对于重点地段的梁体、桥墩的族模型以及拼接、参数化控制,进行精细化设计,以确保城市轨道交通设计的真实性。所设计的路基、桥梁和隧道图分别如图9-15~9-17所示。

图 9-15　路基俯视图　　　　　　　　图 9-16　桥梁效果图

图 9-17　隧道效果图

InfraWorks 中线路初步设计完成之后，将初步设计成果导入到 Civil3D 软件中进行线路的精确设计。

4. 集成设计效果展示

在三维设计的基础上，将调整后的 Civil 3D 设计成果以 IMX 文件重新导入到 InfraWorks 中来展示最新的设计成果。这样不但可以精准地展示设计方案，而且在后期项目施工图设计阶段，可在 Revit 平台中进行深化设计，并可结合精确的地形模型进行站位规划，又能兼顾各种规划设计问题。图 9-18 给出了高架桥的设计效果图，图 9-19 给出了隧道出口的设计效果图，图 9-20 给出了车站出站口设计效果图。通过效果图可以直观地看出车站出站口、高架桥和隧道出口设置与周边建筑和交通的融合情况，可为方案决策提供更直观的依据。

图 9-18　城市轨道交通高架桥设计效果图

图 9-19　城市轨道交通隧道出口设计效果图

图 9-20　城市轨道交通车站出站口设计效果图

二、基于倾斜摄影的城轨线路规划与设计

（一）城市三维场景建模方法

1. 倾斜摄影建模技术

倾斜摄影建模技术是测绘领域近年发展起来的一项高新技术，通过在同一飞行平台上搭载多台传感器，同时从 1 个垂直、4 个倾斜 5 个不同的角度采集影像，从而采集地面物体更为完整精确的高分辨率航测影像信息。通过对航拍影像进行处理，可以获取被摄物体的大小、形状、位置、性质和相互关系，从而快速建立具有精确地理信息的大范围三维场景。倾斜摄影建模效果如图 9-21 所示。

图 9-21　倾斜摄影建模效果

2. 技术流程

城市三维场景的地形建模采用 Skyline TerraBuilder 软件，利用其地形建模功能快速创建一个真实影像的、带有地理参考的*.mpt 文件，作为三维地形环境。利用倾斜摄影后处理软件 ContextCaputure 集中处理倾斜影像，实现快速重建三维场景。然后，基于 DP-Modeler 和 CityBuilder 软件对可能影响城市轨道交通线路走向的关键控制点、大型建筑或者桥梁等进行单体化、整饰或替换。三维虚拟选线环境建立技术流程如图 9-22 所示。

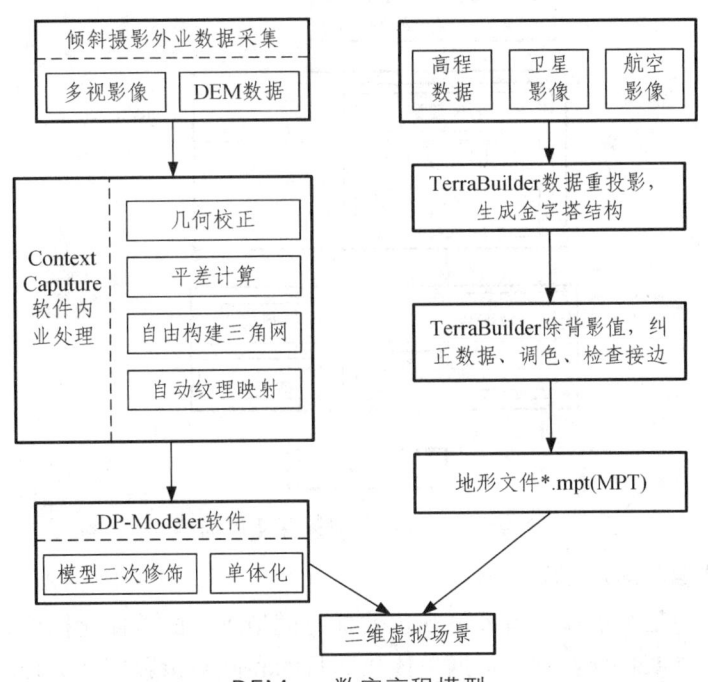

DEM——数字高程模型

图 9-22　三维虚拟选线环境建立技术流程

3. 大范围城市场景的快速生成

在获取测区地面目标高分辨率多视影像数据的基础上，基于 ContextCaputure 三维实景建模软件可实现大范围的城市场景的快速生成。技术方案分为以下 4 部分：

（1）数据获取准备。
（2）自动空中三角测量。
（3）三维重建。
（4）模型修整。

在数据准备阶段，由于倾斜影像中常存在高大建筑物遮挡的现象，所以需要将获取到的影像进行灰度处理和几何校正；在自动空中三角测量阶段，对所有的下视影像进行区域网联合平差计算，求解出精确的外方位元素；在三维重建阶段提交"空三"计算后生成的高密度点云，自动进行 Mesh 三维构网优化，进而联合多视角影像和精确的外方位元素，进行自动纹理匹配映射生成带纹理的三维模型；最后阶段根据需要对生成的模型进行修整。建模流程如图 9-23 所示。

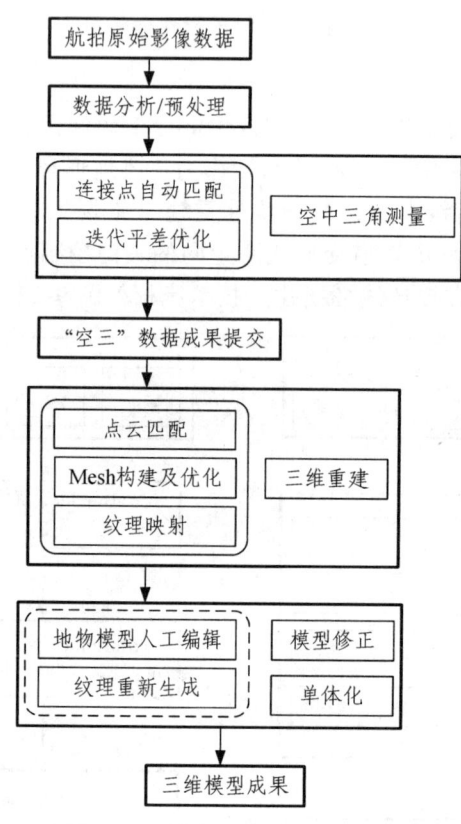

图 9-23　城市三维场景生成流程

4. 倾斜摄影模型单体化建模

模型单体化，即是为了提高模型可视化效果对模型进行的单体化操作，其本质是对目标模型的快速几何构建或物理切割。根据单体化的目的和倾斜摄影模型的特点选用不同的单体化方式，常用的方法包括整饰单体化和切割单体化。

将第三部分所述方法生产的 osgb 倾斜摄影模型，经过 osgConv. exe 格式转换工具转换为 osg 格式并导入 Dp-Modeler 软件作为参考模型。在此基础上选择其中一张正射影像，应用直线工具绘制样条轮廓线，基于轮廓线通过灵活运用拉伸、挤出工具拉出几何实体，结合空地影像从不同视角选择没有遮挡的最佳纹理，从而实现基于多幅影像的快速、精确三维建模，达到模型与影像完全套合。模型单体化效果图如图9-24所示。

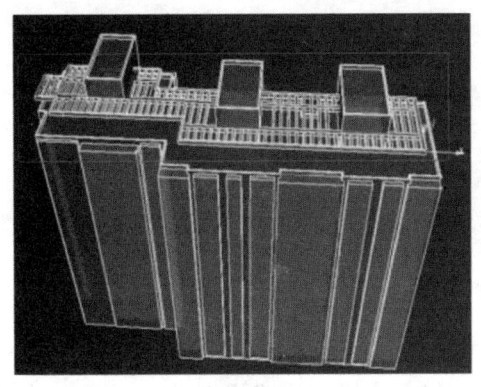

（a）线框模式　　　　　　　　　　　（b）纹理模式

图9-24　模型单体化效果图

在对城市场景整体快速重建后，通过叠加 shp 矢量平面对模型进行切割处理，最终形成可以实现单体化编辑管理的单体模型。单体化模型效果如图9-25所示。

图9-25　单体化模型效果图

5. 三维场景的融合

倾斜摄影建模的数据成果一般为二进制存储，带有嵌入式链接纹理，具有动态模型精度级别和缓存的 osgb 格式。因此，在大范围浏览三维场景时，可根据相机到视点的距离关系，显示不同 LOD（细节层次模型）级别的倾斜摄影模型。然而，这种数据格式存在数据量过大的局限，而且在数据共享时数据安全也难以保证。3DML 数据格式具有承载储存海量数据能力，并具有加载快速、模型显示范围大且数据无损等特点。因此，采用 CityBuilder 软件将多源数据集成为一个统一的 3DML 格式文件，这不仅压缩了文件大小，确保了数据的安全性，还将其他数据源（BIM 模型、矢量数据、三维模型）等整合在同一个三维场景。最终将整合完成的 3DML 通过 Skyline 二次开发接口 3DMLCreator 导入城市轨道三维选线设计系统，实现集成多源数据三维实景环境的建立。

（二）方法验证

基于前述的倾斜摄影建模方法，对某市城区实施三维重建。经过自动"空三"计算、高密度点云提取、自动构网优化以及纹理映射，获得测区自带高精度地理信息的三维模型，并导入自主开发的城市轨道交通三维选线系统，如图 9-26 所示。

图 9-26　系统主界面

结合建立的三维场景，根据设计标准在三维城市场景中进行线路规划设计，如图 9-27 所示。

图 9-28　线路走向方案设计图

根据设计方案，采用选线系统的结构物建模方法，实现设计方案的三维建模，如图 9-28 所示。

图 9-28　线路走向设计方案三维展示效果图

参考文献

[1] 董焰，单连龙. 中国城市轨道交通未来十年发展趋势及政策导向[J]. 城市轨道交通研究，2004（3）：6-7.

[2] 千家综合布线网. 未来轨道交通向智能化、集成化、网络化发展[EB/OL]. http：//www.cabling-system. com/html/2012-09/25992. html，2012-09-27.

[3] 百度百科. 轨道交通[EB/OL]. http：//baike. baidu. com/view/62933. htm，2014-08-24.

[4] 冯江华，肖磊，胡云卿. 智能轨道快运系统[J]. 控制与信息技术，2020（01）：1-12+31.

[5] 刘春霞. 我国城市轨道交通发展现状与对策建议[J]. 中小企业管理与科技（下旬刊），2020（05）：118-119.

[6] 彭锟，龙琼. 我国城市轨道交通存在的主要问题及发展对策[J]. 科技资讯，2019，17（34）：63-64.

[7] 赵书贤. 城市轨道交通多元化发展的新趋势解析[J]. 消费导刊，2019，（16）：166.

[8] 胡翔. 城市轨道交通的发展趋势及其动因分析[J]. 科学与信息化，2018，（26）：152，154.

[9] 李炜. 技术加服务的快速发展之路[N]. 中华建筑报，2014-10-28（12）.

[10] 李山. 亮出"中国制造"的世界新形象[N]. 科技日报，2014-10-12（02）.

[11] 百度百科. 旅客捷运系统[EB/OL]. http：//baike. baidu. com/link?url=K8ibhcdjQcuP849koFGB0YqScM0ZkhBocHM-AE70amCgO04g4tML0swqKCJ3JLTuzp_zUd92IQjtst86ThPnha. 2015-09-05.

[12] 中国城市轨道交通协会. 城市轨道交通 2014 年度统计分析报告[EB/OL]. http：//www.camet. org. cn/sjtj/201505/t20150513_407677. htm. 2015-05-13.

[13] 安成. 城市轨道交通轨道检测技术[J]. 建筑技术开发，2020，47（11）：92-93.

[14] 韩三琪. 城市轨道精密三维测控新技术的研究与应用[J]. 都市快轨交通，2016，29（01）：55-58.

[15] 郭峰，刘琴. 基于智能型全站仪的地铁隧道变形自动化监测技术及应用[J]. 智能建筑与智慧城市，2018（11）：101-102.

[16] 刘扬. 城市轨道交通轨道检测技术[C]// 2010城市轨道交通关键技术论坛论文集. 2010：526-531.

[17] 王磊，苗立新，王建. GPS RTK 在线路勘测中的应用及其新技术的发展[J]. 广东科技，2010（3）：178-180.

[18] 周文波. 城市轨道交通施工新技术[J]. 中国市政工程，2013（4）：85-90.

[19] 雷军，罗富荣，王贵和，等. 真空管井复合降水技术[C] //中国土木工程学会城市轨道交

283

通技术推广委员会. 中国城市轨道交通新技术（第二集）. 北京：中国科学技术出版社，2007：161-166.

[20] 王敏远，杨宜谦，吴永芳，等. 深圳地铁轨道减振降噪技术[C] //中国土木工程学会城市轨道交通技术推广委员会. 中国城市轨道交通新技术（第二集）. 北京：中国科学技术出版社，2007：174-178.

[21] 杨宜谦，高应钦，王林，等. 津滨轻轨减振降噪综合技术[C] // 中国土木工程学会城市轨道交通技术推广委员会. 中国城市轨道交通新技术（第二集）. 北京：中国科学技术出版社，2007：179-187.

[22] 白廷辉，蒋伟康，耿传智，等. 城市轨道交通减振降噪综合技术[C] //中国土木工程学会城市轨道交通技术推广委员会. 中国城市轨道交通新技术（第三集）. 北京：中国科学技术出版社，2009：14-39.

[23] 吴卫民，彭立敏，雷明锋. 基于BIM的地铁车站实时施工模拟与应用研究[J]. 铁道科学与工程学报，2019.

[24] 杨秀仁，黄美群. 地铁车站预制装配新技术研究策略[J]. 都市快轨交通，2018，31（01）：78-85.

[25] 何成，徐放，牟振英. 智能自动扶梯在城市轨道交通运维管理中的研究与实践[J]. 隧道与轨道交通，2019（S2）：239-243.

[26] 方漫然. 基于物联网技术的智慧照明在地铁车站的应用[J]. 照明工程学报，2017，28（05）：68-71.

[27] 胡波，路红娟，李冰，徐超. 基于云平台的综合监控系统建设方案[J]. 城市轨道交通研究，2018，21（07）：158-160.

[28] 周明. 上海城市轨道交通安检系统的智能化与网络化[J]. 城市轨道交通研究，2020，23（S2）：28-31.

[29] 徐首峰. 人脸识别技术在上海城市轨道交通中的应用[J]. 城市轨道交通研究，2020，23（S2）：164-167.

[30] 崔勤. 轨道交通设计新理念与新技术[J]. 上海建设科技，2008（7）：5-7.

[31] 黄美群. 地铁十字交叉换乘车站全暗挖同步建造技术[J]. 都市快轨交通，2010（7）：75-80.

[32] 石义军，周晓军. 在既有地铁车站下修建新的地铁车站的节点修建新技术[C] //中国土木工程学会城市轨道交通技术推广委员会. 中国城市轨道交通新技术（第二集）. 北京：中国科学技术出版社，2007：213-222.

[33] 陈惠嫦，史海欧，郑石，等. 广州地铁换乘车站综合设计技术[C] //中国土木工程学会城市轨道交通技术推广委员会. 中国城市轨道交通新技术（第三集）. 北京：中国科学技术出版社，2009：40-51.

[34] 卢光霖. 广州地铁的新技术应用与创新[J]. 都市快轨交通，2004（2）：6-9.

[35] 赵军，王爱仪，邓先平等. 站台屏蔽门系统专项技术综合报告[C] //中国土木工程学会城市轨道交通技术推广委员会. 中国城市轨道交通新技术（第二集）. 北京：中国科学技

术出版社,2007:334-346.

[36] 卢光霖,陈韶章,李晋,等. 城市轨道交通站台屏蔽门/安全门车地联动自动控制系统[C]//中国土木工程学会城市轨道交通技术推广委员会. 中国城市轨道交通新技术（第三集）. 北京：中国科学技术出版社,2009:272-276.

[37] 贺利工,沈锡安,刘承东等. 轨道交通集中供冷技术[C]//中国土木工程学会城市轨道交通技术推广委员会. 中国城市轨道交通新技术（第二集）. 北京：中国科学技术出版社,2007:279-286.

[38] 陈玉明,简炼,李高潮,等. 新型智能化环控通风空调系统[C]// 中国土木工程学会城市轨道交通技术推广委员会. 中国城市轨道交通新技术（第二集）. 北京：中国科学技术出版社,2007:314-316.

[39] 李国庆,张春生,褚敬止,等. 城市轨道交通集成闭式通风空调系统[C]//中国土木工程学会城市轨道交通技术推广委员会. 中国城市轨道交通新技术（第二集）. 北京：中国科学技术出版社,2007:326-333.

[40] 左振鲁,林晓伟. 面向地铁综合监控系统的时间同步技术[J]. 城市轨道交通研究,2014（2）:120-128.

[41] 邱薇华,桑坚豪,刘志钢,等. 城市轨道交通安检新技术应用研究[J]. 中国铁路,2010（10）:63-66.

[42] 李宝泉,周强,唐立国,曹春伟,王洋. 城市轨道交通车辆的车门智能诊断技术[J]. 城市轨道交通研究,2020,23（06）:151-154.

[43] 朱珺玮. 城市轨道交通车辆转向架的技术发展现状及新技术发展趋势[J]. 新型工业化,2020,10（02）:115-120.

[44] 张鹤,伊宏伟,曹琦. 城市轨道交通车辆智能化运维检测[J]. 城市轨道交通研究,2020,23（04）:89-93.

[45] 李学峰,杨万坤. 我国城市轨道交通车辆技术现状和发展趋势[J]. 铁道机车车辆,2008,28（B12）:125-126.

[46] 文娟,李苇,丁军君,李刚. 弹性车轮在城市轨道交通车辆中的发展与运用[J]. 河北工业科技,2015（1）:1.

[47] 刘全. HTML5技术在城轨交通供电SCADA系统中的应用[J]. 电子技术与软件工程,2019（12）:154-155.

[48] 王开康. 一种适用于城市轨道交通环线的中压网络接线方案[J]. 城市轨道交通研究,2018,21（11）:47-50.

[49] 章莉,张文翰,陈竹,孙雅娜. 滑动供电系统在城市轨道交通中的应用[J]. 城市轨道交通研究,2015,18（11）:121-123.

[50] 徐金平,杜贵府,朱纪法,李辉. 城市轨道交通双向变流式牵引供电系统的应用[J]. 城市轨道交通研究,2020,23（01）:179-182.

[51] 韦凌霄,刘军,韦春元,王金丽. 基于配电物联网的城市轨道交通供电系统合环精准协调控制技术研究[J]. 供用电,2019,36（08）:1-6.

[52] 张永强,苑薇薇. SCADA 系统在城市轨道交通供电系统中的应用设计[J]. 科技资讯,2011（22）：59-60.

[53] 张海申,谢杰. 城市轨道交通供电系统中压环网结构及其保护配置方案探讨[J]. 铁道勘测与设计,2013（4）：29-36.

[54] 行业新闻. 截至 2015 年上半年中国城市轨道交通运营线路里程统计[EB/OL]. http：//fjztzg. com/news/hynews/2015/0908/831. html.

[55] 于宪辉,李明. 针对城市轨道交通供电系统的研究[J]. 世界家苑,2013（4）：373.

[56] 谭丽娜,白冰. 城市轨道交通供电系统浅析[J]. 教育教学论坛,2012（36）：190-191.

[57] 张瑾. 城市轨道交通通信传输网络的发展趋势和应用前景[J]. 城市轨道交通研究,2015,18（12）：117-119+134.

[58] 胡少杰,罗辉. 基于 LTE 的城市轨道交通车地通信综合承载系统分析[J]. 通信电源技术,2020,37（11）：149-150,153.

[59] 高翔. 5G 移动通信技术在城市轨道交通车地无线通信系统中的应用[J]. 城市轨道交通研究,2018,21（S2）：61-64.

[60] 雷锡绒. 城市轨道交通信号系统新技术发展应用前景[J]. 铁道运营技术,2019,25（04）：60-62+65.

[61] 徐启禄. 基于车车通信的 CBTC 系统关键技术研究[J]. 城市轨道交通研究,2020,23（05）：110-114.

[62] 滕冲. 关于城市轨道交通信号控制系统的探讨[J]. 科技创新与应用,2013（33）：66.

[63] 潘秀丽. 城市轨道交通基于通信的列车控制系统车地无线通信优化方案[J]. 科技传播,2013（12）：207-214.

[64] 魏晓东. 城市轨道交通自动化系统与技术[M]. 2 版. 北京：电子工业出版社. 2011.

[65] 李春. 城市轨道交通基于通信的列车控制系统车地无线通信优化方案[J]. 城市轨道交通研究,2011（9）：103-107.

[66] 何伟挺,桂爱刚,郑康生,钟珅,高旻戈. 针对单轨的车载 ATP 方案探讨[J]. 铁路通信信号工程技术,2017,14（01）：77-80.

[67] 赵青莉. 全自动无人驾驶系统 ATS 联动功能设计[J]. 铁路通信信号工程技术,2019,16（10）：80-84.

[68] 张代胜,郭宗昊,陈荣武. 基于实验室的 ATO 仿真系统设计与研究[J]. 现代城市轨道交通,2016（06）：1-6.

[69] 焦曰里,陈建兵. 全自动运行城市轨道交通的列车控制管理系统[J]. 城市轨道交通研究,2020,23（06）：162-165.

[70] 汪小勇. 轨道交通多制式冗余列车运行控制系统的可靠性研究[J]. 城市轨道交通研究,2020,23（S2）：92-95.

[71] 豆丁网. 轨道交通系统技术施工新突破[EB/OL]. http：//www. docin. com/p-554349036. html,2012-12-15.

[72] 徐明功,吕平,程海林. 城市轨道交通乘客信息系统互联互通探索[J]. 交通世界,2020

（10）：158-160.

[73] 李宝泉,刘博,唐立国,赵赛,陈煜. 地铁车辆高压细水雾灭火技术应用分析[J]. 机车电传动,2020（02）：124-128+133.

[74] 郭德友. 城市轨道交通防水技术与市场展望[J]. 中国建筑防水,2020（S1）：32-37.

[75] 郭振通,李保霞. 城市轨道交通列车智能检修技术[J]. 城市轨道交通研究,2020,23(01)：134-136+140.

[76] 王爱丽,赵元,王子腾,于士尧,孙喜利. 城市轨道交通客流信息智能检测与管控系统研究与设计[J]. 铁路计算机应用,2020,29（02）：68-72.

[77] 毛保华,张政,陈志杰,贾文峥,何天健. 城市轨道交通网络化运营组织技术研究评述[J]. 交通运输系统工程与信息,2017,17（06）：155-163.

[78] 郑锂,肖赟,何必胜,李俊辉. 城市轨道交通网络化运营模式及特点分析[J]. 铁道运输与经济,2015,37（04）：69-73.

[79] 李亚. 基于"互联网+"的城市轨道交通票务管理探究[J]. 中国集体经济,2020（24）：61-62.

[80] 贾社军,安雯雯,车叶帅. 基于互联网+的城市轨道交通票务管理探究[J]. 信息通信,2019（10）：260-262.

[81] 王冬海,黄柒光. 列车灵活编组在城市轨道交通全自动运行线路中的应用[J]. 城市轨道交通研究,2019,22（S2）：102-105.

[82] 任富争,李如石,张红星,高兴华. 地铁列车智能化预警系统的研究[J]. 铁道机车车辆,2018,38（06）：112-114+119.

[83] 杨承东,范巍,刘正自,等. 城市轨道交通 AFC 票务清分系统[C] // 中国土木工程学会城市轨道交通技术推广委员会. 中国城市轨道交通新技术（第三集）. 北京：中国科学技术出版社,2009：266.

[84] 丁树奎,陈忠兴,朱胜利,等. 城市轨道交通乘客信息系统（PIS）技术[C] // 中国土木工程学会城市轨道交通技术推广委员会. 中国城市轨道交通新技术（第三集）. 北京：中国科学技术出版社,2009：231.

[85] 陈光,房坚,许巧祥,等. 城市轨道交通无触点 IC 单程车票技术[C] // 中国土木工程学会城市轨道交通技术推广委员会. 中国城市轨道交通新技术（第二集）. 北京：中国科学技术出版社,2007：274.

[86] 南京地下铁道有限责任公司,清华同方股份有限公司. 轨道交通 BAS 系统关键技术研究与实践[C] // 中国土木工程学会城市轨道交通技术推广委员会. 中国城市轨道交通新技术（第一集）. 北京：中国科学技术出版社,2006：108.

[87] 简炼,谢德隆,刘力,等. 地铁七氟丙烷气体全自动灭火系统[C]//中国土木工程学会城市轨道交通技术推广委员会. 中国城市轨道交通新技术（第二集）. 北京：中国科学技术出版社,2007：304.

[88] 简炼,张金成,刘力,等. 地铁隧道光纤感温火灾预警监测系统[C] // 中国土木工程学会城市轨道交通技术推广委员会. 中国城市轨道交通新技术（第二集）. 北京：中国科

学技术出版社，2007：310.

[89] 王梦菊，吴小龙，周玥瑞. 城市轨道交通一体化衔接规划与设计探讨[J]. 现代城市轨道交通，2018（02）：66-69+72.

[90] 吕希奎，陈淑娜，孙培培. 基于InfraWork的城市轨道交通项目规划研究[J]. 城市轨道交通研究，2018，21（05）：148-152.

[91] 张晓恒，吕希奎，聂良涛. 基于倾斜摄影的城市轨道交通三维实景环境建模方法[J]. 城市轨道交通研究，2019，22（11）：79-82.

[92] 付剑桥. 城市轨道交通综合枢纽与商业空间一体化设计策略研究[D]. 重庆：重庆大学，2012：21-93.

[93] 张黎. 城市规划中的轨道交通发展方向[J]. 安徽建筑工业学院学报（自然科学版），2006（12）：55-58.

[94] 毕湘利. 从可持续发展角度谈城市轨道交通的规划和设计[J]. 城市轨道交通研究，2008（12）：1-4.

[95] 施仲衡专访. 建设资源节约型城市轨道交通[J]. 都市快轨交通，2008（02）：1-2.

[96] 毛保华. 城市轨道交通规划与设计（第2版）[M]. 北京：人民交通出版社，2011.

[97] 王媛媛. 城市轨道交通列车运行图编制理论与方法研究[D]. 成都：西南交通大学，2013.